TEMPFER
1956

G. MASPERO

LECTURES HISTORIQUES

CLASSE DE SIXIÈME

HISTOIRE ANCIENNE

LECTURES HISTORIQUES

*Rédigées conformément aux programmes du 28 janvier 1890,
à l'usage de l'enseignement secondaire classique*

6 VOLUMES IN-16, ILLUSTRÉS DE NOMBREUSES GRAVURES

cartonnage toile.

Histoire ancienne (Égypte, Assyrie). Classe de sixième, par M. G. Maspero, membre de l'Institut. 1 vol. . . . . 5 fr.

Histoire de la Grèce (Vie privée et Vie publique des Grecs). Classe de cinquième, par Paul Guiraud, chargé de cours à la Faculté des lettres de Paris. 1 vol. . . . . 5 fr.

Histoire romaine (Vie privée et Vie publique des Romains). Classe de quatrième, par Paul Guiraud. (*En préparation.*)

Histoire du Moyen Age (395-1270). Classe de troisième, par M. Ch. V. Langlois, chargé de cours à la Faculté des lettres de Paris. 1 vol. 5 fr.

Histoire du Moyen Age et des Temps modernes. Classe de seconde, par M. Mariéjol, chargé de cours à la Faculté des lettres de Dijon. 1 vol. (*En préparation.*)

Histoire des Temps modernes. Classe de rhétorique, par M. Lacour-Gayet, professeur au lycée Saint-Louis. (*En préparation.*)

21057. — Paris. Imprimerie A. Lahure, rue de Fleurus, 9.

G. MASPERO

PROFESSEUR AU COLLÈGE DE FRANCE
MEMBRE DE L'INSTITUT

LECTURES HISTORIQUES

RÉDIGÉES CONFORMÉMENT AU PROGRAMME DU 22 JANVIER 1890

POUR LA CLASSE DE SIXIÈME

HISTOIRE ANCIENNE

ÉGYPTE, ASSYRIE

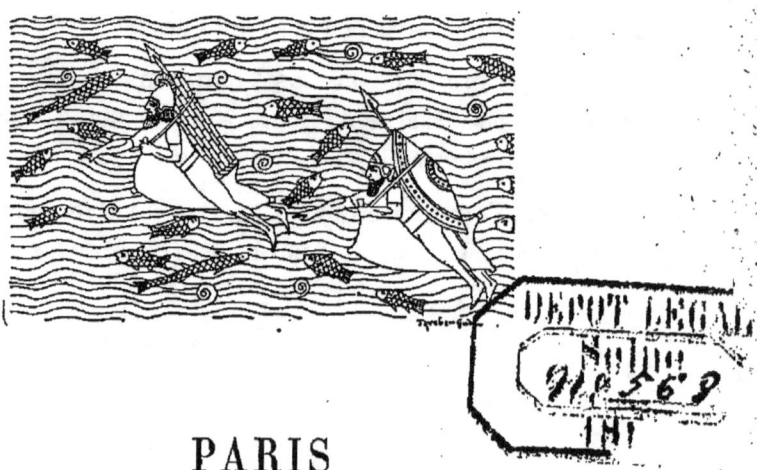

PARIS
LIBRAIRIE HACHETTE ET Cⁱᵉ
79, BOULEVARD SAINT-GERMAIN, 79

1890

Droits de traduction et de reproduction réservés.

AVERTISSEMENT

Ce n'est pas ici l'histoire suivie des dynasties et des nations de l'antique Orient : l'ordre des événements, la succession des rois, les mouvements des peuples et leurs invasions, on les trouvera racontés tout au long dans mon *Histoire ancienne*, en abrégé dans celle de Van den Berg. J'ai voulu seulement donner aux enfants qui liront ce livre l'impression de ce qu'était la vie sous ses formes diverses chez les deux peuples le plus civilisés que la terre ait portés avant les Grecs. J'ai choisi pour chacun d'eux l'époque où nous le connaissions le mieux et par le plus grand nombre de monuments, pour l'Égypte, celle de Ramsès II (XIVe siècle av. J.-C.), celle d'Assourbanipal (VIIe siècle) pour l'Assyrie. J'ai fait comme ces voyageurs consciencieux qui n'aiment pas aborder à l'étourdie un pays nouveau, mais qui s'informent de ses mœurs et de sa langue avant le départ, puis je m'en suis allé — où je l'ai cru — à deux ou trois mille ans du temps où nous sommes. Une fois sur place, j'ai regardé autour de moi, et j'ai tâché de voir le mieux possible et le plus. Je me suis promené à travers les rues de la ville, j'ai glissé un regard sur les portes entr'ouvertes, j'ai flâné aux boutiques, j'ai noté ce que j'entendais des propos populaires. Des maçons affamés se sont mis en grève : je les ai suivis chez le comte de Thèbes pour savoir ce qu'il en adviendrait. Un enterrement défilait à grand bruit : j'ai accompagné le mort jusqu'au tombeau et je me suis informé des chances de vie qu'on lui accordait dans l'autre monde. On célébrait un mariage : j'ai profité de la facilité avec laquelle les Orientaux ouvrent leur maison les jours de fête, pour assister de loin à la lecture du contrat. Quand Pharaon est passé, ou le roi de Ninive, j'ai couru derrière lui avec les badauds, au temple, au palais, à la chasse; où les usages et l'étiquette ne me permettaient pas d'entrer, j'ai pénétré en esprit par les conversations ou par les textes. J'ai lu sur un cylindre d'argile la prière qu'Assourbanipal adressait à Ishtar dans une heure d'angoisse; un scribe important et loquace m'a conté le voyage d'un soldat égyptien en Syrie; vingt bas-reliefs m'ont fait assister sans danger aux guerres du vieux monde, au recrutement de ses armées, à leurs marches, à leurs évolutions, par quel effort d'énergie Ramsès II triompha du vil Khiti et comment un général assyrien s'y prenait pour forcer une ville.

J'ai reproduit en Assyrie la plupart des mêmes scènes que j'avais décrites en Égypte; qui voudra comparer les unes aux autres reconnaîtra assez facilement en quoi la civilisation des deux pays se ressemblait, en quoi elle différait. Les dessins qui accompagnent le texte rendront les différences sensibles à tous les yeux. Il y en a beaucoup; j'en aurais mis davantage, si j'avais pu. Nos écoliers, et même leurs professeurs, sont parfois bien embarrassés lorsqu'ils veulent se figurer ce qu'était un de ces hommes anciens dont nous leur racontons l'histoire, comment il s'habillait, ce qu'il mangeait, les métiers et les arts qu'il pratiquait. Les dessins de M. Faucher-Gudin leur en apprendront plus à cet égard que de longues descriptions. Ils ont été exécutés avec une fidélité remarquable; c'est bien l'Égyptien et l'Assyrien lui-même qu'ils nous rendent, et non pas ces caricatures d'Égyptiens ou d'Assyriens qu'on voit trop souvent dans nos livres.

Le Portel, le 2 septembre 1890.

G. MASPERO.

TABLE DES GRAVURES

L'étang de Louxor... 2
Fabrication de la brique..................................... 3
Homme du peuple.. 6
Scène de bastonnade.. 8
Femme du peuple.. 12
Sandale.. 13
Collier.. 13
Un petit garçon... 15
Fillette déjà grande.. 15
Un collier pour des oignons.................................. 20
Du parfum pour un collier.................................... 20
Vente de parfum, achat de poisson........................... 21
Les hameçons et l'achat du collier........................... 21
Pesée des *outnou*.. 23
Le confiseur au travail...................................... 25
La boutique du gargotier..................................... 25
Le cuisinier rôtit une oie................................... 26
Un des clients du gargotier.................................. 26
Le barbier et sa pratique.................................... 26
Un atelier de cordonnier..................................... 27
L'orfèvre au creuset.. 28
Le menuisier fabriquant des chaises.......................... 29
L'herminette du menuisier.................................... 29
Les tisserandes au métier.................................... 30
Un bourgeois égyptien.. 34
La maison de Psarou, vue de la rue........................... 37

TABLE DES GRAVURES

Pharaon	40
Les noms de Ramsès II	44
Amenhotpou III et son double	45
Le grand Sphinx ensablé	53
Pharaon (Amenhotpou IV) et son escorte	55
La reine sur son char, derrière Pharaon	56
Entrée de la salle hypostyle du temple d'Amon à Karnak	61
Le trône royal	62
Les greniers à blé : enregistrement et emmagasinement du grain	65
L'arche d'Amon, portée par ses prêtres	67
Offrande de l'eau rouge au dieu Amon	71
Le roi lace le taureau du sacrifice	73
Les prêtres renversent le taureau lacé par le roi	73
Le roi donne le signal de la mort	74
Dépeçage du taureau	74
Les prêtres apportent les pièces de la victime	75
Devant les scribes	85
Fabrication des chars	87
La lutte corps à corps	88
Distribution des armes aux recrues	88
Cuirasse royale	89
Bouclier	89
Danse de guerre des archers	90
Défilé des troupes légères	90
Défilé de l'infanterie de ligne	91
Le salut au prince	91
Les soldats vont prendre les vivres de campagne	92
Un Shardane de la garde	93
Les bœufs passent le gué	99
Une villa égyptienne	101
Une treille et la cueillette des fruits	102
Le pressage des grappes	103
La bascule pour puiser l'eau : la *shadouf*	104
La pêche au double harpon	107
Chasse au boumérang sur l'étang	108
La pêche au filet	109
La chasse au filet	109
Fabrication des conserves d'oiseaux	111
La vallée d'Apou	113
La chasse au désert	115
Les monstres qui vivent au désert	116
Un chevet	118
Le dieu Bisou	118
Le roi (Amenhoptou IV) et sa famille jettent les colliers d'or	122
Les postures de l'adoration devant Pharaon	123
Le scribe enregistre les colliers d'or	124
Les esclaves qui portent les cruches	124

TABLE DES GRAVURES.

Psarou félicité par les siens.	125
Anubis et la momie d'Osiris.	132
Tête d'un cercueil de momie.	135
Tête de momie : le roi Séti Ier, d'après une photographie prise sur le cadavre conservé au musée de Boulaq.	137
Emmaillotement de la momie.	138
La momie achevée.	139
Le maître de cérémonies récite les prières pendant l'emmaillotement.	139
Le convoi funèbre : les porteurs d'offrandes.	143
Le convoi funèbre : transport et défilé des chars.	144
Le convoi funèbre : défilé du mobilier.	144
Le convoi funèbre : défilé des armes et des bijoux.	145
Le convoi funèbre : les pleureuses et les prêtres.	145
Le convoi funéraire : le catafalque suivi des amis.	145
Le convoi funèbre : la barque des pleureuses.	148
Le convoi funèbre : la barque du mort.	148
Le convoi funéraire : le bateau des amis culbute la chaloupe	150
Le convoi funèbre : les adieux devant la porte de l'hypogée.	152
La danse des almées.	156
Le harpiste.	156
Le sycomore de Nouit.	159
Le jugement de l'âme au tribunal d'Osiris.	160
Une forteresse de Syrie méridionale.	162
Les Échelles tyriennes.	171
Phénicien.	172
Un Syrien du nord.	173
Un navire égyptien, marchant à la rame et à la voile.	175
Le camp égyptien devant Qodshou.	182
La garde des portes.	183
Scènes de la vie au camp égyptien.	185
Les espions reçoivent la bastonnade.	187
Ramsès tient conseil de guerre avec ses généraux.	188
Ramsès II sur son char : le lion du roi charge à côté des chevaux.	190
La légion de Phtah entre en ligne	192
La ville de Qodshou.	195
Choc de chars.	197
Enregistrement des mains coupées et des prisonniers.	199
Ramsès II, d'après une photographie prise sur le cadavre conservé au musée de Boulaq.	203
Le sacrifice royal.	207
Une des portes de Dour-Sharoukin.	209
Transport du taureau.	210
Un taureau ailé.	211
Maisons assyriennes.	212
Le palais royal de Dour-Sharoukin.	213
Porte triomphale à l'entrée du palais.	215

TABLE DES GRAVURES.

Une des portes du harem à Dour-Sharoukîn.	217
Une chambre à coucher du harem, à Dour-Sharoukîn.	219
Le trône roulant du roi, porté par deux hommes.	220
La tour à étages de Dour-Sharoukîn.	224
Esclave pétrissant le pain	229
Le vent du Sud-Ouest.	231
Un scribe, d'après la figure restaurée par M. Heuzey pour l'Exposition de 1889.	235
Cylindres assyriens.	238
La mort et l'enfer.	256
Cercueil chaldéen en terre cuite.	259
Tombeau chaldéen de forme ronde.	259
Intérieur d'un tombeau chaldéen.	260
La chasse à l'âne sauvage.	270
Le cortège d'Assourbanipal.	271
La traversée du fleuve.	272
Les fantassins gonflant leur outre.	272
La traversée sur les outres gonflées.	273
La tente royale.	273
L'écurie royale.	274
Chasse à l'auroch.	276
Le roi fait hommage de sa chasse à la déesse Ishtar.	277
Le chien qui chasse le lion.	280
Le roi chasse le lion.	281
Mort de la lionne.	281
Le lion blessé.	282
Le roi tue le lion d'un coup de lance.	283
Le lion attaque la barque royale.	283
Le lion rapporté au camp.	284
Le lion sortant de sa cage.	285
Fragment d'une broderie assyrienne.	291
Collier du roi.	293
Épée assyrienne.	293
Le roi en costume de cérémonie.	294
Le roi sur son trône.	295
Un seigneur élamite.	296
Isdoubar étouffant un lion dans ses bras.	321
Un étendard assyrien.	344
Cavaliers assyriens chargeant : le servant guide le cheval de l'archer.	346
Cavalerie assyrienne en pointe dans un pays de montagnes.	347
Char de guerre élamite.	348
Archers élamites.	348
La ville de Suse.	349
Les débris de l'armée élamite sont jetés dans la rivière l'Oulaï.	351
Mort de Tioummân.	353
Réception et enregistrement des têtes coupées.	354

TABLE DES GRAVURES.

La tête de Tioummân promenée à travers le camp assyrien. . . 355
Les musiciens élamites marchant à la rencontre des Assyriens. 356
Le général assyrien présente Houmbanigàsh aux Élamites. . . 357
Convoi de prisonniers dirigé sur l'Assyrie. 358
Une dière de construction phénicienne. 363
Éa, le dieu-poisson. 365
Une rencontre entre les assyriens et les habitants du Marais. . . 366
Chaldéens réfugiés dans des roseaux. 368
Tours garnies de leurs hourds. 371
Prisonniers empalés par les soldats assyriens. 372
Camp retranché des Assyriens. 373
Trois tentes dans un camp assyrien 373
Les frondeurs assyriens. 374
Les archers derrière le pavois. 375
Un Assyrien essaye de mettre le feu à la porte de la ville avec une
 torche. 375
Les tours à bélier ouvrent la brèche dans la muraille. 378
Scènes de siège. 379
Les Assyriens abattent les arbres en pays ennemi. 380
Griffon assyrien de style égyptien 385
Défilé des chevaux. 386
Un chameau et ses conducteurs. 387
Un prisonnier écorché vif. 391
Les convives du roi à table et buvant. 392
Les esclaves apportent des fruits. 393
Les esclaves apportent du vin, des gâteaux et des fruits. . . . 394
Les échansons puisent le vin au cratère 395
Les sentinelles coupe en main. 396
Assourbanipal boit avec la reine dans les jardins du harem : la
 tête de Tioummân est accrochée à une des branches du second
 arbre, à gauche. 397

LECTURES HISTORIQUES

HISTOIRE ANCIENNE

CHAPITRE I

THÈBES ET LA VIE POPULAIRE

Les faubourgs. — Les maisons en boue. — Fabrication de la brique et construction des maisons. — Le mobilier des pauvres. — Les voleurs et la police urbaine. — La famille : l'homme et les métiers manuels. — Le scribe et ses chances de fortune. — Les formules administratives. — La femme et son ménage : l'eau, le pain, le combustible. — Les enfants à la maison et à l'école : leur respect pour la mère.

Les parties de Thèbes qui s'étendent le long du Nil, entre Louxor et Karnak, présentent cet aspect morne et sordide qu'ont, la plupart du temps, les faubourgs de grande ville. Ce sont moins des quartiers bâtis régulièrement que des amas de huttes grises, raccordées l'une à l'autre sous tous les angles imaginables. D'étroits sentiers tortueux y cheminent comme au hasard, interrompus, d'espace en espace, par un étang limoneux où les bœufs vont boire et les femmes puiser l'eau (fig. 1), par une place irrégulière ombragée d'acacias ou de sycomores, par un terrain vague encombré d'ordures que les chiens du voisinage disputent aux éperviers et aux vautours.

La plupart des maisons sont construites misérablement en terre ou en briques crues revêtues d'un enduit de boue. Les plus pauvres renferment une simple cellule carrée, parfois deux chambrettes ouvrant directement l'une sur l'autre ou séparées par une petite cour : une mince toiture en feuilles de palmier juxtaposées les recouvre, si basse qu'un homme de taille moyenne, se levant sans précaution, pourrait la défoncer d'un coup de tête. Les plus riches ont un rez-de-chaussée solidement bâti, que sur-

Fig. 1. — L'étang de Louxor.

montent une terrasse et deux ou trois chambres où l'on arrive par un escalier appliqué au mur de la cour. Les petites pièces sombres du bas servent d'étable aux bestiaux, de dortoir aux esclaves, de magasins à serrer les nippes et les provisions du ménage; la famille vit à l'étage supérieur. Les toits et les planchers ne sont que des troncs de palmier, fendus en deux dans le sens de la longueur et couchés côte à côte, sur lesquels on étend un lit de terre battue. Les pluies sont rares dans la Haute-Égypte, mais, une fois ou deux par siècle, le ciel ouvre ses cataractes, et de véritables trombes d'eau s'abattent pendant huit ou dix heures sur la plaine de Thèbes. Les toits de chaume se percent et crèvent en quelques minutes, les terrasses cèdent et tombent sur l'étage inférieur, les parois se détrempent et s'en vont en longues coulées de boue ; où des quartiers populeux s'élevaient le matin, on ne voit plus le soir que des tas inégaux d'une pâte noire, d'où sortent des poutres brisées et des pans de mur à demi fondus. Ce serait ailleurs la ruine complète : une ou deux semaines de travail suffisent ici à réparer tout. Dès que la pluie a cessé, la population entière, hommes, femmes, enfants, se secoue, court retirer des décombres les bois, les provisions, les ustensiles qui ont résisté à l'inondation, et, de la boue diluée des vieilles masures, refait des huttes nouvelles que le soleil sèche

Fig. 2. — Fabrication de la brique.

comme à vue d'œil et crevasse en tous sens : deux jours après il n'y paraît plus.

Il faut un peu plus de temps et un peu plus de travail pour relever les maisons. Deux ou trois manœuvres descendent dans l'étang le plus voisin, y ramassent la vase à pleins seaux, l'entassent sur la rive, la pétrissent, la mêlent de gravier et de paille hachée menu, la pressent dans des moules en bois qu'un aide emporte et va décharger au soleil : en quelques heures, la brique est bonne à servir et la construction commence (fig. 2). Déblayer le terrain et y creuser des fondations, on n'y pense guère : c'en est assez d'égaliser les décombres et de poser les premières briques à même, sur l'espèce de patin qu'on s'est préparé de la sorte. Quinze jours plus tard, le rez-de-chaussée est clos, couvert, et la famille y rentre, bêtes et gens, tandis qu'on achève l'étage supérieur. La bâtisse nouvelle ne diffère en rien de l'ancienne : seulement elle est posée sur un plan plus élevé. Chaque fois qu'un accident oblige les propriétaires à reconstruire leurs maisons, le sol s'exhausse de quelques pieds et le quartier, comme soulevé d'un mouvement continu, monte au-dessus du niveau de la plaine environnante; au bout de quelques siècles, il est juché sur une véritable butte, qui renferme les débris accumulés de toutes les constructions antérieures.

Le mobilier est nul, ou peu s'en faut, dans ces logis de petites gens. Point de sièges ni de lits, mais quelques escabeaux très bas, des nattes en jonc ou en filaments de palmier, dont les bords recourbés sont garnis de piquants pour éloigner les scorpions et protéger les dormeurs contre leurs entreprises; un ou deux coffres en bois à ranger le linge, de larges pierres plates afin d'écraser le grain ; dans un coin, une huche en terre battue où mettre le blé, l'huile et les provisions de bouche, une dizaine de pots, de marmites et d'écuelles; enfin, contre une des parois, une figurine de divinité, en pierre émaillée, en bois, en bronze, sorte de fétiche domestique auquel on rend un culte sommaire, et qui chasse les mauvais esprits ou les bêtes venimeuses. Le foyer s'appuie d'ordinaire au mur du fond, et à la place qu'il occupe, un trou correspond dans le toit par où la fumée s'échappe. C'est grosse affaire que de se procurer du feu si personne n'en a dans le voisinage ou ne veut en donner : il faut alors battre deux éclats de silex l'un contre l'autre, jusqu'à ce que l'étincelle jaillisse et embrase un tas de feuilles ou de fibres sèches préparé à l'avance. Aussi les femmes se réservent-elles toujours un ou deux charbons endormis sous la cendre, et qu'il suffit d'éventer à la main ou de raviver du souffle. On éteint le foyer régulièrement une fois dans l'année, le jour de la fête des morts, ou lorsqu'un des membres de la famille vient à passer de vie à trépas ; le feu nouveau est rallumé alors au moyen d'une étincelle de feu sacré qu'on emprunte au temple le plus proche.

Meubles, ustensiles, linge, provisions, outils, ce qu'il y a dans les maisons a si peu de valeur que la plupart des gens laissent leur porte ouverte nuit et jour, même s'ils s'absentent pour longtemps : leur pauvreté défie le vol. Ceux qui ont quelque chose à perdre se précautionnent de larges serrures en bois et de gros verrous, qu'ils assurent d'un peu de boue sur laquelle ils impriment leur cachet : briser les scellés est un crime sévèrement puni, mais la crainte du châtiment n'écarte pas toujours les malfaiteurs. Le premier Epiphi dernier, Nsisouamon fut dévalisé par une bande de voleurs demeurés inconnus, mais qu'il soupçonne s'être formée dans les chantiers du maître maçon Nakhtmout. Ils pénétrèrent dans sa maison, tandis qu'il était à ses affaires, et y prirent deux grands pains ordinaires, ainsi que trois gâteaux d'offrande qui étaient empilés dans un coin, puis, avisant des flacons d'huile parfumée dont ils se seraient débarrassés difficilement, ils les brisèrent et en répandirent le contenu sur le sol, par pure malice. Ils s'attaquèrent ensuite à la huche et y enlevèrent deux terrines de fruits de jujubier. Nsisouamon, rentrant chez lui le soir, constata les dégâts, porta plainte et s'en remit à la police du soin de poursuivre. Il comptait, comme on dit, sans son hôte. Le capitaine des soldats libyens, les Mâaziou, qui sont chargés de la surveillance du quartier, a épousé la sœur de Nakhtmout et n'éprouve aucunement le besoin de se brouiller avec son beau-frère. Les voleurs, certains de l'impunité, ont voulu punir Nsisouamon d'avoir osé se plaindre. Le 13 Epiphi est un jour de fête solennelle en l'honneur du Pharaon défunt Amenhotpou III ; les ateliers chôment, les boutiques se ferment, les employés ont congé, et notre homme avait profité de ses loisirs pour aller passer l'après-midi chez son père. Les méchants larrons se sont introduits dans son magasin, et y ont volé trois grands pains, huit galettes, des macarons plein une assiette; ils ont versé l'eau-de-vie de palme dans la bière pour la faire tourner. Le pauvre homme est ruiné, et Dieu sait ce qu'il deviendra, si ses patrons ne lui viennent en aide et ne lui remplacent de leur propre fonds tout ce qu'il a perdu.

Bien que la polygamie soit autorisée par les lois, l'homme du peuple et le petit bourgeois n'ont guère qu'une seule femme, qui est souvent leur propre sœur ou l'une de leurs parentes les plus proches. La famille est très unie, mais le mari reste rarement à la maison pendant le jour: son métier l'appelle et le retient au dehors. Il part de grand matin, au lever du soleil, les pieds déchaux, la tête nue ou couverte d'un méchant bonnet en feutre collant au crâne, sans vêtement qu'un pagne bridant sur la hanche et tombant à peine sur la cuisse (fig. 3). Il emporte avec lui ses provisions, deux galettes de dourah cuites sous la cendre, un ou deux oignons, parfois un peu d'huile où tremper son pain, parfois un morceau de poisson séché. Vers midi, le travail s'interrompt pendant une heure ou deux, dont on profite pour manger et pour faire la sieste: il cesse entièrement au coucher du soleil. Chaque métier a ses misères que les poètes chantent dans leurs vers. « J'ai vu le forgeron à ses « œuvres, à la gueule de son four; — il a les doigts d'un « crocodile, — et la saleté du frai de poisson. — Les arti- « sans de toute sorte qui manient le ciseau, — ont-ils plus

Fig. 3. — Homme du peuple.

« de repos que le paysan? — Leurs champs à eux c'est le
« bois qu'ils taillent, leur profession c'est le métal : même
« la nuit, ils sont pris, — et ils travaillent en plus de ce
« qu'ils ont travaillé pendant le jour ; — même la nuit,
« leur maison est éclairée et ils veillent. — Le tailleur de
« pierres cherche de l'ouvrage en toute espèce de pierre
« dure. — Quand il a fini d'exécuter ses commandes — et
« que ses mains sont lasses, repose-t-il? Il faut qu'il soit
« au chantier dès le lever du soleil, — quand même il a les
« genoux et l'échine rompus. — Le barbier rase jusque
« dans la nuit. — Afin de pouvoir se mettre à manger, afin
« de pouvoir s'étendre sur le côté, — il faut qu'il se rende
« de quartier en quartier, — quêtant ses pratiques ; — il
« faut qu'il se surmène, et ses deux mains, pour emplir son
« ventre : — ainsi le miel, seul en mange qui le fabrique.
« — Le teinturier, ses doigts puent — l'odeur des poissons
« pourris, — ses deux yeux sont battus de fatigues ; — sa
« main ne s'arrête — de remettre en état les étoffes, — et
« il prend les étoffes en horreur. — Le cordonnier est très
« misérable, — et se plaint éternellement ; — sa santé est
« celle d'un poisson crevé, — et il n'a à ronger que son
« cuir. »

Le salaire, gagné si péniblement, suffit bien juste à l'entretien de la famille. Il est presque toujours payé en nature, quelques boisseaux de blé mesurés d'une main parcimonieuse, quelques mesures d'huile, quelques salaisons, et, les jours de fête, une ou deux cruches de vin ou de bière. Les contremaîtres ont une trique pour insigne et en usent à profusion : «L'homme a un dos, dit le proverbe, et n'obéit
« que lorsqu'il est frappé. » C'est le bâton qui a construit les Pyramides, creusé les canaux, remporté les victoires des conquérants ; c'est lui qui édifie le temple d'Ammon à cette heure, et qui aide les artisans de tout métier à fabriquer ces toiles, ces bijoux, ces meubles précieux, qui font

la richesse de l'Egypte et que les étrangers se disputent à haut prix sur les marchés de l'Asie, de l'Afrique, de l'Europe lointaine. Aussi bien est-il entré si avant dans la pratique journalière qu'on l'y considère comme un mal inévitable. Petits et grands sont égaux devant lui, depuis le ministre de Pharaon jusqu'au dernier de ses esclaves, et c'est un phénomène, digne d'admiration à le citer dans une épitaphe, si quelqu'un, même de la noblesse, a vécu tous les ans de sa vie « sans avoir été bâtonné devant un magis-

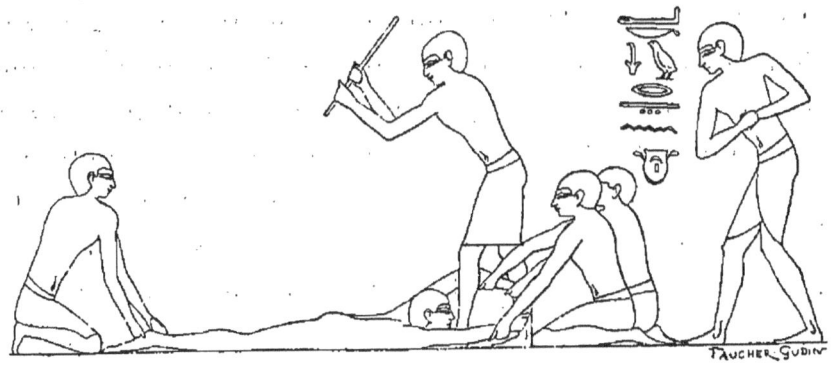

Fig. 4. — Scène de bastonnade.

« trat » (fig. 4). L'ouvrier, résigné d'avance, travaille avec opiniâtreté sous la verge qui le menace, avec intelligence, même avec gaieté. Il a l'esprit vif naturellement et la riposte prompte; il saisit d'instinct le côté plaisant des choses et sait donner un tour piquant à ses moindres saillies. Le plus petit incident pendant la corvée, un apprenti maladroit qui s'égratigne, un compagnon endormi sur ses pièces que le surveillant cingle pour l'éveiller, un âne qui éclate en braiements soudains au milieu du silence, tout lui est prétexte à se divertir : le rire s'allume, les langues partent, les brocards pleuvent, le bâton a beau intervenir, une heure s'écoulera pour le moins avant que le calme se rétablisse.

L'écrivain, le *scribe*, échappe à ces misères ou se vante

d'y échapper : « Il n'est que d'être scribe, disent les sages, « le scribe prime tout ce qui est sur cette terre. » On aurait tort de se laisser éblouir par ce titre et de s'attendre à trouver toujours derrière ceux qui s'en parent des savants, des auteurs habiles aux vers ou à la prose, des personnages riches et influents. Sans doute, il y a des scribes de rang très relevé. Le prince Amenhiounamif, fils aîné de Pharaon, successeur désigné du trône, est un scribe, et ses frères sont scribes comme lui. Nakhtmînou, seigneur héréditaire d'Akhmîm, est scribe; scribe aussi Baknikhonsou, grand prêtre d'Ammon Thébain et le plus haut dignitaire religieux du royaume. Mais Thotimhabi, que l'architecte Amenmosou emploie à enregistrer chaque matin les ouvriers qui viennent au chantier, Hori qui passe ses journées à compter des têtes de bétail et à en inscrire le nombre sur ses livres, Ramsîsou qui tient la comptabilité du maître menuisier Tinro, Nofirronpit qui court les rues et rédige des pétitions ou des billets pour les illettrés dans l'embarras, sont des scribes, au même titre que les fils du souverain ou les barons les plus puissants du royaume. Le scribe est simplement l'homme qui sait lire et écrire, manier les formules administratives et faire des calculs d'intérêt; l'instruction qu'il a reçue est un complément nécessaire de sa position s'il est fils de famille, lui permet d'obtenir une bonne place dans l'administration ou chez un riche particulier s'il est sans fortune.

Aussi n'est-il point de sacrifices que les petites gens ne s'imposent pour donner à leurs fils les connaissances qui peuvent les élever au-dessus du commun, ou du moins leur assurer un sort moins misérable. Si l'un d'eux montre de bonne heure quelque intelligence, ils l'envoient, vers l'âge de six ou huit ans, à l'école du quartier, où un vieux pédagogue lui enseigne les rudiments de la lecture, de l'écriture et du calcul. Vers dix ou douze ans, ils le retirent des mains de ce premier maître, et le mettent en apprentissage auprès d'un scribe en fonctions, qui s'engage à faire de lui un *scribe savant*. L'enfant va au bureau ou au chantier avec son patron, et passe des mois entiers à copier des lettres, des circulaires, des pièces de procédure et de comptabilité, auxquelles il ne comprend rien tout d'abord, mais qu'il retient fidèlement. On a, pour son usage, des cahiers de modèles empruntés à des auteurs connus et qu'il étudie sans cesse. Veut-il un rapport bref et précis ? Voici comment Ennana avait expédié l'un des siens : « Je « suis arrivé à Eléphantine, et j'accomplis ma mission ; je « passe en revue les fantassins et les soldats à char des « temples ainsi que les domestiques, les subordonnés qui « sont dans les demeures des officiers de Sa Majesté, v. s. f.[1] « Comme je vais pour faire un rapport par-devant le Pha- « raon, v. s. f., mon affaire court aussi vite que le Nil ; ne t'in- « quiète donc pas de moi. » Il n'y a pas un mot à retrancher. Veut-on au contraire une pétition en style poétique ? Voici comment Pentoïrit s'y prenait pour solliciter un congé : « Mon cœur est parti, il voyage et ne connaît plus le retour, « il voit Memphis et s'y précipite. Moi, puissé-je être lui. « Je reste ici, occupé à suivre mon cœur qui veut m'entraî- « ner vers Memphis ; je n'ai aucun travail en main, mon « cœur se tourmente en sa place, plaise le dieu Phtah me « conduire à Memphis, et toi, accorde qu'on me voie m'y « promener. J'ai du loisir, mon cœur veille, mon cœur il « n'est plus en mon sein, tous mes membres une langueur « les saisit ; mon œil se trouble, mon oreille se durcit, ma « voix devient muette, c'est un bouleversement complet. « Je t'en prie, porte remède à cela ! »

L'élève copie, recopie, le maître rétablit les mots passés,

---

[1]. *V. s. f.* est l'abréviation des mots *vie, santé, force* (en égyptien, *onkhou, ouza, sonbou*) qu'on met toujours, comme un souhait, derrière le nom et les titres de Pharaon.

corrige les fautes d'orthographe et dessine en marge les signes ou les groupes tracés d'une main malhabile. Quand le cahier est dûment terminé et que l'apprenti peut en écrire de tête toutes les formules, voire en détacher des lambeaux de phrases qu'il recoud ensuite l'un à l'autre pour en combiner des formules nouvelles, le patron lui confie la rédaction de quelques lettres dont il augmente graduellement le nombre et la difficulté. Dès qu'il possède à peu près la routine journalière, son éducation est terminée et on lui cherche une petite place. Il l'obtient, se marie : le voilà chef de famille, parfois avant sa vingtième année, et il n'aspire plus qu'à végéter tranquille dans le milieu obscur où le sort l'a jeté. Ses enfants suivront la voie qu'il leur a tracée et leurs enfants après eux; on rencontre dans certaines administrations de véritables dynasties de scribes, dont les membres se succèdent aux mêmes postes depuis un siècle et plus. Quelquefois l'un d'eux, plus intelligent ou plus ambitieux que les autres, se risque à sortir de la médiocrité commune : sa belle écriture, le choix heureux de ses mots, son activité, sa souplesse, son honnêteté, peut-être au contraire sa malhonnêteté prudente, attirent sur lui l'attention des supérieurs et lui valent de l'avancement. On a vu tel fils de paysan ou de petit bourgeois débuter par enregistrer des livraisons de pains ou de légumes dans un bureau de province, et finir, après une longue carrière bien remplie, par administrer la moitié de l'Egypte. Les chambres de ses greniers regorgent de blé, ses magasins sont remplis d'or, d'étoffes et de vases précieux, son étable « multiplie les dos » de ses bœufs, et les fils de son premier protecteur ne l'aborde plus que la face contre terre, en se traînant sur les genoux.

L'Egyptienne du peuple et des classes moyennes est plus respectée et plus indépendante que femme au monde.

Fille, elle hérite de ses parents une part égale à celle de ses frères; épouse, elle est la maîtresse réelle de la maison, *nibit pi*, dont son mari n'est pour ainsi dire que l'hôte privilégié. Elle va et vient à son gré, cause à qui bon lui semble sans que personne y ait rien à redire, se mêle aux hommes visage découvert, au contraire des Syriennes qui sont toujours voilées plus ou moins strictement. Elle est court vêtue d'un sarrau de toile blanche, étroit, collant au corps, descendant jusqu'à la cheville, qui découvre le haut du buste et tient en place au moyen de deux bretelles jetées sur les épaules (fig. 5). Le front, le menton, les seins, sont piqués délicatement de tatouages indélébiles, les lèvres fardées de rouge, les yeux cernés d'une bande noire, qui se prolonge sur les tempes presque à la rencontre des cheveux. La poudre dont on se sert pour cet usage est un mélange d'antimoine et de charbon broyé très fin, qui rehausse la blancheur du teint, donne de l'éclat au regard et protège l'œil contre les ophtalmies : on en recommande l'emploi par hygiène, et la coquetterie y trouve son compte. Les cheveux graissés, huilés, parfois teints en bleu, descendent sur les épaules et sur le cou en cordelettes très fines, terminées par des boules de terre; comme il faut plusieurs heures pour les arranger convenablement, on ne se coiffe que de loin en loin, tous les dix ou douze jours, tous les mois ou même plus. Les pieds sont nus ainsi que les bras et la gorge, mais, les jours de fête, une paire de sandales en feuilles de papyrus ou en cuir (fig. 6), des bracelets en verroterie au poignet et à la cheville, un large collier en perles ou en tubes de faïence émaillée (fig. 7), un bandeau et une fleur

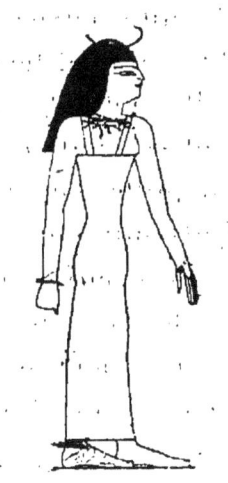

Fig. 5. — Femme du peuple.

épanouie sur le front, complètent le costume et corrigent
ce qu'il peut avoir de trop simple en temps ordinaire.

La femme est, à vrai dire, le ressort qui met toute la
maison en mouvement. Elle se lève à la pointe du jour,
ranime le feu sur l'âtre, distribue le pain de la journée,
envoie les hommes à l'atelier, les bêtes à la pâture sous la
garde des plus petits garçons et des filles, puis, une fois débarrassée de son monde, sort à son tour pour aller à l'aiguade.

 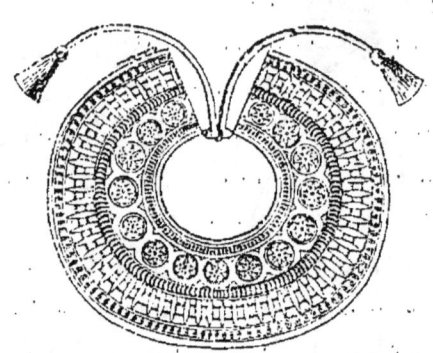

Fig. 6. — Sandale.   Fig. 7. — Collier.

Elle descend au fleuve, au canal, à l'étang le plus rapproché, y échange avec ses amies les nouvelles de la nuit, se
lave tout en bavardant les pieds, les mains, le corps, charge
sa cruche sur la tête et remonte lentement jusque chez
elle, les reins cambrés, la poitrine en avant, le cou raidi sous
le faix. Sitôt de retour, elle passe sans transition du métier de porteuse d'eau à celui de boulangère. Elle étale
quelques poignées de grain sur une pierre oblongue, offrant
une surface concave légèrement inclinée, et les écrase d'une
pierre plus petite en forme de molette qu'elle mouille par
intervalles. Pendant une heure et plus, elle peine des bras,
des épaules, des reins, de tout le corps : l'effort est extrême
et le résultat médiocre. La farine, ramenée plusieurs fois
sur le mortier, est inégale, grossière, mêlée de son, de
grains entiers qui ont échappé au broyage, de poussière et

d'éclats de pierre. La ménagère la pétrit telle quelle avec un peu d'eau, y incorpore en guise de levain un morceau de pâte rassise, gardée de la veille, et en façonne des galettes rondes, épaisses d'un pouce, larges de quinze centimètres environ, qu'elle étend sur des pierres plates et recouvre de cendres chaudes. Le bois est trop rare et trop cher pour qu'elle puisse s'en procurer aisément : elle y supplée par un combustible de sa fabrication. La fiente de ses bêtes et celle des ânes, des bœufs, des moutons que ses enfants vont recueillir au dehors, elle la brasse résolument comme une pâte ordinaire, et en moule des mottes ou des briquettes, qu'elle applique contre les murs extérieurs de sa maison ou étale dans sa cour pour les sécher au soleil. Cette matière douteuse brûle lentement, presque sans fumée, avec une flamme légère et une assez forte odeur d'ammoniaque : elle dégage beaucoup de chaleur avant de tomber en cendres. Le pain, peu levé, souvent peu cuit, conserve un fumet spécial et un goût acidulé auquel les étrangers s'habituent difficilement. Les impuretés qu'il renferme ont raison à la longue de la denture la plus solide : on le broie plus encore qu'on ne le mâche, et beaucoup de vieillards finissent par s'user les dents jusqu'au ras de la gencive, comme les chevaux.

Entre temps la femme cuisine, file, tisse, coud, taille et répare les vêtements, va au marché vendre ses volailles, ses œufs, son beurre, la toile qu'elle a fabriquée, le tout sans préjudice des marmots qui piaillent ou du nouveau-né qu'elle allaite. Mariée très jeune, mère avant quinze ans, souvent aïeule à trente, les enfants se multiplient sans relâche et grouillent autour d'elle. Une famille nombreuse est un bienfait des dieux, qu'on accueille avec d'autant plus de reconnaissance que l'entretien n'en est pas fort coûteux. De costume, il n'en est pas question : garçons et filles portent parfois un bracelet au poignet ou une amulette au cou, plus une grosse tresse de cheveux battant sur l'oreille, mais restent nus sans vergogne jusqu'à la puberté (fig. 8 et 9). Dès qu'ils commencent à marcher, la mère les utilise à de petits ouvrages : elle les envoie ramasser des branches et des herbes sèches ou récolter dans des couffes la matière première des mottes à brûler, elle leur confie le soin de mener les oies à la pâture, enfin, elle s'aventure à leur permettre de conduire les bestiaux aux champs et à l'abreuvoir. Dès qu'ils ont six ou huit ans, elle les met à l'école ou leur fait apprendre un métier, le plus souvent celui du père.

Fig. 8. — Un petit garçon.

Beaucoup n'en arrivent jamais là et disparaissent en bas âge. Mal nourris, entourés de soins insuffisants, abandonnés à eux-mêmes pendant des journées entières, tous ceux dont la constitution présente quelque point faible succombent l'un après l'autre : les familles les plus nombreuses ne sont, la plupart du temps, que le reste de familles plus nombreuses encore. Du moins ceux qui survivent demeurent-ils en général doués d'une santé à toute épreuve. Le peuple égyptien, trié pour ainsi dire par cette opération naturelle, ne se compose guère que d'individus vigoureux, résistants à la douleur et à la fatigue, d'une beauté robuste et vaillante. Il compte peu de ces êtres infirmes, tordus et

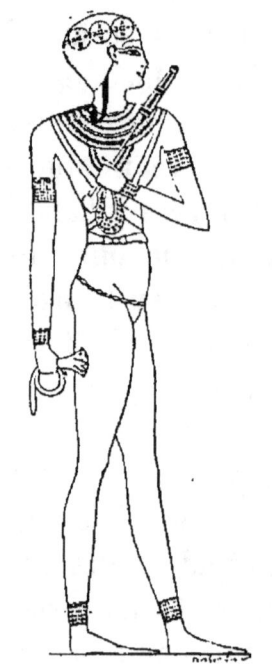

Fig. 9. — Fillette déjà grande.

contrefaits qui pullulent dans d'autres pays; l'ophtalmie est le seul mal qu'il ait à redouter. L'action des sables fins dont l'atmosphère est saturée, l'éclat insupportable de la lumière, l'influence des nuits sereines et des brouillards qui se lèvent au matin, déterminent, chez le laboureur ou chez l'ouvrier des villes, de nombreuses maladies de l'œil que les médecins ne guérissent pas toujours : ce n'est partout dans les rues que borgnes, aveugles, paupières rouges et purulentes.

La femme du peuple se flétrit rapidement à force de travail et de fécondité : son visage se creuse et se ride, sa poitrine se déforme, sa taille se courbe, elle est déjà décrépite à un âge où d'autres commencent à peine à vieillir. Sa position dans la famille ne souffre point de cet enlaidissement précoce : elle reste jusqu'à la fin « l'aimée de son mari » et la maîtresse de la maison. Les enfants marquent leur filiation par son nom plutôt que par celui du père. Ils sont Khonshotpou, Ahmosou, Nouhri, nés de madame Banisit ou de madame Mîmout, non pas Khonshotpou, Ahmosou, Nouhri, fils du sieur Nibtooui ou du sieur Khâmoïsit. Les divinités elles-mêmes donnent en cela le bon exemple aux humains, et le jeune Horus s'intitulait Harsiisit, Horus fils d'Isis, sans tenir compte d'Osiris. Le père encourage au besoin et réchauffe de ses conseils l'affection qu'ils ont pour la mère. « C'est le dieu qui te l'a
« donnée », dit l'un d'eux, le sage Khonshotpou, à son fils Ani; « faix pour faix, c'est une grosse charge qu'elle a
« subie en toi, sans que j'aie pu l'aider à la porter. Quand
« enfin tu es né, les mois accomplis, elle s'est faite esclave
« de toi réellement, pendant les trois ans que sa mamelle
« a été dans ta bouche, et à mesure que tes ordures deve-
« naient plus rebutantes, son cœur ne se rebutait pas jus-
« qu'à lui faire dire : « Qu'ai-je besoin de m'imposer
« cela? ». Se rendant à l'école, lorsqu'on t'instruisit aux

« lettres, elle s'installait près de ton maître chaque jour,
« avec les pains et la bière de sa maison. Et maintenant
« que tu es adulte, que tu prends femme, que tu gouvernes
« ta maison à ton tour, aie toujours présents aux yeux et
« ta naissance douloureuse et tous les soins que ta mère
« a pris de toi, afin qu'elle n'ait rien à te reprocher et ne
« lève pas ses mains vers le dieu, car il exaucerait sa malédiction. »

CHAPITRE II

LE MARCHÉ ET LES BOUTIQUES

Les quartiers bourgeois de Thèbes. — Le marché : l'achat par troc et la pesée des métaux. — Les rues marchandes et les boutiques. — Le confiseur, le gargotier, le barbier ambulant. — Le cordonnier. — L'orfèvre. — Le menuisier. — Les tisserandes, le corroyeur, le potier. — La *maison de bière* et ses habitués. — Aspect de la foule. — La grève des maçons. — Psarou, comte de Thèbes, et sa maison. — Pharaon entre en scène.

Gens et maisons, l'aspect des quartiers change à mesure qu'on pénètre au cœur de la ville. Les rues ne deviennent ni plus larges ni plus droites, mais les constructions sont plus soignées, plus régulières, et si élevées que le ciel apparaît d'en bas comme une simple bande lumineuse entre deux lignes sombres. On sent, à mille indices, que la population est riche ou tout au moins fort à l'aise, mais elle dissimule sa fortune au lieu de l'afficher. Les maisons tournent vers la rue des faces borgnes et muettes. Les fenêtres extérieures y sont rares et placées haut, les portes basses et soigneusement closes; quand l'une d'elles s'entr'ouvre, on n'aperçoit par l'ouverture que l'issue d'un couloir ténébreux ou les premières marches d'un escalier perdu dans l'ombre. Un chien aboie, un enfant crie dans une chambre lointaine, une voix venue on ne sait d'où rompt un moment le silence, deux passants se croisent et échangent un salut, de pauvres petits ânes, chargés de paille, filent trottant menu sous le bâton du conducteur. Voici pourtant qu'une maison enjambe la chaussée et rejoint la maison d'en face : on marche à tâtons l'espace de vingt à trente pas, dans une sorte de conduit étouffé, et l'on débouche au plein soleil, sur une petite place bruyante où se tient un marché. Des moutons, des oies, des chèvres, des ânes, de grands bœufs à longue corne, dispersés par groupes inégaux, attendent au milieu l'acheteur. Des paysans, des pêcheurs, de petits revendeurs au détail sont accroupis sur plusieurs rangs le long des maisons, étalant devant eux, dans de grandes couffes en sparterie ou sur des tables basses, des pains ou de la pâtisserie, des fruits, des légumes, du poisson, de la viande crue ou cuite, des bijoux, des parfums, des étoffes, tout le nécessaire et tout le superflu de la vie égyptienne.

Les chalands défilent et s'enquièrent à loisir de la qualité des denrées : chacun porte à la main quelque pièce de sa fabrication, un outil neuf, des souliers, une natte, ou un petit coffret rempli d'anneaux en cuivre, en argent, voire en or, du poids d'un *outnou*[1], qu'il se propose d'échanger contre les objets dont il a besoin. Deux pratiques se sont arrêtées au même instant devant un fellah qui expose des oignons et du blé dans un panier. Le premier a pour monnaie deux colliers de verroterie ou de faïence multicolore, le second un éventail arrondi à manche de bois et un de ces ventilateurs triangulaires dont les cuisiniers se servent pour activer le feu. « Voilà un beau collier qui te plaira, voilà ton affaire », s'écrie celui-là, et celui-ci : « Voilà un éventail et un ventilateur ». Le fellah cependant ne se laisse pas troubler par cette double attaque.

1. L'*outnou* pèse en moyenne 91 grammes, selon les recherches de M. Chabas.

mais procède avec méthode et saisit tout d'abord un fil de verroterie pour l'examiner de plus près : « Donne voir que je fasse le prix » (fig. 10). L'un demande trop, l'autre offre trop peu : de concession en concession, ils finissent par conclure et par déterminer exactement le nombre d'oignons ou le poids de blé qui équivaut au collier ou à l'éventail.

Fig. 10. — Un collier pour des oignons.

Ailleurs (fig. 11), c'est une paire de sandales ou un rang de perles en émail qu'il s'agit de troquer contre du parfum. « Voici, fait l'acheteur, des souliers bien solides. » Mais le vendeur n'a pas besoin de chaussures pour le moment, et propose un de ses petits pots, en échange du rang de perles : « C'est délicieux quand on en répand

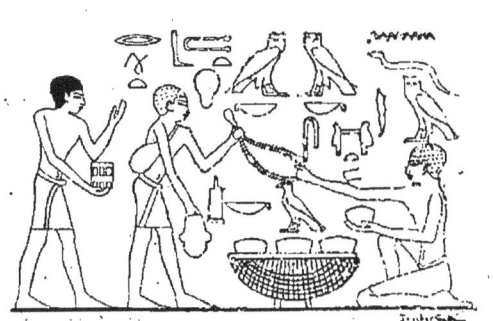

Fig. 11. — Du parfum pour un collier.

quelques gouttes », explique-t-il d'un air engageant. Une femme met sous le nez d'un personnage agenouillé deux ampoules qu'elle lui veut céder, et qui renferment probablement quelque pommade de sa façon (fig. 12) : « Voici, dit-elle, qui sent assez bon pour t'amadouer. » Derrière ce groupe, deux hommes débattent la valeur d'un paquet d'hameçons (fig. 13); une femme, coffret en main, marchande des bracelets et des colliers, une autre femme essaye d'obtenir un rabais sur le prix d'un poisson que l'on achève de parer devant elle.

LE MARCHÉ ET LES BOUTIQUES.

Lorsqu'il s'agit d'un animal de forte taille ou d'objets ayant une valeur considérable, les comptes s'embrouillent. Ahmosou, par exemple, livre un taureau contre une

Fig. 12. — Vente de parfum, achat de poisson.

natte, cinq mesures de miel, onze mesures d'huile et sept objets d'espèce différente. On imagine les combinaisons

Fig. 13. — Les hameçons et l'achat du collier.

qu'il a dû faire pour arriver à établir une balance aussi compliquée. On a d'ailleurs contrôlé avec soin et mentionné sur la facture[1] la valeur en métal de chaque article : la

---

1. Cette facture existe : elle nous a été conservée sur un fragment de pot en terre cuite (*ostracon*) du Musée britannique.

natte a été estimée vingt-cinq *outnou* de cuivre, le miel quatre, l'huile dix, et ainsi de suite : le tout forme un poids total de cent dix-neuf *outnou*, ce qui n'est point trop cher pour une bête en bonne condition [1]. Cette façon de s'en référer au pouvoir de l'un des métaux usuels est si commode, et dispense de tant de calculs, qu'elle a été adoptée même pour les menues transactions de la vie courante. Le boucher, le boulanger, le grainetier, tous les petits marchands préfèrent le troc contre un métal, qui tient peu de place et ne s'altère point, au troc contre des objets souvent encombrants, et qui risquent de se détériorer si on les conserve trop longtemps chez soi. Une paire de canards vaut le quart d'un *outnou* en cuivre, un éventail le quart, un rasoir en bronze en vaut un complet, une pioche deux, une chèvre deux, une tête de bœuf un demi-*outnou* en argent, une outre de vin fin trois *outnou* d'or. Souvent, il est vrai, les anneaux ou les fils repliés, qui représentent l'*outnou* et ses multiples, ne renferment pas la quantité d'or ou d'argent qu'on présume, et sont trop faibles. On en est quitte pour les peser à chaque marché nouveau (fig. 14). Les parties intéressées en profitent pour se disputer chaudement : quand elles ont crié pendant un quart d'heure que la balance est fausse, ou que l'opération est mal faite et doit être recommencée, elles s'accordent, de guerre lasse, et s'en vont satisfaites l'une de l'autre. Le mal est plus grave lorsque des individus, trop intelligents et trop peu scrupuleux, se permettent de fausser les métaux précieux, et d'introduire dans les lingots autant de cuivre qu'ils peuvent en contenir sans en paraître altérés.

1. Vingt-cinq *outnou* font $91 \times 25 = 2\,275$ gr., quatre *outnou* $91 \times 4 = 364$ gr., dix *outnou* $91 \times 10 = 910$ gr., cent dix-neuf *outnou* $91 \times 119 = 10\,829$ gr., soit, en poids et sans tenir compte de l'alliage, $14\,378$ gr. $= 143$ fr. 78 c. de notre monnaie de cuivre. En répétant ce calcul pour chacun des chiffres indiqués par la suite, on aura la valeur des objets évalués par les Égyptiens en *outnou* d'or, d'argent ou de cuivre.

Le commerçant de bonne foi qui croit recevoir, disons huit *outnou* d'or fin, et à qui l'on passe huit *outnou* d'un alliage en tout semblable à l'or, mais où l'or n'entre que pour les deux tiers, perd alors sans le savoir un tiers de sa marchandise. N'était ce danger de fraude dont chacun s'effraye à bon droit, le troc contre métal aurait déjà chassé des marchés le troc contre objets divers. Il deviendra d'un usage universel le jour où l'on aura découvert un procédé qui délivre le public des pesées continuelles et lui garantisse la pureté des lingots[1].

Fig. 14. — Pesée des *outnou*.

Deux ou trois rues commerçantes s'amorcent de l'autre côté de la place, et la foule s'y précipite au sortir du marché. Elles sont bordées sur presque toute leur longueur d'échoppes et de boutiques où non seulement l'Egypte, mais la plupart des nations orientales exposent leurs produits les plus variés. Les lourdes étoffes historiées de la Syrie, l'orfèvrerie phénicienne ou hittite, les bois odorants et les gommes du Pounit et des Terres divines[2], le lapis et les broderies de Babylone, le vermeil, l'or, le fer, l'étain,

---

1. Ce procédé fut découvert dans la première partie du VIIe siècle avant notre ère, les uns disent par les rois de Lydie, les autres par Phidon d'Argos. En apposant sur les lingots un poinçon, une empreinte officielle qui en garantissait le poids et le titre, les Lydiens ou les Grecs les transformèrent en pièces de monnaie.
2. L'Arabie méridionale, les côtes africaines de la mer Rouge et le pays des Somalis.

l'ambre[1] des contrées lointaines situées au-delà de la mer, s'y rencontrent pêle-mêle avec le fin lin, les bijoux, les verreries, les meubles indigènes. Chaque boutique est indépendante à l'ordinaire du reste de la maison et se loue séparément. C'est une petite pièce carrée, souvent une simple niche, largement ouverte sur le devant, et qu'on ferme le soir au moyen de volets en bois maintenus par des barres transversales : une ou deux nattes, un ou deux tabourets bas, des planches fixées au mur et qui portent des marchandises ; peut-être, derrière la boutique, une ou deux petites chambres bien closes où l'on serre les objets les plus précieux. La plupart des commerçants sont aussi des fabricants. Ils ont des apprentis ou des ouvriers qu'ils font travailler, travaillent eux-mêmes dans les intervalles de la vente ; le métier qu'ils exercent n'a point de secret qu'un client curieux ne puisse surprendre en passant, si bon lui semble. Les artisans de même espèce ont une tendance naturelle à se réunir les uns à côté des autres dans un même endroit, les forgerons avec les forgerons, les corroyeurs avec les corroyeurs, les orfèvres avec les orfèvres, et à former comme une petite cité où l'on ne trouve que des objets d'une seule sorte : ici les boutiques sont mêlées et se suivent sans ordre.

Les deux qui occupent le coin de la place appartiennent, celle de droite à un confiseur, celle de gauche à un gargotier. Midi approche, le moment du dîner, puis de la sieste ; la foule se presse autour d'elles. Tandis que le confiseur débite sur le devant ses dattes confites, ses sirops, ses pâtisseries au miel et aux épices, dans le fond ses aides pilent à grands coups des amandes ou des pistaches dans un mortier (fig. 15), décantent et filtrent des liqueurs mystérieuses, et opèrent des combinaisons aussi ardues que

1. J'ai trouvé des perles d'ambre en assez grande quantité, dans les tombes de l'Ancien et du Moyen Empire que j'ai fouillées à Abydos.

celles des médecins qui préparent un remède. En face, le gargotier et ses garçons ne suffisent pas à satisfaire aux exigences de la pratique : quartiers d'oies, portions de bœuf, ragoûts, légumes, toute l'œuvre patiente de la matinée, ne font qu'apparaître et disparaître. Heureusement les renforts sont là : des morceaux de viande crue pendent au plafond et n'attendent que leur tour d'entrer en action (fig. 16); deux marmites remplies à déborder achèvent de bouillir, et un cuisinier rôtit une oie qu'il tient embrochée de la main gauche au-dessus du foyer, tandis que de la

Fig. 15. — Le confiseur au travail.

Fig. 16. — La boutique du gargotier.

droite il active la flamme avec un ventilateur (fig. 17). Une partie des clients emporte ses emplettes, après avoir payé, pour dîner à domicile, en famille. D'autres préfèrent manger sur place : un bourgeois (fig. 18), assis sur un tabouret et drapé dans son manteau, se prépare à se régaler solidement, s'il faut juger de son appétit par le tas de victuailles qui est posé devant lui. Un barbier, qui rôdait aux alentours, a fini par trouver une pratique parmi tous ces dîneurs, et lui rase rapidement la tête avant de se rassasier à son tour (fig. 19).

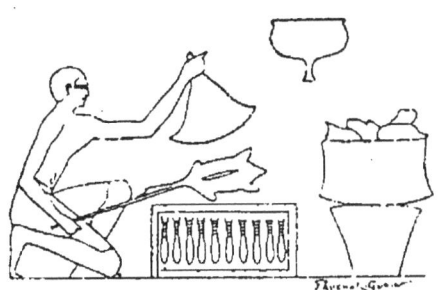

Fig. 17. — Le cuisinier rôtit une oie.

Fig. 18. — Un des clients du gargotier.

Un cordonnier fait suite au confiseur, un orfèvre au cordonnier, un menuisier à l'orfèvre. Le cordonnier paraît être des mieux achalandés, car il emploie quatre ouvriers sans relâche (fig. 20). L'un d'eux est allé prendre une peau au fond de la boutique, et l'a débitée en bandes de la largeur d'un pied d'homme, qu'il étend sur une forme haute, pour les assouplir et les briser légèrement à coups de maillet. Les trois autres, assis chacun devant un établi bas en plan incliné, où sont posés leurs outils, travaillent hardiment

Fig. 19. — Le barbier et sa pratique.

pendant que le patron se débat contre la clientèle. Ils ne fabriquent point la chaussure de luxe, la sandale à bout recourbé et à bandelettes multicolores, la babouche à talon, le soulier en cuir mou lacé sur le devant, mais la chaussure d'usage et de peine. Elle consiste en une forte semelle dont le contour suit d'une manière générale la forme du pied. Elle est munie au talon de deux oreillettes où passent des lanières en cuir ; une troisième lanière, fixée entre le pouce et le second orteil, vient s'attacher sur

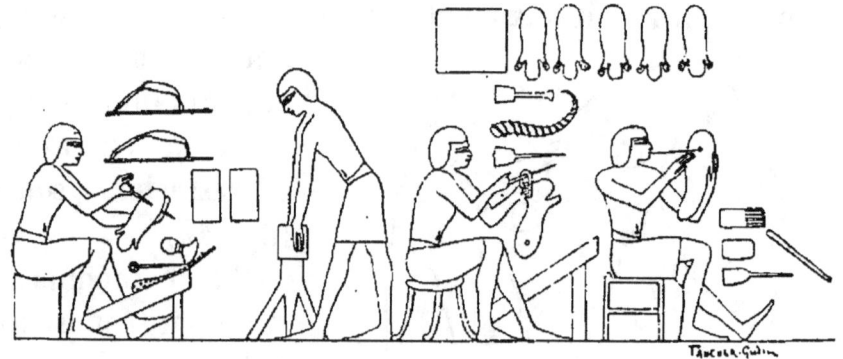

Fig. 20. — Un atelier de cordonnier.

le cou-de-pied avec les deux autres. L'ouvrier du milieu perce une oreillette avec son alêne, celui de gauche fore la sandale, et celui de droite tire avec les dents la courroie pour la mettre en place : on comprend, en le voyant, pourquoi le satirique dit de l'ouvrier cordonnier « qu'il n'a que du cuir à manger[1] ». Des sandales découpées, mais non garnies, sont pendues au mur avec une demi-douzaine de peaux : une seule paire est entièrement terminée et attend la pratique.

L'orfèvre occupe moins d'espace que son voisin le cordonnier. Une petite enclume, des tenailles, des marteaux, un fourneau à réverbère et, comme aide, un seul

1. Voir p. 7 le passage auquel je fais allusion en cet endroit.

apprenti; quelques douzaines de bagues, de boucles d'oreilles, de bracelets en cuivre ou en mauvais argent, sont étalées pour la montre, mais les bijoux de prix sont en sûreté dans un coffre, au fond de la boutique, loin des yeux de la foule et surtout loin de ses mains. L'or arrive en pépites, par sachets d'un poids connu, du fond de l'Afrique où les nègres le recueillent dans le sable des rivières, en briquettes

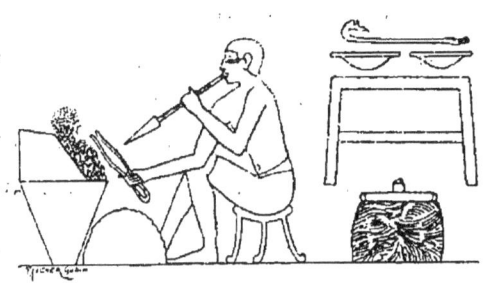

Fig. 21. — L'orfèvre au creuset.

et en anneaux, de Syrie ou des déserts qui séparent le Nil de la Mer Rouge. L'argent et l'électrum, cet alliage naturel qui contient vingt parties d'argent pour quatre-vingts d'or, sont apportés par les Phéniciens et par les Éthiopiens. Les pierres vertes (*mafkaït*) et rouges, émeraudes, jaspe, olivine, grenat, rubis, cornaline, sont originaires de l'Égypte même ; quant au lapis-lazuli, il est importé par les négociants chaldéens des régions inconnues et presque fabuleuses auxquelles l'Elam confine. Cependant une jeune femme vient de remettre à l'orfèvre une briquette d'électrum et attend, tout en bavardant, qu'il l'ait convertie en bracelet. Le voici qui pèse soigneusement le métal, et le jette au feu : assis devant le creuset, une pince à la main, il active la flamme au moyen d'un chalumeau pour hâter la fusion ou plutôt l'amolissement (fig. 21). Dès que la pièce est chaude à point, il la retire, la bat sur l'enclume, la rechauffe, la rebat, l'amène enfin à l'épaisseur et à la longueur voulues. Il la ploie ensuite d'un seul mouvement et l'arrondit jusqu'à ce que les deux extrémités se touchent, soude rapidement, nettoie au sable, verse une cruche d'eau par-dessus pour refroidir son œuvre, et la poli de la main : c'est l'affaire d'une heure au plus, pendant laquelle on l'a dérangé vingt fois peut-être, pour lui demander des bagues, une paire de boucles d'oreilles, une chaîne, un anneau de pied.

Même activité chez son voisin le menuisier (fig. 22), où

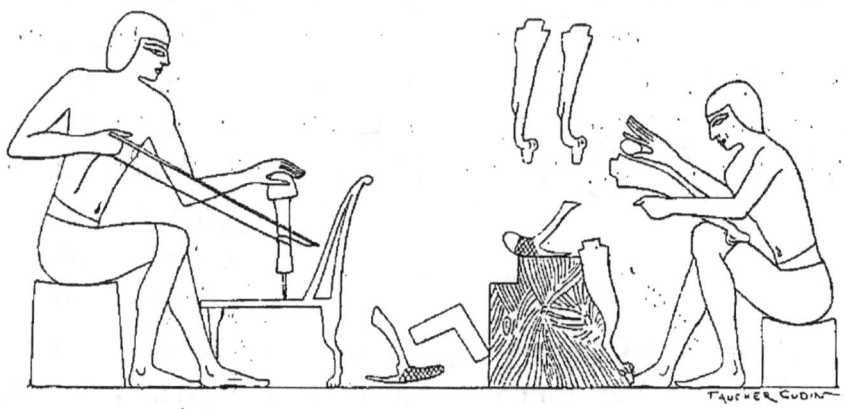

Fig. 22. — Le menuisier fabriquant des chaises.

l'on fabrique en ce moment des chaises d'apparat en bois incrusté. L'une d'elles est déjà montée et l'ouvrier perce au violon, sur le cadre, les trous où le treillis du fond va s'attacher. L'ouvrier d'en face est moins avancé dans son œuvre : il a taillé les quatre pieds de lion qui doivent soutenir le siège, et se dépêche de les poncer. Son herminette est posée sur le billot de bois qui lui fournit ses matériaux : elle se compose d'une lame courte, en fer le plus souvent, et qui

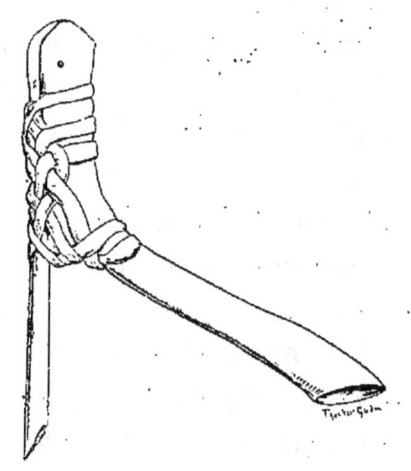

Fig. 23. — L'herminette du menuisier.

est attachée par un lacis de bandelettes à un manche recourbé (fig. 23). L'herminette est l'outil de prédilection du menuisier égyptien. Il s'en sert pour débiter son bois, pour façonner les planches, pour les tailler, pour les planer ; elle vaut entre ses mains autant qu'une demi-douzaine d'outils différents entre les mains d'un menuisier étranger.

Un cliquetis de navettes, mêlé à un caquetage de femmes : c'est un atelier de fileuses et de tisserandes en pleine activité. L'une roule et tord le brin entre ses doigts, l'autre lisse le fil, une troisième le cuit ; deux autres, accroupies de chaque côté d'un métier bas, planté en terre, tissent une pièce de linon (fig. 24). Un corroyeur racle des peaux avec

Fig. 24. — Les tisserandes au métier.

un tranchet. Un potier modèle des plats en terre rouge. Un fabricant de vaisselle en pierre creuse et polit intérieurement, avec une sorte de vilebrequin, un grand cornet en albâtre. Ce sont là des industries honnêtes et qui s'étalent en plein jour : plus loin, une *maison de bière* se dissimule à moitié au coin d'une ruelle obscure. L'Égyptien est sobre en temps ordinaire, mais, quand il se donne « un jour heureux », il ne se prive pas de boire avec excès, et l'ivresse ne l'effraye point. La *maison de bière*, fréquentée ouvertement par les uns, en cachette par les autres, fait toujours d'excellentes affaires : si les cabaretiers ne sont pas aussi estimés que les autres commerçants, du moins ils prospèrent.

La salle de réception a été fraîchement peinte à la chaux. Elle est garnie de nattes, de tabourets, de fauteuils, sur lesquels les habitués sont assis côte à côte, buvant fraternellement de la bière, du vin, de l'eau-de-vie de palme (*shodou*), des liqueurs cuites et parfumées qui nous paraîtraient probablement détestables, mais pour lesquelles ils manifestent un goût particulier. Le vin est conservé dans de grandes amphores poissées, fermées avec un bouchon de bois ou d'argile enduit de limon peint en bleu, sur lequel on a frappé une empreinte au nom du propriétaire ou du pharaon régnant : une inscription à l'encre, tracée sur la panse, indique la provenance et la date exacte, *L'an XXIII, vin d'importation,* — *L'an XIX, vin de Bouto,* — et ainsi de suite. Il y en a de tous les crus, vins blancs et vins rouges, vins de Maréotis, vin de Péluse, vins *Étoile d'Horou, maître du ciel*, originaires des Oasis, vins de Syène, sans parler des vins d'Éthiopie ni des vins dorés que les galères phéniciennes amènent de Syrie. La bière a été de tout temps la boisson favorite du peuple. On la fabrique avec un brassin d'orge, macéré dans l'eau, et qu'on fait lever avec de la mie de pain fermentée. Au sortir du cuveau, elle est douce et plaisante au goût, mais se trouble aisément et tourne bientôt à l'aigre : la meilleure partie du vinaigre que l'on consomme en Égypte n'est pas du vinaigre de vin, mais du vinaigre de bière. On obvie à cet inconvénient en y introduisant une infusion de lupin, qui lui communique une certaine amertume et la rend inaltérable. Bière douce, bière *de fer*, bière mousseuse, bière parfumée, bière aromatisée d'épices à froid ou à chaud, bière de millet épaisse et limoneuse, comme celle qu'on prépare en Nubie et chez les Nègres du Haut-Nil, les cabarets ont en magasin autant de variétés de bière que de qualités de vin différentes.

Si vous entrez, à peine avez-vous pris place, un esclave ou une servante accourt et vous interpelle : « Bois jus-« qu'à l'ivresse, fais un jour heureux, écoute les conver-« sations de tes compagnons, et ne cesse de te divertir! » A chaque instant, c'est une provocation nouvelle : « Bois et « ne fais la petite bouche, car je ne te laisserai que tu n'aies « bu ! » La formule change, mais le refrain reste le même, *bois, bois* et encore *bois*. Les habitués ne dédaignent pas de répondre à ces incitations par des plaisanteries assez innocentes le plus souvent : « Allons, donne-moi dix-huit « coups de vin de ta propre main ; je veux boire jusqu'à « l'ivresse, et la natte où je suis est un bon lit de paille pour « y cuver mon vin[1]. » Ils dissertent entre eux sur les divers effets que produisent le vin et la bière. Le vin égaye, porte à la bienveillance et à la tendresse ; la bière alourdit, hébète, pousse à la colère brutale. Un homme ivre de vin tombe sur la face, un homme ivre de bière tombe et reste sur le dos. Les moralistes réprouvent ces excès et n'ont pas de mots assez forts pour en dépeindre le danger. Le vin délie la langue de l'homme jusqu'à lui arracher des propos dangereux, et, l'instant d'après, l'abat au point qu'il n'est plus capable de défendre ses intérêts. « Ne t'oublie donc « pas dans les brasseries, de peur qu'on ne rapporte les « discours qui sortent de ta bouche sans que tu aies con-« science de les tenir. Quand tu tombes enfin les membres « rompus, personne ne te tend la main, mais tes compa-« gnons de beuverie se lèvent, disant : « Gardons-nous de « celui-ci, c'est un ivrogne ! » Aussi, lorsqu'on vient te cher-« cher pour te parler affaires, on te trouve vautré à terre, « comme un petit enfant. » Les jeunes gens surtout de-vraient éviter ce vice honteux, car « la bière met leur âme

---

1. Les propos de ces buveurs sont empruntés à une scène de repas funéraire du tombeau de Ranni, à El-Kab ; je les ai paraphrasés pour les rendre intelligibles au lecteur moderne.

« en pièces. » Celui qui se livre à la boisson « est comme « une rame arrachée de sa place et qui n'obéit plus d'aucun « côté; il est comme une chapelle sans son dieu, comme « une maison sans pain, dont le mur est trouvé vacillant « et la poutre branlante. Les gens qu'il rencontre dans la « rue se détournent de lui, car il leur lance de la boue et « des huées », jusqu'à ce que la police intervienne et l'emmène reprendre possession de lui-même en prison.

Les uns vont au marché, les autres en viennent : la foule est partagée en deux courants de force à peu près égale, qui se heurtent au coin des rues, se pénètrent, se croisent et entraînent, en s'écoulant, mille variétés de costumes et de types. Rien n'est plus mêlé que la population d'une grande ville égyptienne : la guerre y verse chaque année des milliers d'esclaves, le commerce y attire les marchands de tous les coins du monde, et les éléments étrangers, sans cesse absorbés dans le vieux fond indigène, y forment des générations hybrides, où les traits des races les plus opposées se confondent et finissent par se perdre. Sur vingt officiers ou fonctionnaires qui entourent le Pharaon, dix peut-être sont d'origine syrienne, berbère, éthiopienne, et Pharaon lui-même a dans les veines le sang des princesses nubiennes et asiatiques, que les hasards de la conquête ont fait entrer au harem de ses ancêtres. Les tons foncés dominent dans la rue, fellahs égyptiens brûlés au soleil et tirant sur l'ocre rouge, Nubiens couleur de bronze enfumé, nègres du Haut-Nil, tous à peu près nus, n'était le pagne court autour des reins : çà et là pourtant, un soldat de la garde Shardane ou un Khiti des gorges du Taurus se détache en blancheur sur la masse ambiante. Des bourgeois rasés et fardés de frais, perruque bouclée, casaque plissée, jupes flottantes, pieds nus ou sandales à la poulaine, se rendent gravement à leurs affaires une longue canne à la main (fig. 25). Un prêtre à la tête rase passe drapé dans un manteau blanc. Un char attelé de deux chevaux se fraye lentement un chemin à travers la presse. Des dames de bonne famille s'en vont marchandant aux boutiques, par groupes de trois ou quatre : elles portent, par-dessus le sarrau collant, une longue robe de toile fine, empesée, gaufrée, mais presque transparente et qui les couvre plus qu'elle ne les voile.

Soudain un grand bruit éclate au bout de la rue; la foule s'ouvre violemment et une centaine d'ouvriers, criant, gesticulant, le corps et le visage barbouillés de terre glaise et de mortier, se précipitent, entraînant au milieu d'eux trois ou quatre scribes effarés et piteux. Ce sont les maçons employés aux constructions nouvelles du temple de Mout, qui viennent de se mettre en grève, et vont porter leurs doléances au seigneur Psarou, comte-gouverneur de la ville et directeur général des travaux du roi. Ces petites émeutes ne sont pas rares, et toutes ont pour cause la misère et la faim. Le meilleur de la paye consiste, comme on sait, en blé, en dourah, en huile, en rations de nourriture, que les chefs distribuent ordinairement le premier de chaque mois, et qui doivent durer jusqu'au premier du mois suivant. La quantité allouée à chacun suffirait certainement, si elle était administrée avec économie : mais allez parler d'économie à des gens qui rentrent affamés, après une journée de travail acharné, et qui n'ont mangé vers midi que deux galettes, assaisonnées d'un trait d'eau bourbeuse. Pendant les premiers jours du mois, la famille se rassasie largement, sans ménager les provisions; vers le milieu, les parts diminuent et l'on commence à se plaindre;

Fig. 23. — Un bourgeois égyptien.

pendant la dernière semaine, c'est la famine, et le travail s'en ressent. Si l'on consultait dans les chantiers les registres officiels des scribes, ou simplement les carnets des contremaitres, on y verrait notés, vers la fin de chaque mois, des chômages répétés, et, parfois, des grèves occasionnées par la famine et par la faiblesse des ouvriers.

Le 10 du mois dernier, les maçons employés au temple de Mout, manquant de tout, sortirent du chantier en tumulte, et allèrent s'asseoir derrière une chapelle de Thoutmosou III, qui est dans ces parages, disant : « Nous avons « faim, et il y a encore dix-huit jours jusqu'au mois pro-« chain ». La paye qu'ils reçoivent est-elle insuffisante, ou l'avaient-ils mangée plus rapidement que de raison? A les entendre, les scribes leur livreraient fausse mesure et s'enrichiraient en les volant; les scribes, d'autre part, accusent les pauvres diables d'imprévoyance et prétendent qu'ils gaspillent leur paye sitôt qu'ils l'ont touchée. Scribes et maçons auraient raison les uns comme les autres qu'il ne faudrait pas s'en étonner. Les mécontents étaient à peine dehors, que le directeur des travaux accourut, accompagné d'un officier de police, et se mit à parlementer avec eux. « Rentrez, et nous vous jurons solennellement de vous me-« ner nous-mêmes à l'endroit où se tient Pharaon, lors-« qu'il vient inspecter les travaux du temple. » Deux jours plus tard, Pharaon arriva en effet, et le scribe Pentoïrit se rendit auprès de lui avec l'officier de police : le prince, après les avoir entendus, daigna déléguer un des scribes de sa suite et quelques prêtres du temple, pour s'aboucher avec les ouvriers. Ceux-ci présentèrent leur requête dans des termes excellents. « Nous venons poursuivis par la « faim, poursuivis par la soif, n'ayant plus de vêtements, « n'ayant plus d'huile, n'ayant plus de poissons, n'ayant « plus de légumes. Mandez-le à Pharaon, notre maître, « mandez-le à Pharaon, notre souverain, afin qu'on nous

« fournisse de quoi vivre. » Pharaon, touché de leur misère, leur fit distribuer du blé, une cinquantaine de sacs, à ce qu'on dit, et cette aubaine inespérée leur permit d'attendre la fin du mois sans trop de mal. Les premiers jours d'Epiphi se passèrent assez tranquillement; mais le 15, les vivres firent défaut et le mécontentement perça de nouveau. Le 16 on chôma, puis le 17, puis le 18. Le 19 au matin, les ouvriers essayèrent de quitter le chantier, mais le scribe Pentoïrit, qui les surveillait, avait doublé la garde sans mot dire et pris si bien ses précautions, qu'ils ne purent franchir les portes : ils passèrent la journée entière à se concerter et à comploter par petits groupes. Ce matin enfin, dès le lever du soleil, ils se rassemblèrent au pied d'un mur inachevé, et, apercevant le directeur des travaux qui venait faire sa tournée, ils se précipitèrent vers lui et l'entourèrent à grand bruit. En vain il essaya de les apaiser par de bonnes paroles, ils ne voulurent rien entendre. Leurs cris ayant attiré d'autres employés et plusieurs des prêtres de Mout, ils coururent aussitôt à leur rencontre et sommèrent le directeur d'aller leur exposer l'affaire. « Par Amon, disaient-ils, par le souverain dont la « colère tue, nous ne voulons plus revenir; déclare-le bien « à tes supérieurs qui sont là-bas assemblés. » Enfin, las de crier sans rien obtenir, ils se décidèrent soudain à se rendre chez le gouverneur de Thèbes et à lui demander justice.

La distance n'est pas grande du temple de Mout à la maison de Psarou : dix minutes de course à travers les rues, non sans échanger quelques bourrades avec la foule qui ne s'écarte pas assez vite, et les voici à la porte. Elle s'ouvre dans un long mur bas, crénelé, au-dessus duquel un grand acacia dresse sa tête feuillue, et donne accès dans une cour assez vaste, bordée de bâtiments (fig. 26). A gauche, le logis du maître, construit en pierre de taille, étroit, nu, consistant en un rez-de-chaussée assez haut, surmonté de deux étages et d'une terrasse; au milieu, deux greniers à blé, arrondis au sommet; à l'extrême droite, un large cellier voûté. Le gardien des portes avait mis les barres de sûreté au premier bruit, mais les battants cèdent sous la pression vigoureuse exercée du dehors; la bande entière pénètre tumultueusement dans la cour et s'y répand sans trop savoir ce qui lui reste à faire. Cependant Psarou

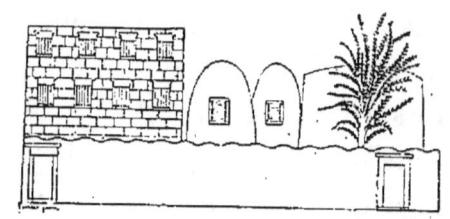

Fig. 26. — La maison de Psarou, vue de la rue.

accourt, et sa seule vue suffit pour arrêter ces hommes dressés dès l'enfance à se courber devant le maître. L'un d'eux se décide enfin à prendre la parole; les autres l'approuvent, timidement d'abord, puis s'exaltent au récit de leurs souffrances, et ne veulent rien entendre quand le gouverneur essaye de les apaiser par ses promesses. Les paroles ne leur suffisent plus, ce sont des actes qu'ils réclament à grands cris : « Ne nous donnera-t-on point de « grain, en sus de ce qui nous a été distribué déjà? Si non, « nous ne bougeons d'ici. » A ce moment, un esclave fend la presse, et tout bas annonce à Psarou que Pharaon est sorti du palais, il y a un quart d'heure, qu'il se dirige vers le temple d'Amon, qu'il va passer devant la maison, et que déjà son cortège défile dans la rue voisine. Pharaon tombant en pleine émeute! Pharaon recevant lui-même les plaintes des ouvriers! Psarou prend rapidement son parti, et, coupant court à la discussion, interpelle son intendant Khâmoïsit : « Vois ce que tu as de blé dans les « greniers et donnes-en à ces gens-là! » Puis se tournant vers les autres : « Vous, courez aux greniers avec Khâ- « moïsit et prenez ce qu'il vous donnera. » La foule, qui

ne connaît pas le motif de cette décision subite, l'attribue à un accès de générosité naturelle et éclate en actions de grâces : « Tu es notre père, et nous sommes tes fils!
« — Tu es le bâton d'appui du vieillard, le nourricier de
« l'enfant, l'avocat du misérable! — Tu es l'asile qui ré-
« chauffe ceux qui ont froid dans Thèbes! — Tu es le
« pain des affligés qui ne fait jamais défaut aux gens de
« notre pays! » Il s'agit bien de remerciements et de reconnaissance! Psarou coupe court à ces protestations, active le départ, et ne respire qu'au moment où le dernier des grévistes a disparu derrière les greniers avec Khâmoïsit. En cinq minutes, la cour est vide, et la rue a repris sa physionomie habituelle : Pharaon peut venir.

CHAPITRE III

PHARAON

Un costume royal. — Pharaon va au temple. — Pharaon est un dieu sur terre, un fils de Rà. — Le rêve de la reine Moutemouaït. — Les quatre noms de Pharaon. — Le double et les noms d'épervier. — Pharaon est adoré comme dieu de son vivant. — Comment il tient un conseil de cabinet : Ramsès II et l'affaire des mines d'or. — Les insignes de Pharaon et sa double royauté. — Pharaon est l'intermédiaire entre la terre et le ciel. — Les rapports avec les dieux : rêve de Thoutmosou IV. — Le cortège de Pharaon et sa marche à travers les rues.

Le roi des deux Égyptes, Ousirmàrî-sotpounrî, fils du Soleil, Râmsisou-Mîamoun, qui donne la vie comme le soleil, éternellement — mais ses sujets l'appellent familièrement Sésousrî (Sésostris), — attend avec anxiété l'arrivée d'un courrier de Syrie. Les dernières nouvelles qu'il a reçues de ce pays étaient mauvaises. Les *envoyés royaux*, qui le parcourent chaque année pour recevoir le tribut, se plaignent d'être insultés, maltraités même, par le peuple des grandes villes ; des bandes de Shaousou[1] postées dans les gorges du Liban recommencent à détrousser les caravanes de Babylone et de Khaloupou[2] ; les princes de Zahi et d'Amaourou exercent leurs milices et réparent en hâte les murs de leurs forteresses ; enfin le vieux roi des *vils* Khiti,

1. Les Shaousou sont les Bédouins de Syrie.
2. Khaloupou est le nom ancien de Khalybon, Alep.

Motour, a disparu mystérieusement dans on ne sait quelle révolution de palais, et son successeur Khitisarou ne semble pas disposé à respecter les traités. Pharaon, inquiet plus qu'il ne veut l'avouer, a donc résolu, ce matin même, de se rendre au temple d'Amon, afin de voir le dieu et de se concerter avec lui. Il a revêtu un costume de cérémonie, approprié à la circonstance, pagne court en gaze de lin plissé, garni par derrière de la queue de chacal, et par-devant d'une sorte de tablier raide en or et en émaux de couleur, longue robe en toile fine à manches courtes, sandales à la poulaine, bonnet blanc rayé de rouge et orné de l'uræus (fig. 27). Son écuyer Menni l'attendait dans la cour d'honneur du palais, prêt à monter avec lui et à le conduire comme à l'ordinaire ; Ramsès le congédie du geste, et saisissant les rênes d'une main ferme, s'élance d'un bond dans le char. Les grandes portes du palais s'ouvrent aussitôt à deux battants, et le roi sort au galop, ou, pour employer l'expression consacrée, « se manifeste sous le portail de lapis-lazuli, « comme le Soleil, quand il se lève le matin à l'horizon « oriental du ciel, afin d'inonder le monde de ses rayons ».

Fig. 27. — Pharaon.

Ce n'est pas sans raison qu'on le compare au Soleil. Râ, qui créa le monde, fut aussi le premier souverain de l'Égypte et l'ancêtre de tous les Pharaons. Depuis qu'il a quitté la terre pour le ciel, sa royauté s'est transmise directement aux dieux, des dieux aux héros, des héros à Ménès et de Ménès aux dynasties historiques. Si haut qu'on remonte dans le passé, la chaîne des générations ne se brise pas entre le Ramsès actuel et le Soleil : le Pharaon est toujours un fils de Râ, et de fils de Râ en fils de Râ on atteint enfin Râ lui-même. On dit qu'il daigne parfois descendre parmi nous et travailler en personne à la continuité de sa race. La tradition veut que les trois premiers rois de la ve dynastie, Ousirkaf, Sahouri et Kiki, soient nés de son union avec la femme d'un prêtre, dans la petite ville de Sakhibou. Plus près de nous, on sait de source authentique qu'il intervint directement dans les affaires de Thoutmosou IV, pour lui donner le fils qui lui manquait. Une nuit que la reine Moutemouaït reposait dans la chambre la plus belle de son palais, elle s'éveilla soudain et vit son mari à ses côtés, puis, quelques instants après — fut-ce un songe, fut-ce une réalité? — la figure étincelante d'Amon Thébain. Comme elle s'écriait dans sa terreur, l'apparition lui prédit la naissance d'un fils qui régnerait sur Thèbes, et s'évanouit dans une bouffée de parfum, plus suave et plus pénétrant que tous les parfums d'Arabie. L'enfant, qui fut plus tard Amenhotpou III, a laissé le renom de l'un des plus glorieux parmi les souverains de son temps. Il tua cent douze grands lions en dix années, subjugua les tribus d'Éthiopie jusqu'aux extrémités méridionales de notre terre, maintint dans l'obéissance les Syriens, les Phéniciens, Chypre et les îles de la mer, les Khiti, tous les peuples du Nord, reçut l'hommage de Ninive et de Babylone, répara les vieux temples de Thèbes et en bâtit de nouveaux. Sa chapelle funéraire est la plus belle de celles qui s'élèvent sur la rive gauche du Nil, dans le quartier des tombeaux, et les deux colosses en granit qui en flanquent la porte ne le cèdent en grandeur qu'au Sphinx gigantesque des Pyramides[1]. Le temple qu'il construisit à Louxor, en l'honneur

---

[1]. La chapelle est détruite, mais les colosses subsistent encore aujourd'hui : l'un d'eux, le plus mutilé, est la célèbre *statue de Mem-*

d'Amon, est un monument commémoratif des événements mystérieux qui précédèrent sa naissance. On y voit encore, dans une salle voisine du sanctuaire, un tableau où l'entretien nocturne de la reine et du dieu est représenté au naturel. En temps ordinaire, l'action immédiate de Râ ou de l'une des formes dérivées de lui n'est point nécessaire. Le sang divin qui coule dans les veines du roi passe, par héritage naturel, dans celles de tous ses enfants, et, si les mâles venaient à manquer, les femmes suffiraient à le transmettre : quand leur mari serait le dernier des esclaves, leurs enfants naissent fils ou filles de Râ, et font souche de rois du droit de la mère.

Pharaon ne quitte pas en ceignant le diadème le nom qu'il avait reçu comme prince royal. Il était Amenhotpou, Thoutmosou, Ramsès, Harmhabi : il continue à s'appeler de même sorte, sauf à s'adjoindre une épithète : Miamoun, l'aimé d'Amon ; Hiq-oïsit, le régent de Thèbes ; Mînéphtah, l'ami de Phtah. Comme il faut pourtant rendre son changement de condition visible à tous les yeux, on trace autour de Ramsès ou d'Amenhotpou ce cadre elliptique à base plate, que nous nommons cartouche ⌒, on inscrit par devant le titre Si-râ, fils de Râ, qui marque la descendance solaire, par derrière une formule toujours la même, où on le complimente de donner la vie comme Râ, à jamais : cet ensemble de mots, désormais inséparables, constitue son nom usuel, celui dont ses sujets se servent habituellement pour le désigner, et sous lequel il sera connu dans l'histoire.

Les premiers rois s'en contentaient, même les plus orgueilleux, Ménès, Snofroui, Khéops, Mykérinos ; mais, vers la fin de la ve dynastie, l'usage s'établit d'ajouter à ce nom de naisance un nom d'intronisation qu'on enveloppa,

---

non, qui chantait au lever du soleil, et dont les touristes romains allaient écouter la voix, quand ils visitaient Thèbes, pendant les deux premiers siècles de notre ère.

lui aussi, du cartouche. C'est toujours une courte phrase, formée de trois mots exprimant celle des qualités ou celui des privilèges de Râ qu'on souhaite le plus au nouveau maître de posséder pendant son séjour sur la terre. Ainsi, le prénom de Thoutmosou III, Menkhopirrî, signifie *Stable est l'être de Râ*, et celui d'Amenhotpou III, Nibmâoutrî, *Maître des Vérités est Râ*. Séti Ier, père de Ramsès II, était qualifié Menmâtrî, *Stable par la Vérité est le Soleil*, et Ramsès II joint à Ousirmarî, *Puissant par la Vérité est le Soleil*, l'épithète Sotpounirî, *élu par le Soleil*. Les formules varient peu d'un prince à l'autre, dans une même branche de la lignée solaire, et les prénoms de chaque dynastie présentent un air de famille qu'on ne saurait méconnaître. Celui de Thoutmosou Ier était Akhopirkerî, *Grand est l'être de l'âme de Râ* : Thoutmosou II, fils de Thoutmosou Ier, substitua la préposition *ni* au mot *ka*, âme, et s'intitula Akhopirnirî, *Grand est l'être de Râ*. Thoutmosou III, qui succéda à Thoutmosou II, supprima la préposition et changea le terme *âa*, être grand, au terme *men*, être durable, Menkhopirrî ; mais son fils Amenhotpou II revint aux idées qu'exprimait *âa*, tout en mettant le mot *khopri*, être, au pluriel, Akhoprourî, *Grandes sont les manières d'être de Râ*. Enfin Thoutmosou IV s'attribua le prénom de son grand-père avec le pluriel de *Khopir*, Menkhoprourî, *Stables sont les manières d'être de Râ*.

Ce n'est pas tout : le protocole de chaque Pharaon commence par un troisième nom, reconnaissable au rectangle oblong dans lequel il est enfermé. Ce rectangle est terminé, à la partie inférieure, par un ensemble de lignes qui représentent une façade monumentale, au milieu de laquelle on distingue parfois une porte fermée au verrou. Au-dessus, une figure d'épervier se dresse, coiffée de la double couronne et du disque solaire. Khéops s'appelait à cette place Hor mazitî, *Horus qui écrase les ennemis*, Thoutmosou III, Hor ka-nakhtou khâ-m-mâit, *Horus le taureau vigoureux*

Fig. 28. — Les noms de Ramsès II.

qui se lève par la Vérité, Ramsès II, Hor ka-nakhtou miri-mâit, Horus, *le taureau vigoureux qui aime la Vérité* (fig. 28). On lit, à la suite de ce troisième nom, une série d'épithètes qui débute encore par un épervier, mais par un épervier placé sur le signe de l'or, et qui désigne l'Horus vivant, l'Horus vainqueur. La comparaison s'y poursuit entre le roi et le Soleil : Ramsès II se vante ainsi d'être *l'épervier doré, riche d'années et très vigoureux*. En résumé, le protocole complet des Pharaons comprend quatre parties disposées toujours dans le même ordre : deux qu'on peut appeler les noms d'épervier, les noms d'Horus, deux qui ont les noms royaux ceints du cartouche. Les scribes ne se font pas faute d'intercaler entre elles autant de phrases que l'esprit de flatterie leur en inspire, et qu'il peut en tenir dans l'espace dont ils disposent. Il est probable qu'on leur en sait gré en haut lieu, mais les quatre noms réglementaires suffisent à l'étiquette, et expriment à eux seuls la personne du souverain.

Elle se compose de deux parts, comme toute personne humaine, une âme et un corps. Les cartouches répondent aux états par lesquels le corps a passé et qui font de lui comme deux êtres distincts. Le nom s'empare de l'homme à sa venue dans le monde et constate son identité du commencement à la fin de la vie ; le prénom surgit au moment qu'il naît à la royauté, et consacre l'accroissement qu'il reçoit en prenant la couronne. Les noms d'épervier définissent l'âme et ses conditions. Les Égyptiens se figurent l'âme comme un double subtil, qui reproduit l'individu trait pour trait, avec sa taille, sa couleur, son geste, sa démarche. Chaque fois qu'un de nous vient au monde, son double, ou, pour l'appeler comme les indigènes, son *ka*, y vient avec lui. Comme il est invisible à l'ordinaire, les peintres et les sculpteurs n'ont point coutume de le représenter : quand ils s'y hasardent, ils font de lui la contre-partie exacte de l'être auquel il est attaché. Les tableaux où Pharaon Amenhotpou III a retracé à Louxor l'histoire de sa jeunesse nous sont un bon exemple de la façon dont on doit se l'imaginer (fig. 29). Amenhotpou naît, et son double est, comme lui, un nouveau-né que les nourrices soignent de leur mieux; il grandit, et son double grandit avec lui. Le double accompagne fidèlement son homme pendant les vicissitudes de l'existence terrestre. Après la mort, il le suit au tombeau et y réside près de la momie, tantôt caché dans les chambres funéraires, tantôt s'échappant au dehors, et reconnaissable, la nuit, à une lueur pâle qui lui vaut le nom de Lumineux, *Khou*.

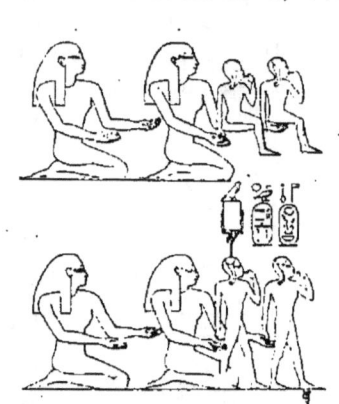

Fig. 29. — Amenhotpou III et son double : le double est au second rang.

Les dieux, les plus grands comme les moindres, ont leur double aussi bien que les hommes; seulement ils peuvent le diviser en autant de doubles, et le répandre sur autant de corps que cela leur convient, sans jamais le diminuer ni l'affaiblir. S'il plaît Râ, Horus, Amon, projeter hors d'eux quelqu'un de ces doubles, l'objet sur lequel il tombe, homme ou bête, pierre, arbre, statue, prend vie aussitôt et participe de la nature de la divinité qui l'anime. Chaque âme royale est un double détaché d'Horus. Tant qu'un enfant prédestiné à régner est encore prince ou princesse, son double d'Horus demeure en lui comme endormi, et il paraît n'avoir qu'une âme pareille à celle des autres hommes. Au moment qu'il monte sur le trône et saisit sa royauté, le double s'éveille en lui et le transforme en un Horus vivant sur terre. Les noms d'épervier sont ceux par lesquels on distingue cet Horus de tous les Horus qui ont régné avant lui, ou qui lui succéderont dans l'exercice du pouvoir suprême. Les épithètes précédées du symbole de l'Horus vainqueur nous le dépeignent triomphant, pendant la durée de son existence royale, de tous les ennemis de l'Égypte, comme Horus triompha jadis de tous les meurtriers de son père Osiris. Le nom entouré du rectangle est la partie de l'Horus, le double, destinée à survivre : le rectangle est la chambre funéraire où il ira reposer un jour, et la porte fermée est la porte du tombeau.

Il ne perd rien de sa puissance à s'incarner de la sorte, et il garde jusqu'à la faculté de tirer hors de soi-même d'autres doubles, qu'il envoie au loin animer d'autres corps. Les statues du roi ont chacune un de ces doubles qui loge en elle, et fait d'elle une réplique animée du roi sous son apparence d'immobilité. Lorsque Amenhotpou III construisit le temple de Soleb, en Nubie, il voulut y demeurer à côté de son père Amon. Il fit tailler à son image une idole de granit rose, y fixa par la prière un de ses propres doubles, l'introduisit dans le sanctuaire, et accomplit devant elle les rites qu'on célèbre pour l'intronisation des dieux : aujourd'hui encore, on le voit sur les murs du temple, en adoration devant son portrait vivant. Le double, une fois lié à son corps de pierre, ne l'abandonne plus tant qu'il reste intact ; pour lui rendre sa liberté, il faudrait comme tuer la statue en la brisant.

Pharaon est donc en réalité un dieu visible, un dieu devenu chair : on l'appelle le dieu bon, le dieu grand, le dieu vivant, et on ne l'aborde qu'avec les paroles et les honneurs dus à un dieu. Quand il s'éveille au matin, il est le Soleil qui se lève, et les gens de sa maison le saluent comme ils feraient Râ lui-même. « Tourne ta face vers
« moi, Soleil levant, qui éclaires les mondes de ta beauté,
« disque étincelant parmi les hommes, qui chasses les ténè-
« bres de l'Égypte. Tu as la forme de ton père, quand il
« se lève au ciel, et tes rayons pénètrent en tout pays; il
« n'y a point de lieu qui soit privé de tes beautés, car tes
« paroles règlent les destinées de tous les pays. Quand tu
« reposes dans ton palais, tu entends ce qu'on dit en toute
« contrée, car tu as des millions d'oreilles. Ton œil brille
« plus qu'étoile au ciel et voit mieux que le soleil. Si l'on
« parle, quand même la bouche qui parle serait dans les
« murs d'une maison, ses paroles atteignent ton oreille.
« Si l'on fait quelque action cachée, ton œil l'aperçoit, ô roi,
« seigneur gracieux, qui donnes à tous le souffle de la vie[1]. »

Chaque mouvement, chaque action officielle du souverain est comme un acte de culte qu'on célèbre au chant des hymnes solennels. S'il donne une audience, celui de ses sujets qu'il admet à la faveur de le contempler ne l'aborde qu'avec une formule d'adoration dévote. S'il convoque le conseil pour une affaire quelconque, les grands du royaume ouvrent la délibération par une sorte de service religieux en son honneur. Figurez-vous Ramsès II, assis sur son grand siège doré, coiffé du diadème à deux plumes et cherchant un moyen de faciliter aux caravanes l'accès des mines d'or situées en Nubie, entre le Nil et la mer Rouge. Les convoyeurs chargés du transport des minerais se sont plaints

---

1. Cet hymne au roi est adressé à Minéphtah dans le *Papyrus Anastasi* n° *IV*, à son fils Séti II dans le *Papyrus Anastasi* n° *II*.

humblement de ne trouver aucune source, aucune citerne, sur la route qu'ils sont obligés de suivre : « La moitié « d'entre eux meurent de soif avec leurs ânes, car ils n'ont « pas moyen de prendre assez d'outres d'eau pour suffire « à l'aller et au retour ». Les conseillers arrivent en présence du dieu bon, les bras levés dans l'attitude de l'adoration, et se prosternent face contre terre, tandis qu'on leur expose l'affaire. On leur dépeint en termes précis l'aspect désolé du pays, et on leur demande s'il faut ou non creuser des citernes le long du chemin.

Leur réponse ne se fait pas attendre. « Tu es comme « Râ », disent-ils tous ensemble, « tu es comme Râ en « tout ce que tu fais, aussi les désirs de ton cœur se réali« sent; si tu souhaites quelque chose pendant la nuit, à « l'aube cela est déjà. Nous avons vu beaucoup de miracles « que tu as accomplis depuis que tu t'es levé en roi du « monde, et nous n'entendons rien, nos deux yeux ne voient « ailleurs rien qui les égale. Tout ce qui sort de ta bouche, « c'est comme paroles d'Harmakhis[1]; ta langue pèse, tes « lèvres mesurent plus justement que le poids le plus juste « de Thot[2]; que reste-t-il que tu ne connaisses? qui donc « y a-t-il qui soit parfait comme toi? Où est la place que « tu ne voies? il n'y a contrée étrangère que tu n'aies par« courue, et ton activité court où tes oreilles attirent son « attention. Or, comme tu es le vicaire des dieux en ce « pays, tu en règles les destinées. Encore dans l'œuf, en « tes dignités d'enfant héritier, on te disait tout ce qui con« cernait l'Égypte. Petit garçon, avec la tresse pendante sur « la tempe, aucun monument ne marchait qui ne fût sous

---

1. Horus à l'horizon du matin, et Horus à l'horizon du soir : le soleil à son lever et à son coucher.

2. Thot pesait les actions des hommes devant Osiris : il veillait à ce que la balance fût exacte, et en ajustait le fléau de manière à éviter toute erreur.

« ta direction, il n'y avait affaire que tu ignorasses, et tu
« étais chef suprême des soldats. Adolescent, âgé de dix ans,
« tous les travaux publics se faisaient par ta main qui en
« jetait les fondations. Si donc tu dis à l'eau : « Viens sur
« la montagne », les eaux célestes sortiront tôt à l'appel de
« ta bouche, car tu es Râ incarné, Khopri créé en réalité,
« tu es l'image vivante de ton père Toumou l'héliopolitain ;
« le dieu qui ordonne est dans ta bouche, le dieu de la
« sagesse est dans ton cœur, ta langue est le sanctuaire de
« la Vérité, un dieu siège sur tes lèvres, tes paroles s'ac-
« complissent chaque jour, et ce que veut ton cœur se
« réalise à l'égal de Phthah quand il crée ses œuvres.
« Comme tu es éternel, on agit selon tes desseins et l'on
« obéit à tout ce que tu dis, sire, notre maître. »

Ainsi parla le chœur des conseillers ; quand il se tut, le vice-roi d'Éthiopie, de qui les mines d'or relèvent, prit la parole à son tour. « Le pays est donc en cet état : il
« manque d'eau, depuis le règne de Râ, on y meurt de
« soif, tous les rois antérieurs y ont désiré creuser une
« citerne sans que leurs peines aient abouti, et même le
« roi Séti Ier y fit forer, jusqu'à cent vingt coudées de pro-
« fondeur, un puits, qu'on laissa inachevé parce que l'eau
« n'y jaillissait point ! Mais toi, si tu dis toi-même à ton
« père le Nil, père des dieux : « Monte l'eau jusque sur
« la montagne ! » il fera tout ce que tu auras dit, ainsi que
« c'est arrivé pour tous ceux de tes projets qui se sont
« accomplis en notre présence, et dont on n'avait jamais
« entendu le pareil, même dans les chants des poètes ; car
« tes pères les dieux t'aiment plus que tous les rois qui
« ont existé depuis Râ. » Ramsès, convaincu par ce discours, lança ses ordres, les pioches se mirent à l'œuvre, et la citerne fut établie au point convenable[1]. C'est là un

---

1. Ces discours et l'histoire de la citerne sont tirés d'une stèle de

exemple entre mille du langage qu'on doit tenir lorsqu'on a l'honneur périlleux d'élever la voix devant Pharaon : nulle affaire, si petite qu'elle soit, ne peut être portée à sa connaissance qu'on ne lui rappelle longuement son origine surhumaine et sa propre divinité.

Les autres dieux se réservent le ciel. Pharaon possède la terre, non pas seulement la terre d'Égypte, mais la terre entière. S'il y a, en dehors de la vallée du Nil, des peuples qui se proclament indépendants ou des rois qui refusent de s'incliner devant lui, ce sont des rebelles, des « Enfants de la Révolte », que le châtiment atteindra tôt ou tard, et qui payeront d'une ruine éternelle leur liberté d'une heure. Leurs chefs sont qualifiés de *vaincus*, leur pays de *vil* : on écrit couramment dans les actes de la chancellerie royale *le Vaincu de Khiti* et *Kaoushou la vile*, pour désigner le prince des Hittites et les petits royaumes d'Éthiopie. Mais la terre n'est pas une : elle est divisée par le cours du Soleil en deux parties égales, ou plutôt en deux terres, la terre du Nord ou de la nuit, la terre du Sud ou du jour. De même l'Égypte. La tradition raconte qu'aux temps anciens elle fut d'abord un empire unique, sur lequel quatre dieux, Râ, Shou, Sibou et Osiris, régnèrent tour à tour. Osiris fut tué traîtreusement par son frère Sit, son fils Horus se souleva contre l'assassin et la guerre sévit jusqu'au jour où Sibou partagea le pays à l'amiable entre les deux rivaux : Sit reçut la vallée, Horus le Delta avec Memphis pour capitale, et chacune de ces deux moitiés eut désormais son roi et ses emblèmes différents. La déesse protectrice du Delta est un serpent, Ouazit, celle du Saïd un vautour, Nekhabit. La couronne du Nord est rouge, celle du Sud est blanche. La plante symbolique du Nord est le papyrus

---

Ramsès II, datée de l'an III de son règne, et érigée à Koubân, à l'entrée du chemin qui conduit du Nil aux mines de l'Etbaye.

, celle du Sud est le lotus 𓆼. La séparation en deux États ne se prolongea pas au delà des dynasties divines : depuis Ménès, « la moitié d'Horus et la moitié de Sît » ont toujours été, au moins théoriquement, administrées par le même souverain.

A dire vrai, l'union est toute personnelle, et les deux Égyptes ont un seul roi, sans cesser pour cela d'être deux Égyptes distinctes. Le souverain est le roi du Sud et le roi du Nord 𓇓𓆥, le maître du vautour méridional et celui de l'uræus protectrice. Sa couronne, le pschent 𓋑, est un appareil composite, formé par l'emboîtement du diadème blanc et du diadème rouge. Les bas-côtés de son trône sont décorés de lotus et de papyrus liés ensemble, ou de deux figures du dieu Nil qui attachent les deux plantes symboliques, à grand effort de jambes et de bras. Bien plus, au lieu que l'unité du roi procurât à la longue l'unité du pays, le dualisme du pays produisit un véritable dédoublement du roi, de tous les objets qui lui appartiennent, de toutes les administrations d'État. Le palais est formé de deux palais accouplés. Il se nomme par conséquent *Pirâoui*, la « double « grande maison », et de là vient ce nom de Pharaon, qu'on entend si souvent dans la bouche du peuple : l'Égyptien appelle son maître « Double grande maison » comme d'autres qualifient le leur de « Sublime Porte ». Le trésor royal est la double maison de l'argent et de l'or. Chacun des greniers où les receveurs des contributions rentrent l'impôt en céréales est le double grenier. Le blé, même quand on le récolte dans un seul champ, devient le blé du Midi et le blé du Nord. Dans une cérémonie, Pharaon coiffe la couronne du Sud, et tout ce qu'il offre aux dieux est du Sud, jusqu'au vin et à l'encens ; quelques instants après, il pose sur son front la couronne du Nord, et il présente l'encens et le vin du Nord. Ses insignes ordinaires sont d'ailleurs ceux des dieux, ses parents. Il a comme eux les sceptres à tête d'animal ↑, le crochet ?, le fléau ⋀, les bonnets chargés de plumes ↧, les deux cornes flamboyantes, emblème de lumière. Le serpent qui se dresse sur son front, l'uræus d'or ou de bronze doré toujours fixée à sa coiffure, est imprégnée d'une vie mystérieuse, qui fait d'elle l'instrument des colères royales et l'exécutrice des desseins secrets. On dit qu'elle vomit des flammes et détruit dans les batailles quiconque ose courir sus au roi. Elle communique aux couronnes blanches et rouges des vertus surnaturelles, et les change en magiciennes, en fées (*oirithaqaou*), auxquelles personne ne peut résister.

Homme par le corps, dieu par l'âme et les attributs, Pharaon tient de sa double essence le privilège d'être l'intermédiaire constant entre le ciel et la terre. Lui seul a de nature qualité pour transmettre aux dieux, ses frères, les prières des hommes. Quand on veut bien disposer les invisibles en faveur d'un vivant ou d'un mort, on ne s'adresse pas directement à Osiris, à Phtah, à Montou, car la requête ne leur parviendrait point : on prend Pharaon pour intercesseur et l'on fait passer le sacrifice par ses mains. Son intervention personnelle est presque toujours une fiction dévote, et le rituel ne l'exige pas; mais on proclame au commencement de la cérémonie que *le Roi donne l'offrande* — *Souton di hotpou* — à Osiris, à Phtah, à Montou, afin que ces dieux accomplissent les souhaits de tel ou tel individu, et cette déclaration tient lieu du fait. Chaque fois qu'on demande une grâce à quelque divinité, ou qu'on lui dédie un ex-voto, on se place sous l'invocation du roi : il n'y a peut-être pas deux inscriptions funéraires sur cent qui ne débutent par la formule *Souton di hotpou*, ou ne la renferment. Les dieux, de leur côté, ne cessent de correspondre directement avec Pharaon par tous les moyens dont ils disposent. Ils lui apparaissent en rêve, pour lui conseiller de partir en guerre contre tel ou tel peuple, pour lui défendre de prendre part à une bataille, pour lui ordonner de restaurer un monument qui tombe en ruines. Au temps où Thoutmosou IV n'était encore que prince royal, il avait l'habitude d'aller chasser le lion et la gazelle, en compagnie d'un seul serviteur, dans la partie du désert qui est à l'ouest de Memphis. Un jour, que le hasard l'avait mené jusqu'au voisinage de la grande pyramide, il se mit, pour faire la sieste

Fig. 50. — Le grand Sphinx ensablé.

de midi, à l'ombre du grand Sphinx, l'image du très puissant Khopri, le dieu vers qui toutes les maisons de Memphis et toutes les villes du voisinage lèvent en adoration leurs mains chargées d'offrandes. Le sphinx était alors enseveli plus d'à moitié, et sa tête seule sortait du sable (fig. 50) : dès que le prince fut endormi, le dieu lui adressa la parole comme un père à son fils : « Regarde-moi, contemple-moi,
« ô mon fils Thoutmosou, car je suis ton père Harmakhouiti-
« Khopri-Toumou, qui te promets la royauté, et tu porte-
« ras les deux couronnes, la blanche et la rouge, sur le
« trône de Sibou, le souverain des dieux[1]…. Le sable de la

1. Sibou est le Dieu-Terre, le mari de Nouit, la Déesse-Ciel.

« montagne sur laquelle je suis m'envahit : paye-moi de
« retour pour mes bienfaits en me faisant ce que je dé-
« sire. Je sais que tu es mon fils, mon défenseur : approche,
« me voici avec toi, je suis ton père bien-aimé. » Le prince,
en s'éveillant, comprit que le dieu lui annonçait sa royauté
future, et lui demandait comme don de joyeux avènement
une promesse de déblaiement. A peine monté sur le
trône, il se souvint de son rêve et fit enlever le sable qui
oppressait la grande image : la stèle qu'il lui dressa
entre les pattes subsiste encore et raconte la vision à tout
venant.

Le rêve prophétique n'est pas cependant le procédé que
les dieux emploient le plus souvent pour se manifester au
Pharaon : les statues qu'ils ont dans les temples leur
servent d'interprètes. Comme elles sont animées d'un de
leurs doubles, elles peuvent parler quand elles le veulent.
Amon éleva la voix dans l'ombre du sanctuaire, et com-
manda à la reine Hatshopsitou d'envoyer une escadre aux
pays des Aromates, pour en rapporter l'encens nécessaire
aux sacrifices. Dans la plupart des cas, elles n'ont pas recours à la parole, mais se contentent du geste. Quand on les
interroge sur un sujet déterminé, si rien ne bouge en elles,
c'est leur façon de répondre non ; si au contraire elles in-
clinent fortement la tête, deux fois de suite, l'affaire est
bonne et elles l'approuvent. Lorsque Pharaon est à Memphis, c'est à Phtah qu'il demande conseil : à Thèbes, il
consulte Amon, et la statue vivante d'Amon décide souve-
rainement des questions les plus importantes.

Ramsès, arrivé devant la maison du gouverneur, s'arrête
un moment, et fait dire par un des chambellans qui l'accompagnent : « Que Psarou vienne sans retard, afin de déli-
« bérer avec Sa Majesté sur les choses de Syrie ». Psarou
s'incline profondément en signe d'obéissance, monte sur
son char, qui, par chance, était déjà tout attelé, et rejoint

Fig. 31. — Pharaon (Amenhotpou IV) et son escorte.

promptement le cortège en marche vers le temple (fig. 31). Deux coureurs, lancés à toute vitesse, refoulent les passants de la voix et du geste, et les obligent à se ranger en haie le long des murs, de manière à laisser le passage libre. Derrière eux défilent par pelotons, avec leurs officiers en serre-file, une trentaine de soldats appartenant aux différents corps de la garde, porte-étendard et porte-éventail, massiers tenant à deux mains le long fléau de guerre, lanciers armés de la pique, de la hache et du bouclier,

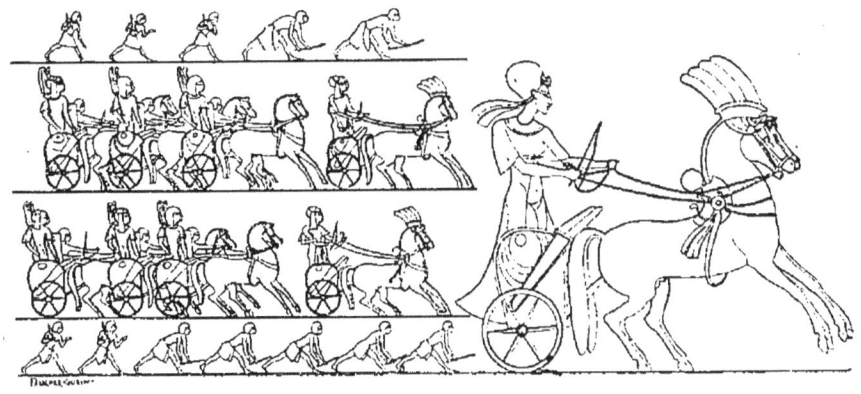

Fig. 32. — La reine sur son char, derrière Pharaon.

auxiliaires barbares reconnaissables à leur costume et à leur teint. Pharaon les suit, seul sur son char et précédant de peu la reine Isinofritari (fig. 32). C'est une femme encore jeune, aux traits fins et réguliers, mais déjà fanée et ridée sous le fard. Elle est, comme son mari, vêtue d'une robe longue dont les plis, soulevés par la rapidité de la course, s'envolent derrière elle. Une longue escorte de princes et de grands dignitaires se déroule derrière le couple royal, sans cesse grossie par de nouveaux arrivants. Tous ont l'éventail à la main, et sont debout sur un char conduit par un écuyer. La foule acclame Pharaon au passage et cherche à deviner les motifs qui l'ont décidé à sortir ce matin :

« Il va faire un sacrifice à Mout! — Il va inaugurer la cha-
« pelle de Khonsou! — Un courrier est arrivé de Syrie! —
« Un courrier est arrivé d'Éthiopie! » Pharaon cependant
continue sa marche, insoucieux de l'émotion qu'il soulève;
au bout de quelques minutes, il tourne à droite, entre dans
une avenue bordée de sphinx en grès, et le temple d'Amon
se dresse devant lui, dominant de sa masse les maisons environnantes.

CHAPITRE IV

AMON, LE GRAND DIEU DE THÈBES

Le temple est la maison du dieu. — Histoire du temple d'Amon à Thèbes. — Le roi dans la salle hypostyle. — Amon juge en dernier ressort. — Thoutmosou, le supérieur des greniers, et le patrimoine du dieu. — Les greniers du dieu mis au pillage. — La séance solennelle dans le temple. — Amon rend son jugement. — Un courrier de Syrie et une dépêche en écriture cunéiforme : la guerre est déclarée. — Le sacrifice du taureau. — Le rituel du sacrifice et le *khri-habi*. — Amon promet la victoire au roi.

Le temple est la maison du dieu, où il habite corps et âme. Ce fut d'abord, comme la maison des hommes, une seule pièce étroite, sombre, mais couverte, au lieu de terrasse, d'un toit légèrement bombé, incliné d'avant en arrière : deux grands mats encadraient la baie, auxquels on attachait des banderoles pour attirer de loin l'attention des fidèles, et un parvis bordé de palissades s'étendait devant la façade. On voyait, à l'intérieur, des nattes, des tables basses en pierre, en bois, en métal, quelques vases destinés à recevoir le sang, le vin, l'eau, les liquides qu'on apportait au dieu chaque jour. Quand le matériel du sacrifice s'accrut, le nombre des pièces s'accrut avec lui, et des chambres réservées aux fleurs, aux étoffes, aux vases précieux, aux provisions de bouche, se groupèrent autour de la chambre primitive : ce qui était d'abord le temple entier se restreignit à n'être plus que le sanctuaire du temple, le tabernacle mystérieux du dieu souverain.

Il n'y a guère plus de deux mille ans que Thèbes est sortie de son obscurité[1]. Ses premiers grands rois, les Amenemhâït et les Ousirtasen y construisirent, en l'honneur d'Amon, un édifice assez mesquin de calcaire blanc et de grès, avec des portes en granit : des piliers à seize pans en décoraient l'intérieur. Amon n'était en ce temps-là qu'un pauvre dieu de province, moins estimé et moins populaire que ses voisins Montou d'Hermonthis ou Minou de Coptos; un petit temple suffisait à sa petite personne, et de petits domaines pourvoyaient à ses petits sacrifices. Il grandit en autorité pendant les longs siècles qui suivirent : quand les Pharaons de la xviiie dynastie eurent chassé les Hyksos et régnèrent sans rivaux sur le monde, Amon conquit du même coup la suzeraineté sur les dieux des autres cités, égyptiennes ou étrangères, et sa maison d'autrefois devint trop étroite pour le contenir. Tant de souvenirs antiques s'y rattachaient qu'on se garda de la démolir, mais on l'entoura d'une ceinture de temples nouveaux, qui en firent le monument le plus vaste que l'on connaisse. Thoutmosou Ier éleva, en avant de la façade primitive, deux chambres précédées d'une cour et flanquées de chapelles isolées, puis, échelonnées l'une derrière l'autre, trois de ces portes monumentales accompagnées de tours qu'on appelle des pylônes. Thoutmosou III construisit d'immenses salles vers l'Ouest. Amenhotpou III ajouta aux pylônes de Thoutmosou Ier un quatrième pylône, d'une hauteur et d'une largeur prodigieuses. Enfin Ramsès Ier et

---

1. Il faut se rappeler que le récit est placé au début du règne de Ramsès II, au milieu du xive siècle av. notre ère. L'avènement de la xiie dynastie se place entre 3200 et 3400 av. J.-C., et celui de la Ire dynastie thébaine, la xie environ, deux siècles plus tôt.

Séti Ier ont employé leur règne à bâtir la salle à colonnes qui s'appuie au pylône d'Amenhotpou III. Elle mesure cinquante mètres de long sur cent de large (fig. 35). Au milieu, une avenue de douze colonnes à chapiteau en forme de cloche retournée, les plus élevées qu'on ait jamais employées à l'intérieur d'un édifice; dans les bas côtés, cent vingt-deux colonnes à chapiteau lotiforme, rangées en quinconce sur neuf files. Le plafond de la travée centrale est à vingt-trois mètres au-dessus du sol, et la corniche des deux tours domine ce plafond d'environ quinze mètres. Séti est mort au moment où la décoration des murs était à peine ébauchée, et Ramsès II ne réussira à l'achever que s'il règne assez longtemps pour mourir centenaire [1].

Pharaon est reçu en avant de la porte par deux prêtres aux pieds nus et à la tête rase. Ils se prosternent tandis qu'il descend de char, puis se relèvent et attendent ses ordres en silence. « Le premier prophète d'Amon est-il « dans le temple? — Le premier prophète d'Amon est dans « le temple. — Qu'il vienne sur l'heure. — Il ne peut venir « sur l'heure : Amon rend ce matin son jugement solennel « dans l'affaire du scribe royal, supérieur des greniers, « Thoutmosou, et le grand prêtre est en ce moment devant « la Sainteté de ce dieu. » Pharaon jette un regard distrait à travers la porte, et aperçoit la travée centrale de la salle hypostyle, à moitié remplie d'une foule immobile; tout au fond, par-dessus les têtes, trois arches sacrées apparaissent dans un rayon de soleil qui tombe obliquement du plafond. Le plus âgé des prêtres ajoute que la cérémonie touche à sa fin : le premier prophète sera libre dans une demi-heure au plus tard. Pharaon franchit le seuil et s'enfonce dans

---

1. Ramsès II mourut en effet presque centenaire, dans la soixante-septième année de son règne.

Fig. 55. — Entrée de la salle hypostyle du temple d'Amon à Karnak.

l'aile gauche de la salle. Les esclaves du dieu lui apportent soudain un large fauteuil doré, garni de coussins bariolés, haut sur pieds et muni d'escabeau (fig. 34) : il y prend place, et Isinofritari s'assied à son côté. Le gros de l'escorte, soldats et courriers, est resté au dehors et garde les chars; les princes et les dignitaires entrent à la suite du roi et se groupent derrière lui, au rang que l'étiquette leur assigne, debout entre les piliers. Le silence, un moment troublé par l'arrivée du cortège, se rétablit plus solennel : Pharaon, perdu dans l'angle de la salle, séparé de la foule par les rangs pressés des colonnes, pourrait se croire seul dans la maison de son père Amon, si l'écho ne lui apportait de temps en temps un fragment de mélopée religieuse ou le bruissement léger d'un chasse-mouches.

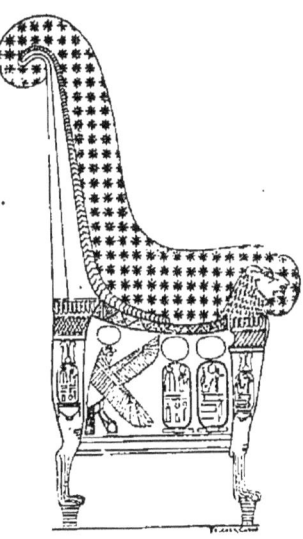

Fig. 34. — Le trône royal.

Les dieux ont parfois à juger des procès où leur religion seule est en cause. Il arrive en effet qu'un théologien conçoit, à force de méditer sur leur nature, des opinions contraires aux dogmes; s'il se permet de les exprimer, surtout s'il a le malheur de faire quelques prosélytes, le collège sacerdotal auquel il appartient le cite à comparaître devant la statue du dieu, qui l'excommunie et au besoin le condamne à mourir par le feu. Le cas du scribe Thoutmosou ne touche pas à l'hérésie; aucun point de doctrine n'y est en jeu, et l'accusé n'a jamais manifesté l'intention de rien changer aux pratiques régulières du culte. Comme il est prêtre, et même de haut rang, nous sommes bien obligés de croire qu'il sait la théologie; mais il est aussi le *Supérieur des greniers d'Amon*, et c'est à ce titre qu'il est appelé à rendre compte de sa conduite.

Les dieux sont en effet de grands seigneurs, qui possèdent des biens et entretiennent un domestique nombreux pour les administrer. On doit élargir leurs temples, les réparer, les conserver en bon état, comme on fait les palais princiers. Leurs statues ont besoin de meubles, de vêtements, de bijoux, et les doubles qu'elles portent ne subsistent qu'à la condition d'être nourris chaque jour : elles ont d'ailleurs leurs serviteurs, les prêtres, auxquels il faut assurer le vivre et l'aisance, sinon la richesse. On y pourvoit, à la fondation de chaque temple, en leur donnant des terres, des bestiaux, des esclaves, des revenus divers, qui forment leur patrimoine personnel, et qu'elles payent de prières ou de sacrifices perpétuels à la mémoire du donateur. Ce patrimoine, une fois constitué, demeure inaliénable en droit et s'accroît sans cesse de legs et de donations nouvelles. Les maisons s'ajoutent aux maisons, les champs aux champs, les revenus aux revenus, et les biens de mainmorte — ce qu'on appelle les Offrandes du dieu, *Hotpou noutir* — finiraient par absorber le territoire entier et la richesse mobilière de l'Égypte, si le roi ou les seigneurs féodaux n'en confisquaient une partie de temps en temps, à la faveur d'une guerre civile ou d'une invasion étrangère.

Depuis l'avènement de la xviiie dynastie, Amon a profité plus que tous les autres dieux, plus peut-être que Pharaon lui-même, des victoires remportées sur les peuples de la Syrie et de l'Éthiopie. Chaque succès lui a valu une part considérable des dépouilles ramassées sur les champs de bataille, des contributions levées sur l'ennemi, des prisonniers emmenés en esclavage. Il possède des maisons et des jardins à la centaine dans Thèbes et dans le reste de l'Égypte, des champs et des prés, des bois, des chasses, des pêcheries; il a des colonies en Éthiopie ou dans les oasis du désert

Libyque, et, au fond du pays de Chanaan, ses cités vassales dont Pharaon lui laisse le tribut. L'administration de ce domaine exige autant d'employés et de bureaux que celle d'un royaume. Elle comprend d'innombrables directeurs des cultures, des intendants des bestiaux et des oiseaux domestiques, des trésoriers de vingt espèces pour l'or, pour l'argent, pour le cuivre, pour les vases et les étoffes de prix, des chefs d'ateliers et de manufactures, des ingénieurs, des architectes, des bateliers, une flotte, une armée, qui combattent souvent à côté de la flotte et de l'armée de Pharaon. C'est un véritable État dans l'État.

Thoutmosou est l'un des plus considérables parmi ces intendants. Il administre les doubles greniers d'Amon à Thèbes, et tout le blé, tout l'orge, tout le dourah, tous les grains que le dieu récolte lui-même ou qu'il perçoit comme impôt sur ses sujets, lui passent nécessairement par les mains. Les greniers où il les emmagasine sont de grandes bâtisses en briques, formées de chambres étroites, hautes, voûtées, juxtaposées mais sans communication directe entre elles (fig. 35). Ils n'ont que deux ouvertures, l'une au sommet, par laquelle on introduit le grain, l'autre au ras du sol, par laquelle on le retire. Le blé, mis en tas dans la cour d'entrée, est mesuré par des boisseleurs jurés sous la surveillance d'un gardien : un crieur annonce chaque boisseau et un scribe l'enregistre. Dès qu'un tas est épuisé, des hommes de peine l'emportent dans des couffes et le rentrent sous la direction d'un magasinier : parfois une échelle mobile permet aux manœuvres d'atteindre à l'orifice supérieur de chaque cellule, parfois les cellules sont surmontées d'une terrasse à laquelle on accède par un escalier en briques. Thoutmosou sait ce que chaque grenier jauge, la quantité de blé qu'on y a déposée et celle qu'on en retire journellement, ce que la récolte de l'année courante a produit et ce qui reste encore en magasins de celle des années précédentes : malhonnête ou négligent, il peut dérober ou faire perdre au dieu une part énorme de son revenu sans que l'on s'en aperçoive immédiatement.

Jusque dans ces derniers temps, sa probité n'avait jamais été mise en cause et sa vie était demeurée sans reproche; mais l'an passé, le bruit commença à se répandre que d'étranges irrégularités avaient été commises et se commettaient dans son service. On parlait de fraudes dans la réception et la distribution du blé, de mesures faussées,

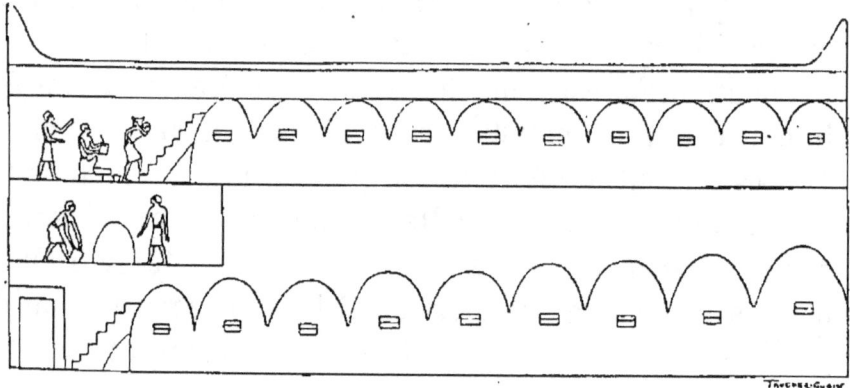

Fig. 35. — Les greniers à blé : enregistrement et emmagasinement du grain.

de chiffres inexacts portés sur les registres, de vols pratiqués dans les magasins avec une impudence telle, que les malfaiteurs encore inconnus devaient se sentir assurés de la complicité tacite, sinon de la coopération active, des gardiens officiels. Tel grenier, qui renfermait deux mille boisseaux de dourah au moment de la fermeture, n'en avait plus contenu que douze cents quand on l'ouvrit trois mois plus tard, et personne ne pouvait dire ce que la différence était devenue. Les petits employés n'avaient rien vu de suspect et prétendaient ne rien comprendre à ce qui se passait : ils se rejetaient la responsabilité de l'un à l'autre, et, sans accuser positivement personne, ils laissaient entendre qu'il fallait chercher plus haut les coupables, si l'on désirait vraiment les découvrir. Les soupçons, vagues d'abord, s'attachèrent bientôt à Thoutmosou avec une telle force que le premier prophète résolut d'évoquer l'affaire au tribunal d'Amon.

Les statues prophétiques des dieux restent ordinairement cachées dans les profondeurs du sanctuaire. Quand on les en tire aux fêtes solennelles, pour les promener en pompe autour du temple et quelquefois à travers la ville, ce n'est qu'après leur en avoir humblement demandé l'autorisation. La statue approuve-t-elle de la tête : on enlève l'arche où elle repose et l'on part; si elle demeure impassible, on en conclut qu'elle ne veut pas se montrer, et l'on s'informe auprès d'elle du motif qui l'oblige à priver le peuple de sa présence. Le jour de la fête de Thèbes, la statue d'Amon refusa de sortir. On attribua son déplaisir aux malversations dont elle venait d'être victime, et Thoutmosou fut cité en jugement. Reconnu coupable, c'était pour lui la mort par le glaive, ou tout au moins l'emprisonnement et la confiscation. L'enquête, poussée avec vigueur, montra qu'il n'avait rien à se reprocher. Une vingtaine de magasiniers et de scribes s'étaient entendus, d'abord pour soustraire quelques mesures de blé qu'ils se partageaient, puis, enhardis par l'impunité, pour vider à moitié les greniers auxquels ils étaient attachés ; entraînés trop loin par leur avidité et sentant la découverte imminente, ils avaient essayé de se sauver eux-mêmes en rejetant les soupçons sur leur chef. Thoutmosou fut reconnu innocent, et le dieu, qui avait provoqué le procès, prit jour pour rendre publiquement son arrêt.

Ce matin donc, le premier prophète Baknikhonsou, pieds nus, tête rase, l'écharpe blanche en sautoir, pénétra avec Thoutmosou dans le sanctuaire et s'arrêta sur le *sol d'Argent*, en face de l'arche d'Amon. Les divinités égyptiennes règlent leur manière de vivre sur la nature du pays qu'elles habitent. Leur arche est toujours une barque, mais une barque réelle, relevée aux deux bouts, construite assez solidement pour pouvoir naviguer, et qu'on lance sur le lac sacré du temple plusieurs fois par an, au moment où l'on célèbre certains rites mystérieux, compris des seuls prêtres. Celle d'Amon porte à l'avant et à l'arrière une tête de bélier, surmontée du disque solaire et garnie d'un large collier rond (fig. 36). Elle est établie sur un brancard,

Fig. 36. — L'arche d'Amon, portée par ses prêtres.

qui lui-même pose sur un socle carré, richement décoré. Une cabine assez haute, ce qu'on appelle un naos, se dresse au milieu et sert de logis habituel à la statue prophétique ; une longue draperie blanche, attachée par derrière, retombe sur les côtés du naos et le cache à moitié. Un sphinx à tête humaine, debout sur un support, garde la proue ; une figure d'homme, debout à la poupe, manœuvre les grandes rames-gouvernails, et des statuettes, debout ou agenouillées dans différentes postures, représentent le roi en adoration devant son père divin.

Baknikhonsou ouvre avec respect les portes du naos, et la statue apparaît dans le fond, dorée, les cheveux et la barbe noire, les yeux en émail reluisant dans l'ombre. Il brûle quelques grains d'encens, prend deux rouleaux de papyrus scellés, les place sur les mains de l'idole, et d'une voix claire : « Amonrâ, mon bon maître, voici deux livres « devant toi. L'un dit qu'on doit poursuivre le scribe « Thoutmosou et qu'il est coupable, l'autre qu'on ne doit « point poursuivre le scribe Thoutmosou et qu'il est inno- « cent. Tu sais distinguer le bien du mal, choisis selon ce « qui est juste. » Le dieu fait signe qu'il consent et saisit celui des rouleaux qui disait : « Qu'on ne poursuive pas « Thoutmosou, fils de Souâamon, car il est innocent ». Le premier prophète reprend : « Le scribe Thoutmosou a donc « trouvé grâce devant Amonrâ, mon maître. Mon bon sei- « gneur dieu, accorde qu'il ne soit point exécuté par l'épée, « qu'il ne soit pas jeté en prison, qu'il ne soit point puni « de la confiscation de ses biens », — et le dieu approuve ; — « accorde qu'il soit rétabli dans ses dignités, et qu'il « recouvre sa charge d'*Intendant en chef des greniers* », — et le dieu approuve encore. Aussitôt une quinzaine de prêtres soulèvent l'arche, et, la chargeant sur leurs épaules, la portent à travers les chambres et les cours du temple, jusqu'à l'entrée de la salle hypostyle, où l'arche de la déesse Mout et celle du dieu enfant Khonsou la rejoignent. La cérémonie recommence en présence de la foule. Le dieu, interrogé de nouveau, de nouveau proclame l'innocence de Thoutmosou, et le déclare réintégré dans ses fonctions. « Que si un individu, quel qu'il soit, dit à Thoutmosou, fils « de Souâamon : « C'est à tort que tu exerces une charge « auprès d'Amonrâ », le premier prophète d'Amonrâ, le « roi des dieux, le grand dieu qui a existé avant toute « chose, fera comparoir cet individu devant le dieu, car « c'est le dieu lui-même qui a établi Thoutmosou dans sa

« dignité, alors qu'il siégeait sur un trône élevé, dans le
« temple! » Thoutmosou est désormais à l'abri de toute
poursuite : quiconque voudrait lui jeter son passé à la
face s'exposerait à la colère du dieu[1].

Les trois châsses s'ébranlent lentement et rentrent dans
leurs chambres ténébreuses, la foule se retire sans bruit,
et Baknikhonsou court se prosterner aux pieds de Pharaon.
Sa vie entière s'est écoulée dans le temple où maintenant
il commande en maître : prêtre à seize ans, *père divin* à
vingt[2], troisième prophète à trente-deux, deuxième prophète à quarante-sept, Ramsès l'a promu premier prophète
quelques mois après son avènement. Le pontificat d'Amon
est, du consentement universel, la plus importante des trois
hautes dignités religieuses qu'il y ait en Égypte. Celui de
Râ à Héliopolis et celui de Phtah à Memphis l'ont primé
longtemps : aujourd'hui, il les prime à son tour et exerce
sur le pays entier un pouvoir presque sans limite. Ramsès
relève Baknikhonsou, lui apprend l'objet de sa visite. Il
n'a pas fini de parler qu'un officier hors d'haleine se précipite dans le temple : le courrier de Syrie vient d'arriver et
attend à la porte le bon plaisir de Sa Majesté.

A peine introduit, et sans lui laisser le temps de se jeter
la face contre terre, ainsi que l'étiquette le voudrait, Pharaon l'interpelle : « Toi, qui es-tu ? — Je suis au prince de
« Mageddo, et je viens de sa part avec un message pour Sa
« Majesté. » C'est une tablette en argile cuite, épaisse,
écrite sur les deux faces. Pharaon sait l'araméen d'enfance,
comme la plupart des Égyptiens de bonne maison, mais il

---

1. La longue inscription où ce procès est raconté est tellement mu-
tilée par endroits que le sens n'en est pas toujours clair ; j'en ai abrégé
le détail, et je me suis efforcé de ne conserver dans mon récit que
les faits à peu près certains.

2. Le titre de *Père divin* marquait, on le voit, un des grades infé-
rieurs de la hiérarchie sacerdotale dans le temple d'Amon : on ne sait
quelles fonctions il comportait.

ne lit pas couramment les caractères cunéiformes. L'interprète pour les langues de Syrie sort des rangs du cortège, prend la dépêche des mains du messager et en donne lecture à haute voix. « Au roi, mon maître, mon Soleil, moi
« Abdadad, ton serviteur, je parle ainsi : Khitisarou, le
« chef vaincu des vils Khiti, a rompu la paix et l'amitié
« que ses pères avaient contractées avec tes pères. Il a ou-
« blié la puissance des dieux, tes maîtres, et il a rassemblé
« ses généraux, ses fantassins, ses chars de guerre, il a
« marché contre les préfets et les rois que tu avais établis
« dans tout pays pour te payer tribut et rendre hommage
« à Sa Majesté. Il s'est avancé contre eux, il a tué leurs
« guerriers, il a pris leurs troupeaux et emmené leurs
« femmes et leurs enfants en captivité. J'ai donc envoyé
« des espions dans son camp, leur disant : Allez et voyez
« ce qui en est du vil Khiti. Et voici, ils l'ont trouvé
« établi à côté de Qodshou, la ville du chef vaincu d'A-
« maourou, lui et ses impies alliés avec lui. Et sache mon
« seigneur le roi, mon Soleil, que le chef de Girgashou,
« celui de Moushanit et celui d'Aradou, le chef d'Ilion,
« celui de Pédasos, celui des Mysiens, celui des Lyciens
« sont avec lui, ainsi que le Naharanna tout entier. Puisse
« mon seigneur le roi, mon Soleil, envoyer au plus tôt ses
« archers, et ses chars de guerre, car s'il tarde c'en est fait
« de moi[1]. » Le moment est passé de demander au dieu s'il lui convient ou non de déclarer la guerre : la guerre est là, et Pharaon n'a plus qu'à partir pour l'armée. Il appelle Psarou, lui commande de prendre les mesures nécessaires pour mettre sur pied le contingent de Thèbes et du Saïd, expédie des courriers au vice-roi d'Éthiopie afin de lui apprendre son départ, puis se lève et pénètre dans le temple, où tout est prêt pour le sacrifice.

1. La lettre du prince de Mageddo a été composée sur le modèle des lettres analogues découvertes à Tell el-Amarna.

AMON, LE GRAND DIEU DE THÈBES.

Les préliminaires se succèdent rapidement dans l'ordre accoutumé. La statue d'Amon est placée debout, en avant du sanctuaire, la face vers l'extérieur. Pharaon l'habille, le parfume, lui présente successivement cinq grains d'encens du Midi, cinq grains d'alun du Nord, quatre vases d'eau rouge, quatre vases d'eau ordinaire (fig. 37). Ce n'est pas sans raison que le nombre quatre prédomine dans les cérémonies. Le monde se partage en quatre régions, ou plutôt, pour employer le terme technique, en quatre maisons qui répondent à nos points cardinaux et sont pla-

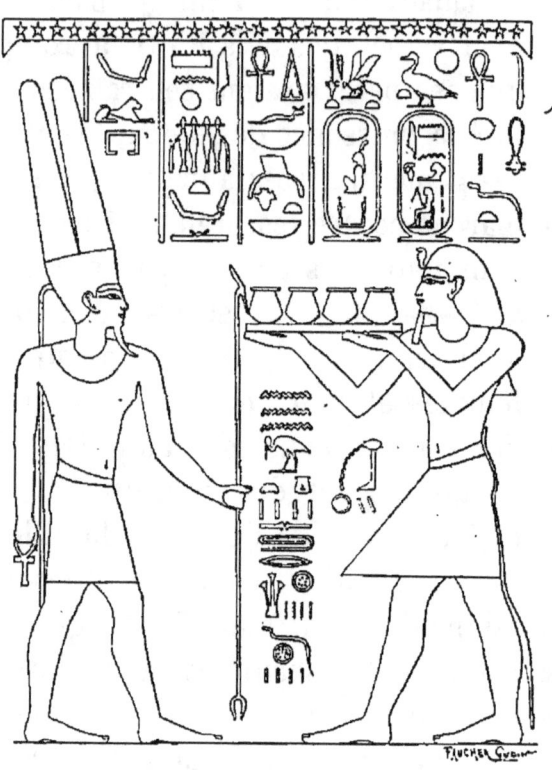

Fig. 37. — Offrande de l'eau rouge au dieu Amon.

cées sous la protection de divinités différentes. Le roi leur doit à chacune un hommage égal : il fait donc quatre fois le tour de la statue et consacre, à chaque fois, un des quatre objets dont se compose chaque partie de l'offrande, un par maison ou par point de l'horizon.

L'eau répandue, il revient promptement dans la cour qui précède le vieil édifice d'Amenemhâît, et reçoit des mains d'un prêtre un lasso en cuir tressé : son fils aîné, Amonhikhopshouf, vient se ranger derrière lui. Le sacrifice était au début un véritable repas que le célébrant, roi, prince ou simple particulier, devait préparer et servir au dieu de ses propres mains. Il allait donc aux champs lacer le taureau à demi sauvage, le liait, l'écorchait, en brûlait une partie à la face de l'idole, distribuait le reste aux assistants avec une profusion de gâteaux, de fruits, de légumes et de vin : le dieu était présent, son corps et son double, se laissait vêtir et parfumer, mangeait et buvait le meilleur de ce qu'on servait devant lui sur la table. L'apport de l'encens et de l'eau avaient eu pour résultat de préparer la statue prophétique au banquet, comme on y prépare un hôte en lui donnant à laver et en l'oignant d'essences odorantes : le roi peut maintenant partir en chasse.

Le temps avait atténué peu à peu la rudesse du rite primitif : il avait transformé ce qui était au début poursuite et festin réel en un simulacre de poursuite et de festin. Ramsès n'est pas dispensé de prendre lui-même la bête, mais on lui évite la peine d'aller la chercher au pâturage, et le risque de la voir s'échapper ou de recevoir d'elle un coup dangereux. Le sacrifice majeur, celui qu'on célèbre dans les circonstances solennelles, comprend naturellement quatre victimes ; l'esprit d'économie en réduit ordinairement le nombre à deux, et même à une seule, qu'on appelle alors le *Taureau du Sud*. Les serviteurs du temple l'amènent au licou dans l'endroit désigné, et lui attachent la corne droite à la jambe droite de derrière, en lui renversant légèrement la tête et en lui passant la corde par-dessus l'épaule gauche, de manière à lui gêner les mouvements et à lui paralyser presque entièrement le cou, s'il s'avisait de vouloir jouer des cornes. Cela fait, on le pique, et, dès qu'il est parti, le prince royal le saisit par la queue à deux mains, et Ramsès lui lance le lasso autour des cornes (fig. 38). Comme il s'arrête, étourdi de cette attaque et ne comprenant rien à ce qui lui arrive, les prêtres se précipitent sur lui, le renversent et lui lient les quatre jambes en un faisceau unique (fig. 39).

Cependant Pharaon s'est armé d'une longue canne droite, unie, sans ornements, et d'une masse légère, à tête en pierre blanche, souvenir de la massue avec laquelle ses

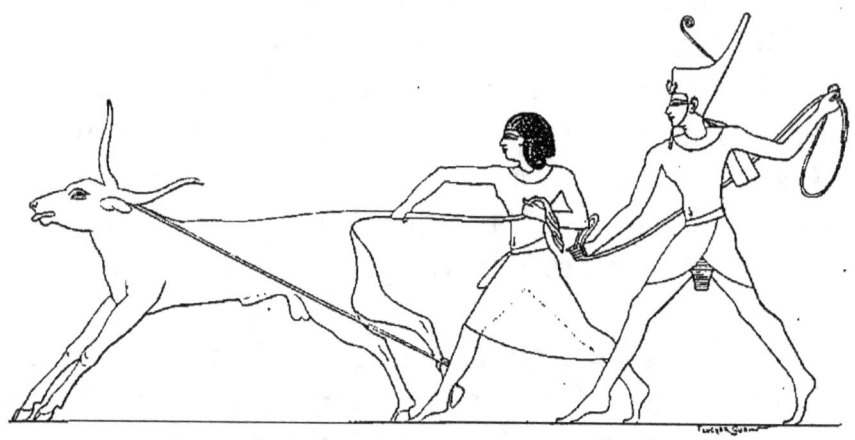

Fig. 38. — Le roi lace le taureau du sacrifice.

ancêtres abattaient leur proie. Dès que la victime est parée, il étend la masse au-dessus d'elle comme pour la frapper (fig. 40). Aussitôt le boucher sacré lui ouvre la gorge d'une oreille à l'autre. Un des aides reçoit le sang dans un

Fig. 39. — Les prêtres renversent le taureau lacé par le roi.

bassin en cuivre et l'apporte chaud encore devant la statue. D'autres détachent en quelques coups de tranchet les parties sacramentelles, le cœur, le foie, la rate, la cuisse (fig 41). Les autres enfin apportent en courant les morceaux au roi (fig. 42). Ramsès les présente au fur et à mesure qu'elles arrivent, puis les entasse sur le sol avec des pains, des gâteaux, des fruits, des légumes de toute espèce : Amon n'a plus qu'à choisir, dans la masse, les mets qui conviennent le mieux à son appétit.

Ce ne sont là que les grandes lignes de la cérémonie : chaque acte en est entremêlé de mouvements, de gestes et de paroles, dont les dieux ont daigné régler le détail eux-mêmes. Ils exigent avant tout la propreté matérielle. L'officiant, quel qu'il soit, doit se laver — *ouâbou* — soigneusement le visage, la bouche, les mains, le corps, et cette purification est jugée si nécessaire que le prêtre en dérive son nom d'*ouîbou*, le lavé, le propre. Le costume et la coiffure varient selon la nature du rite qu'on accomplit ; souvent même ils se modifient d'instant en instant dans l'exécution d'un seul rite. Tel sacrifice ou tel moment d'un sacrifice comporte les sandales à pointe relevée, la peau de panthère à l'épaule et la grosse tresse tombante sur l'oreille droite ; tel autre veut que l'officiant se ceigne du pagne à queue de chacal et se déchausse, avant d'entrer en action, ou s'attache au menton une barbe postiche. L'espèce, le poil, l'âge de la victime, la façon de l'amener, puis de lui lier les membres, le mode et les pé-

Fig. 40. — Le roi donne le signal de la mort.

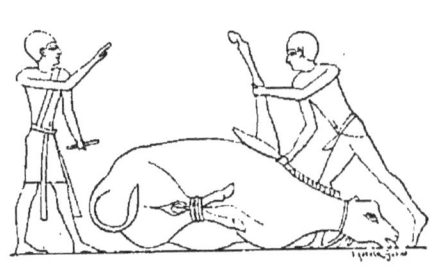

Fig. 41. — Dépeçage du taureau.

ripéties de l'abatage, l'ordre qu'on suit en ouvrant et en dépeçant le corps, sont prévus minutieusement et définis de façon immuable.

Encore ne sont-ce là que les moindres exigences du dieu et les plus faciles à contenter. Les formules qui accompagnent chacune des manipulations sacerdotales comprennent un nombre déterminé de mots, dont la séquence et les harmonies ne peuvent être

Fig. 42. — Les prêtres apportent les pièces de la victime.

modifiées en quoi que ce soit, ni par le dieu lui-même, sous peine de perdre leur efficacité. On les récite d'un rythme constant, sur une mélopée dont chaque ton a sa vertu, avec des mouvements qui en affirment le sens et qui exercent une action irrésistible sur le dieu : une note fausse, un désaccord entre la succession des gestes et l'émission des paroles sacramentelles, une hésitation, une gaucherie dans l'accomplissement d'un seul rite, et le sacrifice entier est nul. Le culte est donc comme une action juridique, au cours de laquelle le dieu aliène une partie de sa liberté en échange de certaines compensations en nature, dont la valeur et le mode sont fixés par la loi. Ramsès transfère solennellement à son père Amon les gâteaux, le pain, les pièces de bœuf, les fruits, par lesquels il entend gagner son oreille et le rendre favorable à sa pétition. S'il observe scrupuleusement les innombrables conditions dont cette donation est entourée, Amon ne peut pas se soustraire à l'obligation d'exaucer sa prière et de lui accorder la victoire sur les Khiti; s'il omet la plus petite d'entre elles, l'offrande reste acquise au temple, mais Amon n'est tenu à rien envers lui.

L'officiant, roi ou simple particulier, a donc vis-à-vis des siens une responsabilité redoutable : un défaut de mémoire ou un état d'impureté involontaire fait de lui un mauvais prêtre, nuisible à ceux qui le chargent de leurs intérêts auprès des dieux. Comme on ne peut exiger la perfection ritualistique, d'un souverain sans cesse distrait par les affaires de l'État, on pare aux erreurs qu'il est exposé à commettre, et qui annuleraient le sacrifice, en lui adjoignant un maître des cérémonies, un homme au rouleau (*khri-habi*), qui lui commande les évolutions réglementaires autour de la statue et de la victime, lui indique la succession des gestes et des changements de costume, lui souffle au besoin les paroles de chaque invocation, d'après un livre qu'il tient à la main, et récite pour lui la plupart des prières courantes. Quand le roi pontifie, c'est d'ordinaire l'aîné de ses enfants qui remplit auprès de lui la fonction de maître des cérémonies. Amonhikhopshouf, la peau de panthère sur l'épaule, la tresse pendante, le bras droit tendu en avant, déclame le *Souton di hotpou*, sur la pile d'offrandes entassées devant Amon, tandis que Ramsès brûle l'encens et verse une dernière libation.

Amon accueille avec faveur l'hommage de son fils : « Va « en paix, dieu bon, maître des deux Égyptes, Ousirmarî- « sotpounrî, car je te donne d'être plus fort que tout pays « étranger, de jeter la terreur dans le cœur des barbares ». Les guerres ne sont pas seulement de roi à roi ou de peuple à peuple, mais de dieu à dieu. Chaque fois que Pharaon part pour l'armée, il ne peut triompher que si Amon se met en campagne avec lui : si Amon ne l'assistait pas de sa personne, les dieux étrangers auraient aisément raison de lui et les Égyptiens seraient battus. Amon est présent sur les champs de bataille; sa main couvre le roi, écarte de lui les flèches, guide le char au milieu de la mêlée, disperse et décime les bataillons ennemis. « Je suis venu, ô « mon fils, et je t'accorde d'écraser les princes du Zahi, je

« les jette sous tes pieds à travers leurs contrées : je leur fais
« voir Ta Majesté telle qu'un seigneur de lumière rayon-
« nante, lorsque tu brilles sur leurs têtes comme mon
« image le soleil. — Je suis venu, je t'accorde d'écraser
« les barbares d'Asie, d'emmener en captivité les chefs des
« peuples Routonou : je leur fais voir Ta Majesté couverte
« de ta parure de guerre, quand tu saisis tes armes, sur
« le char. — Je suis venu, je t'accorde d'écraser la terre
« d'Orient ; les Phéniciens et Chypre sont sous ta terreur :
« je leur fais voir Ta Majesté comme un taureau jeune,
« ferme de cœur, muni de ses cornes, auquel on n'a pu
« résister. — Je suis venu, je t'accorde d'écraser les peu-
« ples qui résident dans leurs ports, et les régions de
« Mitani tremblent sous ta terreur : je leur fais voir Ta
« Majesté, comme l'hippopotame, seigneur de l'épouvante,
« sur les eaux, et qu'on n'a pu approcher. — Je suis venu,
« je t'accorde d'écraser les peuples qui résident dans leurs
« îles, et ceux qui vivent au sein de la mer sont fascinés
« par ton rugissement : je leur fais voir Ta Majesté comme
« un vengeur qui se dresse sur le dos de sa victime. —
« Je suis venu, je t'accorde d'écraser les Tahonou, et les
« îles des Danaens sont au pouvoir de tes âmes : je leur
« fais voir Ta Majesté telle qu'un lion furieux, qui se couche
« sur leurs cadavres à travers les vallées. — Je suis venu,
« je t'accorde d'écraser les contrées maritimes, et tout ce
« qu'entoure le fleuve Océan est lié à ton poing : je leur
« fais voir Ta Majesté telle que le maître de l'aile, l'éper-
« vier, qui embrasse en un clin d'œil ce qui lui plaît. —
« Je suis venu, je t'accorde d'écraser les peuples des ma-
« rais, de lier les Bédouins, maîtres des sables, en capti-
« vité : je leur fais voir Ta Majesté semblable au chacal
« du midi, seigneur de vitesse, coureur qui rôde à travers
« les deux régions. — Je suis venu, je t'accorde d'écraser
« les barbares de Nubie, et jusqu'au peuple de Pounit, tout

« est dans ta main ; je leur fais voir Ta Majesté semblable
« à tes deux frères Horus et Sit dont j'ai réuni les deux
« bras pour assurer ta puissance[1]. »

1. Ce chant triomphal paraît avoir été composé pour Thoutmosou III, mais il est devenu comme une sorte de propriété commune de tous les conquérants égyptiens, et on en trouve des fragments appliqués à Séti Ier ou à Ramsès III. C'est ce qui m'a permis de l'attribuer ici à Ramsès II sans invraisemblance.

CHAPITRE V

LE RECRUTEMENT DE L'ARMÉE

La baronnie d'Apou et son seigneur Nakhtmînou. — La ville : le *Grand Château*. — Les services administratifs de la baronnie. — Le peu d'amour des Égyptiens pour le métier militaire. — Le recrutement. — Les gens d'armes héréditaires et leurs fiefs. — Le cheval d'Égypte. — Les chars de guerre égyptiens. — La remise des armes aux soldats. — La distribution des vivres de campagne. — L'armée égyptienne et sa composition : les Shardanes. — Opinion des lettrés sur l'état militaire.

Psarou n'est pas seulement comte-nomarque de Thèbes, il est administrateur en chef de la *Terre du Midi*, c'est-à-dire de la Haute-Égypte presque entière, des environs de Siout à la première cataracte. Parti le lendemain même du jour où Pharaon lui avait ordonné de tout préparer pour la guerre, il a fait ses levées d'hommes et ses provisions de grain dans une partie des nomes de son ressort, à Kousit et à Coptos, à Dendérah, la ville d'Hâthor, à Thinis, où la monarchie égyptienne prit naissance, il y a plus de quatre mille ans. Depuis ce matin, son bateau est à quai dans Apou[1], capitale du nome Panopolite, et le prince héréditaire Nakhtmînou lui donne l'hospitalité.

1. Apou, nommée par les Grecs Khemmis ou Panopolis, est aujourd'hui Oumm-el-Khemîm, vulgairement Akhmîm.

Le temps n'est plus où les grandes familles féodales, qui se partagent le sol de l'Egypte, étaient à peu près indépendantes et formaient autant de dynasties secondaires, sous la suzeraineté, parfois nominale, du Pharaon. Depuis que le pouvoir est tombé aux mains énergiques des rois thébains, les hauts barons ont dû restituer l'autorité presque souveraine qu'ils avaient usurpée, et ne sont plus guère que les gouverneurs héréditaires de leurs fiefs, riches et considérés pour leur noblesse, mais surveillés de près par les officiers du roi, et menacés de déchéance, sinon de mort, au moindre soupçon. La plupart d'entre eux conservent, au fond de leur cœur, le secret espoir de voir renaître bientôt le vieil état de choses : une minorité prolongée, une succession de rois incapables, une révolution de palais, une invasion des peuples de la mer, ou simplement une guerre malheureuse qui détruisit le prestige de la dynastie, et ils auraient vite fait de reconquérir leur autorité. En attendant, quelques-uns d'entre eux sont au service et exercent auprès de Ramsès des charges de cour; les autres, comme Nakhtmînou, vivent en paix dans leurs terres, partagés inégalement entre leurs plaisirs et les soins d'une administration que la jalousie du suzerain leur rend chaque jour plus légère.

Apou est célèbre par ses filatures[1]. Vue du fleuve, elle donne l'illusion de la vie et de l'activité. Une trentaine de bateaux s'espacent le long du rivage, une centaine de portefaix les chargent ou les déchargent en chantant; plus haut, les entrepôts royaux — la *double maison blanche*, — où l'on emmagasine le blé, le lin, les fruits, les étoffes, le bétail, couronnent la berge de leurs murs crénelés. Une vieille cité indolente et silencieuse dort derrière ces pre-

---

1. Les filatures d'Akhmîm existent encore aujourd'hui ; elles fabriquent surtout une étoffe à petits damiers blancs et bleus, dont les femmes fellahs font leur vêtement de dessus, la *mélayah*.

miers plans : des ruelles étroites, animées à peine par le ronflement de quelque métier, et gardées d'espace en espace par des escouades de chiens efflanqués, un petit marché propre et discret, où vingt marchands contemplatifs attendent du matin au soir une clientèle qui semble n'arriver jamais. Vers l'est, le temple de Minou dresse sa masse imposante. Vers le nord-est, de beaux jardins touffus, séparés par des fossés profonds, qui servent de canaux pendant l'été, de routes pendant l'hiver, élèvent entre les maisons et la campagne un rempart de verdure; les murs d'enclos sont garnis de ronces folles, dont les branches retombent au milieu du chemin et font la guerre au visage des passants.

La résidence habituelle du prince, le *Grand Château*, s'élève au centre, à peu de distance du fleuve. C'est une sorte de massif, rectangulaire ou peu s'en faut, ceint d'un mur en briques crues, haut, épais, crénelé à merlons arrondis. Une cour oblongue en occupe le centre, fermée à l'ouest par le palais, bordée sur les trois autres côtés de magasins d'armes, de dépôts pour les fourrages et pour les provisions, ainsi que de maisons basses, où sont installées les différentes administrations de la principauté et leurs chefs respectifs. C'est une véritable forteresse, capable de résister même à un siège régulier, et les vieux seigneurs d'Apou y ont tenu bien souvent contre leurs sujets révoltés, ou contre des troupes de Bédouins Mâaziou[1] venus à l'improviste du désert, voire contre les bandes disciplinées de Pharaon : on les y a réduits quelquefois par la famine, jamais par la force.

Nakhtmînou, plus pacifique par nécessité, sinon par

---

1. Les Mâaziou étaient des Bédouins d'origine libyenne. Leur nom, identifié par calembour au mot arabe *meâzah*, chevreau, s'est conservé dans celui des Bédouins Mâazéh, qu'on rencontre aujourd'hui encore dans la Moyenne-Égypte, des deux côtés du Nil.

tempérament, y donnait audience à son directeur des greniers, quand on lui annonça l'arrivée de Psarou. Chacune des baronies a, comme l'Égypte entière, son système complet d'administration, dont le prince est le chef né et qu'il dirige sans contrôle, sauf à s'acquitter de toutes les obligations d'un vassal envers son suzerain, service personnel, contributions annuelles en métal et en nature, contingent militaire, dont l'importance varie selon l'étendue du fief et sa population. On voit donc, dans le nome d'Apou, un directeur des bestiaux, un directeur des cultures, un directeur des greniers, un directeur des entrepôts, un directeur des filatures, un directeur des soldats, un directeur de la boulangerie, un conseil d'État en miniature où siègent les notables du canton, même un héraut qui transmet solennellement les décrets du noble seigneur à ses sujets. Nakhtminou, informé depuis quelque temps par courrier spécial, de la mission que Psarou venait remplir auprès de lui, avait pris immédiatement toutes les mesures que l'expérience lui commandait pour assurer l'exécution des ordres royaux, de ceux surtout qui ont trait à la milice.

L'Égyptien de race pure n'aime pas le métier des armes, et les misères du soldat fournissent aux littérateurs des sujets de satire inépuisables. Ils se plaisent à le montrer déguenillé, criant la faim et la soif, maltraité par ses chefs à la moindre faute, n'échappant aux flèches de l'ennemi que pour succomber à la fatigue des marches, puis ils opposent à ce tableau peu flatté le portrait du scribe riche sans danger et considéré. Aussi, dès qu'on parle de guerre, la moitié au moins des hommes que leur âge rend propres au service s'empresse de se réfugier à la montagne, hors de l'atteinte des agents de recrutement. Ils y demeurent cachés jusqu'à ce que les opérations soient terminées et les conscrits en route ; ils rentrent alors dans leurs villages, où quelques cadeaux bien placés préviennent les questions indiscrètes qu'on pourrait leur poser sur leur absence au moment critique. Nakhtmînou ne leur a pas laissé le temps de recourir à leur manœuvre traditionnelle : le jour même où le rescrit royal lui est parvenu, il a expédié partout l'ordre de préparer la levée du contingent. Les chefs de village, qui répondent sur leurs biens du zèle de leurs administrés, ont mis la main sur tous ceux qu'ils redoutent de voir fuir; depuis quelques semaines, la jeunesse guerrière d'Apou attend en prison qu'il plaise à Psarou choisir les plus grands et les plus vigoureux, pour les expédier en Syrie.

Nakhtmînou court au-devant de son hôte, le salue, l'introduit par la main dans la salle d'audience. Les cérémonies d'usage ne sont pas encore terminées, et déjà les notables du pays arrivent l'un après l'autre en robes blanches : la journée se consume en compliments, la soirée en banquet, et à demain les affaires sérieuses. Psarou et Nakhtmînou s'installent de grand matin au fond de la cour, sous un portique ouvert où le soleil ne viendra point les déranger. Le directeur des soldats et son lieutenant prennent place à côté d'eux; les scribes du recrutement apportent leurs caisses à registres et s'accroupissent derrière elles, le calame à l'oreille; une douzaine de chaouiches, moitié huissiers, moitié bourreaux, se rangent sur les côtés, le bâton à la main, prêts à frapper au premier signe. Les gens de la campagne sont assemblés depuis l'aube à la porte du château, groupés par villages aux ordres de leurs maires. Sur un geste de Nakhtmînou, le crieur du nome annonce aux gardiens des portes qu'ils peuvent laisser entrer, et le premier groupe paraît.

Le maire marche en tête, une sorte d'enseigne à la main; arrivé devant le prince et le commissaire de Pharaon, il salue, s'agenouille, et ses gens s'arrêtent à quelques pas derrière lui, l'échine courbée, les bras ballants. Un des scribes indique d'après les registres la population du village, proclame le nombre des jeunes gens valides qu'on y compte et celui des recrues qu'il doit fournir, puis lit tous les noms l'un après l'autre. Chaque homme lève la main à l'appel du sien. Si quelqu'un manque, le directeur interroge le maire : l'absent est-il malade? réfractaire? a-t-il quelque emploi qui l'exempte du service ou quelque infirmité? Le maire répond de son mieux aux questions, non sans trembler de tous ses membres, car un chaouiche est là à côté de lui, et il y va pour lui de la bastonnade si les représentants de Pharaon n'admettent pas ses excuses (fig. 43). Le choix fait, les futurs soldats sont séparés de leurs compagnons et enfermés dans un des magasins du château : les autres s'en vont chez eux au plus vite, heureux d'en être quittes pour la peur cette fois encore.

Les mêmes formalités se répètent, sans changement, pour chacun des villages qui relèvent de la baronnie d'Apou. Quelque zèle que les scribes déploient à expédier cette triste besogne, elle se prolonge et dure plusieurs jours. Ce n'est, du matin au soir, que défilés, appels et bastonnades. Les parents attendent à la porte le résultat de l'épreuve. L'armée ne rend guère les hommes qu'elle emmène aux contrées lointaines de Syrie ou d'Ethiopie : ceux qu'elle prend, leur famille les pleure comme s'ils étaient morts. Dès qu'un groupe de villageois sort, les femmes se précipitent et cherchent à distinguer qui leur revient des leurs : celles dont le mari, ou le frère, ou le fils ne reparaît point éclatent en sanglots, se salissent de poussière la chevelure et la face, et se lamentent comme on est accoutumé de faire dans un enterrement. Le cinquième jour enfin, Psarou passe lui-même l'inspection des conscrits et relâche ceux qui lui semblent être le moins forts, jusqu'à en réduire le contingent total au chiffre de six cents fantassins, que la principauté est tenue de fournir au roi.

C'était le point délicat de l'opération : le reste s'accomplit sans difficulté, comme par machine. Il y a en effet dans chaque nome, à côté des fellahs pour qui la milice est un accident, des familles d'ordre plus relevé, pour qui elle est un devoir héréditaire. Chacune d'elles tient en fief soit du suzerain, soit du seigneur local, un domaine d'environ trois hectares et demi, franc de taxe,

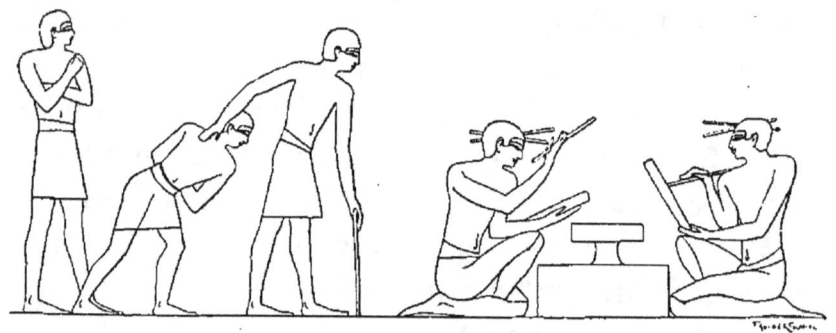

Fig. 43. — Devant les scribes.

transmissible en ligne directe ou collatérale, mais toujours sous condition du service militaire. Tous les hommes en sont inscrits sur des registres spéciaux, dont le commandant du nome a le dépôt. En temps de paix, on n'en appelle annuellement qu'une petite partie, qui forme la garde des princes ou du Pharaon, mais en temps de guerre ils partent tous, à moins d'excuse légitime, infirmités, vieillesse, maladie temporaire; encore, le père trop âgé pour payer de sa personne doit-il être remplacé par son fils, ou, à défaut de fils, par son parent le plus proche. La levée de ces gens d'armes se fait presque toujours rapidement, car, à défaut de courage, l'intérêt leur commande l'exactitude : s'ils négligeaient de répondre ponctuellement à la moindre convocation, leur fief serait forfait, saisi par ordre des bureaux, et leur famille tomberait dans la misère.

Les hommes sont là : il faut les équiper. L'Égyptien ne porte jamais d'armes dans la vie ordinaire : seul, le berger, qui mène son troupeau dans des endroits écartés au pied de la montagne, a son bâton ferré ou sa javeline, un arc, des flèches, un couteau ou un poignard, pour se défendre contre les bêtes féroces ou les Bédouins de rencontre. Le matériel de guerre est gardé sous scellé dans les dépôts d'État, celui de l'infanterie dans la *Maison des armes*, celui de la cavalerie dans les haras. Il n'y a pas longtemps que le cheval est connu en Égypte : les Pasteurs l'y introduisirent, et peut-être durent-ils à l'effroi qu'il inspira dans les premières rencontres la rapidité incroyable de leurs succès. Il est en général vigoureux et de taille élevée. Il a le front bombé, ce qui donne à sa tête un profil légèrement busqué et comme moutonné. Le cou est effilé, la croupe mince et un peu étroite, la cuisse maigre, la jambe sèche, la queue longue et bien fournie. Il ne diffère en rien des chevaux qu'on voit chez les peuples asiatiques, mais ce n'est pas sans peine qu'on l'empêche de s'affaiblir et de dégénérer. Le climat l'énerve, le temps de l'inondation l'éprouve ; il faut toujours recruter l'espèce d'étalons et de juments qu'on achète ou qu'on prend en Syrie. Thèbes, Memphis, Hermopolis, la plupart des grandes cités de la Moyenne-Égypte possèdent des haras : mettre en ligne beaucoup de chars est pour les seigneurs le luxe par excellence, que Pharaon encourage de son mieux, en récompensant les propriétaires des écuries bien tenues, en réprimandant, en punissant même, ceux qui ne soignent pas assez leurs bêtes. Apou n'en a guère qu'une cinquantaine qui puissent entrer en campagne : ni sa position géographique, ni l'étendue de son territoire ne lui permettent d'en fournir davantage.

Les chars étaient à l'origine de provenance étrangère comme les chevaux : les premiers furent importés d'Asie, mais les ouvriers égyptiens apprirent bientôt à les fabriquer plus élégants, sinon plus solides que leurs modèles. La légèreté en est la qualité maîtresse : un homme seul peut porter son char sur ses épaules, sans en être fatigué. Aussi n'admet-on dans la construction que du bois et du cuir : les métaux, or ou argent, fer ou bronze, n'y sont employés qu'en petite quantité dans l'ornementation (fig. 44). Les roues ont quelquefois quatre ou huit rayons, le plus souvent six. L'essieu est un ais d'acacia épais et résistant. Deux pièces emmanchées l'une sur l'autre dessinent la forme géné-

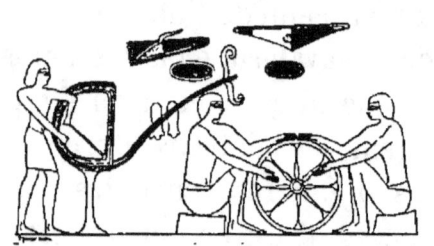

Fig. 44. — Fabrication des chars.

rale de la caisse, un demi-cercle ou plutôt une moitié d'ellipse fermée par une barre droite ; on établit sur ce cadre un plancher de sycomore ou un fond en lanières de cuir entre-croisées. Des panneaux légers se dressent sur le pourtour de l'ellipse, pleins de front, évidés sur les côtés et garnis de deux barreaux d'appui recourbés. Le timon, tout d'une venue, se coude au cinquième environ de sa longueur. On en engage le gros bout au milieu même de l'essieu, et l'on fixe la caisse sur cette manière de T gigantesque, l'arrière à plat sur l'axe, l'avant emboîté pour ainsi dire dans la partie courbe du timon : une double ligature en cuir assure la solidité de l'ensemble. Un joug en forme d'arc est lié à l'extrémité libre du timon et sert à atteler les chevaux. Les Asiatiques montent d'ordinaire à trois sur un même char : les Égyptiens n'y sont jamais que deux, le guerrier qui combat, et le cocher qui guide les chevaux ou tient le bouclier pendant la bataille.

La remise des armes est une véritable fête, à laquelle on s'efforce de donner autant d'éclat que possible. Où Pharaon se trouve, il y assiste du commencement jusqu'à la fin; partout ailleurs, les officiers royaux ou les seigneurs se font gloire d'y présider. Tous les hommes de la levée d'Apou se réunissent donc dans la cour du château et s'y

Fig. 45. — La lutte corps à corps.

rangent par compagnies, les recrues campagnardes, les soldats héréditaires, les gens de char. Ils exécutent d'abord toutes les marches ou contremarches en usage dans l'armée, la course par peloton, le saut en ligne, l'arrêt brusque, puis ils rompent les rangs et engagent deux par deux la lutte corps à corps (fig. 45). Après une heure ou deux de cet

Fig. 46. — Distribution des armes aux recrues.

exercice, ils reprennent leurs postes primitifs, le *Directeur de la maison des armes* ouvre ses magasins, et la distribution commence (fig. 46). Seuls les rois, les princes et quelques soldats étrangers portent un casque en fer ou en bronze et une chemise de cuir, couverte d'écailles de bronze (fig. 47). Les Égyptiens ont sur la tête un mouchoir rayé ou un bonnet de feutre ; une sorte de tablier ovale, attaché à la ceinture et formé de bandes de cuir cousues ensemble, leur couvre parfois le bas-ventre et le haut des cuisses. Le bouclier consiste en une sorte de cadre en bois léger, carré de la base, arrondi au sommet, revêtu d'une peau de bœuf, et garni vers le milieu d'une rondelle de métal large d'environ vingt centimètres (fig. 48). Il n'a qu'une poignée. C'est une sorte de rempart mobile qu'on tient devant soi de la main gauche et dont l'emploi exige une grande habileté. Le soldat, ramassé sur lui-même, voit venir la flèche ou la javeline de son adversaire, et tâche de la recevoir sur la rondelle métallique : s'il y réussit, elle tombe ; s'il y manque, elle traverse la peau et risque de lui percer la poitrine. Il a pour l'attaque la pique de six pieds, la javeline, la hache, la

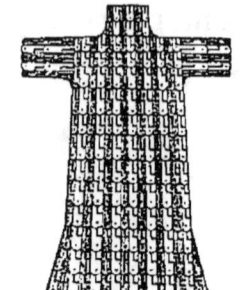

Fig. 47. — Cuirasse royale.

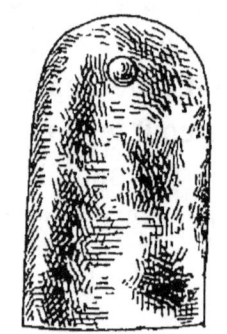

Fig. 48. — Bouclier.

massue, l'arc et la flèche, le poignard, l'épée courte, et quelquefois un tranchet à lame large et recourbée, qui est l'arme favorite des rois, et qu'on appelle la *khopshou*. Chaque homme va prendre aux mains des magasiniers l'équipement du corps auquel il appartient, et les cavaliers reçoivent du *Directeur des cavales* un char et deux chevaux : le cocher les harnache en hâte et attache aux côtés de la caisse deux étuis d'arc, ainsi que deux grands carquois pour les flèches et les javelines.

La distribution achevée, les manœuvres reprennent, mais sur des thèmes nouveaux. Une vingtaine d'archers y préludent en exécutant la danse de combat des Bédouins Mâaziou. Ils se mettent en ligne, bondissent soudain en jetant leur cri de guerre, tournent sur eux-mêmes en brandissant leurs armes au-dessus de leur tête, posent leur arc à terre et le ramassent avec des contorsions bizarres,

Fig. 49. — Danse de guerre des archers.

avancent et reculent tour à tour : leurs camarades rythment le mouvement en frappant dans leurs mains, ou en battant deux boumerangs l'un contre l'autre (fig. 49). Quand cette scène sauvage a duré assez longtemps, le défilé commence. Les

Fig. 50. — Défilé des troupes légères.

chars marchent en tête, puis les troupes légères, tête nue, sans tablier de cuir ni bouclier, l'arc à la main gauche, la hache ou le boumerang à la main droite, le porte-étendard sur la gauche, en serre-file (fig. 50). La grosse infanterie suit au son du clairon, le bonnet rayé en tête, le tablier en cuir sur le ventre, le bouclier et la pique à l'épaule gauche, la hache à la main droite : l'officier n'a point d'armes et ne tient qu'un bâton de commandement (fig. 51). Quand

Fig. 51. — Défilé de l'infanterie de ligne.

tout a passé, les officiers et les porte-enseigne sortent des rangs et viennent saluer le prince, le genou en terre (fig. 52) : la fête est terminée.

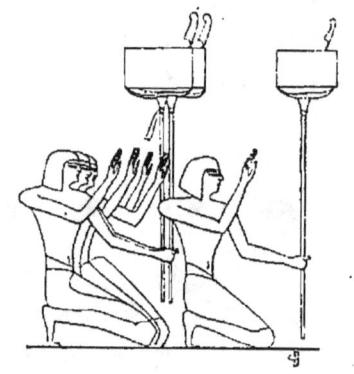

Fig. 52. — Le salut au prince.

Le lendemain, de grand matin, les hommes viennent chercher leurs vivres de route. Le directeur du haras a préparé des rations de fourrage et de grain pour les chevaux. De son côté, le directeur de la boulangerie n'a pas été inactif et a cuit la quantité de pain nécessaire pour nourrir la troupe entière pendant quinze jours. C'est moins du pain qu'une sorte de galette ronde, plate, noire, d'une pâte très serrée qui sèche rapidement et devient dure comme la pierre : il faut la tremper dans l'eau pour l'attendrir avant de la manger. Les soldats arrivent par escouades, un petit sac de toile à la main, et reçoivent la provision allouée par les règlements à chacun d'eux (fig. 53). Une flottille de gros bateaux les attend : ils s'entassent sur le pont pêle-mêle avec les chevaux, tandis qu'on case les chars et les bagages sur le toit des cabines. Dans deux semaines au plus tard, ils auront rejoint la grande armée que Pharaon rassemble à Zalou[1], sur la frontière orientale du Delta.

Elle se compose d'Égyptiens et d'étrangers en nombre inégal, ces derniers attachés à la personne de Ramsès. Comme la plupart des rois, Pharaon aime à s'entourer d'une garde de barbares, dont la physionomie farouche, le costume, les armes étranges frappent l'imagination de ses sujets et rehaussent son prestige à leurs yeux. Il les recrute

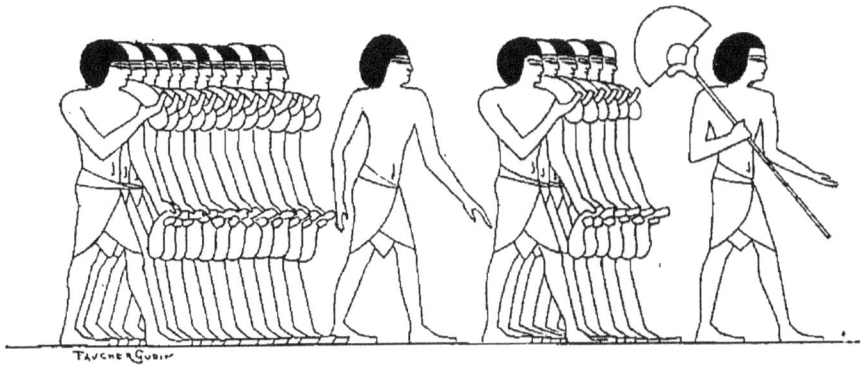

Fig. 53. — Les soldats vont prendre les vivres de campagne.

parmi les tribus libyennes du désert, et surtout chez les pirates que l'appât du gain ou l'esprit d'aventure amène par intervalles de la Grèce lointaine, des îles et de l'Asie Mineure, sur les côtes de l'Égypte. Une de ces bandes pillardes, appartenant à la nation guerrière des Shardanes de Lydie, avait été surprise et enlevée tout entière, pendant la dernière année de Séti Ier. Ramsès la retint auprès de lui, la recruta de tous les prisonniers de même race qu'il fit au cours de ses premières guerres, et en composa un petit corps d'élite à sa dévotion. Les Shardanes (fig. 54) sont vêtus de la longue jupe égyptienne et d'un justaucorps

---

1. Zalou, la *Sellé* des géographes d'époque romaine, aujourd'hui un amas de ruines, à quelque distance à l'ouest du canal de Suez, à la hauteur de la station d'El-Kantarah.

d'étoffe épaisse, rayé de blanc et de noir, fendu sur le côté, maintenu en places par deux bretelles. Ils ont pour armes une longue épée à double tranchant, et une rondache en cuir semée de disques en métal doré. Ils portent sur la tête un casque rond, sans couvre-nuque, surmonté souvent d'une grosse boule et de deux cornes aiguës. Ce sont les seuls étrangers que Ramsès emmène avec lui cette fois : les auxiliaires libyens, bédouins et nègres resteront en Egypte, à la disposition de la reine et des officiers chargés de la régence.

Fig. 54. — Un Shardane de la garde.

Les soldats de race indigène sont partagés en quatre légions, nommées chacune d'après l'un des grands dieux, légion d'Amon, légion de Râ, légion de Phtah, légion de Soutekhou. Les contingents des nomes sont distribués entre elles : celui d'Apou est versé dans la légion d'Amon à son arrivée. Les chars de guerre forment un corps spécial sous le commandement direct du roi et de ses fils. Étrangers, fantassins égyptiens, gens de char sont jaloux les uns des autres. Les Égyptiens envient aux Shardanes la faveur que Pharaon leur montre, et le poste d'honneur qu'il leur donne dans les combats. La cavalerie, qui renferme les enfants des familles les plus nobles, méprise les légions où sert la masse des fellahs et des gens d'armes. Ces rivalités de corps pourraient devenir dangereuses sous un général ordinaire : Ramsès en tire un parti merveilleux pour stimuler l'ardeur de ses soldats. L'Égyptien manque de feu et d'emportement, mais il est patient, endure longtemps la fatigue et ne craint ni la douleur ni la mort; il forme un noyau d'armée solide et résistant. Les Shardanes et les autres mercenaires étrangers sont là pour lui communiquer les qualités d'offensive qui lui font défaut, l'élan et la vigueur[1]. C'est comme un levain introduit dans une pâte trop lourde qui la rend plus légère et qui la bonifie.

Le plus jeune fils de Nakhtmînou a dix ans à peine. C'est un bel enfant, mince, élancé, grand pour son âge, habile à tous les exercices du corps, intelligent d'ailleurs et d'esprit très vif. La vue des armes et le tumulte des derniers jours l'ont rempli d'une ardeur belliqueuse, dont les éclats ne laissent pas que de troubler sa famille : il néglige ses leçons, écrit ses devoirs tout de travers, et quand son père l'en réprimande, il répond qu'il veut être officier de la guerre et n'a pas besoin de tant étudier. Psarou, que son enthousiasme amuse, se plaît à le pousser sur ce sujet chaque fois qu'il le rencontre. « Demande à « mon vieil Ennana, lui dit-il un jour, ce qu'il pense du « beau métier que tu aimes tant; il est de bon conseil et « tu trouveras profit à l'écouter, comme s'il était le dieu « Thot ». Ennana est un scribe de la Double maison blanche qui accompagne Psarou dans tous ses voyages. Il n'a point son pareil comme comptable, et personne ne sait mieux que lui découvrir une erreur d'un sac de blé dans vingt registres. Il est aussi poète à ses heures, et dès qu'il a un moment de loisir, il écrit en vers, en prose, sur tous les sujets qui se présentent, sacrés ou profanes.

Le départ des fantassins et des soldats de char l'a inspiré,

---

1. J'ai emprunté cette description, en changeant les noms actuels, aux relations des campagnes de Mohammed-Ali et d'Ibrahim-Pacha. Le fellah d'aujourd'hui ressemble tant au fellah d'autrefois, que je n'ai pas hésité à appliquer aux armées pharaoniques ce qui est vrai de ces armées modernes. Les Shardanes et les autres mercenaires devaient jouer sous Ramsès le même rôle que les Arnautes et les Européens sous Mohammed-Ali.

comme on peut penser. Quand le fils de Nakhtmînou vient lui demander conseil, il a déjà que lui répondre en beau langage rythmé, bien sonnant à l'oreille. « Pourquoi donc « prétends-tu — que l'officier d'infanterie a plus de chance « que le scribe? — Viens, que je te conte le sort de l'officier « d'infanterie, — l'étendue de ses misères. — On l'amène « tout enfant, la tresse encore sur l'oreille[1] — et on l'empri- « sonne dans une caserne. — On le bat et son ventre est « crevassé de plaies, — on le bat et ses deux sourcils sont « fendus de plaies, — on le bat et sa tête est cassée par une « blessure ; — on l'étend et on frappe sur lui comme sur un « papyrus[1], — et il est brisé par le bâton. — Viens main- « tenant que je te conte sa marche en Syrie, — ses courses « aux pays lointains. — Ses vivres et son eau sont sur son « épaule comme le faix d'un âne, — et traitent son cou et « sa nuque comme ceux d'un âne, — si bien que les join- « tures de son échine sont rompues. — Il boit de l'eau pour- « rie — tout en montant une garde perpétuelle. — Arrive- « t-il à l'ennemi? — Il n'est plus qu'un oiseau qui tremble. « — Revient-il en Égypte? — Il n'est plus qu'un vieux « bois rongé par le ver. — Il est malade et doit se coucher, « et on l'emmène sur un âne, — tandis que des voleurs lui « enlèvent ses vêtements, — et que ses serviteurs se sau- « vent. — Ainsi donc, ô mon enfant, — renverse l'opinion « que tu t'es faite du scribe et de l'officier. »

Le fils de Nakhtmînou est un peu désappointé par le ton sceptique et gouailleur des vers qu'il vient d'entendre : le bruit des clairons et l'éclat des armes l'avaient empêché de songer à ces misères. Il se console pourtant en se disant que le cavalier n'a rien à craindre de tous ses ennuis. « Le

---

1. On rassemblait les cheveux des petits enfants en une grosse natte qui leur tombait sur l'oreille gauche. Voir la vignette 8, p. 15.
2. On battait vigoureusement les tiges du papyrus, pour en souder les fibres et en faire des feuilles à écrire.

soldat des chars? reprend doucement Ennana. — Viens que
« je te dise les devoirs fatigants du soldat des chars. — Il
« accourt pour choisir un attelage — dans les haras de
« Sa Majesté; — quand il a choisi de beaux chevaux, — il se
« réjouit à grand bruit, — il retourne avec eux dans son
« village, — et il se met à galoper, — car il est joyeux de
« bien galoper sur un char, — et il ne connaît pas encore
« le sort qui l'attend. — Il remet ce qu'il possède à son
« grand-père, — puis il prend son char, — un char dont
« le timon lui coûte trois *outnou* de cuivre, — et la caisse
« cinq *outnou*[1], — et s'en va au galop sur lui. — Mais il
« s'embarrasse dans ses rênes, — et il tombe à terre parmi
« les épines; — un scorpion lui pique le pied, et son talon
« est percé par la morsure. — Quand on vient pour passer
« la revue de ses effets, — sa misère est à son comble :
« — on l'étend sur le sol — et on l'assomme de cent coups
« de bâton. »

Le fils de Nakhtmînou n'en persiste pas moins à rêver chars et batailles; c'est le faible de tous les enfants que l'amour de la lutte et du bruit. L'âge et la réflexion calmeront cette belle ardeur; dans quelques années, il se mariera, « fera femme », comme on dit ici, prendra un emploi lucratif dans le domaine de son père ou à la cour de Pharaon, et ne sera plus qu'un scribe pacifique. Les Égyptiens du temps de Thoutmosou III et d'Amenhotpou II étaient plus fidèles à leurs impressions d'enfance : ils servaient volontiers toute leur vie, et le métier du soldat ne leur paraissait pas moins enviable que la carrière du scribe. L'affaiblissement de l'esprit militaire n'est pas sans nuire à la grandeur du pays. Séti Ier et Ramsès, si bons généraux qu'ils aient été, n'ont pas remporté autant de victoires que

---

1. Voir p. 22, note 1, le poids de l'*outnou* et le moyen d'en estimer la valeur en monnaie moderne.

leurs prédécesseurs de la xviiie dynastie, et ces victoires ont été moins décisives. Amenhotpou III imposait encore des tributs aux Khiti, Séti dut traiter avec leur roi d'égal à égal, les dieux prévoient seuls comment se terminera la campagne qui va commencer. Les mercenaires ne font encore aujourd'hui qu'une portion de l'armée; si la répulsion que les indigènes éprouvent pour la milice s'accentue, comme tout porte à le croire, il faudra augmenter le nombre des soldats barbares outre mesure, et alors.... On sait ce qu'il arrive en pareil cas : les esclaves d'autrefois deviennent rapidement des maîtres, et le jour n'est pas éloigné peut-être où les bandes étrangères assoiront un des leurs sur le trône de Pharaon[1].

1. C'est ce qui arriva en effet, une centaine d'années plus tard, après Séti II, quand les étrangers donnèrent la couronne d'Égypte au Syrien Irisou.

CHAPITRE VI

LA VIE DE CHATEAU

Aspect de la campagne d'Apou. — Passage du gué : les incantations contre le crocodile. — La villa de Nakhtminou. — Le jardin et les arbres fruitiers d'origine étrangère. — Les bassins. — La treille et le pressage. — L'irrigation. — Les bergers. — L'étang : pêche et chasse au marais. — La pêche au filet : le poisson salé. — La chasse au filet : conserves d'oiseaux. — Ce qu'était autrefois la chasse au désert. — Le service des chasses. — La vallée d'Apou. — La roche écrite. — La chasse au désert. — Les monstres. — Retour à Thèbes : le chevet et le dieu Bisou.

L'inspection des registres de contributions a suivi la levée et le départ des troupes. Psarou a pris livraison des étoffes que la ville paye au trésor pour ses manufactures, ainsi que des arrérages de l'impôt ordinaire en grains qui sont dans les greniers royaux ; il a embarqué le tout et serait déjà en route pour Thèbes, si Nakhtminou n'avait réclamé l'honneur de le conserver comme hôte, pendant deux ou trois jours encore, et de lui donner le plaisir d'une chasse au désert. Sa villa favorite est située au N.-E. de la ville, presque à l'entrée d'une vallée sauvage qui mène droit à l'un des cantons les plus giboyeux de la montagne. On quitte Apou de bon matin, et l'on prend à travers champs, pour éviter les longs détours de la chaussée : c'est le temps des fèves en fleurs, et les tiges montent si haut qu'hommes et bêtes disparaissent presque dans la verdure embaumée. Au sortir des fèves, on rencontre des champs de dourah et de blé, puis quelques bouquets de palmier, puis, en travers de la route, un canal large d'une quinzaine de mètres, stagnant, tortueux, encaissé entre deux berges croulantes de limon.

Le gué n'est pas loin, mais un troupeau de bœufs, marchant à loisir, l'aborde et en barre l'accès pour le moment (fig. 55). Le berger-chef s'arrête, sonde l'eau du

Fig. 55. — Les bœufs passent le gué.

regard, et prononce rapidement quelques paroles : « Halte, crocodile, fils de Sit ! Ne vogue plus de ta queue, ne remue plus de tes bras, n'ouvre point la gueule, mais que l'eau devienne comme un rempart de feu ardent devant toi ! Halte, crocodile, fils de Sit. » Le crocodile est toujours posté à l'affût dans le voisinage des gués. L'incantation que le berger vient de réciter a pour effet certain de le rendre aveugle ou de le frapper de stupeur : il n'aperçoit plus homme ni bête, ou s'il les voit, il ne peut les attaquer. L'eau n'est pas profonde : c'est à peine si les bœufs en ont jusqu'au ventre. Pourtant un des veaux est trop petit pour passer à pied, et l'un des bergers est obligé de le charger sur son dos; le malheureux goûte peu cette façon d'aller et se retourne en meuglant vers sa mère. Celle-ci, non moins inquiète, lui répond, mais le berger qui vient derrière elle la console un peu ironiquement : « O le vilain qui t'emporte ton veau, bonne nourrice! » Un village, un simple amas de huttes basses, s'étend au delà, et sur la gauche, le long du canal, l'éternel mur en briques crénelé qui annonce la maison d'un homme important : c'est la villa de Nakhtmînou.

Une porte monumentale y donne accès (fig. 56). Elle est en brique, mais la baie en est encadrée de montants et de linteaux en calcaire blanc, couverts d'hiéroglyphes : une inscription dédicatoire, aux cartouches de Séti Ier, constate que le père de Nakhtmînou la construisit, il y a bientôt trente ans. Les battants sont en cèdre massif et renforcés de lourdes pentures en bronze. On ne les ouvre que dans les grandes occasions, pour le seigneur et pour ses invités; à l'ordinaire, on entre dans l'enclos ou on en sort par deux poternes pratiquées à gauche du portail. Le jardin forme un carré parfait de cent mètres de côté, divisé en clos de grandeur inégale par des murs de pierre sèche, hauts de deux pieds à peine : on passe de l'un dans l'autre, par des portes rustiques en bois peint. Ils sont plantés en partie d'arbres fruitiers, en partie d'arbres d'agrément, quelques-uns d'origine étrangère.

Les Égyptiens, en effet, sont très curieux d'essences et de fleurs nouvelles : ils en transportent le plus qu'ils peuvent aux bords du Nil et s'efforcent de les y acclimater. La reine Hâtshopsitou envoya une escadre de cinq navires aux Échelles du pays de Pounit[1], pour y prendre des *figuiers à encens* qu'elle mit dans ses vergers de Thèbes. Thoutmosou III fit représenter, dans une des chapelles du temple

---

1. Le pays de Pounit répond aux côtes méridionales de l'Arabie et au pays des Somali.

d'Amon à Karnak, les diverses espèces de bêtes et de végétaux qu'il avait ramenées de ses campagnes en Syrie et dans les régions du Haut-Nil. Les simples particuliers n'ont pas été moins actifs que les Pharaons : depuis quatre siècles,

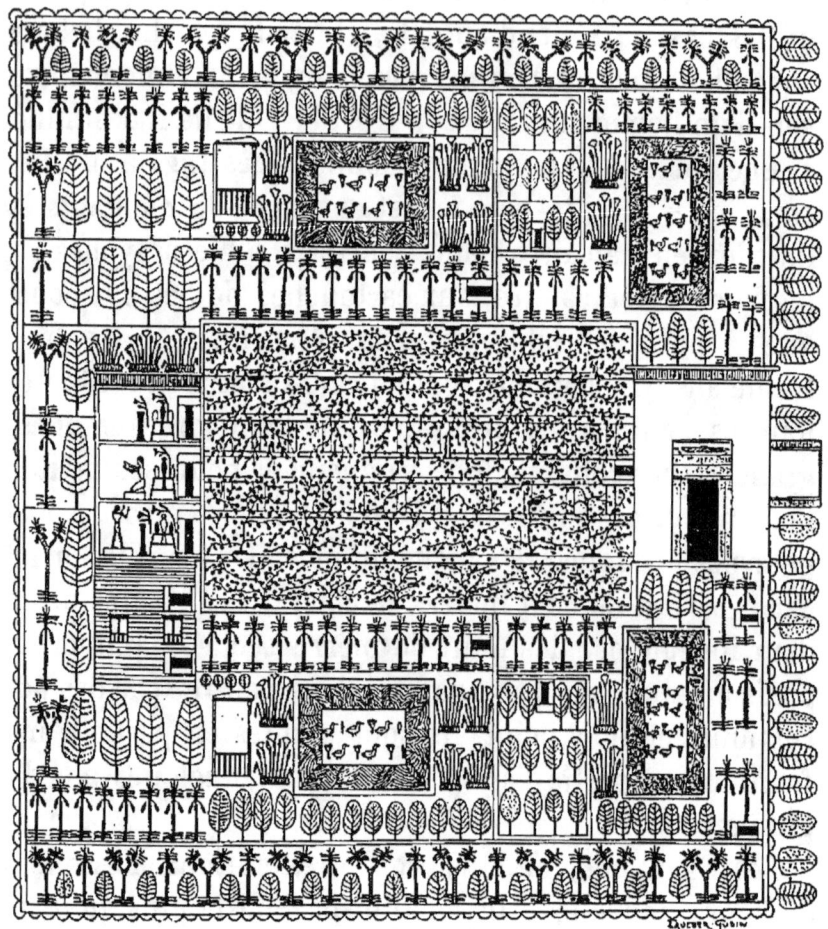

Fig. 56. — Une villa Égyptienne.

la flore d'Égypte, assez pauvre naturellement, s'est enrichie d'une vingtaine au moins de plantes utiles ou décoratives, le pommier, l'amandier, la grenade, des variétés nouvelles de raisins et de figues. Nakhtminou a trouvé le moyen de les réunir presque toutes et en fait les honneurs à son hôte avec une fierté légitime. Ce qu'il possède de plus précieux à son gré, c'est une espèce de palmier fort rare, qu'on rencontre de loin en loin dans deux ou trois cantons du désert de Nubie, entre le Nil et la Mer Rouge : les poètes, qui le connaissent par ouï-dire, le comparent volontiers à Thot, le dieu des lettres, à cause de sa belle taille et de ses propriétés merveilleuses. Son fruit contient, avant d'arriver à

Fig. 57. — Une treille et la cueillette des fruits.

maturité pleine, une sorte de lait sucré dont les barbares sont très friands. Cet arbre unique a son histoire : le père de Nakhtmînou le rapporta du pays d'Akiti, lorsqu'il alla y creuser des citernes sur la route qui conduit aux mines d'or, du temps de Séti Ier. Personne n'en connaît de pareil à trente lieues à la ronde : Pharaon lui-même n'en a que deux ou trois dans ses parcs à Thèbes.

Quatre bassins oblongs, bordés d'une margelle de pierre, ornés de grandes touffes de lotus et peuplés de canards, sont disposés symétriquement au milieu des arbres. Un rideau de dattiers ordinaires et de cassiers, alternant avec des palmiers doums [1], court intérieurement le long du mur

---

[1]. Le doum est une espèce de palmier, dont le tronc se divise en deux branches, et chaque branche en deux branches nouvelles : il porte des fruits assez gros, que les Égyptiens d'autrefois estimaient

et protège la villa contre le vent poudreux du désert. Des milliers d'oiseaux, huppes, moineaux, sirènes à robe verte, tourterelles grises à collier noir, nichent dans la feuillée et l'égayent de leurs querelles. L'ombre est partout et partout la fraîcheur. Le contraste est complet avec la nudité et les ardeurs de la plaine environnante : dès qu'on franchit le seuil, on comprend pourquoi l'Égyptien dévot souhaite à

Fig. 58. — Le pressage des grappes.

son âme, pour félicité suprême, de revenir s'asseoir au pied des arbres qu'il a plantés, au bord du bassin qu'il a creusé, afin d'y respirer la douce brise du nord.

Une large treille va du portail à la maison d'habitation (fig. 57). Elle s'appuie sur plusieurs rangées de colonnettes en bois, peintes, à chapiteau de lotus : les ceps, plantés en ligne dans les intervalles, se recourbent en berceau sur la

---

beaucoup, ce semble. On ne trouve guère de palmier-doum avant Siout, en remontant le Nil; cet arbre tend à disparaître de l'Égypte propre.

tête des promeneurs. Nakhtmînou s'amuse chaque année à y faire la vendange. Les esclaves cueillent les grappes sous ses yeux, les déposent dans des paniers et les pressent dans de longs sacs de grosse toile (fig. 58); il obtient de la sorte un vin épais, sucré, qui tournerait aisément à l'aigre si l'on n'y mêlait de la poix. Deux petits kiosques ouverts s'élèvent à droite et à gauche de la maison, chacun en face d'un

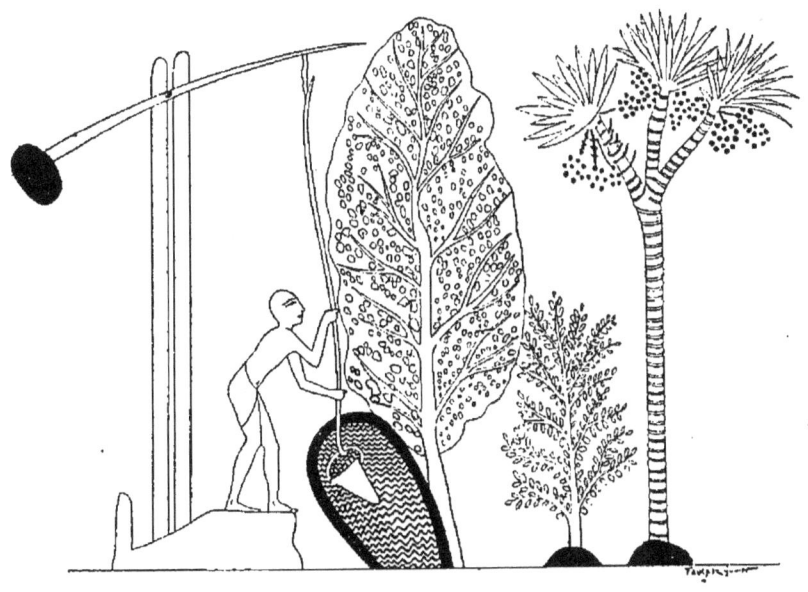

Fig. 59. — La bascule pour puiser l'eau ; la *shadouf*.

des bassins : le maître se plaît à y venir dans l'après-midi jouer aux dames, ou contempler indolemment les ébats de ses canards. Les magasins, les étables, tout le matériel de l'exploitation agricole, sont relégués dans une seconde enceinte, située à quelque distance de la première.

Le terrain qui s'étend au delà, jusqu'à la rencontre du désert, a été adapté, non sans peine, à la culture maraîchère. Il prend son eau dans le canal, au moyen d'une batterie de bascules disposée le long de la berge (fig. 59). Figurez-vous une poutre formant levier et suspendue, au tiers environ de sa longueur, entre deux montants verti-

caux; la branche la plus courte est armée d'un contrepoids
en terre glaise, une couffe en feuilles de palmier pend à
la plus longue. Du lever du soleil à son coucher, un fellah
emplit la couffe, l'élève à mi-corps, perd en chemin la
moitié du contenu, et vide le reste dans une rigole qui
dirige l'eau vers une partie déterminée du terrain. Celui-
ci est partagé par de petites levées en carrés plus ou moins
grands, en *maisons*, où les légumes sont plantés. L'eau
passe de maison en maison jusqu'à l'extrémité du champ :
le trop-plein en est recueilli soigneusement dans des mares,
qui servent à abreuver les bestiaux et les hommes. C'est
ainsi que le prince se procure toute l'année les légumes
dont il a besoin pour sa table, oignons, concombres, auber-
gines, lupins, gombos, mauves de genres différents.

Les terrains qu'il n'arrose pas d'une façon régulière, et
qui n'ont pour s'abreuver que les infiltrations du canal, ne
sont pas pour cela complètement inutiles. Où l'eau pénètre,
les herbes y surgissent vigoureuses et drues, et c'est pendant quelques semaines un tapis de verdure, semé à profusion de fleurettes roses, violettes ou jaunes : où l'eau
cesse, la végétation s'évanouit brusquement. Les troupeaux
viennent paître sur ces terres vagues durant les mois
d'hiver. Ils y demeurent six ou sept jours à la fois, sous la
conduite de leurs bergers, couchant en plein air pendant
la nuit, se désaltérant aux mares ou au canal; quand un
endroit est épuisé, ils émigrent dans un endroit vierge
encore, et ne rentrent au village qu'après avoir parcouru
tout le terrain qui appartient à leur maître. Les bergers,
habitués à vivre entre eux, forment une classe particulière
de mœurs plus rudes et d'un caractère plus sauvage que
le reste de la population. Ils laissent croître leur barbe et
leurs cheveux; beaucoup d'entre eux ont même le poil
roux, ce qui les fait en horreur aux dévots. On croit en effet
que les rousseaux, hommes ou bêtes, sont des suppôts de

Sît, qui assassina Osiris et qu'on exècre comme l'esprit du mal. Ils occupent leurs loisirs à tresser des nattes, à cuisiner, à préparer des boulettes dont ils engraissent leurs bêtes; ils ont souvent fort à faire de se protéger contre les Bédouins en maraude ou contre les bêtes féroces. Gais du reste, amis des chansons, et pleins de mépris pour les métiers sédentaires.

Un peu au nord du village, le canal s'élargit en un grand étang marécageux, où les papyrus, les nénufars, le lotus bleu, vingt espèces de plantes aquatiques poussent vivaces et touffues. Les fourrés sont pressés comme autant d'îles, entre lesquelles circulent capricieusement des canaux à peine assez larges pour livrer passage à une barque. Chacun d'eux semble un petit monde en soi, où des milliers d'insectes et d'oiseaux vivent paisiblement, les pélicans, les oies et les canards, à côté du héron garde-bœuf, de l'ibis blanc et de la sarcelle : parfois cependant un ichneumon, une fouine, ou simplement un chat du voisinage, s'y introduit sournoisement et y commet grand carnage de béjaunes mal emplumés. Les eaux sont aussi bien peuplées que les herbes : anguilles, brochets, lamproies, mormyres, tous les poissons du fleuve y foisonnent : le crocodile les fréquente, et parfois même un hippopotame égaré s'y réfugie à la décrue de l'inondation. La profondeur et l'étendue de l'étang ne sont pas telles qu'on ne pût aisément l'assécher et le gagner à la culture : chaque Nil d'ailleurs en exhausse le fond d'une alluvion nouvelle et rend la tâche plus facile. Les princes d'Apou ne se sont jamais souciés de l'entreprendre. La terre à blé ne manque pas chez eux, et ils préfèrent laisser subsister, à côté de leurs villes, des réserves de pêche et de chasse.

Dès le lendemain de l'arrivée, Nakhtminou, sa femme et ses enfants mènent leur hôte à l'étang, l'embarquent et s'embarquent eux-mêmes. Les canots qu'ils montent consistent en une caisse de bois oblongue, enchâssée au milieu d'une botte de joncs, maintenue par des attaches en papyrus : les deux extrémités sont liées fortement, et tantôt s'allongent en pointe, droit au-dessus de l'eau, tantôt se terminent par une grosse fleur de lotus. L'ensemble en est si léger qu'un homme ou deux, selon la longueur, le trans-

Fig 60. — La pêche au double harpon.

portent aisément sur leurs épaules d'un étang à l'autre. Il chavire à tout propos, mais on ne s'en inquiète guère, car les Égyptiens savent nager dès l'enfance, et la simplicité de leur costume les empêche de redouter outre mesure un bain imprévu. Nakhtmînou ne prend avec lui qu'un long harpon à deux pointes (fig. 60). Il s'engage rapidement dans le fourré en compagnie de sa femme et de ses deux enfants qui manœuvrent son esquif. Debout, le corps légèrement penché en avant, il fouille l'eau du regard ; soudain il y plonge son arme d'un geste rapide et ramène deux grosses perches d'un coup. Psarou, qui préfère la chasse, prend avec lui deux des filles de son hôte, une oie apprivoisée qui lui sert d'appeau pour attirer le gibier, et un chat dressé à rapporter. Il n'a ni arc, ni javeline, mais une vingtaine de boumérangs. Le boumérang est un bâton courbe, légèrement arrondi sur une face, plat sur l'autre, sans ornement parfois, et parfois façonné en serpent. On le saisit par un bout et on le lance en l'air; tout oiseau qu'il frappe au cou tombe à moitié mort. Psarou est d'une habi-

Fig. 61. — Chasse au boumérang sur l'étang.

leté rare à ce jeu meurtrier, et chaque boumérang qu'il envoie porte : le chat s'élance et va ramasser la pièce, non sans gober quelques œufs ou quelques poussins dans les nids qu'il rencontre en chemin (fig. 61).

La chasse et la pêche ainsi pratiquées ne sont que délassement de riche ou de grand seigneur. Les chasseurs et les pêcheurs de profession possèdent des engins d'un effet plus certain et surtout des filets (fig. 62). Le filet de pêche est un long épervier à larges mailles, dont la partie supérieure est soutenue à la surface de l'eau par des flotteurs en bois, tandis que la partie inférieure est garnie de balles en plomb qui la précipitent au fond et lui donnent la tension nécessaire; on le jette soit du bord même, soit d'un bateau, puis, sur un signal du chef, une demi-douzaine d'hommes se mettent aux cordes et halent à terre. Les poissons, sitôt pris, sont emportés, les plus grands à bras, les

Fig. 62. — La pêche au filet.

plus petits dans des paniers. On les dépose sous un hangar voisin où des saleurs les ouvrent, les vident, et après les avoir frottés de sel, les suspendent sécher en plein air. Le procédé n'est point des plus efficaces. Le poisson qu'on prépare de la sorte a toujours un arrière-goût désagréable; il exhale une odeur forte et se gâte vite. Les gens du peuple n'y regardent pas de si près; c'est pour eux un régal qu'on ne leur offre pas tous les jours, et les riches eux-mêmes ne dédaignent pas d'y goûter à l'occasion.

Les filets qu'on emploie à chasser les oiseaux sont de dimensions assez grandes (fig. 63). On les monte sur un

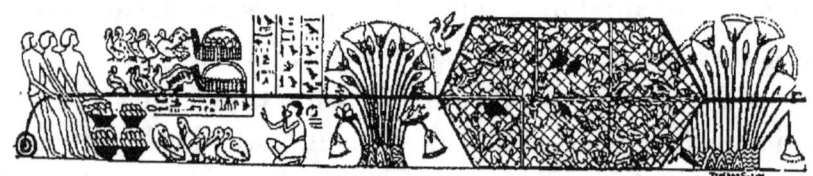

Fig. 63. — La chasse au filet.

cadre en bois hexagonal, qui s'ouvre en deux au moyen de charnières. On choisit pour les tendre une eau à peu près libre, entre deux taillis de roseaux. On attache l'engin, tout ouvert, par une corde assez courte, à un pieu fiché dans la vase, et trois ou quatre hommes s'attellent à une seconde corde fort longue, disposée de façon à le refermer quand on la tire. Cependant le chef des chasseurs jette l'appât, quelques poignées de grain ou des croûtes de pain émiettées, et, se dissimulant de son mieux, observe les mouvements des oiseaux. Dès qu'il les trouve en bonne position, il lance ses dernières instructions à voix basse. « Attention à bien marcher, cela va bien, le gibier est propre ! » Il se lève brusquement en déployant une bande de linge, les hommes tirent sur la corde, les deux nappes retombent avec un bruit sec. Une demi-douzaine d'oies qui n'étaient pas à portée s'envolent, une trentaine demeurent prisonnières. Prestement les chasseurs mettent en cage les jeunes qu'on espère apprivoiser, et lient les autres par les pattes en paquets de trois ou quatre. Un premier aide tord le cou et plume le gibier, un second lui tranche la tête et le vide, un troisième l'empote avec du sel, sans le fumer (fig. 64). On traite ainsi non seulement les oies et les canards, mais la menue volaille, comme la caille et la perdrix. On trempe ces conserves dans l'eau pure pendant quelques heures avant de s'en servir, et, quand on les juge suffisamment dessalées, on les met crues sur la table, ou on les accommode en ragoût : bien préparées, c'est un manger, sinon délicat, du moins préférable au poisson pour le goût.

La chasse au désert était à l'origine non-seulement un plaisir, mais une nécessité. Elle avait deux objets également importants : recruter les troupeaux, détruire les bêtes féroces. La plupart des animaux qu'on voit aujourd'hui dans les fermes n'étaient pas encore entièrement asservis à l'homme. Le mouton, la chèvre, l'âne peut-être, étaient domestiques, mais le porc restait à l'état demi-sauvage dans les bourbiers du Delta, et le bœuf lui-même, à peine apprivoisé, ne se laissait prendre qu'au lasso. On allait le relancer sur ces terrains indécis qui s'étendent entre les derniers canaux détachés du Nil et le pied des montagnes; puis on s'attaquait aux gazelles, aux oryx, au mouflon, à l'ibex, qui descendaient boire dans la plaine, et on les poursuivait jusque dans les gorges ou sur les plateaux déserts où ils vivaient. Des meutes incohérentes, où le chacal et le chien hyénoïde figuraient à côté du chien loup et du lévrier efflanqué, dépistaient et rabattaient pour le maître la

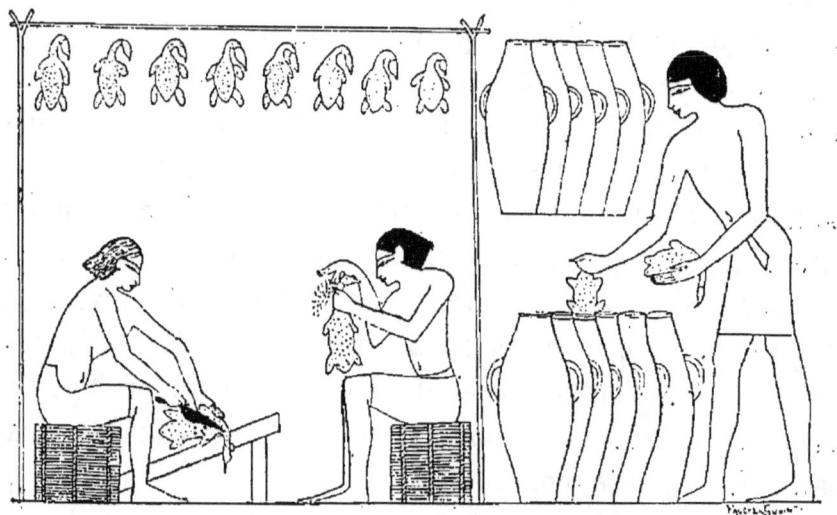

Fig. 64. — Fabrication des conserves d'oiseaux.

proie qu'il perçait de ses flèches. Parfois un petit suivait le chasseur qui venait de tuer sa mère et qui emportait le cadavre, parfois une gazelle blessée légèrement était traînée au village et guérissait. Ces prisonniers se familiarisaient au contact journalier de l'homme, et formaient autour de son logis des sortes de hardes disparates, que l'on gardait un peu par amusement, beaucoup pour le profit qu'on en retirait : c'était, en cas de besoin, une provision de viande sur pied. Les chasses sans cesse renouvelées les entretenaient : quelques-unes d'entre elles se comptaient par centaines. Le temps enseigna à distinguer parmi les espèces celles dont on pouvait tirer bon parti, et celles que leur naturel farouche rend rebelles à la domestication : aujourd'hui l'on voit encore çà et là, dans la maison des grands, quelques gazelles privées qui font la joie des enfants et des femmes, mais on a renoncé à en avoir des troupeaux complets, et, quand on chasse, c'est une distraction qu'on se donne, non pas une corvée utile qu'on s'impose.

La plupart des principautés ou des nomes ont leurs garde-chasse réguliers, placés sous les ordres d'un Chef des chasseurs. Habitués à battre sans cesse la montagne, ils finissent par la connaître jusque dans ses moindres replis. Il n'y a sentier qu'ils n'aient parcouru, source ou puits dont il n'aient relevé la position, ravin qu'ils n'aient exploré d'un bout à l'autre ; ils sont comme l'avant-garde de l'Égypte en face des Bédouins, et leur vigilance a sauvé plus d'une fois les cantons et les villes les plus riches de la vallée, contre les incursions des Tahonou, des Anou, des Qahaq et des autres tribus à demi barbares qui rôdent à l'orient et à l'occident. Nakhtminou a chargé Bakourro, actuellement Chef des chasseurs, de tout préparer pour une battue de deux ou trois jours dans la direction du lac des Gazelles : le rendez-vous général est fixé à l'entrée du Val d'Apou, sous la Roche Écrite, entre neuf et dix heures du matin.

Quelques minutes de marche le long du canal, puis on tourne brusquement à l'est et l'on arrive à l'entrée de la vallée. C'est un lit de torrent desséché, fond de sable fin, semé de longues traînées de pierres roulées. Les parois sont taillées à pic, mais l'action du soleil a détruit la crête et les couches supérieures, et la roche désagrégée s'est écroulée en longs talus de décombres (fig. 65). A chaque tournant, ces talus se déplacent et changent de côté : les eaux les minent pendant l'hiver, aux endroits où le courant vient frapper, puis les emportent bloc à bloc et les rejettent plus bas vers la plaine. La gorge, assez large d'abord, s'étrécit bientôt. Elle est coupée en six endroits par des bancs de pierre dure et compacte, que les eaux n'ont pas réussi à user complètement : ce sont comme six gradins superposés, d'où six cascades retombent au temps des pluies. Chaque fois qu'on passe de l'un à l'autre, on doit escalader la muraille par de petits sentiers étroits et abrupts, remplis de cailloux croulants. L'intervalle entre le quatrième

Fig. 65. — La vallée d'Apou.

et le cinquième est un plateau uni, large de deux cents mètres, et coupé, par le milieu, d'un ravin étroit. Les eaux refont là, en petit, le travail qu'elles ont exécuté en grand pour créer la vallée. Elles ont creusé une tranchée profonde de six à huit mètres, large de trois ou quatre, et obstruée de galets et de blocs énormes qu'elles déplacent et charrient un peu plus loin chaque année. Une végétation vigoureuse s'y développe et s'y maintient, à l'ombre des rochers, longtemps encore après que les chaleurs de l'été ont tout desséché à l'entour. Une variété de câprier à fleur violette, une plante grasse aux feuilles rondes et charnues, et une espèce de tamarisque grêle se cramponnent et poussent dans les crevasses, partout où elles rencontrent une poignée de terre végétale. Quelques flaques, dernier reste des pluies de l'hiver, scintillent çà et là ; dans un endroit plus resserré que les autres, un mince filet d'eau court, et, ressautant d'une pierre à l'autre, se donne des airs de cascade.

La cavalcade longe péniblement ce ravin. Un énorme rocher, détaché de la montagne il y a bien longtemps de cela, peut-être avant qu'il y eût une Égypte, se dresse près de la cascade, sur le côté droit de la vallée. C'est la *Roche Écrite*. Elle est plus large au sommet qu'à la base et se couronne d'une manière d'auvent, qui peut abriter aisément cinq à six hommes contre le soleil. Les chasseurs de gazelle y font la sieste, de temps immémorial, et beaucoup y ont écrit leur nom ou dessiné au couteau des scènes de chasse, une gazelle, une autruche, des oies affrontées qui sont un des symboles du dieu Minou protecteur du désert, enfin l'image de Minou lui-même, le bras levé, les plumes sur la tête. Bakourro est là depuis hier soir, avec ses hommes : les uns portent des filets et les pieux pour les tendre, d'autres tiennent en laisse de grands lévriers aux noms berbères, Abaïkaro, Pouhtes, Togrou. Les deux troupes se rejoignent et remontent ensemble la vallée jusqu'au Puits de la source. L'eau s'y amasse lentement, au fond d'un entonnoir étroit où elle se conserve toujours fraîche. Un rocher la surplombe, sur la face duquel on a creusé une grotte, ou plutôt une niche peu profonde, mais assez haute pour qu'un homme puisse s'y tenir debout : elle est dédiée à Minou. On fait halte en cet endroit pour déjeuner et pour attendre à l'ombre que les heures du midi soient passées. Vers trois heures, on se remet en route d'un pas rapide; car l'étape est longue et laborieuse. La vallée se termine en impasse à six ou huit cents mètres du puits. C'est d'abord une gorge étroite, à demi barrée par d'énormes pierres, puis un vallon où poussent péniblement de mauvaises herbes et un bouquet de palmiers, puis une source nouvelle qui filtre goutte à goutte du flanc de la montagne, puis un cirque immense rempli de roches amoncelées. Un sentier tortueux mène sur le plateau supérieur, qui s'étend à perte de vue en ondulant légèrement. A la tombée de la nuit, la caravane arrive au bord d'un creux rempli d'eau :

Fig. 66. — La chasse au désert.

c'est ce que les habitués du désert appellent pompeusement le Lac des Gazelles.

Pendant la nuit, les chasseurs barrent, avec des filets tendus sur des pieux, l'entrée d'une ravine abrupte qui débouche au voisinage du lac : ils font un grand circuit et vont se poster à l'autre extrémité, avec une douzaine de chiens. A l'aube, les animaux du voisinage qui suivent cette voie pour descendre boire, s'y engagent sans soupçon comme d'habitude : dès qu'une centaine d'entre eux sont passés, on ferme le défilé avec de nouveaux filets, et les voilà pris dans une trappe. Les chiens, lancés derrière eux (fig. 66), les rabattent, et Psarou, posté avec Nakhtminou derrière le parc improvisé, perce de ses flèches sans fatigue tout ce qui se présente à portée, lièvres, oryx, antilopes, autruches, chacals, lynx, même des hyènes rayées ou tachetées : en moins de deux heures, tout est pris, blessé ou tué. Jadis ce passe-temps, si inoffensif en apparence, ne laissait pas que de présenter quelques dangers. Les lions et les grands félins, tels que le léopard ou le tigre, étaient assez

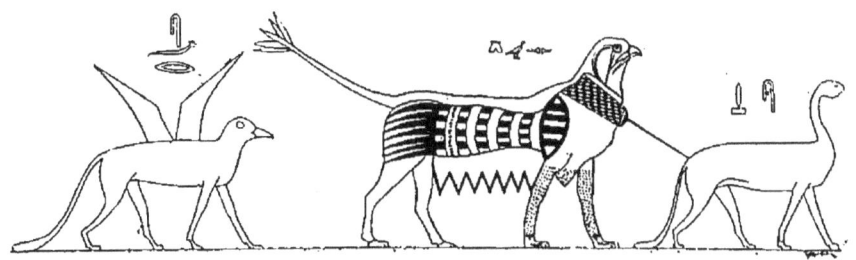

Fig. 67. — Les monstres qui vivent au désert.

nombreux, et tel qui partait pour aller tirer une chèvre sauvage les rencontrait sur son chemin face à face : le chasseur devenait gibier à son tour. Aujourd'hui les lions ont à peu près disparu. Les Pharaons les poursuivent avec acharnement et les détruisent le plus qu'ils peuvent. Amenhotpou III en avait tué cent douze dans les dix premières années de son règne, et, si Ramsès II n'a pas encore atteint ce nombre, c'est que ses prédécesseurs ont presque anéanti la race.

Le désert nourrit d'ailleurs, à ce que racontent les tribus qui l'habitent, des animaux plus terribles encore, mais heureusement plus rares que le lion, des sphinx à tête humaine, des griffons au corps de chacal, à la tête d'aigle et aux ailes d'épervier, des tigres à tête de serpent (fig. 67). Personne ne peut se vanter d'avoir triomphé d'un de ces monstres ; ils évitent l'homme dont ils auraient facilement raison, et on ne les aperçoit jamais que de loin, sur les derniers plans de l'horizon. Bien des gens, et Psarou est du nombre, ne croient pas à leur existence ; les chasseurs et les conducteurs de cavaranes ont au contraire mille histoires à raconter de leur force et de leurs qualités merveilleuses. On sait que l'oryx peut changer un homme en pierre d'un coup d'œil, et que le lion fascine sa victime du regard : une fois qu'il l'a stupéfiée et lui a enlevé toute volonté, il l'oblige à le suivre aussi longtemps qu'il lui plaît, et la tue à sa convenance, quand il a faim. Les monstres non seulement ont le même pouvoir, mais exercent sur tout ce qu'ils rencontrent une influence maligne, dont nul ne peut définir la nature. On en parle beaucoup le soir, au feu du bivouac, et l'on en raconte des histoires merveilleuses, mais on n'en signale aucun pendant les deux jours qu'on reste auprès du lac des Gazelles. Peut-être faudrait-il, pour les rencontrer, s'enfoncer plus avant dans le désert, jusqu'au voisinage du pic de Bâkhou et des régions mystérieuses où le soleil se montre chaque matin, au sortir de la nuit.

Psarou, qui n'est plus jeune, revient enchanté, mais épuisé, de cette course au désert. Depuis quelques jours il se sent la tête lourde et éprouve une certaine peine à travailler ou même à penser. Peut-être n'est-ce qu'une indisposition passagère ; de toute façon, il préfère rentrer chez lui et passer le temps de sa maladie à Thèbes, s'il doit être malade. Il prend congé de Nakhtmînou, rallie en passant les bateaux qui portent le blé de l'impôt, et invite les Directeurs des Greniers à venir avec lui : leur zèle mérite récompense et il désire les présenter lui-même à Pharaon, pour la décoration du Collier d'Or. Il arrive enfin, une semaine après avoir quitté Apou : sa femme Khâit et ses enfants, qui l'attendaient avec impatience, le retiennent une partie de la nuit à causer, et il est trop heureux de les revoir pour ne pas oublier le malaise qui le possède. Il se retire enfin, et, fatigué qu'il est, il ne réussit pas à s'endormir tout d'abord. Les événements de ces derniers jours lui reviennent sans cesse à la mémoire, et ce souvenir l'obsède au point de lui donner une sorte de délire dont il a une conscience vague. Les Égyptiens appuient leur tête sur un oreiller en bois recourbé et monté sur pied, qu'on appelle un chevet (fig. 68). Ils y gravent souvent la figure grotesque du dieu Bisou (fig. 69), un nain aux jambes courtes, au gros ventre et au masque difforme, mais de caractère heureux, qui

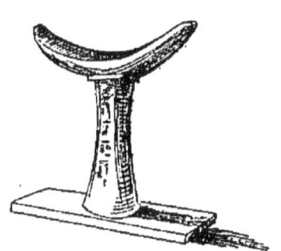

Fig. 68. — Un chevet.   Fig. 69. — Le dieu Bisou.

écarte du dormeur les esprits et les démons qui rôdent dans la nuit. Ou Bisou est occupé ailleurs, ou il remplit mal son office, car Psarou se sent entouré et comme envahi d'une force malfaisante contre laquelle il lutte en vain. Il s'assoupit enfin vers le matin, mais son sommeil est traversé de rêves inquiétants, et ne lui procure point le repos.

CHAPITRE VII

LA MALADIE ET LA MORT

Le palais de Pharaon. — L'audience de Psarou. — La distribution des colliers d'or. — La médecine égyptienne : sorciers et médecins — Les traités de médecine. — L'exorciste : conjuration contre les esprits possesseurs. — La mort et le commencement du deuil. — Persistance de l'âme. — Osiris, la première momie. — L'embaumement. — Préparation du mobilier funéraire. — Le cercueil et les amulettes. — La momie.

Deux coups secs frappés à la porte l'éveillent brusquement : un héraut est là, qui le mande au palais, d'ordre de Pharaon. Jamais invitation n'arriva moins à propos, car le malaise, au lieu de se dissiper comme il l'espérait, s'est accru pendant la nuit. Il se sent la tête lourde et brûlante, la langue amère et sèche, le corps endolori, et d'étranges soubresauts le secouent de temps en temps. N'importe, quand Pharaon a parlé, on n'a plus qu'à obéir. Il se lève se farde les joues et les lèvres pour en dissimuler la pâleur, coiffe la perruque à longues mèches, qui jamais ne lui parut si lourde, endosse le cafetan de toile blanche et se hausse péniblement sur son char. L'Égypte ne bâtit point ses palais comme ses temples, pour l'éternité. Ce sont des constructions légères, en bois, en briques, en moellons de petit appareil, où le granit n'entre que par exception, dans la décoration des portes-maîtresses. Elles rappellent en plus grand la villa de Nakhtmînou : pavillons isolés pour le harem, magasins pour les provisions, caserne et logements pour la garde royale et pour les personnes attachées au service, vastes cours plantées d'arbres, jardins semés de kiosques et d'étangs où les femmes s'ébattent en liberté. Une forte enceinte crénelée prête à l'ensemble un air de forteresse ou de camp retranché ; parfois en effet, aux jours d'émeute ou de conspiration, le *Dieu bon* n'a dû son salut qu'à la solidité de ses portes et à la hauteur de ses murailles. Psarou traverse, sans démonter, un préau où des Shardanes[1] sont en faction avec quelques archers égyptiens, se fait reconnaître de leur chef, et pénètre dans la cour d'honneur, suivi de sa bande de receveurs et d'employés ruraux.

La tribune où le roi donne audience est placée juste à l'opposé de la porte d'entrée, en saillie sur le plan de la façade, et communique directement avec les appartements privés. Elle est élevée de quatre ou cinq mètres au-dessus du sol, garnie à hauteur d'appui d'un coussin en étoffe brodée bleue et rouge, et s'abrite d'un dais en planches curieusement menuisé, que soutiennent deux colonnettes de bois minces, élancées, peintes de couleur vives, parées à la gorge de banderoles multicolores. Au moment où Psarou, mettant pied à terre, se prosterne entre les deux colonnes, Ramsès se montre sur le devant de la loge, avec Isinofritari, et lui adresse quelques paroles affables, auxquelles il se garde bien de répondre. L'étiquette n'admet pas qu'un sujet puisse se présenter devant Pharaon sans être frappé de stupeur et sans demeurer comme anéanti : la langue lui fait défaut, ses membres se dérobent sous lui, son cœur arrête de battre, il ne sait plus s'il est vivant ou mort.

---

[1]. Voir p. 92 ce qui est dit des Shardanes.

Il ne reprend ses esprits qu'en entendant Pharaon dire à l'un des *Amis*[1] qui sont au pied de la tribune : « Qu'on « le relève et qu'il me parle. » Psarou revient officiellement à la vie et se remet sur pied. « Te voilà de retour en paix, continue Pharaon, « et ton affaire a marché comme il con- « venait. Mais ne sont-ce pas les directeurs des greniers et « les scribes qui sont derrière toi ? — Ce sont eux, Suzerain « notre maître. Ils ont fait pour toi plus qu'on n'avait « jamais fait depuis le temps du dieu Râ, car ils ont ramassé « plus de blé en cette seule saison qu'il n'en avait été « récolté durant les trente dernières années. — C'est bon, « ce que tu nous dis », riposte Pharaon ; puis, se tournant vers la reine : « Voici Psarou qui nous arrive des champs ; « te semble-t-il pas qu'il y a gagné l'air et les manières « d'un rustre ? » Cette plaisanterie, qui témoigne d'une satisfaction peu commune, met en joie l'assistance entière : le rire descend du roi à la reine, de celle-ci aux *Amis*, et gagne par hiérarchie les groupes dispersés dans la cour. Pharaon appelle alors un de ses chambellans : « Qu'on « donne de l'or, beaucoup d'or, au louable nomarque, « comte de Thèbes, Psarou, dont l'âge est avancé, la vieil- « lesse heureuse et qui n'a jamais commis de faute. » On lui apporte sur un guéridon une pile de colliers et de bracelets en or et en vermeil, d'un poids ou d'une grandeur proportionnés à l'étendue des services rendus (fig. 70). Il en prend un, le lance du haut de la tribune, la reine l'imite, et trois petites princesses, accourues comme à un jeu nouveau, en ont bientôt fini de jeter bas le reste.

Les *Amis* passent le plus grand des colliers au cou de Psarou, et en attachent de moindres à celui-là, qui lui retombent comme un plastron d'or sur la poitrine. Lui

---

1. Le mot d'*Ami* était un des titres qu'on donnait aux plus haut placés parmi les gens qui entouraient le roi.

cependant, droit, les deux bras levés, entonne un chant d'actions de grâces. « Beau est ton lever, bon prince aimé

Fig. 70. — Le roi (Amenhotpou IV) et sa famille jettent les colliers d'or.

« d'Amon, toi qui subsistes éternellement à l'égal de ton
« père Râ et qui possèdes sa durée. O prince qui es Horus
« parmi les hommes, toi qui me fais être, moi et mon

« double, la joie est grande où tu es et ceux qui t'obéissent
« sont en liesse; moi, l'humble, tu m'as rendu grand par
« ce que tu as fait pour moi, et j'ai atteint une vieillesse
« heureuse sans être jamais trouvé criminel. » Des officiers,
sortis des deux portes qui flanquent la tribune, se répandent dans la cour, avec une charge de colliers et de bracelets, et décorent à l'envi les intendants des greniers. Ceux-ci, pénétrés de reconnaissance, acclament Pharaon les mains hautes et le corps droit, puis s'agenouillent, se prosternent face en terre, se relèvent l'échine courbée, les bras tombants, se redressent enfin, dans les poses successives de l'adoration (fig. 71). Un scribe affairé enregistre rapide-

Fig. 71. — Les postures de l'adoration devant Pharaon.

ment le nombre des bijoux distribués et le nom de qui les reçoit (fig. 72); les soldats sortent de leurs chambrées et joignent leurs cris à ceux des décorés; des esclaves, pliant sous le poids des cruches, s'en vont en file verser du vin et de la bière à la foule assemblée au dehors (fig. 73). C'est, pendant quelques minutes, une scène de confusion et d'allégresse bruyante, à laquelle la famille royale semble prendre un plaisir infini. Psarou se retire enfin : dès qu'il a franchi la porte, ses amis, ses esclaves, tous les gens de sa famille et de sa suite, se précipitent sur lui, l'accablent de caresses, lui baisent les mains, les pieds, les vêtements, le félicitent en phrases entrecoupées (fig. 74). S'il a travaillé rudement, du moins est-il largement récompensé, et une heure comme celle-là suffit à racheter dans la vie d'un homme bien des années d'épreuve.

Fig. 72. — Le scribe enregistre les colliers d'or.

Psarou, porté par l'orgueil et par l'émotion, n'a point fléchi un instant pendant cette longue cérémonie. La douleur reprend le dessus avant même qu'il soit sorti du palais : en arrivant chez lui, il tombe plus qu'il ne descend de son char, et s'affaisse dans les bras de sa femme qui venait à sa rencontre pour lui souhaiter la bienvenue. On le débarrasse rapidement de la masse d'or qui lui pèse sur la poitrine, on le déshabille, on l'étend sur un lit, mais il ne revient à lui qu'imparfaitement et demeure plongé dans une sorte d'hébètement douloureux : ce n'est plus un malaise passager, mais une maladie réelle, et Dieu sait comment elle finira. Les Égyptiens ne se sont pas encore résignés à croire que la maladie et la mort soient chose naturelle et inévitable. Ils pensent que la vie, une fois commencée, peut se poursuivre indéfiniment ; si aucun accident ne l'arrêtait net, quel motif aurait-elle d'arrêter elle-même son développement ?

Fig. 73. — Les esclaves qui portent les cruches.

L'homme ne meurt donc pas en Égypte, mais quelqu'un ou quelque chose l'assassine. Le meurtrier est souvent de notre monde et facile à désigner : un autre homme, une bête, un objet inanimé, une pierre détachée de la montagne, un arbre qui s'abat sur le passant et l'écrase. Souvent aussi il appartient au monde invisible et ne se révèle que par la malignité de ses attaques : c'est un dieu, un esprit, l'âme d'un mort, qui se glisse sournoisement dans un vivant ou se précipite sur lui avec une violence irrésistible.

Fig. 74. — Psarou félicité par les siens.

Une fois introduit dans le corps, le mauvais brise les os, suce les moelles, boit le sang, ronge les viscères et le cœur, dévore les chairs. A mesure qu'il avance dans son œuvre destructrice, le patient dépérit : la mort vient promptement, si on ne réussit à le chasser avant qu'il ait commis des dégâts irréparables. Quiconque soigne un malade a donc à remplir deux devoirs également importants. Il doit d'abord découvrir la nature de l'esprit possesseur et au besoin son nom, puis s'attaquer à lui et le chasser ou même le détruire. Il n'y réussit qu'à la condition d'être un magicien puissant, expert à réciter des conjurations, habile à fabriquer des amulettes. Il doit ensuite combattre par la pharmacie les désordres que la présence d'un être étranger produit dans le corps : c'est affaire de régime et de remèdes finement gradués.

Les guérisseurs se partagent donc en plusieurs catégories. Les uns penchent vers la sorcellerie et ne prêtent foi

qu'aux formules ou aux talismans : ils pensent en avoir fait assez s'ils ont expulsé l'esprit. D'autres préconisent l'emploi des drogues seules. Ils étudient les vertus des plantes et des minéraux, décrivent les maladies auxquelles convient chacune des substances que la nature nous fournit, déterminent le moment précis où il faut se les procurer et les appliquer : telle herbe n'a toute sa puissance que si on la cueille de nuit, à l'heure de la pleine lune, telle n'est efficace qu'en été, telle agit indifféremment pendant l'été ou pendant l'hiver. Les vrais médecins n'ont garde de s'attacher exclusivement à l'une de ces méthodes : ils distinguent soigneusement les cas où la magie est souveraine de ceux où il suffit de recourir aux moyens naturels, et leur traitement est un mélange de remèdes et d'exorcismes, dont la proportion varie de malade à malade. Ils sont prêtres pour la plupart et ont puisé leur instruction à la source même de toute science, aux ouvrages que Thot et Imhotpou[1] ont composés sur la matière peu après la création. Déposés dans les sanctuaires, ces ouvrages y sont demeurés longtemps ignorés de tous ; ils nous ont été rendus, l'un après l'autre et par révélation spéciale, dans les siècles qui suivirent l'avènement de Ménès. Le *Traité de détruire les pustules sur tous les membres de l'homme* fut trouvé de la sorte, « sous les pieds du dieu Anubis à Létopolis, et apporté au roi Housaphaïti » de la IIe dynastie. Un autre « fut rencontré dans la grande
« salle du temple de Coptos, par un prêtre de ce temple.
« Tandis que le reste de la terre était plongé dans les té-
« nèbres, la lune, se levant soudain, tomba sur ce livre et
« l'éclaira de ses rayons. Aussi on l'apporta en miracle au
« roi Khéops. » Les hommes ont joint à ces textes divins des recettes empruntées aux médecins célèbres de l'étranger,

---

1. Imhotpou est le dieu de la médecine, que les Grecs identifièrent plus tard à leur Asclépios ; c'est un dieu memphite, fils de Phtah.

Phéniciens ou Syriens, et ont enrichi le tout des observations qu'ils avaient recueillies au cours de leur pratique personnelle. Tout médecin, qui a essayé l'un des remèdes recommandés par les auteurs, l'indique en marge, ou entre les lignes de son exemplaire, et note brièvement le résultat qu'il en a obtenu, quelle formule est bonne, quelle incertaine, et quelle demeure sans effet ou produit des effets funestes : par ce moyen, l'expérience acquise ne se perd plus, et le trésor de la science s'accroît de génération en génération.

Khâit appelle un exorciste auprès de son mari. Nibamon n'a point son pareil à Thèbes pour guérir les maux de tête les plus violents. Il vient vers le soir, amenant avec lui deux serviteurs, dont l'un tient son grimoire, et l'autre porte un coffret, garni des ingrédients nécessaires à fabriquer sur place tous les talismans imaginables, de l'argile à modeler, des plantes sèches ou fraîchement cueillies, des chiffons consacrés, de l'encre noire et rouge, des figurines en cire ou en terre cuite. Un simple coup d'œil jeté sur le patient lui révèle la cause de la maladie : un mort visite Psarou chaque nuit et le dévore lentement. Après avoir réfléchi quelques instants, il prend un peu d'argile, y mêle quelques brins d'herbe et pétrit du tout une boule assez forte, sur laquelle il récite à demi-voix une des conjurations les plus puissantes qu'il ait dans son livre.

Le meilleur procédé pour chasser les esprits les plus rebelles est de leur persuader que leur victime est placée sous la protection immédiate d'une ou de plusieurs divinités : en la tourmentant, c'est les dieux mêmes qu'ils provoquent sans s'en douter, et, s'ils persévèrent dans leurs mauvais desseins, ils risquent d'être anéantis par celui qu'ils croyaient pouvoir détruire impunément. L'incantation de Nibamon commence par proclamer que « les vertus magi-
« ques de Psarou, fils de la dame Tentnoubit, sont les vertus

« d'Osiris-Atoumou, le père des dieux », puis, comme cette proposition trop générale ne suffirait pas à effrayer le revenant, le magicien énumère les parties dont se compose la tête de Psarou et montre qu'elles sont toutes armées de charmes divins. « Les vertus magiques de sa tempe gauche « sont les vertus de la tempe de Toumou. Les vertus de « son œil droit sont les vertus de cet œil de Toumou qui « darde les ténèbres de ses rayons. Les vertus de son œil « gauche sont les vertus de cet œil d'Horus qui détruit les « êtres. » Quand la litanie est terminée, si le malin ne cède pas encore, on lui apprend que chacun des membres de Psarou est pour ainsi dire un dieu distinct. « Sa lèvre su- « périeure est Isis, sa lèvre inférieure est Nephthys, son « cou est la déesse, ses dents sont des glaives, ses chairs « sont Osiris, ses mains sont les âmes divines, ses doigts « sont les serpents bleus, les couleuvres, fils de la déesse « Selkit, ses flancs sont les deux plumes d'Amon, son dos « est l'échine de Sibou, son ventre est Nou », et ainsi de suite jusqu'à la plante de ses pieds : bref, il est dieu et dieu des plus redoutables, celui pour qui rien n'est fermé dans Héliopolis. C'est une façon ingénieuse d'insinuer que Psarou est une incarnation de Râ, sans pourtant l'affirmer expressément. Nibamon répète quatre fois sa formule et glisse la boule sous la tête du malade. Cette nuit, quand le mort se présentera, il n'aura plus la force de rien entreprendre, et son impuissance durera aussi longtemps que la boule restera en place.

Khâit, à demi rassurée, glisse rapidement quelques anneaux d'or dans la main du saint homme, et l'invite à revenir demain constater le succès de ses manœuvres. Psarou, après avoir rêvassé toute la nuit, a saigné du nez pendant la matinée et a été pris de diarrhée fétide. Ces accidents affligent Nibamon, mais ne l'étonnent point. Les mauvais ne lâchent leur proie qu'avec regret, et s'efforcent toujours de la disputer pièce à pièce au magicien qui leur livre bataille : le revenant, chassé de la tête, attaque maintenant le ventre, et ne cédera qu'à l'influence d'une opération nouvelle. La tradition raconte que Râ fut un jour atteint de tranchées horribles : Horus modela aussitôt une statue d'Isis enfant, à laquelle les dieux d'Héliopolis transportèrent par magie les douleurs que le Soleil endurait. Nibamon n'hésite pas à faire bénéficier Psarou de cette recette. Il tire de son coffret une poupée, semblable à celle dont Horus se servit jadis, et entonne sur elle une formule où l'histoire de la guérison est rappelée brièvement. « Horus « est là avec Râ qui a mal au ventre. Qu'on crie aux chefs « d'Héliopolis : « Vite, vos écrits ! car Râ souffre, et si on le « laisse souffrir un instant, c'en est fait du dieu vivant ! » « Qu'on crie au gardien de l'Occident, chef du désert, de « venir en aide au ventre plein de douleur afin qu'il gué- « risse ! » Ces paroles, d'une obscurité calculée, doivent donner à penser aux dieux d'Héliopolis que leur roi est malade de nouveau : ils accourront avec leurs grimoires et sauveront Psarou, en croyant sauver Râ. Le mal passera dans l'image d'Isis, qui le retiendra désormais, lui et l'esprit qui le produit.

La seconde conjuration ne réussit pas mieux que la première, et les jours s'écoulent sans apporter aucun soulagement : le mal de tête a diminué, mais des taches roses, arrondies, commencent à se répandre sur le corps, les forces s'éteignent, la stupeur augmente, et Psarou semble ne plus rien percevoir de ce qu'on fait autour de lui. L'exorciste a échoué, c'est le moment d'appeler le médecin. Pshadou a étudié dans le temple d'Héliopolis, il est médecin en chef de Pharaon, il a souvent obtenu des cures où d'autres avaient désespéré. Sa première impression n'est pas favorable, toutefois il n'en laisse rien paraître afin de ne pas effrayer la famille, s'enquiert des symptômes observés, du traitement suivi, puis examine méthodiquement le malade de la tête aux pieds. C'est à n'en pas douter une de ces affections redoutables qui ont leur siège dans les intestins, et qui sont décrites minutieusement aux livres de Thot. Le mal, trop longtemps abandonné à lui-même, a fait des progrès tels que nulle puissance humaine ne saurait l'arrêter : Pshadou prescrit un remède plutôt pour l'acquit de sa conscience que dans l'espoir de soulager le patient.

A la tombée de la nuit, une douleur atroce dans le ventre arrache celui-ci à sa torpeur, il est saisi de frissons et de vomissements : c'est la mort à bref délai. Khâït ne quitte plus le chevet de son mari, et ses enfants, accroupis au hasard dans la chambre, attendent avec angoisse le dernier moment. Parfois une des femmes interrompt le silence d'une courte exclamation « O mon maître », « O mon père », « O mon aimé », que les autres reprennent plus fort, prolongent un instant et laissent tomber brusquement. Vers le matin, un éclat soudain de gémissements et de cris éveille les voisins et leur apprend que tout est fini. Épouse, enfants, parents, esclaves, la famille entière semble frappée de folie subite. On se rue sur le cadavre, on l'embrasse, on l'inonde littéralement de larmes, on se bat la poitrine, on se déchire les vêtements. Au bout de quelques instants, les femmes sortent de la chambre mortuaire, puis, le sein nu, la tête souillée de poussière, les cheveux épars, les pieds déchaux, elles se précipitent hors de la maison et se lancent par les rues encore désertes. Partout sur leur passage les alliés, les amis, les clients, arrivent à demi vêtus, et, comme entraînés d'une fureur irrésistible, se joignent tout criant au cortège : le quartier retentit bientôt de clameurs sauvages, auxquelles les indifférents eux-mêmes répondent du fond des maisons. Cependant, les esclaves demeurés auprès du corps le lavent et l'emportent à la hâte pour le remettre aux embaumeurs. Deux heures plus tard, quand les femmes, lasses de courir au hasard, reviennent au logis, elles trouvent les portes ouvertes, les feux éteints, les chambres vides : Psarou a quitté sa demeure « de dessus terre », et la place où hier encore il était maître ne le connaît déjà plus.

L'âme ne mourait pas à la minute même que le souffle expirait sur les lèvres de l'homme : elle survivait, mais d'une vie précaire, dont la durée dépendait de celle du cadavre et se mesurait sur elle. Tandis qu'il tombait en pourriture, elle s'en allait dépérissant et se décomposait du même train que lui : sa conscience se perdait et sa substance s'atténuait graduellement, jusqu'à ne plus laisser d'elle qu'une forme inconsciente et vide, enfin effacée quand il ne restait plus rien du squelette. Une existence ainsi conçue n'était guère qu'une agonie prolongée inutilement : il fallait, pour en délivrer le double, rendre la chair incorruptible, et c'est à quoi l'on parvint en la momifiant. Comme tous les arts utiles à l'humanité, celui de l'embaumeur est d'origine divine. On ne le connaissait point dans les siècles qui suivirent la création, et les premiers-nés des hommes mouraient en deux fois, tout entiers, le corps d'abord, le double ensuite. Mais Typhon ayant assassiné Osiris, Horus assembla les morceaux de son père, les parfuma avec le secours d'Isis et de Nephthys, de Thot et d'Anubis, les satura de matières préservatrices et les enveloppa de bandelettes, le tout en prononçant des formules qui rendaient son œuvre éternelle (fig. 75). Osiris fut donc la première momie, d'après laquelle on fabrique toutes les autres.

Quand les embaumeurs reçoivent un cadavre, ils montrent aux parents trois modèles en bois de grandeur naturelle, d'après lesquels ils les invitent à choisir le genre de préparation qu'ils désirent pour lui. Dans le premier, on le traite, point pour point, de la même manière qu'Horus fit Osiris : parfums, médicaments, étoffes, amulettes, prières, on y renouvelle en faveur de l'homme les moindres manipulations qui jadis assurèrent l'immortalité au dieu. Ce procédé donne des résultats admirables, mais il est si long

Fig. 75. — Anubis et la momie d'Osiris.

et si dispendieux que les princes seuls et les grands de ce monde sont assez riches pour se le procurer. Le second, qui n'exige pas d'opérations aussi compliquées, coûte moins de temps et d'argent : il est réservé aux gens de fortune moyenne. Le dernier, qui se fait presque pour rien, est appliqué aux pauvres, c'est-à-dire aux quatre cinquièmes de la population égyptienne. Les trois méthodes reposent sur le même principe, extraire toutes les parties du cadavre qui se corrompent aisément, puis saturer ce qui reste de sels et d'aromates pour en prévenir l'altération. Les drogues employées sont plus ou moins précieuses, le travail est plus ou moins soigné, l'aspect de la momie est plus ou moins luxueux, selon le prix qu'on y met, mais le résultat est le même dans tous les cas : le corps dure au lieu de se détruire et sa perpétuité garantit la perpétuité du double.

Psarou est de trop haut parage pour qu'on hésite, même une minute, à lui commander un embaumement de première classe : Pharaon a fait d'ailleurs annoncer à la famille qu'il prenait tous les frais à sa charge, en considération des services du défunt. Le corps est dépouillé, lavé, étendu à terre la tête au sud, sous la direction d'un maître des cérémonies. Une prière, et un chirurgien enfonce dans la narine gauche un ferrement recourbé, avec lequel il brise les cloisons du crâne et retire la cervelle pièce à pièce. Une autre prière, et un scribe trace à l'encre une ligne, longue de dix centimètres, sur le côté gauche du ventre, au-dessus de l'aîne, à l'endroit précis où Horus ouvrit le corps d'Osiris. Une prière nouvelle, et un paraschite pratique l'incision avec un couteau en obsidienne d'Éthiopie. C'est commettre un sacrilège qu'entamer l'intégrité de la personne humaine : dès que le paraschite a rempli sa tâche, les assistants se précipitent sur lui, l'injurient, le bousculent, le chassent à coups de bâton et de pierre. Un des embaumeurs introduit sa main dans la plaie avec les marques du respect le plus profond, en retire rapidement les intestins, le cœur, les poumons, tous les viscères, lave les cavités au vin de palme et les remplit d'aromates broyés. Une dernière prière, et les ouvriers funèbres emportent les débris mutilés de ce que fut Psarou, pour les plonger dans la cuve de natron liquide où ils doivent macérer pendant soixante-dix jours.

Tandis qu'ils s'y imprègnent lentement d'immortalité, vingt ateliers de métier différent travaillent sans relâche à préparer au double un trousseau et un mobilier, dignes du rang qu'il tenait en ce monde, et qu'il compte bien récupérer dans l'autre. C'est toute une maison qu'il s'agit de lui monter avec un luxe égal, sinon supérieur, à celui auquel il était habitué de son vivant. Et sculpteurs de lui tailler statues à la douzaine, assises, debout, accroupies. Et graveurs de lui préparer belles stèles, où la postérité lira son nom, ses charges, ses titres, l'éloge de ses vertus, l'assurance de sa félicité parfaite. Et potiers de lui faire cuire figurines en émail bleu et vert, orfèvres de lui ciseler des anneaux, des bagues, des colliers, coiffeurs de lui agencer des perruques de toute forme, hautes, basses, avec ou sans frisures, noires ou bleues. Il a déjà un plein magasin de fauteuils en réserve, de tabourets, de lits, de guéridons, de coffrets à linge et à parfum, sans oublier ces meubles nouveaux pour lesquels on vient de lui prendre mesure, les cercueils. Il ne lui en faut pas moins de deux, s'emboîtant exactement l'un dans l'autre, et dont les lignes dessinent le contour général d'un corps ou plutôt d'une momie humaine. Les pieds et les jambes sont réunis tout du long. Les saillies du genou, les rondeurs du mollet, de la cuisse, et du ventre sont indiquées de façon sommaire et se modèlent vaguement dans le bois. La tête reproduit les traits de Psarou, mais idéalisés (fig. 76) : les joues sont pleines, la bouche sourit, et de grands yeux en émail, enchâssés dans des paupières en bronze, prêtent à la physionomie une apparence de vie saisissante.

Le mort, une fois chevillé dans ses cercueils, y est comme dans une statue de lui-même, qu'on peut à l'occasion dresser sur ses pieds comme sur une base. Puis, ce sont des objets de nécessité moins pressante, utiles pourtant à son comfort et à ses plaisirs, des chars pour ses voyages sur terre, de petites barques pour ses traversées ou pour le transport de ses récoltes, des armes de guerre et de chasse, des jeux de diverses espèces, surtout des damiers aux pions multicolores, les instruments de son métier de scribe, la palette, les calames, les godets, les pastilles de couleur et d'encre sèche, même une petite bibliothèque d'agrément, tracée sur des éclats de calcaire, et qui renferme des extraits de romans, des pièces de vers, des hymnes religieux. Le mort, pour être complètement heureux dans sa *Maison éternelle*, doit y retrouver l'équivalent de tout ce qu'il a aimé ici-bas. Les siens

Fig. 76. — Tête d'un cercueil de momie.

cependant consument ces longs jours d'attente dans les larmes et dans la tristesse. Ils ne se baignent plus et se lavent à peine. Ils s'abstiennent de vin, ne mangent ni viande, ni pain de froment, mais se nourrissent d'eau et de pain noir. Les hommes laissent pousser leurs cheveux et leur barbe. Les femmes ne se coiffent plus, ne se fardent plus les yeux et le visage, ne se teignent plus les mains de hennéh. Deux fois par jour, elles se réunissent dans la chambre mortuaire pour y pleurer en commun. La mort du maître a suspendu le cours entier de la vie ordinaire dans la maison.

Le corps, tiré de la saumure, n'est guère plus qu'un squelette recouvert d'une peau jaunâtre, parcheminée, qui en accuse l'anatomie. En revanche, la tête a conservé presque intacte la pureté de ses formes. Les joues se sont creusées légèrement, les lèvres se sont amincies, les ailes du nez sont plus fines et plus tirées qu'elles ne l'étaient pendant la vie, mais l'ensemble du visage n'est nullement altéré : n'était l'immobilité des traits et le ton brun de la peau, sous laquelle le sang ne court plus, on dirait que Psarou vit encore et va s'éveiller (fig. 77). Les embaumeurs profitent de la souplesse que le bain de natron a entretenue dans les membres, pour lui rapprocher fortement les jambes et pour lui croiser les bras. Ils bourrent le ventre et la poitrine de linge et de sciure de bois mêlée à des poudres aromatiques, puis commencent l'ensevelissement. Leur métier les oblige à être prêtres et magiciens experts, en même temps que chirurgiens consommés : ils remplissent auprès du cadavre les fonctions qu'Anubis et les enfants d'Horus avaient exercées auprès d'Osiris, à la fabrication de la première momie, et ils sont comme l'incarnation de ces divinités. Le maillot funèbre devient, sous leurs mains, un lacis de bandelettes mystiques, dont chacune a sa signification particulière, et est destinée à repousser loin du corps tous les dangers et tous les ennemis qui le menacent, les dieux et les hommes comme les insectes et la dissolution : ils y glissent des amulettes, des figurines, des fleurs sèches, des brins d'herbes, des plaques constellées d'hiéroglyphes qui forment au mort une armure magique.

Le maître des cérémonies colle sur la poitrine, à la naissance du cou, un scarabée de jaspe vert dont l'inscription défend au cœur, « à son cœur qui lui vient de sa mère, son « cœur de quand il était sur terre », de se lever et de témoigner contre lui devant le tribunal d'Osiris. Il lui passe aux doigts des bagues en or et en émail bleu ou vert, et ce sont autant de talismans qui lui donnent la voix juste, et lui permettent de réciter les prières avec l'intonation qui les rend irrésistibles. La tête disparaît sous un masque de linon et sous un réseau de bandes gommées, qui en double

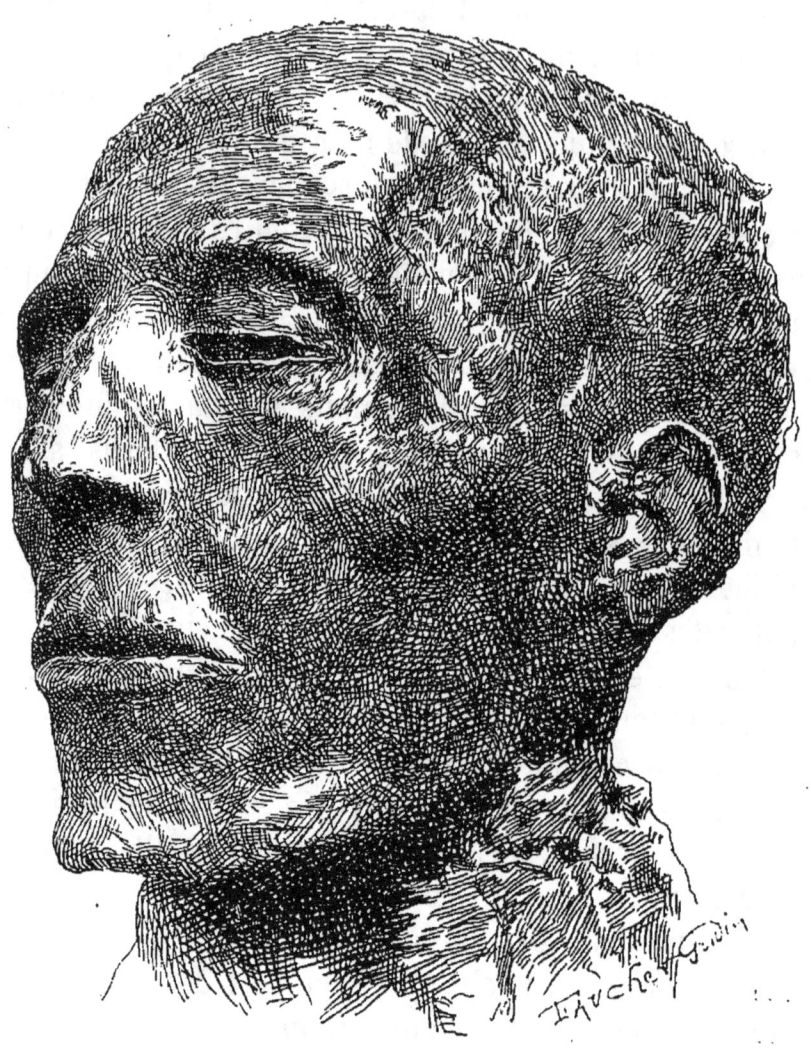

Fig. 77. — Tête de momie : le roi Séti Ier,
d'après une photographie prise sur le cadavre conservé au Musée de Boulaq.

presque le volume. Les membres et le tronc sont garnis d'une première couche d'étoffe souple, moelleuse, chaude au toucher (fig. 78). Des morceaux de natron à demi pulvérisé sont jetés çà et là comme des relais de matière préservatrice. Des paquets placés dans l'interstice des jambes, entre les bras et la hanche, au creux de l'estomac, autour du cou, renferment le cœur, la rate, les fragments de cervelle desséchée, des cheveux, des rognures de barbe ou d'ongles. Les cheveux jouent en magie un rôle important : en les brûlant avec certaines incantations, on acquiert une puissance presque illimitée sur la personne à laquelle ils ont appartenu. Les embaumeurs cachent donc sur la momie les portions de poil qu'ils ont dû lui enlever, et c'est le plus sûr moyen de les soustraire aux usages pervers qu'en feraient les sorciers.

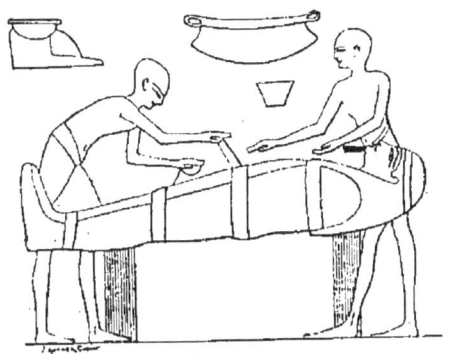

Fig. 78. — Emmaillotement de la momie.

On tend sur ce premier vêtement une longue pièce de toile, où un scribe calligraphe a copié un choix, texte et vignettes, des chapitres contenus au *Livre de sortir pendant le jour*. Psarou, s'il les lit, recouvrera ses facultés; il pourra quitter son tombeau et y revenir à volonté, il gagnera la faveur des dieux qu'on est exposé à rencontrer sur les voies d'outre-vie, il s'embarquera sur le bateau du Soleil, ou se reposera dans les Champs des bienheureux, sous le sceptre paternel d'Osiris. Quelques tours de bandelettes, puis une seconde pièce d'étoffe, puis des bandelettes nouvelles, puis un dernier linceul en canevas grossier et une toile rouge, cousue par derrière, et fixée par des bandes disposées parallèlement de la tête aux pieds (fig. 79). A chaque pièce qu'on met en place, le maître des cérémonies récite une prière qui en définit la nature et en assure l'effi-

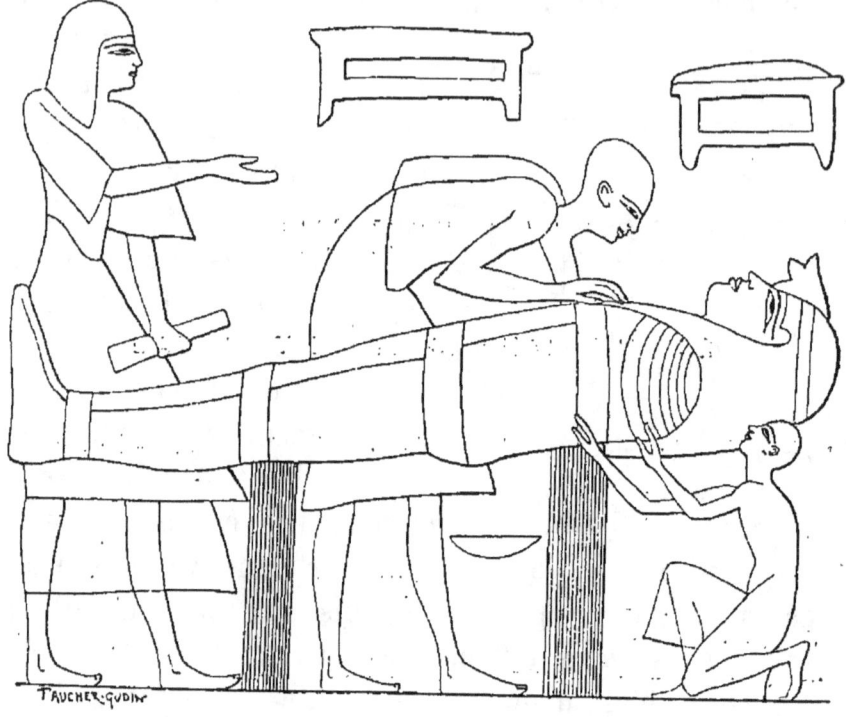

Fig. 79. — Le maître de cérémonies récite les prières pendant l'emmaillotement.

cacité (fig. 80) ; par intervalle, il se penche sur le mort et lui murmure à voix basse des instructions mystérieuses,

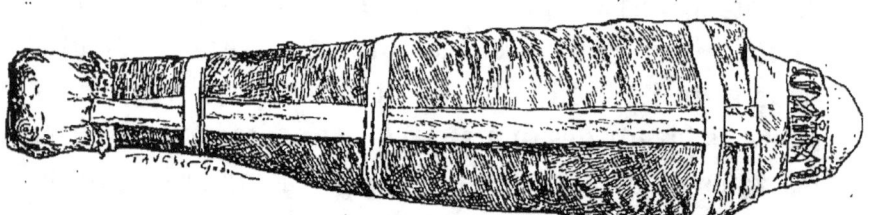

Fig. 80. — La momie achevée.

que nulle oreille vivante ne peut entendre sans crime. L'emmaillotement terminé, Psarou connaît l'emploi de tout ce qu'on lui donne et les avantages qu'il en tirera dans l'autre monde : momie et double, il est prêt pour la tombe.

CHAPITRE VIII

LES FUNÉRAILLES ET LE TOMBEAU

Le cimetière de Thèbes. — Les violations de sépulture. — Le départ de la maison mortuaire. — Le défilé du cortège. — Les pleureuses et leurs chants. — La traversée du Nil. — L'arrivée au tombeau. — L'offrande et les adieux devant la porte. — Le tombeau, sa distribution, son mobilier, ses revenus. — Les cérémonies de l'*Ouverture de la bouche*. — Le repas funéraire, les danses, le chant du harpiste. — Ce que devient le double après la mort. — Ses voyages. — Le sycomore de Nouit. — Le tribunal d'Osiris.

Le cimetière de Thèbes est situé sur la rive gauche du Nil, dans un chaînon détaché de la montagne libyque, et qui aboutit juste en face le grand temple d'Amon[1]. Le massif principal, taillé à pic et percé en tout sens de vallées profondes, est précédé d'une rangée de buttes sablonneuses, séparées l'une de l'autre par des ravins. Au temps où Thèbes n'était encore qu'une petite ville, ses habitants enterraient leurs morts dans celui de ces monticules qui est le plus rapproché du fleuve : à mesure qu'elle devint plus populeuse, la nécropole s'agrandit d'autant, et, pous-

---

1. Faute de connaître les noms anciens des localités, j'ai dû employer presque partout dans ce chapitre les noms arabes modernes. Deir-el-Baharî, Drah aboû'l-Neggah, Gournah, l'Assassif, Médinét-Habou, sont autant d'anachronismes que je n'ai pas réussi à éviter.

sant vers l'Ouest, remplit le vallon de Déir-el-Baharî. Depuis lors, elle n'a cessé de gagner dans la direction du Sud-Ouest, et toutes les hauteurs, tous les replis du terrain ont été envahis par les hypogées de proche en proche. C'est aujourd'hui une véritable ville des morts, qui se déploie à quelque distance du Nil, en pendant à celle des vivants, et qui a, comme celle-ci, ses quartiers riches, ses repaires de pauvres, ses palais, ses chapelles. Une quinzaine de petites pyramides en brique, encore debout sur les croupes de Drah abou'l-Neggah, marquent l'endroit où les Pharaons de la XIe et de la XIIe dynastie reposent, entourés des grands de leur cour. Amenhotpou Ier et sa mère Nofritari, postés à l'entrée de l'Assassif, y reçoivent un culte solennel qui fait d'eux comme les divinités protectrices du canton. Thoutmosou II, Thoutmosou III et leur sœur Hatshopsitou dorment sous les terrasses de Déir-el-Baharî. Les Pharaons moins connus, les princes qui n'ont pas régné, les princesses de sang royal, les grands officiers de la couronne, les hommes d'état, les généraux, les administrateurs du temps passé, sont répartis dans l'intervalle, groupés à peu près par époque : à tout visiter en détail, on verrait se dérouler peu à peu devant soi l'histoire de l'Égypte thébaine, illustrée par les tombeaux de ceux qui la firent.

Des groupes de huttes en boue, disséminés dans le creux des ravins, abritent les soldats de police, les gardiens et leurs familles, les ouvriers qui creusent les galeries funéraires et ceux qui les décorent, le bas clergé attaché au service des enterrements et des offices commémoratifs, les marchands d'offrandes. Il n'en est aucun parmi ces pauvres hères qui ne sache quelle quantité d'or et de joyaux on enfouit chaque jour avec les momies, et ces richesses entassées autour d'eux, à quelques pieds sous terre, leur sont une tentation perpétuelle, à laquelle ils ne résistent guères. Les violations de sépulture sont chose banale pour eux et constituent leur plus sûr moyen de s'enrichir. Les moins hardis, ne se fiant à personne, agissent isolément et ne touchent qu'aux vieux monuments, à ceux que des familles éteintes possédaient et où l'on ne pénètre que rarement. Les autres s'associent en nombre, achètent fort cher la complicité de la police locale, et s'attaquent hardiment aux sépultures récentes, même aux royales. Non contents de faire main basse sur le mobilier déposé dans les caveaux, ils ouvrent les cercueils, démaillotent ou brisent les corps pour voler les bijoux, puis rajustent les débris et en fabriquent des momies fausses, si artistement arrangées qu'on ne les distingue plus des vraies par l'extérieur : il faut lever les premiers tours de bandelettes pour s'apercevoir de la fraude. De temps en temps, quelqu'un d'entre eux se laisse prendre ou dénonce ses camarades. Le comte-nomarque et le premier prophète d'Amon, qui ont juridiction sur cette partie du nome, ordonnent une enquête. Une commission constate les dégats et recherche les coupables. Le tribunal en condamne une demi-douzaine au pal, une vingtaine au fouet : deux mois plus tard, l'impression produite par cet acte de vigueur s'est effacée et les déprédations reprennent de plus belle.

Psarou est rentré au logis encore une fois. On l'a placé sur un lit d'apparat, et sous le lit, quatre gros vases en calcaire, les canopes, qui renferment ses entrailles. Ils ont chacun un couvercle de forme différente, tête d'homme, de chacal, d'épervier, de cynocéphale, et représentent les dieux des quatre parties du monde, les fils d'Horus, Hor et Amsit, Tioumaoutf et Kabhsonouf : ils veillent le mort et empêchent que les organes internes, les plus fragiles et pourtant les plus nécessaires à la vie, ne lui soient dérobés ou détruits. E maintenant, sa tombe l'attend, son mobilier est prêt, ses parents et ses amis ont été convoqués à l'escorter, le matin s'est levé pour lui « d'aller cacher sa tête « dans la Vallée funèbre » et de « se réunir à la terre. » A ce moment suprême, sa femme et ses servantes font un dernier effort afin d'empêcher le départ. Elles se cramponnent à la momie, se jettent en hurlant sur les hommes qui viennent la chercher : elles cèdent enfin et Psarou franchit pour jamais le seuil de sa maison.

Un peloton d'esclaves et de vassaux chargés d'offrandes ouvre la marche du convoi (fig. 80). Les six premiers ont

Fig. 80. — Le convoi funèbre : les porteurs d'offrandes.

des gâteaux, des fleurs, des jarres pleines d'eau, des bouteilles de liqueur, des fioles à parfum : l'un tient devant lui trois gros oiseaux sur une selle légère, l'autre mène au licou le veau du sacrifice. Six portent des boîtes peintes, destinées à recevoir en partie les provisions de bouche, en partie les figurines funéraires : deux enfin ont pris entre eux une table basse, sur laquelle sont entassés des pots remplis de fruits et des branches de palmier. C'est le service de bouche qui défile. Le groupe suivant a la charge du mobilier usuel, coffrets à linge, pliants, fauteuils, lit de parade ; deux valets d'écurie plient sous le poids d'un char garni de son joug et de ses carquois, un écuyer conduit un autre char attelé de ses deux chevaux (fig. 81). Le mobilier funéraire est aux mains d'un troisième détachement, plus nombreux à lui seul que les deux autres ensemble : d'abord les burettes pour les libations, puis une caisse quadrillée de rouge et de blanc et destinée aux canopes, puis les canopes eux-mêmes, puis, sur des plateaux carrés, un masque en carton doré et relevé de bleu (fig. 82), des armes, des

Fig. 81. — Le convoi funèbre : transport et défilé des chars.

sceptres, des bâtons de commandement, des colliers, des scarabées, des vautours debout les ailes ployées en cercle et qu'on s'applique sur la poitrine les jours de fête, des chaînes, des figurines, un épervier à tête humaine image de l'âme (fig. 83). Beaucoup de ces objets sont en or massif, d'autres

Fig. 82. — Le convoi funèbre défilé du mobilier.

ne sont que dorés, d'autres sont en bois plaqué d'or, partout l'or brille avec une profusion qui excite l'admiration et les convoitises de la foule assemblée sur le passage du cortège ; c'est aussi par trop défier la cupidité humaine que d'étaler ouvertement toutes ces richesses, et les gardiens attachés à l'hypogée de Psarou auront fort à faire s'ils veulent le préserver des voleurs.

De nouvelles offrandes, un groupe bruyant de pleureuses,

un esclave qui, d'instant en instant, jette quelques gouttes de lait par terre comme pour abattre la poussière, un maître

Fig. 83. — Le convoi funèbre : défilé des armes et des bijoux.

des cérémonies qui, la peau de panthère à l'épaule, asperge la foule d'eau parfumée avec une grande cuiller en or

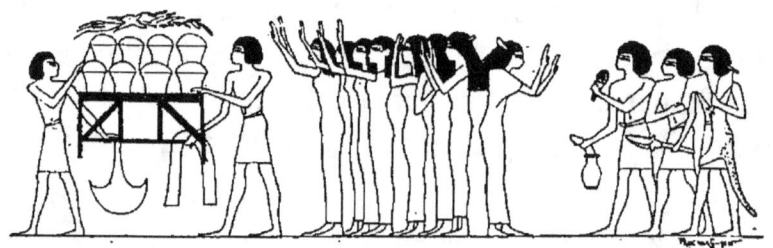

Fig. 84. — Le convoi funèbre : les pleureuses et les prêtres.

(fig. 84) : derrière lui, le catafalque paraît enfin (fig. 85). Il a, selon la coutume, la forme d'une barque montée sur

Fig. 85. — Le convoi funéraire : le catafalque suivi des amis.

un traîneau, et traînée par un double attelage de taureaux et de fellahs, la barque d'Osiris avec ses deux pleureuses,

Isis et Nephthys, et sa cabine fermée, dont les parois cachent la momie aux regards des passants. Khâit et ses enfants marchent au hasard, en avant, en arrière ou sur les côtés, puis ce sont les amis, le bâton à la main, en long manteau de fête, les voisins, et, pêle-mêle, la multitude des curieux. Le cortège circule par les rues tortueuses, lentement, au pas des taureaux, arrêtant le trafic et la circulation, arrêté lui-même au moindre prétexte : on dirait que Psarou, au regret d'avoir quitté ce monde, cherche à y prolonger son séjour, et fût-ce pour quelques heures seulement.

Les enterrements à Thèbes ne sont pas de ces processions muettes, où la douleur se trahit à peine par quelques larmes furtives. Il faut du bruit aux morts, des sanglots, des gestes désordonnés. Non seulement on loue des pleureuses à gage dont le métier est de crier, qui s'arrachent les cheveux, chantent des complaintes, et jouent en conscience l'extrême du désespoir, mais les parents et les amis ne craignent pas de se donner en spectacle, ni de troubler par les éclats de leur deuil l'indifférence des passants. Tantôt l'un des groupes, tantôt l'autre élève la voix et prononce quelque brève parole, appropriée à la circonstance. « A « l'Occident, demeure d'Osiris, à l'Occident, toi qui fus le « meilleur des hommes et qui détestas toujours la dupli-« cité ! » Et les pleureuses répondent en chœur : « O chef, « comme tu vas à l'Occident les dieux eux-mêmes se « lamentent ! » Le bouvier, piquant son attelage, lui dit pour l'encourager : « A l'Occident, o taureaux qui trai-« nez le catafalque, à l'Occident ! Votre maître vient derrière vous ! » — « A l'Occident, reprennent les amis; « il ne fleurit plus l'homme excellent qui tant aima la « vérité et eut horreur du mensonge ! » La lamentation s'éteint par intervalle, et pendant quelques minutes, le cortège poursuit son chemin en silence. Mais bientôt, une des pleureuses repart, d'autres se joignent à elle et le

vacarme recommence plus assourdissant et plus lugubre.
La plainte ne se recommande ni par l'originalité de la pensée ni par la vivacité du sentiment. La douleur s'y exprime
en formes de commande toujours les mêmes : l'habitude
d'assister aux enterrements, et d'y prendre part aux manifestations, conduit bien vite chaque individu à se composer
un répertoire d'exclamations et de condoléances assez monotone. Le souhait « à l'Occident ! » en fait le fond ; on y joint
quelques épithètes banales et tout est dit. Seuls, les parents
les plus proches trouvent parfois des accents sincères et
des images touchantes pour dire leurs chagrins. Aux cris
inarticulés, aux appels, aux formules, ils mêlent l'éloge de
leur mort et de ses vertus, des allusions à ses goûts et à ses
actions, aux charges qu'il a remplies, aux honneurs qu'il
a obtenus, des réflexions sur l'incertitude de la vie humaine,
des conseils contre les dangers de la vie d'outre-tombe,
refrain mélancolique que chaque génération répète sur la
génération précédente, en attendant que la génération suivante l'entonne sur elle à son tour.

Arrivé aux bords du Nil, le convoi s'embarque. Les porteurs d'offrandes, les amis, les esclaves s'entassent dans
trois chalands de louage. Les pleureuses et les personnes
de la famille montent sur deux des bateaux de Psarou qu'on
a démâtés; la cabine, revêtue extérieurement de couvertures bariolées en étoffe brodée ou en cuir découpé, simule un socle monumental où les passagers se tiennent
debout, la face tournée vers la barque funéraire (fig. 86).
Celle-ci est construite à l'imitation de l'esquif mystérieux
qui servit aux obsèques d'Osiris et qu'on adore dans la
petite ville d'Abydos, sous le nom de Noshemit (fig. 87).
Elle est fine, légère, allongée, décorée aux deux extrémités
de deux fleurs de lotus en métal, qui se recourbent gracieusement comme pliées sous leur propre poids. Une chapelle
se dresse au milieu, décorée de bouquets et de palmes

vertes. Khâit et ses filles s'accroupissent en gémissant sur les côtés, deux prêtresses, habillées et coiffées comme les

Fig. 86. — Le convoi funèbre : la barque des pleureuses

déesses Isis et Nephthys, se placent debout par derrière afin de protéger le corps, le maître des cérémonies se met à

Fig. 87. — Le convoi funèbre : la barque du mort.

l'avant et brûle quelques grains d'encens. Le bateau des pleureuses prend à la remorque cette sorte d'arche funèbre, et la flottille entière pousse au large sous l'effort d'une cinquantaine de rameurs.

C'est le moment solennel, celui où Psarou, quittant la ville où il a vécu, commence son voyage d'outre-tombe. La multitude assemblée sur les berges le salue de ses souhaits : « Puisses-tu aborder en paix à l'Occident de « Thèbes ! — En paix, en paix vers Abydos ! Descends en « paix vers Abydos, vers la mer de l'Ouest ! » C'est qu'en effet cette traversée du Nil a une importance particulière pour l'avenir du mort. Le passage de cette terre-ci à « l'autre terre » ne s'accomplit pas indifféremment à tous les endroits : de même que la plupart des peuples, les Égyptiens connaissent le point précis d'où les âmes partent pour pénétrer dans leur nouveau monde. C'est une fente pratiquée dans la montagne, à l'ouest d'Abydos ; on ne peut s'y engager qu'avec l'aide d'Osiris, sur sa barque, et le transport de la momie au delà du Nil est l'emblème du voyage surnaturel que l'âme entreprend, afin de se rendre à la *Bouche de la Fente*. Le départ pour la Thèbes des morts est par le fait un départ pour Abydos, et c'est pourquoi le nom d'Abydos se mêle à celui de Thèbes dans les cris de la foule. La voix des amis s'élève plus fréquente et plus triste : « A l'Occi- « dent, à l'Occident, la terre des justes ! La place que tu « aimais gémit et se lamente ! » Et les pleureuses : « En « paix, en paix, à l'Occident, o louable, va en paix ! S'il « plaît au dieu, quand le jour de l'éternité viendra, nous « te verrons, car voici que tu vas vers la terre qui mêle les « hommes ! » Khâit, emportée par la douleur, oublie les formules de convention : « O mon époux, ô mon frère, ô mon « aimé, reste, demeure en ta place, ne t'éloigne pas du « lieu terrestre où tu es ! Hélas, tu t'en vas vers le bac « pour franchir le fleuve ! O matelots, ne vous pressez pas, « laissez-le ; vous, vous reviendrez à vos maisons, mais lui « s'en va au pays d'éternité ! O barque osirienne, pour-

« quoi es-tu venue m'enlever celui qui m'abandonne! »
Les matelots demeurent insensibles à cet appel, et le pilote d'avant interrompt la cantilène des pleureuses : « Ferme là-haut, de la plate-forme, car on est près d'aborder ! » Le contre-coup du choc que la barque reçoit en accostant leur ferait perdre l'équilibre, et les précipiterait à l'eau si personne ne les prévenait. Tandis que le bateau des amis manœuvre à se ranger le long de la rive, ses rames-gouvernail frappent en flanc une petite chaloupe, et culbutent une partie des offrandes qui l'encombrent (fig. 88),

Fig. 88. — Le convoi funéraire : le bateau des amis culbute la chaloupe.

mais personne ne fait attention à l'incident et les amis continuent leur cantilène sans se troubler : « Il est heureux, le
« louable, car la destinée lui permet d'aller reposer au
« tombeau qu'il s'est préparé pour lui même ; il obtient
« les bonnes grâces de Khonsou Thébain, et ce dieu lui
« accorde de partir pour l'Occident, escorté par les géné-
« rations des générations de ses serviteurs, tout éplorés. »
La momie remonte sur son traîneau, les groupes se reforment dans le même ordre qu'auparavant, et le convoi se dirige vers la colline de Sheikh Abd-el-Gournah. C'est là, sur le *Front de Thèbes*[1], dans le voisinage de la caverne

---

1. *Le front de Thèbes* (*ta tohnit*) paraît avoir été le nom du plus élevé parmi les monticules de Sheikh Abd el Gournah. La caverne, bien connue des fellahs qui évitent de la montrer aux Européens, est au-

où la déesse serpent Miritskro rend ses oracles et accomplit ses cures merveilleuses, que Psarou s'est construit sa « maison d'éternité », entre les hypogées de Rekhmirî, de Mankhopirrisonbou, de Pahsoukhirou et des grands hommes d'état qui illustrèrent le règne de Thoutmosou III ou de ses fils. La rampe qui y conduit est trop raide pour que les bœufs puissent la gravir, avec le poids énorme qu'ils tirent derrière eux. Les amis chargent le catafalque sur leurs épaules et montent en chancelant, par des sentiers incertains qui serpentent entre les tombeaux.

Ils s'arrêtent enfin, tout essoufflés, presque à mi-côte, sur une petite plate-forme, taillée dans le flanc de la colline : un pan de rocher, plané sommairement, forme façade, une porte s'ouvre au milieu, étroite et basse. Parvenue à ce terme de son voyage, la momie est dressée debout sur un monceau de sable, le dos à la muraille, la face aux assistants, comme le maître d'une villa neuve, que ses amis ont accompagné jusqu'à la porte et qui se retourne un moment sur le seuil, pour prendre congé d'eux avant d'entrer. Un sacrifice, une offrande, une prière, une nouvelle explosion de douleur : les pleureuses redoublent leurs plaintes, et se roulent sur le sol, les femmes de la famille parent la momie de fleurs, la pressent sur leur sein nu, lui embrassent la poitrine et les genoux. « Je suis ta sœur, ta femme Khâit, « ô grand, ne me quitte pas ! Ton dessein, mon bon père, « est-ce vraiment que je m'éloigne de toi ! Si je m'en vais, « te voilà seul, et y a-t-il quelqu'un qui soit avec toi, à ta « suite ? O toi qui aimais à plaisanter avec moi, tu te tais « donc et tu ne parles pas ! » Une vieille servante, accroupie derrière sa maîtresse, s'écrie : « Il m'est donc arraché notre « gardien et il quitte ses serviteurs ! » Puis les pleureuses

---

jourd'hui consacrée au sheikh musulman, qui y guérit surtout les rhumatismes, comme autrefois la déesse Miritskro.

reprennent en chœur : « Plaintes ! plaintes ! Faites, faites,
« faites, faites les lamentations sans cesse, aussi haut que
« vous le pouvez. O voyageur excellent, qui chemines vers la
« terre d'éternité, tu nous a été arraché ! O toi qui avais
« tant de monde autour de toi, te voici dans la terre qui
« impose l'isolement ! Toi qui aimais à ouvrir les jambes
« pour marcher, enchaîné, lié, emmailloté ! Toi qui avais
« beaucoup de fines étoffes, et qui aimais le linge blanc,
« couché dans le vêtement d'hier ! Celle qui te pleure est

Fig. 89. — Le convoi funèbre : les adieux devant la porte de l'hypogée.

« devenue comme orpheline de mère ; le sein voilé, elle se
« lamente et mène deuil, elle se roule autour de ta couche
« funèbre. » Indifférent au milieu de ces clameurs, le
prêtre offre l'encens et la libation avec la phrase consacrée :
« A ton double, Osiris comte-nomarque de Thèbes, Psarou,
« dont la voix est juste auprès du dieu grand » (fig. 89).
La momie disparaît dans le tombeau aux bras de deux hommes :
la nuit de l'autre monde la saisit pour ne plus le lâcher
jamais.

Comme tout logis bien ordonné, la tombe comprend
des appartements d'apparat, une chapelle, où le double
reçoit l'hommage et les cadeaux de ses parents les jours
de fête, et des appartements privés, où personne ne

pénètre que lui. La chapelle de Psarou se compose de deux pièces : l'une, plus large que longue, court parallèle à la façade, l'autre, plus longue que large, s'ouvre perpendiculairement à celle-ci en face de la porte d'entrée. Les murailles en sont couvertes de peintures, exécutées à la détrempe sur un enduit de terre battue et polie, et qui représentent toutes les scènes imaginables de la vie. On y voit, en registres superposés du sol au plafond, le labourage, les semailles, la moisson, la rentrée des blés, l'élevage des bestiaux, la pêche et la chasse au désert, les ateliers du menuisier, du charron, du sculpteur, de l'orfèvre, du verrier, la boulangerie, la préparation des aliments, puis un grand dîner avec chants et danses d'almées. Ce sont autant de talismans dont la vertu assure au mort la possession effective des objets. S'il éprouve le besoin de manger, il choisit à son gré l'un des bœufs en peinture, le suit à travers les tableaux, du pâturage à la boucherie, à la cuisine, au banquet. A mesure qu'il regarde, l'action de figurée devient réelle; au moment où il aperçoit sur la muraille son portrait prenant la cuisse rôtie des mains du serviteur, la cuisse est là devant lui, qui lui réjouit les yeux et le rassasie. Les doubles riches et de haut parage ne sont pas souvent obligés à tirer parti de cette ressource, pendant les premiers temps de leur séjour. La veuve ou les enfants ou les parents leur apportent eux-mêmes ou leur envoient fréquemment des provisions par la voie des sacrifices. Ils offrent un taureau, des oies, du vin, des gâteaux à leur dieu favori, Amon ou Osiris, Phtah ou Khonsou : celui-ci garde une portion de ces bonnes choses pour lui-même, en guise de commission, et transmet le reste aux âmes qu'on lui recommande. On passe d'ailleurs des contrats avec les prêtres d'un temple, et ceux-ci, en échange d'une redevance annuelle ou d'une donation, s'engagent à célébrer, un certain nombre de fois par an, à des dates déterminées, des services commémoratifs pour ravitailler le tombeau.

Et pourtant, en dépit des soins qu'on prend afin d'assurer l'avenir, le jour arrive où les offrandes cessent enfin. La famille s'éteint, change de résidence, oublie ses vieux morts; les prêtres, n'étant plus surveillés, n'observent plus les conditions du contrat; le double, dénué de tout, mourrait de misère, s'il n'avait sur les murs de quoi braver éternellement la faim. Une dernière cérémonie l'investit d'une faculté nouvelle, différente de celles qu'il a possédées jusqu'alors. Les pratiques de l'embaumement ont transformé son corps en un je ne sais quoi d'inerte et d'impuissant, incapable de marcher, de manger, de parler, de voir, d'accomplir aucune des fonctions de l'existence : on doit en annuler les effets si l'on veut qu'il vive, et c'est à quoi l'on parvient par l'*Ouverture de la Bouche* et par ses rites compliqués. Le maître des cérémonies et ses aides, les enfants d'Horus, dressent de nouveau Psarou sur un tas de sable, au fond de la chapelle, et accomplissent autour de lui le même mystère divin qu'Horus avait célébré autour de la momie d'Osiris. Ils le purifient par l'eau ordinaire et par l'eau rouge, par l'encens du midi et par l'alun du nord, comme on fait des statues des dieux au début du sacrifice, puis ils se livrent sur lui à diverses manœuvres qui l'éveillent du sommeil où il est plongé, le dégagent de son linceul, lui rattachent son ombre perdue au moment de l'agonie, et lui rendent le jeu de ses mouvements. Aussitôt les bouchers sacrés abattent le taureau du midi et le dépècent, le prêtre saisit la cuisse sanglante et la lève vers les lèvres du masque doré, comme pour l'inviter à manger, mais les lèvres demeurent closes et refusent leur office : il les touche alors, avec plusieurs instruments à manche en bois et lame de fer qui sont censés les ouvrir. Le double est libre désormais : il va et vient à son gré, voit, entend, parle, prend sa part des offrandes, et il use immédiatement de sa puissance nouvelle pour inviter tous ceux qui l'ont accompagné à un banquet, le premier qu'il donne dans sa demeure éternelle.

Un couloir, pratiqué dans l'angle le plus éloigné de la seconde salle, conduit à une sorte de cellule, nue, basse, sans peinture ni ornements d'aucune sorte : c'est la chambre de Psarou, le réduit où sa momie reposera jusqu'à la consommation des siècles, s'il plaît les dieux la préserver des voleurs. Les ouvriers de la nécropole la couchent enguirlandée dans ses deux cercueils, le long de la paroi ouest ; les esclaves apportent par brassées et jettent sur le sol les canopes, les coffrets, les meubles, les provisions qui ont accompagné le convoi tout le jour ; le prêtre récite une dernière prière et se retire, les maçons élèvent rapidement un mur de briques devant la porte. Le cliquetis de leurs truelles cesse enfin, le bruit de leurs pas s'éloigne et se perd, un bout de torche qu'ils avaient laissé dans la chambre se consume et s'éteint. Là-haut cependant, sur la plateforme et dans la chapelle, les esclaves ont commencé à servir le banquet. La statue du mort, sculptée en ronde-bosse au fond de la seconde salle, préside à la fête et reçoit en premier sa part de chaque mets. Les objets ont une âme, un double, comme les hommes ou les animaux, et ce double, une fois passé dans l'autre monde, y jouit des mêmes propriétés que son corps avait dans celui-ci. Le double d'une chaise ou d'un lit est vraiment une chaise ou un lit, pour le double d'un homme. Le double de Psarou, présent au festin, savoure aussi pleinement le double des liqueurs et des viandes que ses invités encore vivants peuvent faire des liqueurs et des viandes réelles.

Tandis que tous les convives, visibles ou invisibles, sont occupés à manger, des almées chantent et exécutent leurs danses (fig. 90). Tantôt elles s'adressent directement au mort, tantôt elles prennent les vivants à parti, mais toujours

le même refrain revient dans leurs chansons : « Faites un
« jour heureux, la vie n'a qu'un moment. — Faites un jour

Fig. 90. — La danse des almées.

« heureux !, quand vous serez entrés dans vos syringes, vous

« y reposerez éternellement, tou
le long de chaque jour. » Le repas s'achève enfin, il faut partir,
rompre le dernier lien qui attache encore le mort aux siens. Le
harpiste sacré prélude, et debout
devant la statue, entame la mélopée qu'on chanta pour la première fois, il y a bien longtemps,
aux funérailles de Pharaon An-
touf. Le monde, dit-il, n'est

Fig. 91. — Le harpiste.

qu'un changement et un renouvellement perpétuel. « C'est
« une décision admirable de ce Grand Osiris, un bel ar-
« rangement du destin qu'à mesure un corps se détruit et

« s'en va, d'autres restent après lui, depuis les temps d'au-
« trefois. Les Pharaons, ces dieux qui ont été avant nous
« et qui reposent dans leurs pyramides, leurs momies et
« leurs doubles sont ensevelis également dans leurs pyra-
« mides, mais les châteaux qu'ils ont bâtis, ils n'y ont plus
« leur place, et c'en est fait d'eux..... Ne te désespère donc
« point, mais suis ton désir et ton bonheur aussi longtemps
« que tu seras sur terre, et n'use point ton cœur, jusqu'à
« ce que vienne pour toi ce jour où l'on supplie sans qu'O-
« siris, le dieu dont le cœur ne bat plus, écoute celui qui
« supplie. Toutes les lamentations du monde ne rendent
« point le bonheur à l'homme qui est au sépulcre; fais
« donc un jour heureux, et ne sois point paresseux à t'y
« réjouir! Certes, homme n'y a qui ait pu emporter ses
« biens avec lui dans l'autre monde, certes, homme n'y a
« qui y soit allé et qui en soit revenu ! »

Ce que le double devient après les funérailles? Le gros de la population n'a que des notions fort vagues à cet égard. On se borne à penser qu'il habite la tombe et y traîne une existence indécise, à peine consciente d'elle-même. Il n'en sort que si les vivres viennent à manquer, chassé par la faim : on le voit errer la nuit par les villages, et se jeter avidement sur les débris épars à terre, même sur les ordures les plus rebutantes. La misère excite alors en lui un sentiment de haine et de vengeance contre les vivants qui le délaissent : il les attaque, les torture, leur inflige des maladies. Certains doubles n'attendent point pour nuire le moment qu'on les oublie : ils sont mauvais par instinct, et goûtent une sorte de plaisir à persécuter leurs parents les plus proches. Le scribe Qéni n'a-t-il pas été hanté pendant des mois par l'esprit de sa femme Onkhari? Il l'avait toujours bien traitée, tant qu'elle fut de ce monde, lui avait célébré de belles funérailles, lui avait légué des revenus considérables : elle lui en voulait malgré tout, et revenait le relancer chez lui sans relâche. Il ne se débarrassa de cette obsession qu'en la menaçant d'une véritable action légale. Il lui écrivit une lettre où il lui demandait les motifs de sa rage posthume, et lui rappelait par le menu toute l'affection dont il l'avait entourée. « Depuis que je suis « devenu ton mari jusqu'à ce jour, qu'ai-je fait contre toi « que je doive cacher ? Que feras-tu quand j'aurai à déposer « sur ce que je t'ai fait, que je comparaîtrai avec toi devant « le tribunal d'Osiris, pour plaider moi-même ma cause aux « dieux de l'Occident, et qu'on te jugera d'après cet écrit, « qui contient ma plainte sur tes méfaits, que feras-tu ? » Le rouleau de papyrus, attaché à une statuette de femme en bois et déposé dans la tombe, parvint à son adresse : Onkhari, craignant d'être appelée en jugement devant Osiris, cessa de tourmenter le pauvre homme.

Beaucoup parmi les fidèles, à qui la perspective d'une réclusion aussi morne cause une répugnance insurmontable, supposent que l'âme quitte la chambre funéraire au bout d'un séjour plus ou moins long, et émigre dans une « autre terre ». Il y a, bien loin de nous, dans les régions où la *Bouche de la fente* donne accès, de véritables royaumes des morts qui sont placés chacun sous la souveraineté d'un dieu différent, Khontamentit, Phtah-Sokari, Osiris. On y accueille les âmes des Égyptiens qui ont eu une dévotion spéciale pour la divinité suzeraine et se sont déclarés ses féaux, — *amakhou*. Le plus peuplé de tous est celui d'Osiris. Il est formé de plusieurs îles, dont les contours sont visibles de notre terre, au nord-est du ciel, à l'extrémité septentrionale de la Voie Lactée. On n'y aborde qu'après un voyage long et périlleux. Il faut que l'âme, en quittant sa tombe, tourne le dos à la vallée et s'enfonce hardiment dans le désert. Elle y rencontre bientôt un de ces sycomores qui poussent loin du Nil, en plein sable, et que les fellahs tiennent pour arbres-fées. Une déesse, Nouit, Hâthor, ou

Nit sort du feuillage à mi-corps, et lui tend un plat couvert de pains et un vase rempli d'eau (fig. 92); quiconque accepte ces dons devient par là même l'hôte de la déesse, et ne peut plus désormais revenir sur ses pas, à moins de permission spéciale. Des pays d'épouvante s'étendent au delà du sycomore, infestés de serpents et d'animaux féroces, coupés de torrents d'eau bouillante, semés de marais où des singes gigantesques prennent les doubles au filet. Beaucoup d'âmes succombent aux dangers du chemin et meurent; celles-là seules qui ont des amulettes et des incantations souveraines atteignent enfin les berges d'un lac immense, le lac de Kha, et aperçoivent de loin

Fig. 92. — Le Sycomore de Nouit.

les îles bienheureuses. Thot, l'ibis, les enlève sur son aile, ou le passeur divin les prend sur son bac et les conduit à Osiris. Le dieu les interroge devant ses quarante-deux assesseurs, Thot pèse leur cœur dans sa balance, Maît, la Vérité, leur souffle cette confession négative dont chaque article les déclare innocent d'un péché (fig. 93); ils sont reconnus enfin dignes d'entrer aux Champs des Fèves, auprès des âmes bienheureuses. Les Champs des Fèves (Sokhit-Ialou) sont d'une fertilité inépuisable : le blé y a sept coudées de haut dont deux pour l'épi. Les morts les cultivent, y moissonnent, y rentrent les grains à tour de rôle; ils se font remplacer s'ils le veulent, par de petites statues en émail qu'on enferme avec eux dans la tombe, et qu'on nomme les *Répondants*, par

Fig. 93. — Le jugement de l'âme au tribunal d'Osiris.

ce qu'ils répondent pour leur maître chaque fois qu'on l'appelle en corvée. Le reste du temps ce n'est que festins perpétuels, chants, longues causeries, jeux de toute sorte. Bien des gens trouvent que cette conception de l'autre vie est trop grossière pour être vraie et cherchent à se représenter de façon plus haute les destinées de l'âme; les prêtres d'Amon-Râ ont même à ce sujet des doctrines qu'ils n'aiment point révéler. Ce sont là spéculations de théologiens où le peuple ne se mêle guère. L'homme peut survivre à la mort, voilà le fait; comment il y réussit, les dieux seuls le savent de science certaine.

CHAPITRE IX

EN VOYAGE

Ramsès II en Syrie. — Conseil de guerre. — Baoukou envoyé en reconnaissance. — De Gaza à Joppé : les forteresses syriennes. — De Joppé à Mageddo : la forêt. — Mageddo : condition des villes syriennes sous la domination de l'Égypte. — La mer : la marine et le commerce maritime des Égyptiens. — Tyr : sa position, sa population. — Les navires égyptiens et phéniciens. — Le commerce des Tyriens avec les barbares. — Le passage du Liban. — L'armée hittite se met en mouvement pour attaquer Ramsès.

Pharaon a quitté sa résidence de Thèbes longtemps avant le jour des funérailles. Il a passé en revue les corps d'armée réunis à Zalou et les a acheminés lentement vers la Syrie, à travers le désert et le long des côtes de la Méditerranée, de Zalou à Migdolou, de Migdolou à Raphia et à Gaza. Gaza est, depuis Thoutmosou Ier, une véritable ville égyptienne : Ramsès s'y arrête quelques jours pour rallier les retardataires, recevoir les rapports des officiers et des gouverneurs, tenir conseil avec ses généraux. Toute la partie méridionale du pays est calme jusqu'au delà de Mageddo, la Phénicie sidonienne n'a point bougé, et l'on ne signale aucun mouvement du côté de l'Oronte : on dirait que la paix règne partout, et que les forces des Khiti se sont évanouies sans laisser de trace. Le roi se demande ce que leur inertie apparente signifie. Son fils aîné, Amenhikhopshouf, émet l'avis que le vil chef des Khiti, désespérant de lutter en rase campagne contre les vieilles bandes égyptiennes, a réparti ses soldats dans les forteresses et se prépare à la guerre défensive. Il faudra forcer l'une après l'autre toutes les citadelles de la Syrie septentrionale (fig. 94), Qodshou, Hamath, Kha-

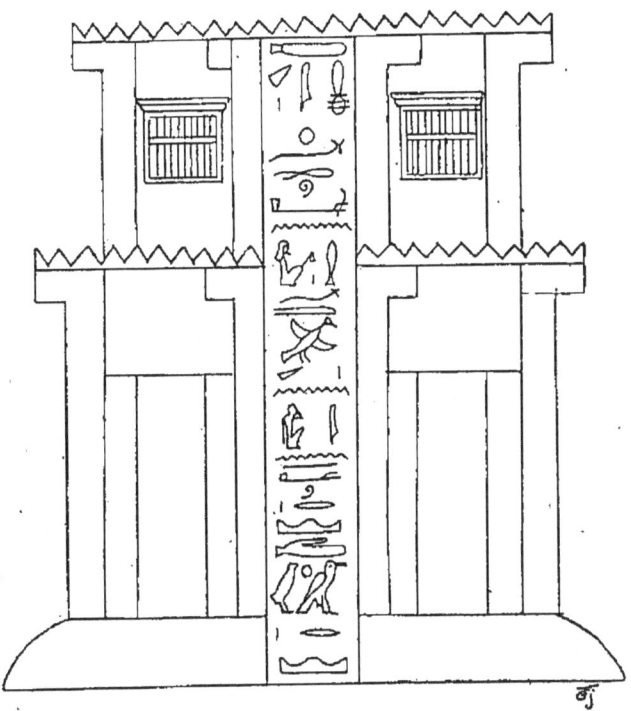

Fig. 94. — Une forteresse syrienne.

loupou, Nii, Qarqémish, et Dieu sait s'il y en a : les armées les plus solides s'usent à ces tâches ingrates, et les années s'écoulent avant qu'on ait raison de l'ennemi. Ramsès écarte les conjectures de son fils, comme ne répondant pas aux faits connus jusqu'à présent.

Khitisarou en effet a requis le secours des alliés qu'il s'est ménagés tout au fond de l'Asie Mineure : non seulement les Lyciens, mais les Mysiens, les Dardaniens, les peuples d'Ilion et de Pédasos qui habitent aux bords de la mer lointaine, sont accourus à son appel, et leurs contingents l'ont rejoint depuis quelques semaines déjà. Ce sont des barbares batailleurs, avides de gain, redoutables au choc, mais qui ne consentiront jamais à demeurer longtemps éloignés de leur patrie. Khitisarou connaît leur tempérament et ne les aurait point convoqués, s'il ne comptait point frapper un coup rapide. On doit donc s'attendre à livrer bataille avant peu; puisque les ennemis ne paraissent point, c'est que leurs généraux les tiennent cachés dans quelque recoin du Liban, d'où ils les feront sortir à l'improviste, dès qu'ils croiront avoir trouvé l'occasion de surprendre les Égyptiens. Ramsès envoie aux gouverneurs et aux chefs d'avant-garde l'ordre de redoubler de vigilance, et de fouiller tout le pays qui entoure Qodshou, pour tâcher d'y relever quelque indice des positions occupées par les Khiti. Il dépêche aussi des éclaireurs isolés dans diverses directions, le capitaine de mercenaires Phrâhiounamif vers l'Est, au delà du Jourdain, pour s'informer de ce que méditent les Bédouins, le lieutenant d'infanterie Roï vers Damas, bien qu'en général on n'ait rien à craindre des tribus qui vivent dans le Gaulân, enfin Baoukou, l'un de ses écuyers, vers Tyr et Sidon, en lui recommandant de franchir le Liban à la hauteur de Gabouna, de rallier l'armée au sud de Qodshou, et de rapporter le plus de renseignements qu'il pourra sur la force et la composition des forces khittites. Lui-même suivra avec précaution la route ordinaire, de Gaza à Mageddo, de Mageddo à Qodshou, et ne réglera son plan définitif qu'après avoir reçu les rapports de ses envoyés.

Baoukou prend avec lui un seul serviteur et part bien armé sur son char. Il parcourt rapidement la plaine qui sépare Gaza de Joppé. Les moissons sont déjà sur pied, mais la campagne est déserte et les villages qu'il traverse sont presque entièrement abandonnés. Si bien disciplinés que soient les bataillons égyptiens, ils ne comptent point parmi leurs qualités maîtresses le respect de la propriété d'autrui, et toutes les localités par lesquelles ils passent, même en pays ami, sont condamnées par avance au pillage. Les habitants, en apprenant l'arrivée de Ramsès à Gaza, ont ramassé ce qu'ils avaient de plus précieux, bijoux, meubles, effets, et se sont réfugiés avec leurs troupeaux dans les villes fortifiées, dont les enceintes crénelées couronnent les collines à droite et à gauche de la route.

Au delà de Joppé la contrée change d'aspect. Un terrain rougeâtre et sablonneux succède à la terre noire, quelques chênes clairsemés apparaissent, qui bientôt se groupent en bouquets, se serrent, et la forêt commence. Les troncs sont noueux, tordus, mal venus; les plus hauts montent à dix mètres, mais la plupart sont plus petits, et ne dépassent guère la taille des hautes broussailles. Des rivières boueuses, infestées de crocodiles, se traînent lentement parmi les halliers, et se perdent, d'espace en espace, dans des marais pestilentiels. C'est un spectacle curieux à la fois et inquiétant pour un Égyptien, habitué aux paysages déboisés des bords du Nil, et Baoukou s'engage sous les couverts avec une répugnance instinctive. Sans parler des Bédouins qui hantent ces parages, on y rencontre des bêtes féroces redoutables, des hyènes, des sangliers féroces, des ours. C'est là, dit-on, que Kazariti, roi du pays d'Assour, venait chasser jadis, et le souvenir de ses exploits est demeuré populaire; mais Kazariti était un grand chasseur devant l'Éternel, un héros de légende, et Baoukou n'est qu'un homme, fort brave sans doute, mais enfin un homme. Seul, sans guide, sans escorte, il s'avance un peu au hasard par des sentiers mal tracés, encombrés de pierres et de fondrières : ce ne lui est pas trop de toute son attention pour bien conduire son char par-dessus ces obstacles, et son âme passe, pour ainsi dire, entière dans sa main. Il interroge sans cesse les taillis du regard, craignant d'y découvrir quelque embuscade ; si une branche le fouette ou qu'une ronce le happe à l'improviste, il se croit attaqué et se met soudain en défense. Il lui arrive même, en se retournant, de tirer trop fort sur les guides : les chevaux se cabrent, se jettent de côté, le char se renverse, lui-même est précipité sur le sol, et se relève saignant, meurtri. Cependant le terrain s'élève peu à peu, de hautes montagnes se dressent à l'horizon. Le chemin monte en serpentant, circule en corniche entre une muraille de rochers et un précipice profond : c'est le plus mauvais moment du voyage. Baoukou n'avance plus que pas à pas, descendant au moindre obstacle ; il ne peut empêcher son char de heurter violemment un énorme bloc de pierre et de s'endommager. Les chevilles qui attachent le timon à la caisse se brisent ; il répare les dégâts de son mieux, juste assez pour pouvoir traîner son char à la ville prochaine avec beaucoup de ménagements. Heureusement la gorge s'élargit, la pente commence à descendre doucement, la montagne semble s'ouvrir : il aperçoit par la brèche une plaine verdoyante, et, dans le lointain, les tours de Mageddo.

Mageddo est posée sur le sommet d'une colline assez haute et assez rude d'accès ; un ruisseau bourbeux, le Qana, la couvre du côté de l'Est, et, après avoir serpenté dans la plaine, va rejoindre le fleuve Kishon à travers des prairies tremblantes et des bas-fonds marécageux. C'est une petite ville, pauvre et d'aspect sordide, mais bien fortifiée et importante par la situation qu'elle occupe. Les forteresses syriennes ne sont pas, comme les égyptiennes, des rectangles ou des carrés entourés de murs en briques, courant droit d'un bout à l'autre sans saillants ni rentrants. Leurs murs sont construits en pierre de taille, et épousent exactement les contours du terrain sur lequel ils sont bâtis ;

ils sont garnis de hautes tours carrées, que des hourds en bois surhaussent encore en temps de guerre. La porte est toujours placée entre deux tours très rapprochées, d'où les défenseurs peuvent battre, à coup de flèches et de pierres, le flanc des ennemis qui viendraient pour la briser de la hache ou du bélier. On prend des places aussi bien cuirassées quelquefois par escalade, ordinairement par la famine. Mageddo a été assiégée souvent. Comme elle commande les routes principales qui mènent de la Syrie méridionale à la Syrie septentrionale, de l'Égypte au pays des Khiti, des rives du Nil à celles de l'Euphrate, les armées se sont rencontrées bien des fois sous ses murs et se la sont disputée comme en champ clos. Thoutmosou III y battit les Syriens coalisés sous la conduite du prince de Qodshou, et la réduisit, après un blocus de quelques semaines : depuis lors elle est restée toujours au pouvoir des Pharaons.

Elle a son prince héréditaire de race indigène qui la gouverne, sous la surveillance d'une garnison égyptienne. Les Égyptiens n'ont pas en effet l'habitude de coloniser les villes qu'ils conquièrent, ou de les placer sous l'autorité directe d'un gouverneur nommé par Pharaon. Ils laissent en général le pouvoir et les titres de la royauté aux souverains, grands ou petits, qu'ils ont vaincus, et se contentent de leur imposer un tribut plus ou moins fort. Chaque année des envoyés royaux arrivent de Thèbes, touchent l'impôt et règlent les difficultés qui ont pu survenir entre le vassal et le suzerain. Ils n'ont du reste aucunement qualité pour intervenir dans les affaires intérieures de la principauté : les lois et les coutumes conservent leur vigueur, les religions locales célèbrent leurs rites sans contrainte, et l'hérédité du trône continue à s'exercer selon les usages traditionnels du pays. Il arrive souvent, surtout à l'avènement d'un Pharaon nouveau, que les

Syriens essaient de secouer un joug si léger : ils refusent le tribut, chassent ou massacrent les employés royaux, et, trop faibles pour résister s'ils demeuraient isolés, se réunissent à vingt ou trente, afin de former une armée commune qui soit en état de tenir la campagne. Pharaon accourt, leur inflige une défaite, disperse leur troupes, et les force à se soumettre l'un après l'autre. Parfois il pardonne et rétablit les choses telles qu'elles étaient auparavant, parfois il emprisonne ou met à mort le rebelle; mais c'est pour établir en sa place un de ses fils, ou, si les fils sont trop compromis dans la révolte paternelle, un des parents qui passe pour être dévoué à l'Égypte.

Deux routes conduisent de Mageddo à Tyr. L'une, la plus longue mais la plus sûre, descend jusqu'à la mer, en suivant le pied du Carmel, et, passant par Ako, ne s'éloigne plus désormais de la côte. L'autre est un peu plus courte, mais elle traverse un canton montagneux dont les habitants ont mauvaise réputation. Ils sont sans cesse à l'affût des voyageurs isolés ou des riches caravanes qui se rendent de Tyr à Damas; ils pillent les ballots, gardent les bêtes de somme, vendent les marchands comme esclaves. Baoukou se décide pourtant à prendre ce chemin périlleux, car il espère avoir des renseignements sur les mouvements des Khiti, par ces bandits sans cesse en course. Il s'entend avec l'un d'eux, qui s'engage à le conduire jusqu'auprès de Tyr moyennant récompense honnête. Le voyage s'achève en effet sans encombre, et Baoukou rejoint la première route un peu au nord d'Aksaphou, sain et sauf, mais sans rien avoir appris. Les barbares, soit qu'ils n'aient vraiment rien à dire, soit qu'ils ne veuillent point parler, prétendent ne pas savoir ce que font les Khiti. Ils n'ont rencontré aucun parti ennemi dans leurs excursions, et ne croient pas que Khitisarou se tienne pour le moment aux environs de Qodshou. Baoukou, en sortant des ravins qui sillonnent le mont Ousirou¹, demeure saisi d'étonnement. Né dans la Thébaïde, il a vu rarement la mer, et chaque fois qu'il l'aperçoit elle lui paraît plus grande et plus belle encore qu'auparavant. Du fond de l'horizon presque jusqu'à ses pieds, une immense plaine d'eau s'étend, semée de voiles, bordée d'écume blanche aux endroits où les flots viennent se briser sur les rochers.

La plupart des étrangers croient que les Égyptiens considèrent la mer comme impure, qu'ils l'ont en horreur, que nul d'entre eux ne s'aventure sur elle de son plein gré. C'est une erreur. Les Égyptiens ne détestent pas la mer, mais ils ne la connaissent guère. Leur pays n'a que fort peu de côtes, encore sont-elles bordées presque partout de dunes et de marais qui les rendent inhabitables. Quelques îles, placées vers Rakoti², à l'extrémité occidentale du Delta, fourniraient un bon ancrage à des flottes de commerce ou de guerre; mais ailleurs, les navires surpris par la tempête n'ont d'autre ressource que de se réfugier dans une des embouchures du Nil, au risque de s'échouer, ou même de se perdre, sur les bancs de sable et de vase qui en rendent l'accès difficile. Les Égyptiens ont donc jusqu'à présent préféré les routes de terre aux voies de mer; cependant chaque fois qu'un événement quelconque les a obligés à affronter la Très-Verte³, ils se sont tirés fort honorablement de l'épreuve. Le Nil les a habitués dès l'enfance à la manœuvre des rames et des voiles; l'expérience qu'ils ont de la navigation en eau douce les dispense d'un long apprentissage sur l'eau salée. Les matelots de

1. C'est le nom égyptien d'une partie des collines que la tribu juive d'Asher habita plus tard.
2. Rakoti était le nom de la bourgade égyptienne sur l'emplacement de laquelle Alexandrie s'éleva plus tard.
3. La *Très-Verte* est le nom que les Égyptiens donnaient aux deux mers qu'ils connaissaient, la mer Rouge et la Méditerranée.

Thèbes, transportés par la reine Hâtshopsitou sur la Mer Rouge, surent fort bien mener leurs cinq vaisseaux jusqu'au pays de Pounit, et les en ramener chargés d'encens et de denrées précieuses. Les galères de Ramsès II font régulièrement le trajet entre Tanis ou Pi-Ramsîsou et Tyr : Dieu sait pourtant si les mers de Syrie sont mauvaises, et quelle peine les Phéniciens eux-mêmes, pour habiles qu'ils se prétendent, éprouvent à vaincre le courant qui file le long de leurs côtes et porte chez eux le limon du Nil.

A mesure que Baoukou poursuit son voyage, son étonnement redouble. La montagne serre partout d'assez près le rivage, et le chemin tantôt descend sur la grève pour éviter un chaînon à pic, tantôt se relève et monte en lacet pour franchir un éperon rocheux qui s'avance droit dans la mer. En un endroit, il a fallu le creuser dans la pierre vive et y tailler des marches grossières comme pour une immense échelle (fig. 95). La lame déferle avec fureur au pied de cette étroite corniche, et, quand un grand vent la soulève, chacun de ses paquets ébranle la paroi entière, comme d'un coup de bélier, et détache quelque pan de rocher. Baoukou, pour qui le désert et ses périls n'ont plus de terreur, ne s'aventure d'abord qu'en tremblant et pas à pas sur ce sentier; il s'aperçoit bientôt qu'il ne court aucun danger sérieux et presse sa marche. C'est le dernier obstacle. Au delà de ces Échelles Tyriennes, la montagne s'écarte, et s'enfonçant dans l'intérieur des terres, laisse la place à une plaine assez large, qu'un grand cap borne au loin vers le nord. Des champs cultivés, des bois d'oliviers, des vergers ombreux, puis une ville allongée sur le sable au bord de l'eau, et, en face, une autre ville ceinte de tours qui semble s'être levée du fond de la mer par prestige et art magique.

Les premiers Phéniciens s'établirent sur le continent, il

y a douze siècles et plus de cela, et y fondèrent une première Tyr qui eut ses jours de prospérité. Leurs descendants essaimèrent par la suite sur des îlots qui s'étendaient, comme une jetée brisée, parallèlement à la côte : la Tyr nouvelle qu'ils y bâtirent ruina peu à peu l'ancienne. Le site était sauvage, battu sans cesse par la vague et par le vent du large. L'eau manquait à peu près ; sauf quelques maigres sources saumâtres, on n'a guère encore aujourd'hui que la pluie recueillie dans des citernes, et les délicats envoient chaque jour des barques chercher de l'eau de source sur le continent. Toutefois, ce sont là de minces inconvénients, si on les compare aux avantages que sa position assure à la Tyr insulaire. En cas de guerre, le bras de mer qui la sépare de la côte lui est un fossé, derrière lequel elle brave toutes les menaces de l'ennemi. Sa flotte la ravitaille de loin, et lui amène, sans que nulle puissance humaine puisse l'en empêcher, autant de vivres et de mercenaires qu'elle en désire. Elle continue son trafic avec les peuples neutres ou alliés, comme en temps de paix, et tandis qu'on la bloque inutilement, amasse, en deux ou trois campagnes, autant et plus qu'il ne lui en faut pour rebâtir la vieille Tyr, reconstruire les villas, relever les fermes qui ont été brûlées ou pillées pendant la guerre. Les Tyriens auraient pu, s'ils l'avaient voulu, comme leurs compatriotes d'Aradou dans la Phénicie du Nord, refuser de reconnaître la suzeraineté de Pharaon et se soustraire aisément au tribut. Cette noble ardeur d'indépendance aurait satisfait leur vanité mais nui à leurs intérêts : sans parler des ravages auxquels leurs possessions de terre ferme eussent été exposées, ils auraient été exclus à tout jamais de l'Égypte, c'est-à-dire du marché sur lequel se traitent aujourd'hui les plus grandes affaires. Ils ont établi la balance entre la petite blessure qu'une prompte soumission infligeait à leur vanité, et le dommage considérable que l'hostilité de l'Égypte causerait à leur commerce : tout pesé, ils se sont résignés à payer un tribut, qu'ils regagnent au cen-

Fig. 95. — Les échelles tyriennes.

tuple chaque année, et Pharaon n'a jamais eu, depuis lors, vassaux qui lui aient été plus fidèles, ni lui aient soulevé moins de difficultés.

Baoukou laisse son char et ses chevaux à Tyr-la-Vieille, dans la maison du messager royal qui vient ramasser l'impôt d'année en année, et s'embarque avec son serviteur pour Tyr-la-Nouvelle. Elle est construite sur trois îlots, séparés l'un de l'autre par des canaux peu profonds, et semés de roches à demi couvertes. L'aspect n'en ressemble nullement à celui des cités que les Égyptiens sont habitués à voir sur les bords du Nil. Comme le moindre pouce de terrain y a sa valeur, on n'y rencontre ni jardins, ni grandes places, ni rues larges et irrégulièrement bâties. Les rues sont de véritables allées, qui se glissent entre des maisons à quatre ou à cinq étages, pressées l'une contre l'autre comme les cellules

Fig. 96. — Phénicien.

d'une ruche. Les temples, même celui de Melkarth, le plus ancien et le plus vénéré de tous, ont autour d'eux d'espace libre, juste ce qu'il en faut pour les besoins du culte et le développement des processions. Les cales sèches où l'on construit et répare les navires sont rangées le long des canaux, surtout au nord et au sud-est, dans ce qu'on appelle le port Sidonien et le port Égyptien. Les boutiques sont basses, étroites; c'est dans de véritables chambrettes qu'on fabrique ces tissus de pourpre, ces verreries, ces vases d'or et d'argent, ces amulettes imités des amulettes égyptiens, que les capitaines marchands emportent et répandent à profusion sur tous les rivages de la Méditerranée. Sauf dans les parties qui touchent au port et dans le voisinage du temple d'Astarté, où les équipages des navires nouvellement revenus de course dépensent en ripaille leur part de bénéfices, la foule qui circule dans les rues est toute à ses affaires.

Les indigènes sont presque tous habillés de même (fig. 96) : buste nu, pagne court d'étoffe multicolore, serré à la taille par une longue ceinture dont les bouts retombent en avant, pieds déchaux ou protégés de bottines montant jusqu'au mollet, chevelure flottante, dont les boucles descendent presque jusqu'à la ceinture, et qui est ornée sur le front de quatre frisures étagées. Sur ce fond commun, vingt types différents se détachent, l'Amorrhéen et le montagnard du Liban avec sa longue robe rouge et bleue, formant pèlerine sur les épaules, et sa chevelure massée en grappe sur les côtés de la tête et sur la nuque, maintenue au front par une bandelette (fig. 97); l'Égyptien, son pagne blanc et sa perruque frisotée ; le Toursha et le Sagalasha d'Asie Mineure, coiffés d'un bonnet de laine rouge à la marinière ; les barbares Achéens et Danéens, blancs de teint, roux ou blonds de poil, la peau de bête ou la tunique au dos ; même des nègres, même des sauvages tatoués venus de l'Hespérie et

Fig. 97. — Un Syrien du nord.

des mines d'argent et d'étain qui sont au delà de Gadir. Nulle part, à Memphis, à Thèbes, à Tanis, Baoukou n'a rencontré pareille mêlée de types et de races étranges, et s'il pouvait pénétrer dans les maisons sa stupéfaction redoublerait encore. Les Tyriens sont, en effet, les plus habiles courtiers de chair humaine qu'il y ait au monde. Ils vendent la plupart des esclaves qu'ils importent sur leurs navires aux marchands de l'Égypte ou de l'Assyrie ; mais beaucoup leur restent entre les mains, surtout des femmes et des jeunes filles. Non seulement tous les pays de l'Asie fournissent leur contingent, la Chaldée, l'Assyrie, l'Élam, l'Ourarti, mais les côtes de l'Archipel et du Pont-Euxin, mais les îles des Achéens, la Libye et les contrées situées par delà la Libye, dont ils cachent soigneusement la situation, et dont ils évitent de parler en présence d'un étranger, par crainte d'éveiller leur jalousie et de se susciter des concurrents.

Quelques vaisseaux égyptiens sont à l'attache dans le port, et chargent des marchandises à destination de Tanis ou de Memphis. Ils ont à peu de chose près la forme des bateaux du Nil, et de fait, ils sont destinés à naviguer sur le fleuve comme sur la mer (fig. 98). La coque, établie sur quille ronde, est étroite, basse, relevée et amincie aux deux bouts, pontée d'une extrémité à l'autre. La proue est armée d'un éperon en métal, tenu par des attaches de fortes cordes, qui s'allonge au-dessus de l'eau jusqu'à trois mètres, puis se redresse et surplombe d'environ un mètre le plan du navire. La poupe, plus longue et plus haute que la proue, est surmontée d'une longue tige de lotus en métal dont la fleur largement épanouie se recourbe en dedans. Proue et poupe sont chargées d'une plate-forme, garnie de balustrades en bois et faisant office de château-gaillard. La cale n'a pas de profondeur et ne peut guère renfermer que le lest, les armes, les marchandises, les provisions. La muraille s'élève d'environ cinquante centimètres au-dessus du pont. Les bancs des rameurs, étroits et courts, sont disposés contre la muraille, et laissent libres au centre un espace à mettre la chaloupe quand il y en a une, ou bien à loger des ballots de marchandises, des soldats, des esclaves, des passagers supplémentaires.

Les rameurs, tous Égyptiens, sont au nombre de quinze par bande et manient chacun un seul aviron. Le gouvernail se compose de deux rames épaisses, supportées par un montant placé de chaque côté de la poupe, et manœuvrées

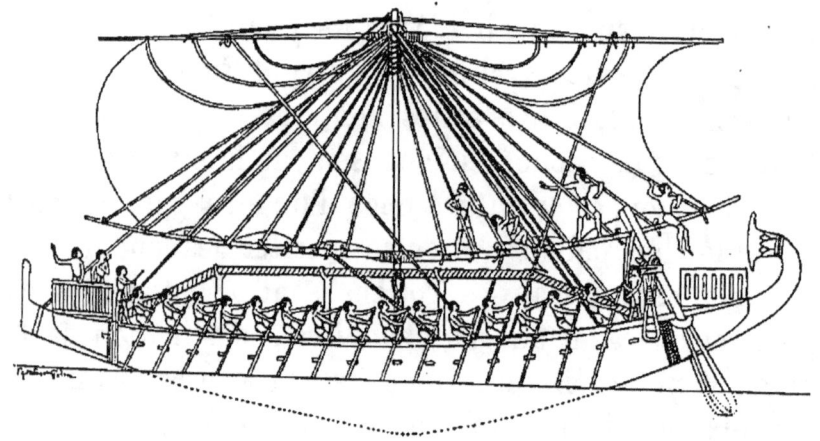

Fig. 98. — Un navire égyptien, marchant à la rame et à la voile.

chacune par un timonier debout devant elle. Un seul mât, haut d'environ huit mètres et assuré par deux étais à l'avant, deux à l'arrière, se dresse perpendiculairement au milieu. La voile unique est tendue entre deux vergues, longues d'environ quinze mètres, et formées chacune de deux pièces solidement liées : l'équipage comprend trente rameurs, quatre gabiers, deux timoniers, un pilote de proue, chargé de transmettre aux timoniers les indications nécessaires à la manœuvre du gouvernail, un capitaine et un chef de chiourme, ce qui, avec les passagers ou les soldats donne un chiffre de cinquante hommes à peu près par navire. En bataille, on exhausse la muraille d'un long mantelet, qui couvre le buste des rameurs et ne laisse que leur tête à découvert. Les soldats sont alors répartis, deux d'entre eux sur le gaillard d'avant, un troisième juché au bout du mât dans une gabie improvisée ; le reste est posté sur le pont et sur le gaillard d'arrière et essaie d'abattre à coups de flèche les archers de la galère ennemie.

Les vaisseaux phéniciens ne diffèrent des égyptiens que par le détail. Construits avec les bois excellents du Liban et de l'Amanus, ils sont plus solides, plus longs ; ils résistent mieux à la mer et peuvent entreprendre des traversées plus périlleuses. Leurs équipages sont aussi plus audacieux et plus habiles que les Égyptiens. Ceux-ci ne s'enhardissent presque jamais à perdre la côte de vue. Ils vont longeant le rivage pendant les heures du jour, et s'arrêtent chaque soir pour repartir le lendemain matin. Ils réussissent de la sorte à faire les voyages les plus périlleux, à gagner les *Échelles de l'Encens* au pays de Pounit : c'est pour eux une question de temps, et le temps ne compte pas beaucoup en Égypte. Les Phéniciens ont appris à se lancer sur la haute mer et même à naviguer de nuit. Ils font voile directement de Tyr ou de Sidon sur l'île d'Asi[1], de l'île d'Asi sur les promontoires de la Lycie ou sur Rhodes la lointaine, puis d'île en île jusqu'au pays des Achéens et des Danaens, et de là vers l'Hespérie. Ils observent de jour la hauteur du soleil, et la nuit ils règlent leur marche sur la grande Ourse. Ils ont sur bien des points des établissements stables dont quelques-uns sont devenus de grandes villes ; ailleurs ils ne font que paraître à certains moments de l'année, et s'en vont après avoir trafiqué avec les indigènes. Ils débarquent en nombre, étalent par terre, ou sur des tréteaux dressés rapidement, les denrées qu'ils savent être recherchées par les habitants du pays, tantôt des bijoux, bracelets, colliers,

---

1. L'île d'Asi, Asia, est l'île de Chypre.

amulettes en verroterie, en pierre émaillée, en or ou en argent, tantôt des armes, des haches, des glaives damasquinés et ciselés, tantôt des vases ou des étoffes teintes en pourpre ou brodées de couleurs voyantes. La plupart de ces objets sont, ou de manufacture égyptienne, ou fabriqués en Phénicie, d'après des modèles égyptiens plus ou moins modifiés sous l'influence des types chaldéens ; c'est ainsi qu'on peut voir des poignards d'Égypte au côté des chefs de Tyrinthe ou de Mycènes, à leurs doigts des bagues décorées de lotus, à leur cou, des cylindres d'origine babylonienne.

Le troc ne s'opère pas toujours sans querelle, ni même sans danger. Quelquefois les indigènes, surexcités à la vue de tant de belles choses, essaient de s'en emparer par la ruse ou par la violence : ils surprennent les marchands descendus à terre, les tuent, réussissent même à mettre la main sur le navire. Le plus souvent ce sont les Phéniciens qui abusent de la bonne foi des indigènes ou de leur faiblesse. Ils fondent en armes sur la foule désarmée, dépouillent et tuent les vieillards, enchaînent les jeunes gens, les femmes et les enfants et les emmènent en esclavage. Ou bien, ils inventent quelque prétexte pour attirer sur leurs bateaux les filles des chefs ; ils prétendent, par exemple, avoir des bijoux ou des étoffes si précieuses qu'ils n'osent les débarquer de peur d'être volés. Tandis qu'elles sont occupées à regarder les objets, on lève l'ancre tout doucement, et dès qu'on se trouve à quelque distance du rivage, on saisit les curieuses et on les lie pour les empêcher de se jeter par-dessus le bord et de regagner la grève à la nage. Les femmes grecques ou lyciennes ont leur valeur sur les marchés de l'Égypte et de l'Assyrie, et plus d'une parmi elles est allée finir ses jours, comme esclave ou comme favorite, dans les harems de Thèbes ou de Ninive.

Baoukou reçoit enfin à Tyr quelques renseignements certains sur les Khiti, et par surcroît sur la marche de l'armée égyptienne. Ramsès vient de pénétrer dans la vallée de l'Oronte et se dirige lentement vers Qodshou ; quant aux Khiti, ils n'ont en plaine que des partis de troupes légères, et tiennent le gros de leurs forces dissimulé dans les replis du Liban, au nord-ouest de la ville. Baoukou, après avoir hésité un moment, se décide à pousser jusqu'au delà de Sidon la fleurie, puis à franchir la montagne vers le point où les ennemis sont cachés, pour rapporter à Pharaon des indications précises sur les positions qu'ils occupent. Il n'y a point de route battue entre Sidon et la vallée de l'Oronte, mais des sentiers à peine tracés que les chevriers et les Bédouins connaissent seuls. Les cyprès commencent à mi-côte, les sapins, les grands cèdres centenaires, qui semblent monter au ciel et dont le feuillage est si épais que la lumière y pénètre à peine. Jamais, pas même entre Joppé et Mageddo, Baoukou ne s'est trouvé dans des masses de forêts aussi sombres, aussi étouffées, aussi muettes. Le silence et l'isolement l'accablent, comme on dit qu'ils font les âmes pendant le voyage d'outre-tombe à la recherche du paradis d'Osiris : l'horreur religieuse des grands bois le saisit. Son char se brise de nouveau à mi-côte, et les chevaux le traînent avec peine ; parfois le rugissement d'un lion éclate au loin ou le rire glapissant d'une hyène se fait entendre dans un fourré.

Il atteint vers le soir le sommet de la montagne et, rompu de fatigue, s'endort sans manger, sans allumer un feu de bivouac ; quand le froid du matin le réveille, il est seul, personne à côté de lui. Le guide a voulu lui voler ses chevaux, mais ils se sont ébroués au contact d'une main étrangère, et le voleur a dû renoncer à son projet; il s'est rabattu sur les bagages qu'il a emportés en partie. Cependant le serviteur, éveillé au bruit, l'avait aperçu et s'était gardé de prévenir son maître ; le voleur parti, il a fait main basse sur le reste et s'est sauvé à son tour. Baoukou est donc seul sur la montagne, au milieu d'une brume épaisse qui l'empêche de rien distinguer à vingt pas devant lui. Un faux mouvement peut le précipiter hors du chemin, dans quelque ravin où il se briserait bras et jambes : le mieux est d'attendre le lever du soleil. Bientôt, en effet, le brouillard se dissipe, les pics émergent lentement, puis les pentes boisées, et les vapeurs se retirent peu à peu dans les bas-fonds d'où les rayons les débusquent promptement. Baoukou voit à ses pieds la plaine de la Syrie creuse se dérouler tout entière, avec ses champs en damier, ses bouquets de bois, ses villages épars, ses rivières dont une double rangée d'arbres dessine le cours sinueux, le camp égyptien, et par delà, le petit lac de Qodshou reluisant au soleil. Le sentier devient meilleur à mesure qu'il descend et mène assez rapidement dans la vallée. Baoukou abandonne les débris de son char, prend ses deux chevaux par la bride et se met en route, heureux d'en être quitte à si bon marché. Une fois au bas de la montagne, il compte enfourcher une de ses bêtes, conduire l'autre en main comme cheval de rechange et deux heures de galop l'amèneront au camp égyptien [1].

Mais voici qu'à un détour du sentier, un bruit confus, comme d'une grande multitude, frappe subitement son oreille. Il avance avec précaution, écarte les branches d'un buisson, et aperçoit sous lui, dans un vallon assez large, des colonnes d'hommes et de chevaux rangées en bon ordre, et prêtes à partir au premier signal. C'est l'introuvable armée du prince de Khiti, que son chef a tenu disséminée jusqu'alors, et qu'il a rassemblée le jour précédent en cet endroit. Comme Baoukou regarde, un mouvement se produit et se propage dans la masse. Des aides de camp cou-

---

[1]. Le voyage que je prête ici à Baoukou, est, au rebours, le voyage qui est décrit dans quelques pages du *Papyrus Anastasi* n° I.

rent çà et là portant des ordres; les soldats examinent une dernière fois le harnais de leurs chevaux, les roues, le timon, montent sur leurs chars et saisissent les rênes. Un cri de commandement retentit, puis un claquement de fouets, et les chars s'ébranlent, division après division. Les Khiti tiennent la tête de la colonne; leurs chariots, plus lourds et plus grands que ceux des Égyptiens, portent chacun trois hommes, un combattant, un cocher, un porte-bouclier qui protège ses deux compagnons. Ils sont vêtus de la longue robe rayée rouge et bleue, rouge et blanche, bleue et blanche, et ont pour armes l'arc, la lance et le poignard. Les auxiliaires Dardaniens et Mysiens les suivent, et le reste des contingents d'Asie Mineure et de Syrie ferment la marche. Il y a là deux mille cinq cents chars, divisés en quatre bandes de force à peu près égale. Baoukou les suit du regard, et remarque, qu'au lieu de se lancer droit à travers la plaine, ils ne vont qu'avec lenteur, se dissimulant derrière les arbres, profitant du moindre accident de terrain pour cacher leur approche : c'est une surprise qui se prépare, et peut-être un désastre pour l'armée égyptienne, si Pharaon n'est pas prévenu à temps. Il hâte le pas, atteint le bas de la montagne et pique droit sur le camp. L'ennemi l'aperçoit enfin au moment qu'il débouche en rase campagne; trois ou quatre chars se détachent de la première division, et, désespérant de l'atteindre, rentrent dans les rangs, après lui avoir jeté de dépit quelques flèches hors portée.

CHAPITRE X

LA BATAILLE

Le camp égyptien devant Qodshou. — Scènes de la vie au camp. — Les espions Khiti. — Départ et ordre de marche. — Conseil de guerre. — Le camp égyptien surpris par les Khiti. — Ramsès charge l'ennemi. — Discours de Ramsès à ses généraux. — La bataille de Qodshou. — Après la victoire. — Khitisarou demande la paix. — Traité entre Ramsès et les Khiti.

Le camp égyptien est établi depuis plusieurs jours sur la rive droite de l'Oronte, à quelque distance au sud de Qodshou. C'est une enceinte rectangulaire, deux fois aussi longue que large (fig. 99). Les terres du fossé, rejetées à l'intérieur, et accumulées, forment un rempart qui atteint à peu près à hauteur d'homme : de grands boucliers en osier, carrés par la base, arrondis au sommet, se dressent à la face extérieure de ce mur rudimentaire et lui servent de parement. Une seule porte s'ouvre dans un des flancs, une planche sert de pont pour entrer et sortir. Deux escouades de fantassins, postés à l'intérieur de chaque côté de la porte, montent la garde jour et nuit, le bâton et l'épée nue à la main (fig. 100).

L'aire intérieure est divisée, dans le sens de la longueur, en trois compartiments délimités par des murs légers.

g. 99. — Le camp égyptien devant Qodshou; les personnages agenouillés dans la tente du roi sont des prêtres, qui récitent une prière. Les Khiti ont forcé la muraille vers l'angle supérieur de droite, et leurs chars pénètrent dans le camp : quelques fantassins accourent à leur rencontre.

Celui du milieu appartient au roi et renferme son pavillon : Pharaon y retrouve tout le comfort et tout le luxe de ses palais d'Égypte, une chambre à coucher, un salon d'audience, une salle à manger, même une chapelle, où il offre l'eau et l'encens chaque matin à son père, Amonrâ, maître de Thèbes. Les princes qui l'accompagnent, ses écuyers, ses généraux logent à côté de lui ; derrière lui, en longues files, sont rangés les chevaux et les chars de guerre, les chariots des bagages et les bœufs qui les traînent. En

Fig. 100. — La garde des portes.

avant des bœufs, une charrette, recouverte d'une bâche, sert au transport d'un des auxiliaires les plus singuliers que l'homme ait jamais songé à se donner sur les champs de bataille. Ramsès a toujours avec lui un énorme lion, apprivoisé et dressé à charger l'ennemi. En temps ordinaire, l'animal est assez doux et montre toute la bonhomie d'un gros chien : il s'exalte dans la mêlée et retrouve sa férocité native. Les deux compartiments de droite et de gauche sont abandonnés aux soldats. On n'y voit ni tentes, ni huttes temporaires. Les Égyptiens sont habitués à vivre en plein air : ils cuisinent, mangent, dorment, vaquent en public à toutes leurs occupations. Ici, l'un d'eux surveille la marmite en nettoyant ses armes. Un autre boit à même une chèvre de vin qu'un esclave l'aide à soutenir. Un troisième a démonté son char et y remplace une pièce fatiguée. D'autres affutent leur poignard ou leur lance, d'autres rapetassent leur pagne ou leurs sandales, d'autres échangent des coups de poing ou de bâton. Les chars sont rangés sur le front de chaque escouade, les bagages empilés sur le sol, linge, armes, provisions. Les chevaux de guerre et les ânes du bagage mangent et se reposent à loisir ; çà et là, un baudet jovial se roule à terre en brayant de plaisir (fig. 101).

Les officiers qui reviennent du dehors donnent les nouvelles à ceux qui ne sont pas sortis du camp. Rien encore : le vil Khiti s'obstine à rester invisible, et tous les Asiatiques qu'on interroge ou ne savent rien de lui, ou ne veulent rien savoir. Quelques jeunes gens sont enclins à considérer l'inaction de l'ennemi comme une preuve d'impuissance et de lâcheté : Khitisarou se cache parce qu'il a peur. Les vieux routiers hochent la tête en écoutant ces propos : comme Pharaon, ils pensent que la bataille est proche, et moins l'ennemi se montre, plus ils se méfient de lui. Le vil Khiti a de bons généraux, une armée bien disciplinée, des alliés pleins de feu ; s'il ne bouge pas, c'est qu'il prépare quelque tour de son métier. Si l'on pouvait fouiller du regard ces ravins et ces montagnes boisées qui bornent la plaine, peut-être y trouverait-on ce qu'on cherche en vain depuis deux mois. L'orage s'amasse d'ordinaire sur les hauteurs ; gare à nous le jour où il crèvera sur la plaine. En attendant, Pharaon fera bien de redoubler de vigilance ; on est vite surpris à la guerre, et une défaite sous les murs de Qôdshou ramènerait l'armée à Gaza, plus vite qu'elle n'en est venue.

Ramsès n'est pas moins préoccupé que ses vieux capitaines. Tous les rapports qu'il reçoit des batteurs d'estrade s'accordent à déclarer qu'il n'y a point d'armée ennemie à vingt lieues à la ronde ; comment croire cependant que Khitisarou consente à livrer sans défense, à la merci des Égyptiens, les cantons les plus riches de son royaume ? Des Bédouins qu'on lui amène lui affirment que les Khitis sont encore à quarante lieues de là, près de Khâloupou ; leurs contingents ne se rassemblent que lentement, et peut-être aurait-on intérêt à les attaquer avant

Fig. 101. — Scènes de la vie au camp égyptien.

qu'ils ne soient complètement organisés. Après avoir hésité longtemps, il se décide enfin à agir sur la foi de ces informations. Il convoque ses généraux, leur expose son plan de campagne et leur donne ses derniers ordres pour qu'ils partent demain à la pointe du jour. Il laisse Qodshou derrière lui et se propose d'aller chercher les alliés au cœur de leur pays. La légion de Phrâ formera la gauche et traversera la vallée au sud de Shabtouna; la légion de Phtah s'avancera au centre dans la direction du village d'Arnam; la légion de Soutekhou prendra position à la droite et suivra la grande route. La légion d'Amon demeurera au camp et n'en sortira que le surlendemain avec le roi. Toutes les mesures sont prises dans la nuit, et le matin, à la première heure, les trois colonnes se mettent en marche chacune dans la direction qui lui avait été indiquée.

Les vedettes ennemies, qui surveillaient les Égyptiens du haut des collines, signalent leur départ. Khitisarou fait aussitôt prendre les armes à sa troupe entière et se tient prêt à tout événement. Ramsès se doute-t-il du piège qu'on lui tend et manœuvre-t-il pour attirer l'ennemi en plaine? Lève-t-il réellement son camp et se dirige-t-il vers Khaloupou, trompé par les faux rapports des Bédouins qu'on lui a envoyés? Peu à peu le mouvement s'accentue, les colonnes égyptiennes s'éloignent, se perdent dans les tourbillons de poussière que soulèvent les roues de leurs chars et les pieds de leurs chevaux. Khitisarou a reconnu les enseignes et sait que les deux tiers de l'armée égyptienne sont déjà au delà de Qodshou. Ramsès n'a plus avec lui qu'une seule légion et sa maison militaire. Ce sont, il est vrai, les meilleures troupes de l'Égypte, mais combien d'heures pourront-elles soutenir le choc des deux mille cinq cents chars asiatiques? On aura le temps de forcer le camp, tandis que les divisions si imprudemment lancées vers le nord pousseront leur pointe en avant. La légion d'Amon sera écrasée, Pharaon tué ou pris avant qu'elles soient revenues sur leurs pas; les vaincre à leur tour sera chose facile quand elles seront privées de leur chef. La matinée s'avance, le soleil est déjà haut sur l'horizon, le camp égyptien conserve sa physionomie ordinaire et personne n'y semble rien soupçonner de ce qui se passe. Khitisarou donne le signal si longtemps attendu, et se rue dans la plaine au grand galop de ses cavales.

Ramsès, après avoir assisté au départ, était rentré dans sa tente, et causait avec ses deux fils aînés, assis sur son trône d'or, quand des éclaireurs d'entre ses serviteurs arrivèrent, amenant deux espions du misérable Khiti. Amenés en sa présence, Sa Majesté leur dit : « Vous « autres qui êtes-vous donc? » Ils refusèrent d'abord de rien dire, mais on

Fig. 102. — Les espions reçoivent la bastonnade.

les bâtonna vertement et la douleur finit par leur arracher des aveux (fig. 102). Ils dirent : « Nous sommes au misé-
« rable Khiti et il nous a envoyés pour voir où est Sa Majesté. »
Sa Majesté leur dit : « Et lui où est-il, le misérable Khiti?
« car j'ai entendu qu'il est présentement près de Khalou-
« pou. » Ils dirent : « Voici, le misérable Khiti se tient, lui
« et les peuples nombreux qu'il a amenés avec lui en mul-
« titude, toutes les nations comprises dans les limites du
« pays de Khiti, du Naharanna et du Qîdi[1] tout entier; or
« elles sont puissantes en soldats, en gens de char avec
« leur harnachement, aussi nombreux que les grains de
« sable des grèves, et voici qu'elles se tiennent prêtes à
« combattre derrière Qodshou la vile. » Cette révélation

1. Le Naharanna est le pays entre l'Oronte et le Balikh; le Qîdi, la côte de Cilicie, Kètis des géographes grecs.

remplit le roi de colère et d'anxiété : est-il temps encore de rappeler les trois légions, ou faut-il abandonner le camp en toute hâte et tâcher de les rejoindre avant que l'ennemi ne se soit montré?

Sa Majesté convoque aussitôt le commandant de la légion d'Amon, celui des Shardanes, et les chefs de ses soldats des chars pour leur communiquer les renseignements que le bâton vient d'arracher aux deux espions du misérable Khiti (fig. 103). « Voyez ce qu'ont fait les chefs d'éclaireurs « des princes vassaux qui com- « mandent en ce pays où est

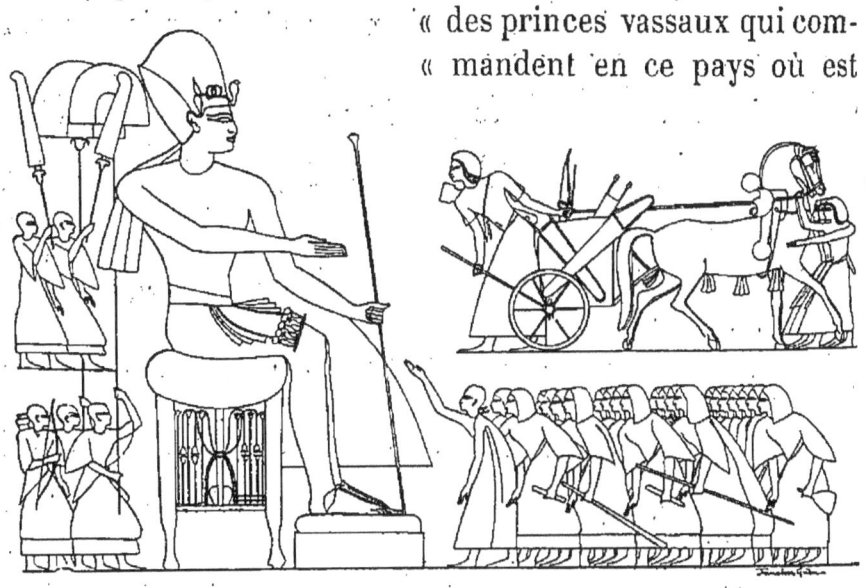

Fig. 103. — Ramsès tient conseil de guerre avec ses généraux.

« Sa Majesté. Ils se sont obstinés à dire comme une chose
« certaine : « Le vil Khiti est au pays de Khaloupou; il se
« sauve devant Sa Majesté, depuis qu'il a appris que tu
« viens ». Ainsi ont-ils dit comme chose certaine et voici, je
« viens d'apprendre en cette heure même, par les deux
« espions du pays de Khiti, que le misérable Khiti arrive
« avec des nations nombreuses, avec des hommes et des
« chevaux aussi nombreux que les grains de sable de leurs
« grèves, et qu'il se tient derrière Qodshou la maudite, sans
« que les éclaireurs des princes vassaux de ce pays en aient

« rien su ! » Les généraux ne furent pas moins troublés que le roi ne l'avait été. « C'est, dirent-ils, un crime « énorme que les gouverneurs des pays étrangers et les « princes vassaux de Sa Majesté ont commis en négligeant « de s'informer de ce que le vil Khiti devenait ! » Ce n'était pas le moment de récriminer; il fallait agir et vite. On décida d'expédier aux légions l'ordre de revenir à marches forcées, et l'on allait se séparer pour mettre le camp en défense, quand Baoukou pénétrant dans la tente annonça l'attaque immédiate de l'ennemi. Khitisarou arrivait en effet et sa troupe entière avec lui : en quelques minutes, le fossé était comblé, l'épaulement en terre renversé malgré les boucliers qui le couvraient, et les Asiatiques se ruaient dans le camp égyptien par la brèche. La surprise était complète : une partie des fantassins fut tuée avant même d'avoir pu saisir les armes, quelques escouades se rallièrent et soutenues par les Shardanes arrêtèrent un moment l'ennemi aux portes du quartier royal. Ils succombaient sous le nombre et commençaient à se débander, quand soudain le cri de guerre retentit, mêlé à des rugissements. Ramsès II et son lion paraissaient enfin sur le champ de bataille.

En apercevant les premiers chars Khiti, Pharaon s'était écrié de colère et de rage, comme son père Montou de Thèbes. Il revêtit son armure, saisit sa lance, fit détacher le lion, monta sur son char et se lança au plus fort de la mêlée (fig. 104). Les quelques chars qui chargèrent derrière lui furent bientôt renversés, leurs guerriers tués ou pris et Pharaon se trouva seul avec son écuyer, Menni, séparé des troupes qui résistaient encore par un gros de chars ennemis. Quand Menni se vit enveloppé, il faiblit, et le cœur lui manqua; une grande terreur envahit ses membres et il dit à Sa Majesté : « Mon bon seigneur, ô roi gé« néreux ! grand protecteur de l'Égypte au jour du combat !

« nous restons seuls au milieu des ennemis, car les ar-
« chers et le char nous ont quittés. Arrête-toi pour con-
« server la respiration à nos bouches. Sauve-nous, ô sei-
« gneur Ramsès Mîamoun ! » Et Sa Majesté répondit à son
écuyer : « Courage, affermis ton cœur, ô mon écuyer ! Je
« vais entrer au milieu d'eux comme fond l'épervier sur

Fig. 104. — Ramsès II sur son char : le lion du roi chargé à côté des chevaux.

« sa proie; tuant et massacrant, je vais les jeter sur la
« poussière. Que sont donc à tes yeux ces infâmes ? Amon
« les a livrés à mon bras. » Et levant la voix vers le dieu :
« Je t'invoque, ô mon père Amon ! me voici au milieu de
« peuples nombreux et inconnus de moi; toutes les nations
« se sont réunies contre moi et je suis seul de ma per-
« sonne, aucun autre avec moi. Mes nombreux soldats
« m'ont abandonné, aucun de nos cavaliers n'a regardé
« vers moi, et, quand je les appelais, pas un d'entre eux
« n'a écouté ma voix. Mais je pense qu'Amon vaut mieux

« pour moi qu'un million de soldats, que cent mille cava-
« liers, qu'une myriade de frères ou de jeunes fils, fus-
« sent-ils tous réunis ensemble! L'œuvre des hommes nom-
« breux n'est rien, Amon l'emportera sur eux. J'ai accom-
« pli mes actions par le conseil de ta bouche, ô Amon! et
« je n'ai pas transgressé tes conseils : voici que je t'ai
« rendu gloire, jusqu'aux extrémités de la terre ! »

Il chargea, et « sa main les dévora dans l'espace d'un
« instant », et ils se disaient l'un à l'autre : « Ce n'est pas
« un homme qui est au milieu de nous, c'est Soutekhou,
« le grand guerrier, c'est Bâal en personne. Ce ne sont pas
« les actions d'un homme, ce qu'il fait contre nous : seul,
« tout seul, il repousse des centaines de mille, sans chefs
« ni soldats. Hâtons-nous, fuyons devant lui, cherchons
« notre vie, et respirons encore les souffles. » Cinq fois il
se précipita sur eux, et cinq fois les rangs à peine rompus
se reformèrent autour de lui; à la sixième enfin il réussit à
briser le cercle qui l'environnait et à rejoindre les siens.
Ils n'étaient plus qu'une petite troupe, mais dont la ferme
contenance en imposait à l'ennemi. Pharaon ne prend pas
ordinairement grand part aux batailles qui se livrent sous
ses yeux. Il y assiste plus qu'il ne s'y mêle, et ses généraux
ne lui permettent pas de courir un danger sérieux. Ce
jour-là Ramsès II donna sans ménagement comme un simple
soldat. Il encourageait les siens de la voix et du geste, les
menait lui-même au choc et couvrait leur retraite quand
ils pliaient sous le nombre. Il invoquait Amon à haute voix
avant chaque retour offensif, et il semblait qu'Amon le cou-
vrît d'un bouclier invisible. Tandis que tous ses fidèles tom-
baient l'un après l'autre, son char demeurait intact et lui-
même ne recevait aucune blessure.

Ce duel inégal durait depuis plusieurs heures, et les Égyptiens décimés, mourant de soif et de fatigue, ne songeaient
plus qu'à vendre chèrement leur vie. Une clameur puissante

s'éleva sur les derrières de l'ennemi: la légion de Phtah entrait en ligne (fig. 105). L'officier dépêché à sa recherche l'avait rencontrée un peu au nord-est de Qodshou; elle accourait en bon ordre, les chars sur le front et sur les flancs, les fantassins en colonne profonde. Les Khiti et

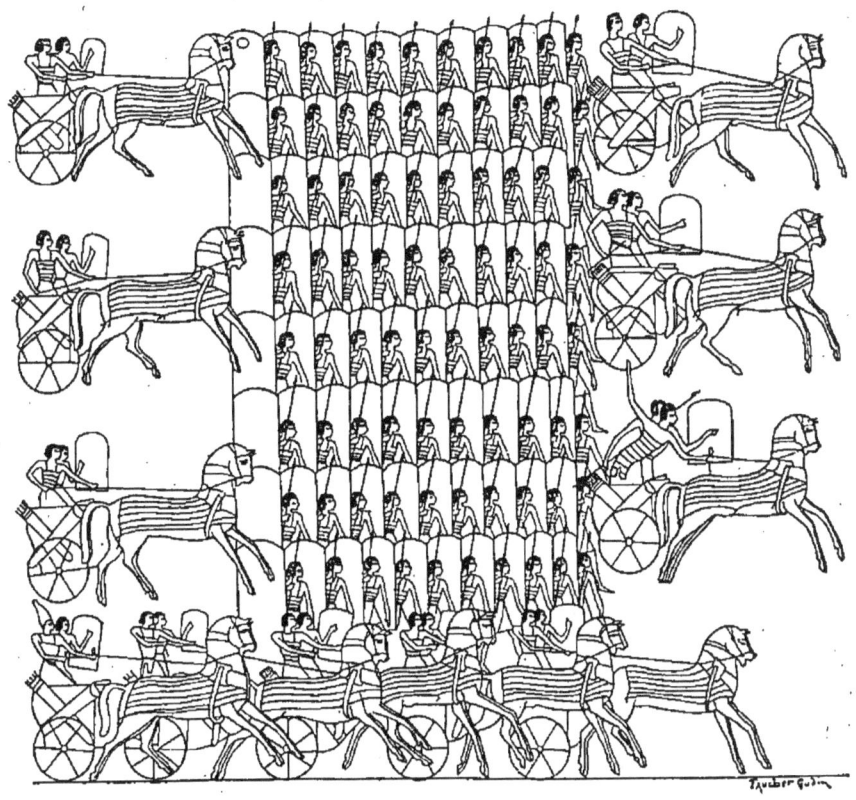

Fig. 105. — La légion de Phtah entre en ligne.

leurs alliés, déjà découragés par leur lutte contre la maison du roi n'attendirent pas le choc. Ils tournèrent bride et se retirèrent en désordre dans la direction de Qodshou. Une attaque vigoureuse aurait sans doute changé leur retraite en déroute, mais les troupes égyptiennes, qui avaient marché ou s'étaient battues toute la journée, étaient entièrement épuisées, et rentrèrent au camp. La légion de

Soutekhou arriva bientôt après; celle de Phrâ ne rejoignit qu'assez tard dans la soirée. Elle avait été surprise, elle aussi, par une brusque attaque des chars asiatiques, et renversée en partie. Mais les soldats qui la composaient, pour la plupart vétérans des guerres syriennes, s'étaient remis promptement de leur émoi, et étaient restés maîtres du champ de bataille après plusieurs heures de mêlée sanglante. Le plan de Khitisarou, bien conçu, bien mené, avait échoué devant la valeur indomptable de Ramsès et devant la fermeté de ses troupes.

Pharaon démonte et sa première pensée est pour les chevaux qui l'ont porté si bravement pendant la bataille, *Force-en-Thèbes* et *Nourit-satisfaite*. Ils ne sont point blessés, non plus que le lion, mais leur caparaçon est souillé de poussière et de sang, les plumes qui ornent leur tête sont en lambeaux, et leurs colliers traînent à moitié brisés. Ramsès les flatte, leur parle, leur promet une place d'honneur dans les écuries de son palais, des rations illimitées de fourrages et des parures superbes pour le restant de leurs jours; les bonnes bêtes paraissent le comprendre et relèvent la tête à sa voix malgré leur fatigue. Il donne ensuite l'ordre d'appeler tous les chefs de l'armée et ils accourent et l'acclament selon l'usage en l'abordant: « C'est donc ainsi,
« ô bon combattant, que tu sauves ton armée! Fils du dieu
« Atoumou et l'œuvre de ses mains, tu as détruit le peuple
« de Khiti par ton cimeterre puissant. Tu es le guerrier
« parfait, et il n'y a point roi qui combatte comme toi pour
« ses soldats, le jour de la bataille. Tu es le héros au
« grand cœur, qui te rues le premier dans la mêlée, et
« qui ne t'inquiètes pas de savoir si le monde entier est
« réuni contre toi. Tu es le brave des braves devant ton
« armée et à la face de la terre entière. Personne ne peut
« le nier; comme tu protèges l'Égypte et que tu châties
« les nations, tu as brisé les reins du Khiti pour l'éter-

« nité. » Malgré leur ton de flatterie, les généraux ne sont rien moins que rassurés ; ils redoutent que Pharaon ne leur fasse payer cher la négligence qui a failli causer sa perte, et ses premières paroles ne sont pas de nature à dissiper leur crainte. « Oh! quel crime avez-vous commis, ô mes
« généraux, mes piétons, mes gens de chars, en ne venant
« pas au combat! Est-ce qu'un homme n'est pas glorifié
« dans son pays, lorsqu'il a montré son courage auprès de
« son seigneur, et qu'il a le renom d'un guerrier? En vérité,
« en vérité, l'homme est acclamé par sa vaillance! »

Il rappelle les bienfaits dont il les a comblés, et qui méritaient plus de reconnaissance. « N'ai-je donc fait de
« bien à aucun d'entre vous, que vous m'ayez laissé seul
« au milieu des ennemis? Vous avez eu peur et vous êtes
« vivants, vous respirez encore et moi, par votre faute, je
« suis resté seul. Ne pouviez-vous donc pas vous dire en
« votre cœur que je suis votre rempart de fer? Que dira
« mon père Amonrâ de Thèbes, lorsqu'il saura que vous
« m'avez laissé seul et sans second ; que pas un prince, pas
« un officier des chars ou des armées n'a joint sa main à
« la mienne! » Le souvenir de leurs exploits passés l'adoucit pourtant, et comme, au fond, il n'est pas fâché d'avoir pu donner un témoignage éclatant de sa force et de sa vaillance, il consent à oublier leur faute, et à ne se rappeler que les noms des serviteurs qui ne l'ont pas abandonné à l'heure du danger. « J'ai combattu, j'ai repoussé des millions de
« peuples à moi seul. *Victoire en Thèbes* et *Nourit-satis-*
« *faite* étaient mes grands chevaux, c'est eux que j'ai trou-
« vés sous ma main, quand j'étais seul au milieu des en-
« nemis frémissants. Je leur ferai prendre moi-même ma
« nourriture devant moi, chaque jour, quand je serais dans
« mon palais ; car je les ai trouvés quand j'étais au milieu
« des ennemis, avec le chef Menni, mon écuyer, et avec les
« officiers de ma maison qui m'accompagnaient et qui

« sont mes témoins pour le combat; voilà ceux que j'ai
« trouvés. Je suis revenu après la lutte vainqueur, et j'ai
« frappé de mon glaive les multitudes assemblées. »

C'est un succès, mais chèrement acheté; le camp surpris, pillé en partie, la moitié de la légion d'Amon et de la garde étrangère détruite ou dispersée, l'ennemi repoussé, mais repoussé avec peine et prêt à recommencer. Ramsès prend ses dispositions pour le lendemain : les légions de Phrà, de Phtah et de Soutekhou seront placées de la même façon qu'elles étaient le matin pour la marche, à gauche, au centre et sur la droite; les restes de la légion d'Amon et des Shardanes resteront en réserve. Khitisarou de son

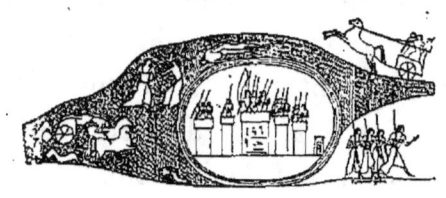

Fig. 106. — La ville de Qodshou.

côté rappelle à lui les corps qui n'avaient point participé à l'action, et les range en avant de Qodshou (fig. 106). La ville occupait primitivement une boucle que le fleuve forme au sortir d'un petit lac; les eaux courantes la protégeant de trois côtés, le flanc Est seul n'était point couvert par ce fossé naturel et restait exposé à une attaque directe. Un de ses anciens rois, voulant la rendre inexpugnable, coupa la langue de terre qui la rattachait à la plaine, d'un double canal creusé du lac au fleuve. L'enceinte forme aujourd'hui un cercle presque parfait. Le mur, en grosses pierres, est garni de tours; celles qui défendent la porte sont plus élevées que les autres et plus solidement construites. Qodshou est dans une île, que deux ponts jetés sur les deux fossés rattachent à la terre ferme; on les enlève et on les rétablit à volonté, selon le besoin du moment. Khitisarou a encore quatre mille chars; il les range à quelque distance en avant de la ville, la droite appuyée au fleuve, la gauche allongée dans la plaine; il laisse son infanterie dans la place avec ordre de ne sortir que s'il est vaincu, pour arrêter la poursuite des Égyptiens.

La lutte s'engage de grand matin, par une escarmouche entre les archers, mais à peine ont-ils eu le temps d'échanger quelques flèches, Ramsès et Khitisarou leur enjoignent de s'écarter et de faire place à la cavalerie. Si l'on n'en jugeait que l'apparence, la force des deux troupes serait inégales. Les chars du Khiti, hauts, lourds, montés par trois hommes, devraient avoir facilement raison des légers chars égyptiens, les culbuter rien que par leur poids. Les deux masses s'ébranlent d'abord, puis accélèrent le mouvement et se précipitent l'un sur l'autre à toute la vitesse de leurs attelages, avec un roulement sourd semblable à celui du tonnerre. Les Égyptiens, dressés par de longs exercices à marcher avec ensemble, se portent en avant aussi régulièrement que s'ils étaient encore à Thèbes sur le champ de manœuvre; aucun char ne dépasse l'autre, et leur file au galop forme sur le terrain comme une ligne continue. L'homme d'armes a noué les guides, et les a passées autour de ses flancs, et pesant sur elles à droite ou à gauche, mollissant la pression en avant ou l'accentuant en arrière, fait tourner, partir, stopper ses chevaux d'un simple tour de reins; il court l'arc tendu, la corde ramenée derrière l'oreille, la flèche pointée et prête à partir, tandis que le cocher se tenant à la caisse d'une main, de l'autre présente le bouclier pour protéger son camarade (fig. 107). Les Khiti moins habiles ne conservent plus exactement leurs distances après quelques instants de galop: leur ligne flotte, se tord à mesure qu'ils avancent, quoi qu'ils fassent pour la tenir droite. Bien qu'ils aient un arc comme leurs adversaires, ils ne s'en servent guères; la plupart d'entre eux préfèrent employer la lance et la couchent déjà à moitié, pour être prêts à frapper de la pointe dès qu'ils seront à portée.

Déjà les deux lignes ne sont plus séparées que par deux

longueurs de cheval : un commandement bref, toutes les flèches égyptienne partent en sifflant, une vingtaine de Khiti et de Dardaniens tombent, autant de chevaux s'abat-

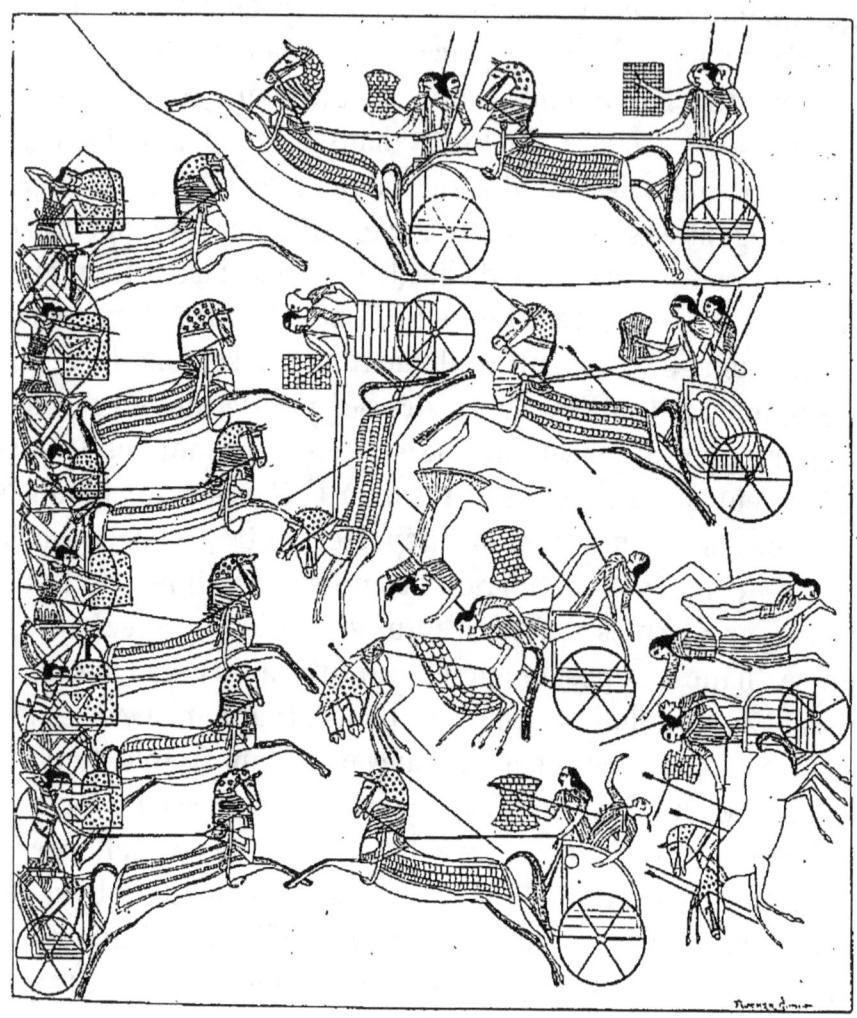

Fig. 107 — Choc de chars. Les Égyptiens sont sur la gauche du tableau, les Khiti sur la droite.

tent, les chars désemparés se rejettent sur les voisins, se renversent. Une seconde décharge porte le désordre à son comble; la première ligne des coalisés se rompt, les chars intacts se dispersent, les guerriers jetés à bas des chars brisés saisissent un cheval, coupent les traits qui l'attachent au timon, lui sautent sur le dos et se sauvent au hasard. Khitisarou lance une seconde division, qui rétablit le combat, et, joignant enfin les Égyptiens, leur inflige des pertes sérieuses, enfonce leur centre et en pousse les débris devant elle. A ce moment, Ramsès se met à la tête de son aile droite et se précipite avec elle sur les Khiti ; ceux-ci, pris en flanc par le roi, sont refoulés peu à peu vers la rivière et finissent par s'y trouver acculés. La mêlée fait rage autour d'eux. Khitisarou voit tomber l'un après l'autre ses serviteurs les plus dévoués, Tirgannasa le chef de sa cavalerie, Agama capitaine d'infanterie, son historiographe Khaloupsarou, Zaouazas, prince de Tonisa, son propre frère Mazrima. Pressé de toutes part, il pousse son char à l'eau pour traverser le lac et se réfugier sous les murs de Qodshou : beaucoup de ses gens, qui l'imitent, sont entraînés par le courant et se noient ; lui-même est rejeté à demi-mort au pied des remparts. Quelques-uns des habitants le ramassent, le suspendent par les pieds la tête en bas, et le secouent, pour lui faire rendre l'eau qu'il a avalée. Cependant son infanterie sort de la place et fond sur les Égyptiens, en une seule masse de huit mille hommes. Cette intervention, venue trop tard pour changer le sort des armes, arrête la marche des vainqueurs et sauve les débris de la cavalerie. Le combat d'hier n'avait qu'arrêté la marche de Khitisarou ; la bataille d'aujourd'hui a désorganisé et presque détruit son armée.

La lutte ne peut continuer : il le sent, et le soir même, ses envoyés se présentent devant Ramsès et implorent sa miséricorde. Le camp égyptien est dans l'allégresse ; depuis que la bataille a cessé, les soldats se sont répandus dans la plaine afin de dépouiller les morts et de rapporter le butin. L'Égyptien ne tranche pas ordinairement la tête de son ennemi, il lui coupe la main droite ou quelque autre membre et l'apporte aux scribes qui l'inscrivent à son nom. Pharaon daigne présider lui-même du haut de son char à l'enregistrement des mains (fig. 108). Les envoyés le trouvent entouré de ces trophées sanglants, et il s'interrompt pour les recevoir. S'il n'écoutait que ses désirs secrets, il continuerait la guerre à outrance et tâcherait d'en finir en une fois avec ces opiniâtres Khiti; mais son armée est-elle assez nombreuse encore, après les pertes qu'elle a faites, pour pouvoir tenir longtemps la campagne?

Fig. 108. — Enregistrement des mains coupées et des prisonniers.

Les restes des Khiti sont encore redoutables, Qodshou est forte et ne se rendra qu'après un long siège. Pendant le temps qu'on la forcera, Khitisarou est capable de rassembler une armée nouvelle, la Syrie méridionale peut se révolter, et un échec, même insignifiant, compromettrait les résultats du succès qu'on vient de rapporter. Ramsès se résigne donc à ne pas repousser les ouvertures de l'ennemi, et reçoit la lettre que les messagers lui présentent.

Elle est de Khitisarou lui-même, et conçue dans les termes les plus humbles. « Ceci est pour satisfaire le cœur
« de Sa Majesté, du dieu qui répand à volonté son influence
« vivifiante, du Seigneur, taureau valeureux qui aime la
« vérité, du roi suprême qui protège ses soldats, du héros
« au glaive invincible, rempart de ses soldats au jour du
« combat, du roi de la Haute et de la Basse-Égypte Ousir-
« mari-sotpounri, fils du Soleil, Ramsès-Miamoun. — Ton
« serviteur Khitisarou te parle pour t'exposer, qu'étant
« toi-même fils d'Amon et sorti de sa substance, comme il

« t'a livré toutes les contrées réunies ensemble, le pays
« d'Égypte et le pays des Khiti s'unissent pour mettre
« leurs services à tes pieds. Râ, ton auguste père, t'a donné
« la force et la victoire : veuilles ne pas t'emparer de nous,
« ô toi dont les âmes sont grandes ! Ta vaillance s'est ap-
« pesantie sur la nation des Khiti, mais serait-il bon pour
« toi de tuer tes serviteurs ? Tu es leur maître, ton visage
« restera-t-il en fureur et ne t'apaiseras-tu pas ? Tu es venu
« hier et tu as tué des centaines de mille ; tu reviens au-
« jourd'hui, il ne demeurera plus personne parmi nous
« pour être tes sujets. N'achève pas d'accomplir tes des-
« seins terribles, ô roi victorieux, génie qui se plaît aux
« combats ! Accorde-nous les souffles de la vie ! » Ramsès
convoque son conseil, lui communique le message du prince
de Khiti ; ses généraux délibèrent pour la forme, et, convaincus comme lui de la nécessité de la paix, l'engagent
à se montrer magnanime. « Voici qui est excellent ! Daigne
« t'apaiser, ô suzerain notre maître ! Si on ne recevait pas
« Khitisarou à merci, à qui l'accorderait-on ? Il t'adore,
« consens à calmer ta colère. » Le lendemain l'accord était
fait, et Ramsès reprenait victorieux le chemin de l'Égypte.

C'était moins une paix qu'une trêve ; la guerre recom-
mença bientôt et se poursuivit avec des chances durables
pendant seize ans encore. Cependant Ramsès vieillissait et
n'allait plus lui-même à l'armée ; tandis que ses généraux
combattaient pour lui, il bâtissait des temples, fondait des
villes nouvelles, reconstruisait la plupart des cités anciennes.
Après des négociations laborieuses, la paix fut conclue, et
l'on prit jour pour échanger les tablettes d'argent, sur lesquelles on a coutume de transcrire les traités solennels. La
cérémonie eut lieu, le 21 Tôbi, à Pa-Ramsès Miamoun, dans
le Delta. Le messager du prince de Khiti, Tartisabou, remit
solennellement à Pharaon la tablette dont son maître l'avait
chargé, et reçut celle qui portait le texte hiéroglyphique

du traité. Le texte rappelait les conventions passées entre les rois d'Égypte et les princes de Khiti, au temps de Ramsès Ier et de Séti Ier. On y stipulait que la paix serait éternelle entre les deux peuples. « Si quelque ennemi marche contre les
« pays soumis au grand roi d'Égypte et qu'il envoie dire au
« grand prince de Khiti : « Viens, amène-moi des forces
« contre eux, » le grand prince de Khiti fera comme il lui
« aura été demandé par le grand roi d'Égypte ; le grand prince
« Khiti détruira ses ennemis. Que si le grand prince de
« Khiti préfère ne pas venir lui-même, il enverra les archers
« et les chars du pays de Khiti au grand roi d'Égypte pour
« détruire ses ennemis. » Une clause analogue assure au prince de Khiti l'appui des armes égyptiennes. Les articles suivants sont destinés à protéger le commerce et l'industrie des nations alliées, et à rendre plus certaine l'action de la justice chez elles. Tout criminel qui essaiera de se soustraire aux lois, en se réfugiant dans le pays voisin, sera remis aux mains des officiers de sa nation ; tout fugitif non criminel, tout sujet enlevé par force, tout ouvrier qui se transportera d'un territoire à l'autre pour s'y fixer à demeure sera renvoyé chez son peuple, mais sans que son expatriation puisse lui être imputée à crime. « Celui qui
« sera ainsi expulsé, que sa faute ne soit pas élevée contre
« lui, qu'on ne détruise ni sa maison, ni sa femme, ni ses
« enfants ; qu'on ne tue pas sa mère ; qu'on ne le frappe ni
« dans ses yeux, ni dans sa bouche, ni dans ses pieds ;
« qu'enfin aucune accusation criminelle ne s'élève contre
« lui ! » Les conditions du traité furent observées loyalement de part et d'autre : Ramsès épousa la fille de Khiti-sarou, et celui-ci vint quelques années plus tard rendre une visite amicale à son gendre. Désormais « les peuples de
« l'Égypte n'eurent plus qu'un seul cœur avec les princes
« de Khiti, ce qui n'était pas arrivé depuis le dieu Râ ».

Ramsès vécut longtemps encore ; il ne mourut que dans

la soixante-septième année de son règne, soixante-deux ans après cette bataille de Qodshou qu'il avait gagnée par son courage personnel. On lui fit des funérailles splendides et sa momie s'en alla dormir au tombeau qu'il s'était creusé de son vivant dans la Vallée des Rois. Elle n'y put reposer longtemps en paix : on dut, pour la sauver des voleurs, la transporter au tombeau d'Amenhotpou Ier, où elle demeura en magasin pendant près de deux siècles, avec les grands Pharaons des dynasties précédentes, Ahmosou Ier, Thoutmosou Ier, son grand-père Ramsès Ier, son père Séti Ier et les princesses de leur famille. Thèbes déchue, un roi de la xxiie dynastie se débarrassa de ces morts encombrants, et les enterra pêle-mêle dans un coin de la montagne, cachés si soigneusement, qu'ils y restèrent perdus pendant vingt-huit siècles. Vers 1871, des fellahs en quête d'antiquités découvrirent ce lot de Pharaons, qu'ils exploitèrent régulièrement dix années durant, vendant un scarabée par ici, un papyrus par là, des morceaux d'étoffe, des bijoux, des statuettes funéraires, toute la défroque des rois d'autrefois. Tout ce qui échappa au pillage fut transporté en 1881 au musée de Boulaq, et Ramsès débarrassé de ses bandelettes revit, après plus de trois mille ans, la lumière du jour. Il dort aujourd'hui son dernier sommeil dans une salle de musée, sous la vitre d'une caisse. Il n'est plus pour nous ce qu'il était pour nos pères et pour leurs pères avant eux, un héros de légende douteuse, ou moins encore, un nom détaché de toute forme et flottant dans l'imagination des savants, sans couleurs et sans contours. Il est grand et bien conformé. Il a la tête allongée, petite, le crâne dénudé, quelques mèches de cheveux blancs aux tempes et à la nuque. Le front est bas, étroit, le sourcil bien fourni, l'œil petit et rapproché du nez, le nez mince, busqué, la tempe creuse, la pommette proéminente, l'oreille ronde et finement ourlée. Il garde dans son immobilité séculaire une expression de fierté et de majesté souveraine. On a mesuré sa taille, jaugé la capacité de son cerveau, inven-

Fig. 109. — Ramsès II, d'après une photographie prise sur le cadavre conservé au Musée de Boulaq.

torié son trousseau funèbre, et qui veut le voir tel qu'il était au moment de sa mort, voilà son portrait au naturel (fig. 109), d'après sa photographie.

ASSYRIE

CHAPITRE XI

UNE RÉSIDENCE ROYALE : DOUR-SHAROUKÎN

Sargon veut se fonder une ville qui n'appartienne qu'à lui. — Choix de l'emplacement. — Les dieux sont consultés. — La fondation. — Fabrication de la brique. — Sargon mort, Dour-Sharoukîn est délaissée par les rois. — Le mur d'enceinte. — Les portes : les taureaux ailés. — Ce qu'on fait aux portes d'une ville. — Les rues, les maisons, la population. — Le palais et ses magasins. — Le harem. — Le logis royal et sa décoration. — Les prêtres et leur rôle dans l'État. — La tour à degrés.

La douzième année de son règne, et par un jour favorable, Sargon, roi grand, roi puissant, roi des légions, roi du pays d'Assour, fonda une ville et un palais, selon la volonté des dieux et le désir de son cœur. Tout dans les cités royales qu'il avait habitées jusqu'alors lui rappelait trop vivement la gloire des souverains qui l'avaient précédé. Les inscriptions lui racontaient par le menu l'histoire de leur vie, les bas-reliefs lui mettaient sous les yeux le tableau de leurs chasses et de leurs batailles : le vieux Tiglathphalasar avait construit ce corps de logis, un des Samsirammân y avait ajouté ces deux ailes, Assournazirhabal avait élevé la tour à étages et Salmanasar restauré les bâtiments du harem. Sargon voulut une ville qui lui appartînt tout entière et dont le passé ne commençât qu'avec lui.

Après avoir médité jour et nuit, et cherché avec un soin religieux la place qui lui conviendrait le mieux, il arrêta son choix sur le village de Magganoubba, à quelque distance au Nord-Est de Ninive, dans une large plaine qui s'étend des berges du Khousour aux montagnes de Mousri. Le sol y produit chaque année deux moissons, si bien qu'on la nomme dans les pays d'alentour la *Plaine des deux printemps*. Un des ruisseaux qui l'arrosent sent le soufre et jouit d'une propriété remarquable : tandis qu'ailleurs, dans la vallée du Tigre, les indigènes, et même les étrangers, sont tourmentés par l'éruption à la face de gros boutons douloureux, qui disparaissent au bout d'un an et laissent une cicatrice indélébile, ceux qui boivent de ses eaux ou sont épargnés ou guérissent rapidement. Le site offrait donc de grands avantages, et pourtant les trois cent cinquante princes qui s'étaient succédé sur le trône d'Assyrie l'avaient eu sous les yeux, depuis des siècles, sans songer à en tirer parti. Sargon, mieux avisé, résolut d'y établir sa résidence et en expropria tous les habitants d'un seul coup. Les uns touchèrent en argent et en cuivre le prix que leurs champs leur avaient coûté, et qui était porté sur le contrat d'achat; d'autres, qui préféraient la terre au métal, reçurent en échange de leur patrimoine, un terrain de même valeur. Il fallait que cette opération préliminaire fût conduite avec assez de soin et d'équité pour ne donner matière à aucune plainte justifiée : un seul des anciens maîtres du sol qui eût été dépouillé injustement, ses malédictions auraient porté malheur à la cité nouvelle.

La fondation d'une ville est un acte religieux dont tous les moments sont marqués de rites longs et compliqués. Ce n'est pas assez de tracer une enceinte, d'aligner des rues,

---

1. Le Khousour est aujourd'hui le Khôsser, qui se jette dans le Tigre à Mossoul ; les monts de Mousri sont la chaîne de montagnes à laquelle appartient le Djebel-Mahloub.

d'ouvrir des marchés, d'assembler au hasard plusieurs milliers de familles : si l'on veut que tout cela dure et prospère, il faut attirer dans les murs, à côté de la population humaine, une population de dieux qui n'en sorte pas et consente à les protéger. Sargon, avant de rien entreprendre, consulta dévotement Éâ, le roi des dieux, et sa sœur Damkou. Il se rendit au temple d'Ishtar, dame de Ninive, et, debout dans le sanctuaire, il implora pour son œuvre les bénédictions de la déesse. Sa requête trouva grâce devant elle : elle lui ordonna de commencer les travaux, et lui, confiant dans les promesses de celle qui ne trompe jamais, assembla aussitôt des ouvriers et des matériaux de toute sorte. La ville, édifiée sur un plan régulier, devait avoir la forme d'un carré presque parfait, et présenter une surface de trois cents hectares environ. Les angles en furent orientés exactement sur les quatre points cardinaux du ciel; les côtés en furent dessinés sur le sol au moyen d'une banquette large de vingt-quatre mètres, construite en blocs de calcaire qu'on charria des montagnes voisines. Pour sanctifier les substructions et pour en écarter les influences mauvaises, on y jeta, surtout dans les endroits réservés aux portes, des figurines en argile cuite représentant les grands dieux du pays, des cylindres couverts d'inscriptions, des amulettes de forme diverse. Mais les architectes assyriens, élèves serviles des vieux maîtres de la Chaldée, n'emploient pas volontiers la pierre : dès que la muraille fut arrivée à la hauteur de 1 m. 10, ils la continuèrent en briques jusqu'au sommet.

La brique destinée aux édifices publics est sainte, pour ainsi dire, et ne peut être fabriquée en tout temps. On la prépare sous les auspices d'un dieu particulier, Sivân, le seigneur des fondations, et pendant le mois auquel il a donné son nom. Le roi vint donc, durant les premiers jours de Sivân (mai-juin), camper avec une suite nombreuse dans la plaine de Magganoubba. Un autel y avait été dressé : il alluma le feu, versa une libation dans le vase de cuivre consacré, fit égorger le taureau, et les mains levées, pria Sivân et son père Bel, l'architecte de l'univers, de consentir à diriger les travaux (fig. 110). L'argile fut

Fig. 110. — Le sacrifice royal.

prise sur place et débarrassée des pierres qu'elle renfermait, puis mêlée de paille hâchée et d'eau, foulée aux pieds, moulée, séchée au soleil. La brique est à peu près carrée, large de quarante centimètres environ, épaisse parfois de cinq, parfois de dix centimètres : elle porte estampés sur une face le nom et les titres du roi qui l'a fabriquée. Deux mois plus tard, en Abou, la construction commença : elle dura six ans, et ne fut terminée qu'au moment où Sargon revint de sa campagne d'Arménie. Il ne jouit pas longtemps du plaisir d'être chez lui, dans une ville qui portait son nom et où tout lui parlait de sa grandeur. Peu après l'avoir inaugurée, il périt assassiné, à l'instigation et peut-être par la main de son fils Sennachérib. Dour-Sharoukîn[1], élevée à la dignité de capitale par un caprice de son fondateur, n'est plus aujourd'hui qu'une des nombreuses résidences du roi d'Assyrie. On dirait à l'ordinaire une cité morte ou tout au moins endormie, rues désertes, marchés peu fréquentés, population rare et indolente. Une ou

---

1. Sharoukîn est la lecture réelle du nom de Sargon : j'ai conservé partout ailleurs que dans le nom de la ville, la forme *Sargon*.

deux fois par an, elle s'éveille, ses palais s'ouvrent, ses carrefours s'animent, le tumulte de la vie l'emplit : Assourbanipal, fatigué du tumulte de Ninive, vient d'arriver avec son harem et sa cour entière.

La route qui conduit à Dour-Sharoukîn traverse le Khousour au sortir de Ninive, et suit assez fidèlement la rive gauche de la rivière. C'est une chaussée empierrée, comme toutes celles qui sillonnent l'Assyrie, large de douze mètres, et bordée à intervalles irréguliers de bornes en pierre qui marquent les distances parcourues. Elle aboutit, après de nombreux détours, à la porte d'Ishtar, sur le front sud-ouest de la place. Les défenses de Dour-Sharoukîn sont encore telles que Sargon les a laissées. Le mur d'enceinte court droit dans la plaine, renforcé, tous les vingt-sept mètres, de tours carrées qui le dominent de leurs tête crénelée, et font une saillie de quatre mètres sur la courtine. Il a vingt mètres de relief au-dessus du sol, et le chemin de ronde qui le couronne est si large que sept chars y pourraient galoper de front sans se toucher. Tout cet ensemble de constructions n'est à proprement parler qu'un bloc de terre compacte. Les briques, couchées sur les lits sans mortier ni ciment d'aucune sorte, alors qu'elles étaient encore humides, se sont agglutinées et comme pénétrées l'une l'autre : il n'y a machine de guerre assez puissante pour y pratiquer une brèche qui permette l'assaut.

Les portes sont au nombre de huit, deux sur chaque flanc. Elles s'ouvrent entre deux tours qui ne laissent entre elles que la largeur même de l'entrée. Chacune d'elles est dédiée à l'un des dieux de la cité et lui prend son nom, porte de Bel, porte de Beltis, porte d'Anou, porte d'Ishtar. Elles se couvrent vers la campagne d'un châtelet, dont les angles sont défendus par une tour basse, large de douze mètres (fig. 111). Cinq d'entre elles sont accessibles aux animaux comme aux hommes. C'est par là que les paysans arrivent chaque matin, poussant leurs bestiaux devant eux, ou conduisant leurs chariots lourdement chargés de légumes et de fruits. Ils franchissent l'avancée, traversent une grande cour pavée, puis s'enfoncent entre les deux tours, sous un couloir voûté, long de quarante-sept mètres,

Fig. 111. — Une des portes de Dour-Sharoukin (d'après Place).

et coupé à des intervalles presque égaux par deux galeries transversales. Les trois autres portes présentent une disposition particulière. Un escalier de onze marches, placé en avant de la cour, en interdit l'accès aux bêtes et aux chars. Deux taureaux gigantesques, à tête humaine, se dressent à l'entrée du couloir : la face et le portrail tournés vers le dehors, le corps rangé contre la paroi intérieure, ils semblent attendre l'ennemi en compagnie de deux génies ailés qui se dissimulent derrière eux. Le cintre qui les sépare et s'appuie sur leurs mitres est décoré d'un bandeau de briques émaillées, où d'autres génies, affrontés deux à deux, se tendent une pomme de pin à travers une rosace multicolore.

Ce n'a pas été petite affaire que d'apporter et de sceller à leur poste ces monstres de pierre. Il a fallu aller chercher les blocs jusque dans les monts du Kurdistan, et les descendre aux bords du Zâb. On les a taillés grossièrement, afin d'en alléger le poids, puis on les a chargés sur des traîneaux, et des escouades de prisonniers étrangers, tirant aux cordes, manœuvrant des leviers, les ont montés sur leur socle, où les sculpteurs ont achevé de les façonner (fig. 112). Ils sont aujourd'hui les gardiens mystiques

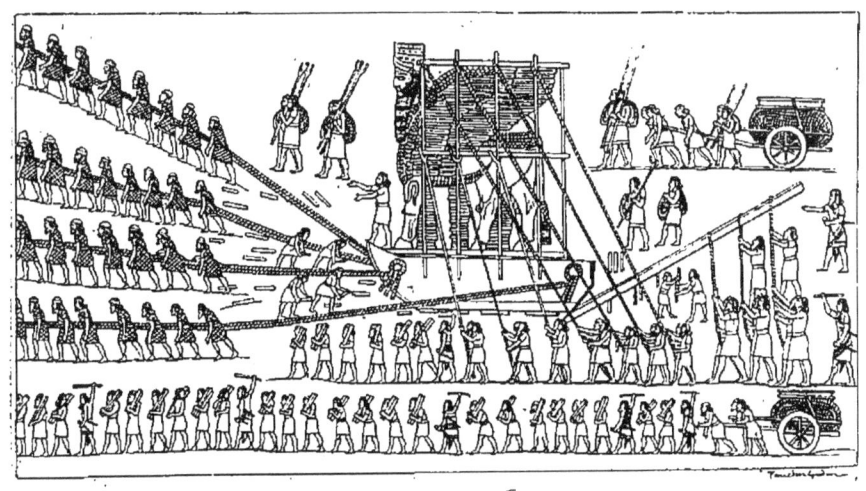

Fig. 112. — Transport du taureau.

de la cité, qui éloignent d'elle non seulement l'attaque des hommes, mais l'invasion des esprits mauvais et des maladies pernicieuses (fig. 113). Chaque jour, les vieillards et les oisifs du voisinage s'assemblent à leurs pieds. Debout, accroupis, assis sur des bancs ou sur des sièges qu'ils apportent avec eux, ils devisent de leurs affaires et règlent les destinées de l'état, sans crainte d'être dérangés. Il fait chaud au soleil dans l'avant-cour, pendant l'hiver, frais sous les voûtes pendant l'été. Le juge du quartier vient parfois y tenir ses audiences et y rendre ses arrêts, les négociants y débattent et y concluent des marchés, et les politiques, toujours bien informés, y échangent les dernières nouvelles de l'étranger, comme quoi le gouverneur de l'Egypte, Psamitikou, fils de Néco, a chassé de Memphis

Fig. 113. — Un taureau ailé.

une garnison assyrienne, ou comme quoi les Cimmériens ont brûlé Sardes et tué Gygès le Lydien.

Dour-Sharoukin, bâtie presque entière en une seule fois, n'offre point ces irrégularités de plan qu'on observe dans les vieilles cités. Les rues qui partent des portes conservent, sur tout leur parcours, la largeur des routes qu'elles continuent. Elles sont pavées comme elles, sans accotements ni trottoirs, et se coupent à angle droit. Les maisons qui les bordent n'ont souvent qu'un seul étage. La porte, étroite et haute, semble se dissimuler dans un coin de la façade; c'est à peine si quelque lucarne rompt de loin en loin l'uniformité de la muraille, et les toits en terrasse sont surmontés de dômes coniques ou de demi-coupoles, dont la partie ouverte est tournée vers l'intérieur (fig. 114). Les étrangers logent dans de vastes auberges, situées au voisinage du rempart. Elles ne diffèrent pas des maisons ordinaires par l'apparence. On entre, et l'on se trouve dans une grande cour rectangulaire : au milieu, un puits, ombragé d'un sycomore, sur le pourtour, des

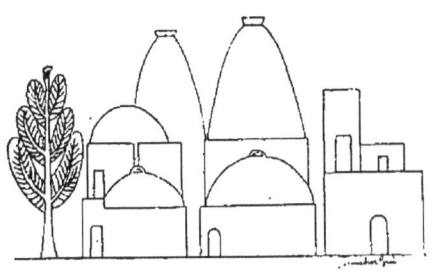

Fig. 114. — Maisons assyriennes.

étages de chambrettes superposées, où les hôtes se retirent le soir, et quelques grandes pièces, dont les unes servent d'étable aux sommiers, et les autres d'entrepôt pour les marchandises.

On s'enfonce vers le centre de la ville, et aussitôt les maisons deviennent plus belles et plus riches, la circulation augmente, des chars d'apparat se mêlent à la foule des piétons. Le bas peuple et la bourgeoisie sont d'origine et de physionomie assez diverses. Les conquérants assyriens ont toujours été de grands remueurs d'hommes. Ils s'enorgueillissent de pouvoir transplanter les nations comme on fait un arbre, et d'envoyer au midi les tribus du Nord, à l'est celles de l'Occident. Après chacune de leurs campagnes, les captifs prennent par milliers le chemin de l'exil, et s'en vont coloniser quelque contrée lointaine, dont la population viendra, demain peut-être, occuper la place qu'ils laissent vide dans leur propre patrie. Sargon remplit sa ville de gens ramassés aux quatre coins du monde, dans la montagne et dans la plaine, dans les cités ou dans le désert, puis il

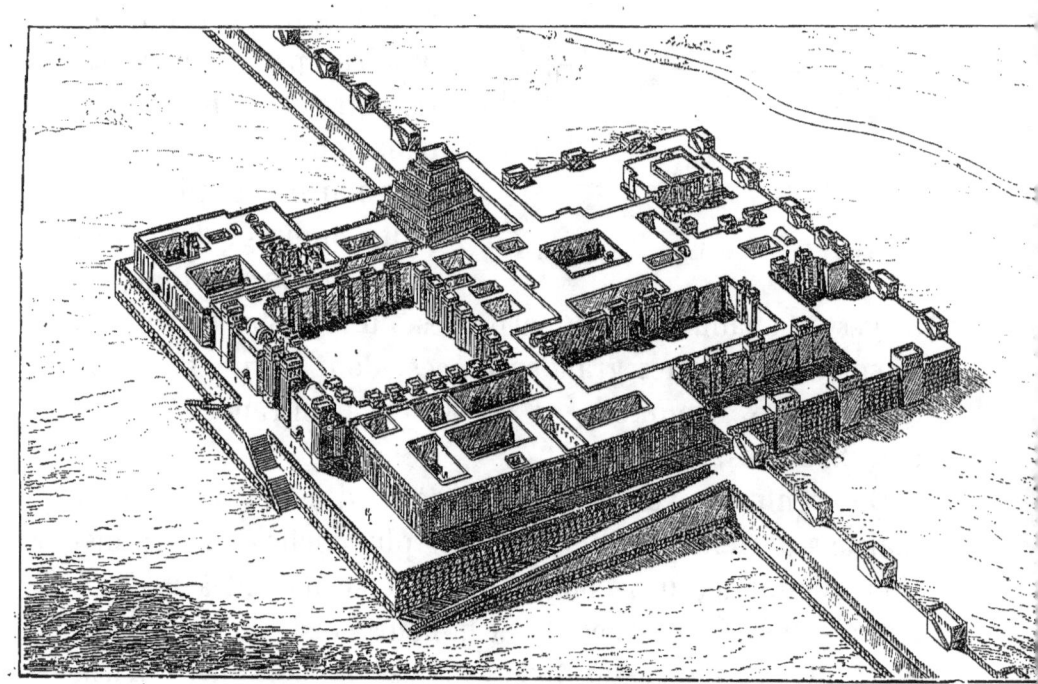

Fig. 115. — Le palais royal de Dour-Sharoukin (d'après Perrot et Chipiez).

établit au-dessus d'eux, pour les tenir en bride, une poignée de soldats, de prêtres et de magistrats assyriens. Aujourd'hui, après plus de soixante ans écoulés, les descendants de ces colons forcés ont adopté la langue et les mœurs de leurs vainqueurs. A les entendre parler et à les juger par le costume, on dirait des Assyriens; mais, dès qu'on les regarde au visage, on reconnaît l'étranger. Tel conserve encore le profil aquilin des Hébreux de Samarie, tel autre a les cheveux blonds et les yeux bleus des Mèdes ariens, un troisième étale le type arménien le plus pur, plusieurs enfin, qui sont issus de mariages mixtes, réunissent en eux les traits caractéristiques de trois ou quatre races distinctes. Le mélange est moins grand à Ninive, à Assour, à Kalakh et dans les villes antiques : il y existe pourtant, et plus d'une famille vante la pureté de son sang assyrien, qui se trouverait un prisonnier barbare pour ancêtre, si elle pouvait remonter sûrement jusqu'à sa première origine.

Le palais royal est à cheval sur le front Nord-Est, moitié dehors, moitié dans l'enceinte (fig. 115). Comme la plupart des grands édifices civils ou religieux, il se dresse sur une esplanade en briques, formée de deux rectangles accolés en T, véritable colline élevée à bras d'hommes et qui exhausse le pied des murailles fort au-dessus des toits environnants. On n'y accède que du côté de la ville, les piétons directement par un escalier double construit en avant du terre-plein, les cavaliers et les voitures par une rampe en pente douce, qui s'applique au flanc droit du massif et qui aboutit à la face orientale. Arrivé au sommet, on se heurte à de hautes murailles, crénelées, crépies de blanc. Le roi est là comme dans un donjon d'où il domine au loin la campagne, et sur lequel il pourrait tenir, longtemps encore après que le reste serait tombé aux mains de l'ennemi. Deux portes-maîtresses correspondent aux deux voies d'approche :

l'une, au Nord-Est, conduit droit dans le logis royal, l'autre est tournée vers la ville et donne sur le double escalier. Deux grands mâts surmontés de l'étendard royal en signalent au loin l'entrée (fig. 116). Elle est resserrée entre deux

Fig. 116. — Porte triomphale à l'entrée du palais (d'après Place).

tours, décorées à la base de taureaux ailés et de génies à figure humaine. Deux taureaux plus monstrueux sont debout à droite et à gauche de la baie, une bande de briques émaillées en dessine le cintre, et plus haut, juste au-dessous des créneaux, un tableau d'émail montre Sargon dans sa gloire. Cette sorte d'arc triomphal est en effet réservé au roi : deux baies latérales, plus basses et moins riches d'ornements, admettent la foule.

La cour immense sur laquelle elles ouvrent est encore un lieu public, où les fournisseurs, les marchands de toute sorte, les suppliants, et même les simples curieux pénètrent sans la moindre difficulté. C'est par milliers que l'on compte les personnes attachées à la maison du souverain et à l'administration de ses affaires, les uns comme chambellans, trésoriers, scribes, eunuques, chefs militaires, les autres comme soldats, valets et cuisiniers. Le va-et-vient est perpétuel des détachements qu'on mène relever la garde, des courriers qui partent ou arrivent avec leurs dépêches, des fonctionnaires qui accourent à l'audience ou en reviennent : des files d'ânes apportent les provisions, soir ou matin, des centaines d'esclaves, mâles et femelles, descendent en procession puiser aux affluents du Khousour l'eau nécessaire à tout ce monde. Les magasins règnent sur trois côtés de la cour : ici, les celliers au vin et à l'huile, là les dépôts d'armes en fer, plus loin la chambre des cuivres, celle des métaux et des pierres précieuses, le trésor du roi où il entasse les dépouilles des peuples vaincus ou l'impôt régulier de ses sujets. Les cuisines touchent à la panneterie, les écuries à chevaux et à chameaux communiquent avec la remise des chars, et les lieux d'aisance se cachent dans un coin. Au delà, dans les bâtiments qui occupent l'angle sud, le domestique loge pêle-mêle, chaque famille dans de petites pièces obscures, habillée aux frais du roi et nourrie de son pain : ce sont les communs du palais.

Une petite porte, percée vers l'angle sud de la cour, conduit au harem. Les Assyriennes du peuple jouissent d'une indépendance presque illimitée. Elles courent comme il leur plaît, par voies et par chemins, les pieds nus, la tête et la face découvertes avec leur longue robe d'étoffe velue. Elles fréquentent les marchés, visitent leurs amies, vaquent à leurs affaires sans contrainte; elles ont la disposition de leurs biens, héritent, achètent et vendent pour leur propre compte, témoignent en justice ; bref, elles sont, ou peu s'en faut, les égales de leurs maris. Les femmes de haut rang possèdent ces mêmes droits devant la loi : dans la pratique, on ne leur accorde que peu de liberté réelle. Tout le luxe et tout le confort que la fortune peut procurer, elles l'ont ou le prennent, mais il leur faut rester chez elles : quand elles sortent, c'est entourées de servantes, d'eunuques et de pages, dont les rangs épais leur cachent presque la vue du monde extérieur. Les reines sont complètement esclaves de leur dignité, et demeurent à peu près invisibles, leur vie durant, à ce qui n'est pas leur famille directe et leur domesticité habituelle.

Sargon avait, quand il fonda sa ville, trois épouses légitimes auxquelles il accorda un établissement distinct : son harem contient donc trois départements ou plutôt trois maisons. La première est isolée dans l'angle sud du palais : les deux autres donnent sur une cour carrée qui leur sert de vestibule commun. Deux banquettes revêtues de bri-

Fig. 117. — Une des portes du harem à Dour-Sharoukin (d'après Place).

ques émaillées courent le long de la façade. De chaque côté de la porte, deux palmiers de bronze doré encadrent la baie : la palme est, comme on sait, l'emblème de la grâce et de la fécondité, et nul motif ne pouvait mieux convenir à la décoration d'un harem (fig. 117). La disposition est la même à l'intérieur des trois maisons : une antichambre plus large que longue, un salon à ciel ouvert sur la moitié de sa longueur, recouvert d'un demi-dôme sur l'autre moitié, un escalier de onze marches, et la chambre à coucher (fig. 118). Les murs sont enduits de stuc blanc et bordés d'une plinthe noire, le sol est dallé ou briqueté soigneusement ; çà et là des nattes, des tapis, des tabourets, des fauteuils, des guéridons bas, et dans l'alcove, un lit en bois, haut sur pieds, avec son matelas et sa couverture.

C'est dans cette prison que la vie des reines s'écoule après le mariage : toilette, broderie, travaux d'aiguille et de ménage, longues causeries avec leurs esclaves, sans parler des visites qu'elles se rendent ou des fêtes de danse et de chant qu'elles s'offrent mutuellement. De temps en temps le roi passe quelques heures au milieu d'elles, ou les invite à s'asseoir à sa table et à s'ébattre dans les jardins suspendus du palais. Les femmes des princes et des grands seigneurs sont admises à leur présenter leurs hommages, mais rarement, de peur qu'elles ne servent d'intermédiaire entre les recluses et les gens du dehors. Mille intrigues s'agitent pourtant sous cette monotonie et sous cette simplicité de mœurs apparente. Les épouses qui se partagent l'affection d'un seul homme ne peuvent guère concevoir d'amitié l'une pour l'autre. La moindre marque d'intérêt que le maître accorde à l'une d'elles est un sujet d'inquiétude pour ses compagnes : si la faveur augmente, l'inquiétude devient de la jalousie et la jalousie une haine mortelle. Les dédaignées oublient d'anciennes querelles et se liguent contre la préférée, les eunuques prennent parti, et la guerre éclate, guerre de ruses et de trahisons qui se termine par le crime. Quelques gouttes de poison versées à propos ont eu souvent raison d'une rivale qui semblait exercer trop d'empire sur l'esprit du souverain.

Le logis royal proprement dit tourne le dos, pour ainsi dire, au harem et à la grande cour. Il a sa façade au Sud-

Est, vers le point où la rampe débouche sur les remparts de la ville. Le roi pénètre, sans descendre de son char ou de son cheval, à la porte même de ses appartements. Il met

Fig. 118. — Une chambre à coucher du harem, à Dour-Sharoukin.

pied à terre devant l'entrée monumentale, gardée selon l'usage par une escouade de taureaux ailés en gypse peint. Il franchit la porte entre deux lignes de sentinelles immobiles et d'esclaves inclinés, les bras croisés sur la poitrine, traverse un préau, un couloir et arrive enfin dans la cour d'honneur, au centre même du palais. Il y occupe une vingtaine de pièces assez petites et d'un style assez simple où il couche, mange, travaille, reçoit, expédie le gros des affaires courantes, sous la protection de ses eunuques et dans la compagnie de ses secrétaires. Le reste consiste en salons d'apparat, tous pareils, où la foule des courtisans et des vizirs se tient, en attendant l'audience privée ou le passage du maître. Un jour discret tombe d'en haut par des œils-de-bœuf ménagés dans l'épaisseur des voûtes. De longues bandes de bas-reliefs en gypse peints de couleurs vives se développent le long des murs jusqu'à trois mètres au-dessus du sol. Ce sont les scènes de la vie du fondateur. Sargon, debout, reçoit un de ses ministres, qui lui présente un mobilier de guerre ou de voyage. Chaque objet défile aux mains des eunuques, les coupes et les cornes à boire terminées en mufle de lion, le trône monté sur deux roues et attelé comme un chariot (fig. 119), le fauteuil, le guéridon destiné aux repas et aux sacrifices, le char de guerre, un siège à deux places, un trépied, et, fermant la marche, un échanson qui porte à deux mains le cratère en métal où il lave la coupe du maître entre les rasades. Plus loin, Sargon

Fig. 119. — Le trône roulant du roi, porté par deux hommes.

est en chasse et poursuit la gazelle ou le lion. Ailleurs, il chevauche à la tête de son armée, à travers les plaines de la Syrie ou les montagnes de l'Arménie. L'artiste s'est plu à reproduire les détails qui donnent à chaque pays sa physionomie propre : telle montagne est boisée de pins et de cyprès, tel canton est planté de vignes, les rivières semblent s'entr'ouvrir pour étaler à nos yeux tout ce qu'elles contiennent d'animaux, poissons de diverses espèces, coquillages, tortues, crabes, jusqu'aux anguilles et aux grenouilles de leurs rives. Les sculpteurs d'autrefois chargeaient leurs œuvres de longues inscriptions qui passaient sur le corps des personnages et les défiguraient. L'école nouvelle est moins prodigue d'écriture. Quelques courtes légendes, gravées dans le champ, indiquent encore le sujet des tableaux ou le détail de chaque action ; les longs textes ont été rejetés au dos des plaques de gypse, et sont tournés la face à la muraille. La monarchie assyrienne est assez vieille déjà pour avoir l'expérience des vicissitudes auxquelles sont exposés les palais les mieux construits. Si solide que soit l'œuvre, si puissante que la dynastie paraisse être, le jour arrive forcément où des cités et des royautés nouvelles remplacent les cités et les royautés anciennes. Quand le temps de l'abandon sera venu pour Dour-Sharoukîn, quand ses salles seront désertes et ses murs écroulés, les inscriptions cachées paraîtront à la lumière pour raconter leur histoire aux races futures, et le nom de Sargon sortira plus glorieux des débris de la ville qu'il avait fondée.

Les dieux n'ont pas été oubliés : ils résident au nord-est de la plate-forme, entre le harem et l'hôtel royal, dans le voisinage des jardins du palais. On leur y a réservé un édifice irrégulier, dont les chambres ne diffèrent point pour l'aspect de la plupart des pièces qu'on rencontre ailleurs, murs teints en blanc, plinthe noire, quelques fresques représentant des arabesques, des animaux ou des génies symboliques. Là, dans un isolement presque aussi complet que celui des femmes, les prêtres et les esclaves sacrés emploient leurs journées à l'étude des mystères et à la pratique du culte. Le roi d'Assyrie n'est pas, comme Pharaon d'Égypte, le descendant direct d'un dieu. Il est homme, né d'un père humain, et, si haut qu'il remonte dans les souvenirs de sa race, il n'y rencontre que des hommes comme lui. Il n'en est pas moins le chef suprême des religions nationales : il sacrifie au nom du peuple, préside aux fêtes solennelles, pénètre seul dans le sanctuaire, voit les dieux face à face et leur parle. Il n'entreprend rien sans les consulter, n'entre en campagne que s'ils l'y ont encouragé par des oracles favorables, prélève pour eux la dîme du butin conquis sur l'ennemi, et cette reconnaissance qu'il leur voue en échange de leur protection, il en étend les effets jusque sur leurs prêtres.

Sa piété toutefois ne l'aveugle pas au point de laisser prendre au sacerdoce une influence prépondérante sur les affaires de l'État. On a vu Pharaon obligé de s'incliner devant les pontifes d'Amon Thébain et de leur disputer péniblement sa couronne : on n'a jamais vu monarque ninivite courber la tête devant le clergé de Shamash ou d'Assour. Les descendants de Sargon ont pourtant une dévotion spéciale à la reine Ishtar, dame de Ninive et d'Arbèles. Esarhaddon l'appelait sa maîtresse, et la voyait chargeant l'ennemi devant lui dans les combats. Assourbanipal l'invoque et n'invoque aucun autre dieu dans les circonstances les plus solennelles : la vénération qu'il ressent pour elle enrichit ses prêtres, mais ne l'incline nullement à leur accorder une part du gouvernement. Aussi, tandis qu'en Égypte on bâtit le temple pour l'éternité, en calcaire, en granit ou en grès sculpté, et le palais en matériaux légers qui ne résistent pas à l'action des ans, en Assyrie, le palais l'emporte sur le temple par la grandeur du plan et la beauté de la décoration. Le roi, ses officiers, ses femmes, ses trésors, occupent plus des trois quarts de la plate-forme ; les prêtres sont comme relégués dans un coin, sur les derniers plans de la cité royale.

Les prêtres, mais non les dieux. Autant les terrasses crénelées du palais s'élèvent au-dessus du pavé de la ville, autant et plus le sommet de leur temple se hausse au-dessus des créneaux du palais. Une vieille histoire, que tous les peuples de l'Euphrate connaissent bien, et que les Hébreux de Jérusalem ont consignée dans leurs livres, raconte qu'après le déluge où l'humanité périt, les hommes qui habitaient au pays de Shoumir se dirent l'un à l'autre: « Allons, faisons des briques, et cuisons-les au feu. » Et ils avaient la brique pour pierre et le bitume pour mortier. Et ils dirent de nouveau: « Allons, bâtissons-nous une ville et « une tour, dont la tête atteigne jusqu'aux cieux » ; mais les dieux s'effrayèrent de leur audace, et, brouillant leur langage, les dispersèrent à la surface de la terre. La tour ne s'acheva jamais et plusieurs affirment que le grand temple de Bel à Babylone en est un débris.

Les premiers architectes chaldéens, au contraire des maîtres maçons de l'Égypte, n'ont pas en effet cherché la grandeur de leurs sanctuaires dans le développement des lignes horizontales : ils les ont fait monter le plus haut qu'ils ont pu sans en compromettre la stabilité, comme s'ils voulaient escalader le ciel. Leurs *ziggourât*, — c'est ainsi qu'on les nomme, — rappellent à distance l'aspect des pyramides à degrés qu'on voit près de Memphis ; ce sont en réalité des tours à étages, formées de cubes en briques, posés en retraite les uns sur les autres, et raccordés par des rampes qui se déroulent en corniche de la base au sommet de l'édifice. La tour de Dour-Sharoukîn se dresse à quarante-trois mètres au-dessus de l'esplanade (fig. 120). Elle a sept étages consacrés aux divinités des sept planètes, et qui sont peints chacun aux couleurs de son dieu, le premier en blanc, le second en noir, le troisième en pourpre, le quatrième en bleu, le cinquième en rouge vermillon, le sixième a la teinte de l'argent, le dernier est doré. Elle est

Fig. 120. — La tour à étages de Dour-Sharoukin, (d'après Place).

massive et ne renferme aucune salle, mais la plate-forme terminale supporte une petite coupole lamée d'or: deux autels en pierre, une statue d'Ishtar, un lit et le matériel du sacrifice composent tout le mobilier de cette chapelle en miniature. C'est la chambre de la déesse, où les prêtres seuls et le roi ont le droit de pénétrer sans commettre un sacrilège. Son esprit y réside, attaché à la statue, comme le double des idoles égyptiennes[1]; elle veille de là sur le peuple qui s'agite à ses pieds, lui annonce les calamités qui le menacent, et lui enseigne, par la voix de ses prophètes, le moyen de les affaiblir ou de les conjurer. Chaque matin les ors de la chapelle et du dernier étage s'allument aux rayons du soleil : c'est comme un feu qui brille tout le jour, entre ciel et terre, et qui signale à distance l'emplacement de la cité. Le voyageur qui le cherchait le salue dès qu'il l'aperçoit et presse ses chevaux, impatient d'arriver : quand il reprend son voyage, le reflet l'accompagne et semble éclairer son chemin, longtemps après que les rumeurs de la ville se sont éteintes, et que le faîte des palais s'est effacé dans les lointains de l'horizon.

1. Pour l'explication du *double*, voir p. 45 sqq de ce volume.

CHAPITRE XII

LA VIE PRIVÉE D'UN ASSYRIEN

Les bateaux du Tigre. — Dangers et ennuis du commerce. — La maison d'un bourgeois : les terrasses, le mobilier, la cuisine. — Les amulettes protecteurs. — Les conjurations pour le salut de l'homme et de la maison. — Achat d'un domaine. — Rédaction et signature du contrat de vente. — Le mariage à l'encan. — La demande en mariage. — Le contrat et les cérémonies nuptiales. — Les vertus d'une bonne maîtresse de maison.

Le marchand Iddinâ est revenu la veille de Babylone, où ses affaires l'avaient conduit. Il fait le commerce entre cette ville et le Naïri[1], ce qui l'oblige à des voyages perpétuels. Il va chaque année acheter la récolte de quelques vignerons qu'il connaît du côté d'Amidi, et surveiller lui-même la construction des bateaux sur lesquels il la charge. La forme en est singulière. Ce sont des paniers ronds, faits d'une carcasse en osier ou en saule recouverte de peaux cousues; quelques-uns sont fort grands et peuvent porter des charges de cinq mille talents[2]. On étend une couche de paille dans le fond, puis on empile régulièrement les jarres qui contien-

---

1. Le Naïri est le pays situé dans le bassin supérieur du Tigre, entre le lac de Van et l'Euphrate.
2. 130 000 kilogrammes environ en chiffres ronds.

nent le vin, et l'on recouvre le tout d'une nouvelle couche de paille. L'équipage comprend deux rameurs au moins, et un ou plusieurs baudets. Au terme du voyage, le marchand vend la paille et le vin, puis démonte la barque, que la rapidité du courant ne lui permettrait pas de ramener en Naïri par le Tigre, tire de la carcasse le prix qu'il peut, mais charge les peaux sur ses bêtes et revient par terre au pays.

Ce commerce présente beaucoup de dangers. Le Tigre a les allures d'un torrent capricieux et violent : plus d'un bateau, entraîné par un remous inattendu, sombre avec sa cargaison, ou bien est jeté à la berge et s'endommage au point qu'on doit le reconstruire. Les riverains sont pour la plupart voleurs et de mauvaise foi; ils arrêtent et pillent les convois, ou se font acheter le libre passage par des présents. Enfin, les gouverneurs assyriens et les fonctionnaires babyloniens sont gens avides et peu scrupuleux; il faut se concilier leurs bonnes grâces par des cadeaux en nature ou en argent, et une bonne partie des marchandises reste entre leurs mains. Tout cela diminue le gain du marchand et augmente ses risques; le profit est tel, cependant, que beaucoup de gens s'adonnent à ce genre de batelage et s'y enrichissent. D'ailleurs, les voies de terre ne sont guères meilleures, et, si l'on attendait pour faire le commerce que la sécurité fût complète en ce monde, on demeurerait chez soi toute la vie, sans trouver jamais l'occasion de partir. On peut circuler sur les routes avec assurance dans l'Assyrie propre, de Ninive à Arbèles ou d'Arbèles à Kalakh et El-assour : les rois en font la police d'une rigueur implacable, et, à moins de guerres civiles, un homme voyageant seul n'a rien à y redouter des voleurs. Mais, dès qu'on s'éloigne un peu du centre de l'empire, la sécurité diminue, les marchands n'osent plus s'aventurer qu'en troupe à travers les provinces syriennes ou dans les pays étrangers.

Encore les caravanes les plus fortes ne sont-elles pas à l'abri d'un désastre. Non seulement les nomades et les bandits de profession rôdent sans cesse autour d'elles, et les forcent à une vigilance de tous les instants, mais les habitants des villages, les petits seigneurs locaux, même les rois, non contents des péages réguliers qu'ils prélèvent légalement au passage, ne se font aucun scrupule de les attaquer en chemin. Les marchandises sont partagées entre les pillards ou vont enrichir le trésor royal, les hommes sont massacrés ou vendus pour esclaves. Le marchand branle sans cesse entre la fortune, la servitude ou la mort.

La maison d'Iddinâ est située non loin de la porte d'Ishtar. Elle est plus large et plus haute que les maisons voisines, mais n'en diffère extérieurement que par cela. Elle a d'ouverture sur la rue une petite porte voûtée suivie d'un couloir étroit, sombre, qui traverse l'épaisseur des bâtiments et débouche sur une cour assez grande, le long de laquelle les pièces sont groupées. Une sorte de portique règne tout à l'entour, des poteaux plantés dans le sol et supportant un auvent léger qui s'appuie au mur. Les chambres sont étroites, oblongues, quelques-unes voûtées, quelques autres couvertes d'un plafond plat, que des troncs de palmier soutiennent. La plupart sont des magasins où l'on enferme les provisions et la richesse du ménage ; un petit nombre sert à l'habitation. Le tout est surmonté d'une terrasse, à laquelle on accède par un escalier en briques des plus raide, et d'où l'on a vue sur les maisons voisines. Les Assyriennes vivent beaucoup sur les toits. Elles y sont le matin, jusqu'à ce que la chaleur les en chasse ; elles y remontent dès que le soleil commence à baisser sur l'horizon. Elles y vaquent librement à tous les soins du ménage, en échangeant des propos d'une terrasse à l'autre ; elles y pétrissent le pain, elles y font la cuisine, elles y lavent et tendent sécher le linge, ou si elles ont des esclaves pour les dispenser de ces travaux grossiers (fig. 121), elles s'y installent sur des coussins et cousent ou brodent en plein air. Pendant les heures chaudes du jour, elles descendent et se réfugient dans l'intérieur. La plus fraîche des pièces est souvent en contre-bas du sol de la cour et ne reçoit que fort peu de lumière. Le sol en est dallé de plaques en gypse poli, qui ressemble à un beau marbre gris et blanc, et les parois sont enduites d'une couche de plâtre fin, doux à l'œil et au toucher. On les arrose plusieurs fois par jour pendant l'été, et l'eau, s'évaporant, rafraîchit l'air.

Fig. 121. — Esclave pétrissant le pain.

Le mobilier est fort simple, même chez la bourgeoisie riche. Il se compose surtout de chaises et de tabourets de formes diverses, montés les uns sur pieds droits, les autres sur pieds croisés. La plupart du temps on dort sur des nattes, mais les chambres du maître et de la maîtresse renferment des lits en bois, à quatre pieds de lion, avec un matelas et deux couvertures[1]. Un four à pain s'élève dans un coin de la cour, des outres de vin et des jarres pleines d'eau pendent à rafraîchir aux poutres du portique, un foyer établi en plein air supporte une large marmite, où un quartier de viande bout à grande eau. Les Assyriens mangent beaucoup et boivent plus encore. Les pauvres se contentent par force d'un peu de pain, de quelques légumes relevés de sel et d'huile, et du poisson que les rivières fournissent en quantité. Les riches ont une chère aussi variée et aussi abondante que celle des seigneurs égyptiens. Ils dînent cou-

---

1. Cfr. pour la figure du lit la vignette 119, à la page 219.

chés sur des lits d'ivoire ou de bois précieux, et se parfument abondamment avant de commencer leur repas. Les hommes et les femmes sont servis à part dans les banquets solennels; au cours de la vie ordinaire, ils se réunissent chaque jour autour de la même table, ou plutôt autour du même plat.

On ne peut faire un pas dans la maison sans y rencontrer quelque amulette, destiné à protéger les habitants contre le mauvais œil ou contre les esprits méchants. Les Assyriens croient que le monde est rempli de démons, occupés éternellement à tendre des embûches à l'homme. On ne les voit guère ou rarement, mais on les sent partout dans l'air, sur la terre, au fond des eaux, aussi nombreux que les grains de poussière qui tourbillonnent à travers un rayon de soleil. On ne les écarte qu'à force d'incantations et de talismans. Le plus sûr moyen de se débarrasser d'eux est d'exposer, dans un endroit bien apparent, une statuette qui les représente : on récite ou l'on grave sur leur propre image une incantation qui les tient à distance. C'est ainsi qu'on pend, au-dessus des portes et sur les terrasses, les figures d'un des démons les plus redoutables, le vent du sud-ouest, dont l'haleine enflammée dessèche les moissons et consume de fièvre les hommes et les animaux. Iddinâ en possède de toutes les tailles et en toutes les matières, en bronze, en jaspe rouge, en pierre jaune, en terre cuite. Cet agréable personnage a un corps de chien debout sur des jambes d'aigle, des bras armés de griffes de lion, une queue de scorpion, deux paires d'ailes et une tête humaine à demi décharnée, avec des cornes de chèvre. Il est tellement laid que la seule vue de son portrait le met en déroute (fig. 122). D'autres images de même nature sont enterrées sous la pierre du seuil pour en barrer l'accès aux esprits destructeurs. Ils ont pour la plupart la tête d'un animal différent, et présentent des formes inconnues en notre monde. Plusieurs ne sont que les dieux nationaux, qu'on oblige, par une formule, à monter a garde pour un particulier, Bel, coiffé de sa tiare et de ses cornes, Nergal et son mufle de lion, Nébo, Mérodach, Ishtar.

Ce n'est pas trop, comme on voit, d'une armée divine pour combattre les esprits mauvais qui menacent notre pauvre humanité. « Ils sont la « création de l'enfer, les « grands vers que le « ciel a lâchés ici-bas, les « terribles dont les hur- « lements se répandent « par la cité, qui tombent « parmi les eaux du ciel, « les fils sortis du sein « de la terre. Ils s'enrou- « lent autour des hautes « poutres, des larges pou-

Fig. 122. — Le Vent du Sud-Ouest, statuette en bronze.

« tres, comme une couronne. Ils cheminent de maison en « maison, car la porte ne les exclut pas, le verrou ne les « empêche pas d'entrer, mais ils se glissent comme ser- « pents sous la porte, ils s'insinuent comme un souffle « d'air par le joint des gonds. Ils éloignent l'épouse des « bras de l'époux, ils chassent l'enfant d'entre les genoux « de l'homme, ils expulsent l'homme libre de la maison où « il est né, et ils sont la voix menaçante qui le poursuit par « derrière [1]. » Les dieux chargés de les repousser ont chacun

---

1. C'est une allusion, soit aux voix mystérieuses qui se faisaient

leur poste de combat où ils les attendent, Nergal sur le haut du mur et sous le seuil, Éâ et Mérodach dans le couloir, à droite et à gauche de la porte, Naroudi dans la terre, auprès du lit. Comme toute peine mérite sa récompense, on leur sert soir et matin, dans un coin, des aliments et des coupes pleines de boisson, en les invitant à se régaler :
« O vous, sublimes, enfants d'Éâ, mangez bien et buvez
« généreusement pour faire votre garde, afin que nul mal
« ne puisse pénétrer au milieu de nous. »

Iddinâ, rentrant chez lui après un long voyage, récite rapidement une formule qui doit écarter de sa maison ce qu'il pourrait rapporter avec lui de funeste. « La peste, la
« fièvre qui enlèveraient mes gens, la maladie, la consomp-
« tion qui dévasteraient mon pays, nuisibles à la chair, des-
« tructrices du corps, l'incube méchant, le démon mé-
« chant, le lutin méchant, l'homme méchant, le mauvais
« œil, la bouche méchante, la langue méchante, puissent-
« ils être éloignés de l'homme fils de son dieu, être expul-
« sés de son corps, expulsés de ses entrailles. Puissent-ils
« jamais ne venir contre mon corps, ne jamais blesser mon
« œil, ne jamais venir derrière mon dos ; puissent-ils ne
« jamais entrer dans ma maison, ne jamais franchir les
« poutres de mon toit, ne jamais descendre dans la maison
« de mon habitation. — Double[1] du ciel, conjure-les !
« Double de la terre, conjure-les ! »

Dès qu'il a remisé ses ânes à l'écurie et fait porter aux magasins les ballots de marchandises, sa femme Noubtâ le met au courant de ce qui s'est passé pendant son absence, la conduite des servantes, la quantité d'étoffes qu'elles

---

parfois entendre dans la nuit, soit à la voix du magicien dont l'effet poursuit sans relâche l'homme contre lequel on dirige une incantation.

1. *Double* est pris ici avec le sens qu'il a plus haut, p. 45 de ce volume.

ont tissées et teintes. Le tisserand Mousîdnou est venu emprunter cinq-sixièmes de mine d'argent, que notre fils Zamamânadin lui a prêtés et qu'il remboursera dans un an ; les intérêts sont calculés de façon à pouvoir doubler le capital en ce temps. Iddinâ témoigne hautement sa satisfaction du placement que son fils a su faire. Zamamânadin a vingt ans passés ; il est fort, élégant, instruit, et commence à s'entendre aux affaires presque à l'égal de son père. Depuis deux ans, c'est à lui qu'Iddinâ confie le soin de gérer sa fortune, chaque fois qu'il s'absente pour aller au Naïri : jusqu'à présent Zamamânadin s'est tiré habilement de plus d'une opération délicate. En ce moment, il songe à se marier, et il cherche à s'acquérir, dans les environs de Dour-Sharoukîn, un domaine dont le revenu, joint à la part de bénéfices que son père lui accorde, lui permettra de nourrir honorablement une famille. Il croit justement avoir trouvé au delà du Khousour, presque à mi-chemin du village de Saïri, un bien qui lui conviendrait, et dont le propriétaire n'est pas trop exigeant. Le champ est assez étendu, trente-cinq boisselées, dit-on, et il sera facile de vérifier si le chiffre est exact. C'est de bonne terre à blé, qui est depuis longtemps dans les mains de Nabouirib ; mais il songe à la vendre parce qu'il devient trop vieux pour cultiver lui-même, et que tous ses parents exercent à la ville des métiers plus lucratifs que celui de laboureur. Il demandait d'abord sept mines, mais il a déjà bien rabattu de ses prétentions, et Zamamânadin ne désespère pas de conclure à cinq. Iddinâ prend bonne note de tous ces renseignements, et promet de mener le marché lui-même, dès qu'il aura réglé ses propres affaires. Il a eu l'occasion d'obtenir au rabais, sur le marché de Babylone, plusieurs ballots de laine teinte en pourpre tyrienne, dont un négociant sidonien, pressé de repartir, voulait se débarrasser coûte que coûte. C'est une étoffe d'une finesse et d'une beauté incomparable, et si le chef des eunuques daigne en parler à la reine, on peut en tirer le triple de ce qu'elle vaut frais compris et rendue à Dour-Sharoukin. La moitié du prix sera pour Zamamânadin, et suffira grandement à l'achat du domaine qu'il convoite.

Le chef des eunuques, prévenu en faveur de la pourpre tyrienne par le don d'un amulette finement gravé où l'on voit Éâ, le dieu-poisson, entre deux adorateurs, manœuvre si adroitement que la reine achète d'un seul coup tous les ballots. Dès le lendemain de la vente, Iddinâ part pour Saïri, afin d'aller examiner le domaine qu'on propose à son fils. L'exposition en est bonne, la terre excellente. Un ruisseau le traverse et le divise en deux parts inégales, dont la plus petite pourrait être transformée aisément en jardin potager : une ou deux bascules, installées sur la berge, y verseraient les quantités d'eau convenables à la culture maraîchère. L'affaire traîne encore quelques jours, puis s'arrange à force de marchandages et de concessions mutuelles : le prix reste fixé à cinq mines, et jour est pris pour sceller le contrat devant le juge Nabousakin. Le vingt-cinq Tebet au matin, les deux parties contractantes se rendent à la porte d'Ishtar, accompagnées chacune de leur scribe et de leurs témoins (fig. 125). Le titre de scribe n'est pas commun en Assyrie, comme il l'est en Égypte ; les officiers, les nobles, les employés de haut rang le dédaignent volontiers et le laissent aux écrivains de profession, qui rédigent les pièces d'administration et les contrats passés entre les particuliers. Les scribes sont munis de plusieurs pains d'argile aplatis en tablette, encore assez mous pour recevoir l'empreinte d'un objet, mais déjà assez fermes pour ne pas la déformer ou la perdre, une fois qu'ils l'ont reçue. Chacun d'eux en prend un, qu'il pose à plat dans le creux de la main gauche, et, saisissant de la main droite un stylet

Fig. 123. — Un scribe, d'après la figure restaurée par M. Heuzey pour l'Exposition de 1889.

triangulaire dont la pointe est taillée en biseau, il se met à écrire. Les traits qu'il obtient, en appuyant légèrement son instrument sur l'argile, ont l'apparence d'un coin[1] ou d'un clou métallique. Il commence sur la gauche, le long du bord supérieur de la tablette, et couvre les deux faces avec une dextérité remarquable. Les deux scribes des parties et celui du juge transcrivent en même temps les formules, car chaque acte public doit être tiré à trois expéditions au moins. Jadis on en fabriquait deux exemplaires seulement, qui demeuraient aux mains des deux contractants, et parfois il se rencontrait des gens habiles, mais indélicats, qui modifiaient l'écriture à leur avantage. Les Chaldéens imaginèrent un procédé ingénieux de se garder contre les fraudes de cette nature. La tablette rédigée, ils l'enveloppaient d'une seconde couche d'argile, sur laquelle ils traçaient une copie identique à la minute originale. Celle-ci devenait inaccessible aux faussaires : dès qu'une contestation s'élevait et qu'on soupçonnait quelque altération au texte visible, on brisait la pièce double devant témoins, et l'on vérifiait si la rédaction intérieure correspondait exactement à l'extérieure. Aujourd'hui on préfère expédier en triple tous les actes importants : deux des tablettes sont remises aux intéressés, la troisième est déposée chez un notaire royal.

Les copies terminées, les scribes les collationnent pour voir si rien n'est omis sur l'une d'elles, puis le juge donne lecture de l'acte à haute voix :

« Un champ, d'une étendue telle qu'il faut trente-cinq
« boisselées de blé pour l'ensemencer, de terre à blé, situé
« dans la ville de Saïri, borné par la propriété d'Irsisi,
« borné par le champ de Shamasshoumouzir, borné par le
« champ de Shamassalim, borné par les prés de pâture

---

1. C'est pour cette raison que les savants modernes ont donné aux écritures de ce type le nom d'écritures cunéiformes.

« commune; Iddinâ l'a acquis pour le prix de cinq mines
« d'argent.

« Le prix en a été fixé de manière définitive, le champ a
« été payé et l'acquéreur est entré en possession, si bien
« que la résiliation du contrat ne peut plus être admise.

« Si quelqu'un, à quelque moment que ce soit, veut con-
« tester la vente, soit Nabouirib, soit ses fils, soit ses frères,
« et qu'il intente une action contre Iddinâ, contre ses fils,
« contre les fils de ses fils, pour demander la résiliation du
« contrat, il payera dix mines d'argent, une mine d'or, au
« trésor de la déesse Ishtar qui habite Ninive, et de plus il
« remboursera à l'acquéreur le décuple du prix de vente :
« il pourra introduire l'action, mais il ne pourra avoir gain
« de cause.

« Par devant Madié, Binshoumédir, Naboushoumidin,
« Mousézibil, Habaslê, Belkashdour, Irsisi, Kannounaï,
« Bahé : Nabousakin, juge.

« Du mois de Tebet, le 25, de l'éponymie de Sharnouri. »

Lecture faite, les parties et les témoins signent chacun à la place et de la façon prescrite par la coutume. Iddinâ et ses témoins donnent un coup d'ongle sur un des côtés de la tablette, et cette marque, suivie ou précédée de la mention *Ongle d'Iddinâ, Ongle de Binshoumédir*, est leur signature. Nabouirib et les scribes apposent leur sceau dans le haut et sur le verso de la tablette, et une légende, tracée au-dessus ou à côté, nomme le propriétaire du sceau. Les cachets sont en pierres dures et de toute sorte, en jaspe rouge ou vert, en agathe, en cornaline, en onyx, en cristal de roche, quelques-uns en ambre ou en métal. Ils ont souvent la forme d'un

---

1. L'acte est authentique et date du règne d'Ésarhaddon (Décembre 673 av. J.-C.). Je l'ai transporté tel quel au règne d'Assourbanipal, en changeant le nom de l'acquéreur réel contre celui d'Iddinâ ; j'ai de même transformé les mesures assyriennes en mesures modernes à peu près correspondantes.

cylindre, souvent celle d'un cône tronqué à base légèrement convexe, et portent gravées des figures de dieux ou de déesses, parfois seules, parfois recevant l'hommage de leur adorateur : le nom du maître accompagne fréquemment la scène (fig. 124). Chaque témoin roule son cylindre ou appuie son cachet sur l'argile, et le juge, le dernier de tous, légalise les signatures. Les pains de terre sont mis au four et se transforment rapidement en autant de briques solides. Iddinâ transfère

Fig. 124. — Cylindres assyriens

aussitôt à son fils par une nouvelle série d'actes, le champ qu'il vient d'acquérir. La dot de Zamamânadin est désormais constituée de manière inaltérable : Noubtâ peut se mettre en campagne et chercher sa bru.

Le mariage est à la fois un acte de droit public et un rite de culte domestique. Il résulte d'engagements pris entre les parties, et consacrés par un ou plusieurs contrats formels qu'un scribe rédige, que des témoins contresignent de leur sceau, et dont on dépose copie authentique chez un des notaires de la ville. La dame Noubtâ n'est pas embarrassée de trouver une femme à Zamamânadin. Un jeune homme riche, de bonne tournure, qui exerce un métier honorable peut choisir presque à son gré parmi les filles du quartier : il y en a peu que leur famille sera tentée de lui refuser. Noubtâ hésite seulement entre les diverses manières de de mariage que la coutume autorise et se demande laquelle vaut le mieux pour son fils et pour elle. Achètera-t-elle sa bru future? On dit qu'autrefois, à Babylone, on tenait annuellement une foire aux filles, dans un des marchés de la ville. Un crieur public les mettait à l'enchère l'une après l'autre, en commençant par les plus belles; tout ce qu'il y avait d'épouseurs se les disputait à haut prix. Les laides venaient ensuite; mais, au lieu de les livrer contre argent, on donnait à qui voulait les accepter une somme d'argent proportionnée à leur laideur, et qu'on prélevait sur le produit de la vente des belles. Les opérations terminées, on mariait les couples par contrat en bonne forme, et les femmes suivaient le maître dans leur maison nouvelle.

Aujourd'hui les mœurs ont changé : on n'achète plus les femmes en public, mais en particulier, de parents à parents. Nikhteqarraou, une des voisines de Noubtâ, s'est procurée de la sorte une épouse pour son fils Zikhâ, la jeune Tavas-hasina. Tavas-hasina était jolie, industrieuse, instruite, mais pauvre : ses parents ont été trop heureux d'assurer son avenir par une vente matrimoniale. Le prix n'est jamais bien élevé en pareil cas : Nikhteqarraou a payé sa bru dix-huit drachmes d'argent[1], qu'elle vaut bien. Le teinturier Nabouakhidin, qui loge au coin de la rue, a fait mieux encore. Il n'a rien donné pour avoir Banatsaggîl, la musicienne : il s'est contenté d'insérer au contract une clause, d'après laquelle il lui comptera une indemnité de six mines en argent[2], au cas où il la répudierait pour épouser une seconde femme. Six mines font, il est vrai, une somme assez forte, aussi a-t-il pris ses précautions pour ne s'en dessaisir qu'à bon escient : un second article ajoute que, si Banatsaggîl manque jamais à ses devoirs, elle sera mise à mort avec une épée de fer. La mort n'est pas le châtiment qu'on inflige ordinairement à l'épouse infidèle : on se contente de la dépouiller de ses vêtements et de la chasser dans la rue, où désormais elle vit comme elle peut. La mention de la peine capitale n'est là que pour libérer Nabouakhidin de

---

1. Environ 67 fr. 50 de notre monnaie d'argent, en poids.
2. Six mines d'argent font environ 1350 francs de notre monnaie d'argent, en poids.

l'obligation de payer les six mines, le jour où il lui plaira de divorcer Banatsaggîl : il lui en fera grâce, si elle consent à ne pas réclamer son douaire. Noubtâ ne prévoit pas les malheurs de si loin; le mariage par coemption lui paraît présenter des avantages sérieux pour elle. Une fille achetée n'apporte point dans la maison cette arrogance et ces prétentions au premier rang, qui font si souvent le désespoir des belles-mères. Elle a intérêt à se montrer douce, complaisante, à respecter les habitudes de sa nouvelle famille; une rupture avec les parents de son mari amènerait le divorce, et la rejetterait dans la misère. Au vrai, elle est l'esclave, la chose de son homme, et la loi la traite si bien en esclave que, si par hasard son père ou quelqu'un des siens s'avisait de la réclamer, il serait puni de la même peine qui frappe les gens convaincus d'avoir contesté sans raison la validité d'un acte de vente, l'amende : dans le cas de Tavas-hasina l'amende est fixée par le contrat même à la somme de dix mines d'argent[1].

Les brus au rabais ne manquent point. Avant de choisir parmi elles, Noubtâ cherche à savoir s'il n'y aurait pas, chez ses amies, ou chez les amies de ses amies, une fille assez riche pour que Zamamânadin puisse en faire sa femme, sans être obligé de la payer comptant ou de lui constituer un douaire. Et justement Nikhteqarraou est en relation de visites avec la femme d'un marchand nommé Soulaï, qui habite près de la porte de Shamash, et qui a plusieurs filles nubiles. Bilitsounou, l'aînée, a bientôt treize ans, elle est grande, élancée, blanche avec des lèvres d'un rouge éclatant, de grands yeux allongés, des sourcils noirs, épais, rejoints au-dessus du nez. Elle sait tenir une maison, chanter, jouer de la harpe, broder sans modèle, elle lit et écrit couramment : il n'y a point de fille noble qui ait reçu meilleure éducation

---

1. Dix mines d'argent font environ 2250 francs de notre monnaie d'argent, en poids.

ni plus complète. Le père est un homme juste, honnête, réputé dans son quartier pour son intégrité; il a d'ailleurs une boutique d'étoffes fort bien achalandée, et sa mère, qui vit encore, possède des terres considérables qu'elle lui laissera. Noubtâ se fait présenter dans le harem de Soulaï : la jeune fille lui plaît, le mariage s'arrange entre les femmes et bientôt il ne reste plus qu'à introduire la demande officielle.

Iddinâ se farde, se parfume, revêt sa plus belle robe à franges; puis il se rend chez Soulaï, et, après quelques compliments, aborde résolument l'affaire : « Donne ta fille « vierge Bilîtsounou en mariage à mon fils Zamamà- « nadin. » Soulaï consent, et sans tarder on règle les conditions de la dot. Les deux pères sont généreux et riches, mais ils ont aussi l'habitude du commerce. L'un commence par demander trop, l'autre riposte en offrant trop peu; c'est seulement après plusieurs heures de marchandages qu'ils finissent par tomber d'accord, et par régler ce que chacun d'eux savait depuis longtemps être la dot raisonnable, une mine d'argent, trois servantes, un trousseau, un mobilier, avec faculté pour le père de substituer à l'argent comptant des objets de valeur égale. Le mariage est fixé à huitaine, au dix Adar. Les préparatifs ne sont pas longs. La jeune fille a tissé elle-même, l'année dernière, et brodé les étoffes dont elle a besoin pour ses vêtements et pour l'ornement de sa chambre. Les trois esclaves qu'on lui donne sont nées dans la maison et connaissent leur maîtresse depuis sa plus tendre enfance. Le lit, les sièges, les coffres, la vaisselle qui forment le mobilier d'un harem se trouvent tout fabriqués au marché. L'important pour la fiancée est de se faire belle, afin qu'elle trouve faveur aux yeux de son mari, quand elle se dévoilera devant lui, le jour de son mariage, et qu'il lui verra le visage pour la première fois. Elle se baigne, s'enduit longuement d'essences le corps et les cheveux, se teint la paume des mains et les ongles en rouge avec la pâte de hennèh, essaie le fard de ses joues et le noir de ses paupières. Ses amies se relaient autour d'elle qui l'aident, la conseillent et surtout babillent à grand bruit du matin au soir : ces jours d'attente comptent parmi les plus heureux qu'il y ait dans la vie des femmes.

Le dix au matin, les amis des deux familles étant réunis dans la maison de la fiancée, le scribe chargé de rédiger le contrat parut. Les deux pères et le fiancé sont en habit de fête et font les honneurs de la maison. L'astrologue, consulté, a déclaré que le jour est heureux et que les présages sont favorables; les hommes se réunissent dans la salle de réception, les femmes se groupent dans le harem autour de l'épousée, l'instant approche d'accomplir les formalités d'usage. Iddinâ se lève et fait la demande à haute voix, Soulaï l'accueille et annonce ce qu'il donne en dot, aux murmures approbateurs de l'assemblée. A ce moment Bilitsounou entre, escortée par ses amies et par les femmes des deux familles. On la place à côté de son prétendu; Iddinâ, saisissant sa main et celle de Zamamânadin, les applique paume sur paume, et les attache d'un fil de laine, emblème du lien qui unit désormais l'épouse à l'époux, puis il invoque le double de Nébo et de Mérodach, ainsi que le double du roi Assourbanipal, et les prie d'accorder de longues années de bonheur au nouveau couple. Seul un homme libre a le droit de procéder à cette cérémonie symbolique, et de prendre les dieux à témoins du mariage qui s'accomplit en leur nom. Dès qu'il a terminé, tous les assistants joignent leurs bénédictions aux siennes, en ayant soin d'y mêler les formules les plus capables d'éloigner des jeunes gens le mauvais œil et les influences malignes, que des compliments trop chauds ne manquent jamais d'exercer sur ceux qui les reçoivent.

Cependant le scribe, qui a suivi la scène du regard, pour

voir si tout se passait conformément à l'usage, commence à rédiger, sur une tablette d'argile, l'acte de mariage définitif. La formule en est simple et claire : « Iddinâ a parlé à « Soulaï disant : « Donne ta fille vierge Bilîtsounou en mariage « à mon fils Zamamânadin. » Soulaï y a consenti et a donné « sa fille Bilîtsounou, une mine d'argent, et trois servantes « Latoubaranou, Illasillabîtiniziz et Taslimou, ainsi qu'un « mobilier complet et un champ de huit cannes comme dot « de Bilîtsounou à Zamamânadin. Il a remis à Zamamâ- « nadin, en garantie de la mine d'argent qu'il payera plus « tard, sa servante Nanâkishirat, qui vaut deux tiers de « mine, et il n'ajoute rien en garantie du tiers de mine « qui reste dû ; quand il aura versé la mine d'argent, Na- « nâkishirat lui sera rendue. » Les témoins impriment un coup d'ongle ou de cachet sur la tablette. La grand'mère de la mariée, la dame Etillitou, voulant témoigner la satisfaction que lui inspire cette union, ajoute trois esclaves aux trois que Soulaï attribue à sa fille, et c'est la matière d'un acte supplémentaire rédigé de la même façon que le premier. « La dame Etillitou donne, de son propre mouve- « ment, à la dame Bilîtsounou, fille de Soulaï, son fils aîné, « Banitloumour et Bâzit ses deux servantes, en plus des « trois servantes que Soulaï son père lui a données. Si « quelqu'un voulait porter plainte pour faire révoquer cette « donation, puissent Mérodach et Zarpanit décréter sa perte, « puisse Nébo, le scribe d'Esaggîl, retrancher ses jours « futurs[1] ! »

La prière qui suit la ligature des mains a appelé les bénédictions du ciel sur l'union des deux jeunes gens : c'est par là, et par là seulement, que la religion intervient dans le mariage. Dès que la lecture des actes est terminée, Soulaï

---

[1]. Ces contrats sont authentiques : je me suis borné à y modifier quelques noms et quelques détails, pour les faire concorder l'un avec l'autre, et avec les données générales de mon récit.

fait apporter les tables et invite les assistants à manger et à boire avec lui : le reste de la journée se passe en banquets et en divertissements, danseuses, chanteurs, joueurs de harpe et de flûte, baladins qui exécutent des tours de force, conteurs qui récitent des fables ou des histoires joyeuses. La maison, si étroitement fermée d'ordinaire, s'ouvre largement ce jour-là et offre son hospitalité à qui veut l'accepter : le voisinage entier vient présenter ses compliments aux parents des mariés et participer aux réjouissances. Le soir arrive, et le moment où Bilîtsounou doit quitter pour jamais la maison paternelle. Elle pleure, s'attache à sa mère, retarde l'instant du départ, comme c'est l'usage pour toute fille bien élevée. Elle sort enfin à pied, entourée de ses compagnes, et s'avance à la clarté des torches, au bruit de ces cris suraigus, par lesquels les femmes ont l'habitude de témoigner leur joie dans les grandes circonstances. La foule s'amasse pour voir défiler le cortège, avec ses musiciennes et ses bouffons, avec sa procession d'esclaves, de meubles et de coffres qui précèdent l'épousée. Zamamânadin l'attend, au milieu de ses garçons d'honneur, et l'accueille sur le seuil de la maison. La fête reprend sur de nouveaux frais, vins, banquet, musique, et se continue, même après que les époux se sont retirés dans le harem.

Elle se prolonge plusieurs jours encore, puis la vie reprend son train ordinaire dans les deux maisons. Bilîtsounou s'habitue vite à son métier de dame, et Noubtâ s'applaudit de l'avoir choisie pour son fils. Elle est bien la matrone vertueuse dont les sages de tous les pays célèbrent les vertus. « Le cœur de son mari peut se fier à elle, et le
« profit ne lui manquera pas. Elle lui fait du bien, et ja-
« mais du mal pendant tout le cours de sa vie. Elle se pro-
« cure de la laine et du lin, et travaille de bon cœur avec
« ses mains. Elle se lève avant le jour, et distribue la pitance

« à la famille, la besogne aux servantes. De nuit, sa lampe
« ne s'éteint pas. Ses mains s'emparent de la quenouille,
« ses doigts font courir le fuseau. Elle tend la main au
« pauvre, elle la présente à qui est dans la misère, mais
« elle ne redoute pas la neige pour les siens, car toute sa
« famille est vêtue splendidement. Elle se fait de riches
« coussins, de lin blanc et de pourpre elle se revêt. Elle
« ouvre la bouche avec sagesse, sur ses lèvres l'instruction
« est agréable. Elle surveille les allures de sa maison, et ne
« mange pas le pain de la paresse. Ses fils se lèvent et la
« bénissent, et son mari fait son éloge, disant : « Il y a eu
« beaucoup de braves filles, mais toi tu les surpasses
« toutes.[1] »

[1]. Ce portrait est emprunté au livre hébreu des Proverbes (ch. XXXI). Comme il représente l'idéal, non seulement de la femme juive, mais de la femme orientale en général, je me suis permis de l'appliquer ici à une Assyrienne.

CHAPITRE XIII

LA MORT ET LES FUNÉRAILLES

L'homme et son dieu protecteur. — Prière au dieu protecteur contre la maladie. — Le dieu *Mal de tête*. — L'exorciste : conjurations pour chasser le dieu *Mal de tête*. — Consultation sur la place publique. — La mort et l'enterrement. — La destinée des âmes après la mort. — Les tombeaux chaldéens. — Allât et les enfers. — L'âme reçue parmi les dieux.

Quelques semaines se sont écoulées depuis le mariage. Iddinâ tombe insensiblement dans une langueur et dans une mélancolie, dont personne, ni lui, ne peut deviner la cause. Chaque homme est placé, dès la naissance, sous la protection d'un dieu et d'une déesse dont il est le serviteur et comme le fils, et qu'il n'appelle jamais que son dieu et sa déesse, sans les désigner autrement. Ils veillent sur lui nuit et jour, moins pour le défendre contre les périls visibles, que pour le garder des êtres invisibles, qui rôdent sans relâche autour des hommes et les assiègent de tout côté. S'il est pieux, dévot envers eux et envers les divinités de son pays, s'il exécute les rites prescrits, récite les prières, accomplit les sacrifices, en un mot s'il fait le bien, leur aide ne lui manque jamais : ils lui accordent une nombreuse postérité, une vieillesse

heureuse, de longs jours, jusqu'au moment, prescrit de tout temps par le destin, où il devra se résigner à quitter la lumière. Si au contraire il est impie, violent, de mauvaise foi, « son dieu le coupe comme un roseau », détruit sa postérité, abrège ses jours et le livre aux démons qui se glissent dans son corps et le tourmentent de maladie avant de le frapper mortellement. Iddinâ se demande quel crime inconnu à lui-même il a pu commettre, que son dieu semble se retirer de lui. Il adresse sa prière à la déesse Ishtar, et lui peint le marasme dans lequel il est plongé. « Mon jour n'est qu'un soupir, ma nuit qu'un torrent de
« larmes, mon mois qu'un tourment, mon année qu'un
« cri perpétuel ; toute ma force est enchaînée dans mon
« corps, mes pieds trébuchent et m'abattent comme s'ils
« étaient chargés de chaînes ; je suis couché, mugissant
« comme un taureau, je bêle comme une brebis dans ma
« détresse !... Et aucun dieu n'est encore venu à mon aide,
« aucun ne m'a tendu une main secourable ; aucun dieu
« n'a eu pitié de moi, aucune déesse n'est venue se ranger
« près de moi ! »

L'Assyrie n'a point, comme l'Égypte, une école sacrée de médecine, où l'on enseigne les moyens rationnels de diagnostiquer et de curer les maladies les plus compliquées. Elle ne produit que des sorciers ou des exorcistes, habiles à dépister les démons possesseurs, dont la présence dans un corps vivant cause seule les désordres du corps et entraîne la mort. L'aspect général du patient, la façon dont il se comporte pendant les crises, les paroles qui lui échappent dans le délire, sont, pour ces habiles personnages, autant de signes qui doivent leur révéler la nature et parfois même le nom de l'ennemi qu'ils combattent. Les plus terribles des esprits mauvais s'appellent la fièvre et la peste : par bonheur, les symptômes qu'Iddinâ présente ne sont pas de ceux qu'ils produisent. Iddinâ passe la grande partie de ses nuits dans un assoupissement profond, dont il ne s'éveille que par intervalles, l'esprit trouble, les yeux gonflés, avec un sifflement dans les oreilles et un bruit comme de marteaux qu'on battrait sous son crâne. C'est le dieu *Mal de tête* qui le possède et qu'on se prépare à mettre en déroute. Les formules qu'on emploie contre lui sont très anciennes : elles viennent de Chaldée, et sont conservées dans de vieux livres, dont la langue et l'écriture mystérieuses ne sont comprises que d'un petit nombre de savants. Le magicien que Noubtâ envoie chercher pour soigner son mari apporte avec lui quelques-unes de celles qui ont la réputation d'être le plus efficaces contre le mal qu'on lui décrit. Il examine longuement les yeux et la face, se fait expliquer les débuts du mal et les péripéties diverses qu'il a traversées, et déclare que le cas est plus grave encore qu'il ne l'imaginait. Iddinâ est victime de maléfices, exercés par un homme qu'il a dû offenser, et qui se venge en le faisant mourir à petit feu. L'imprécation qui a été prononcée contre lui par la voix d'un magicien le poursuit sans repos ni trêve ; elle le tuerait, si l'on n'en combattait les effets par une conjuration contraire, qui enchaîne à son service la toute-puissance d'Éâ, le dieu suprême, et de Mérodach.

Les conjurations médicales sont de véritables cérémonies religieuses, qu'il faudrait célébrer dans l'enceinte d'un temple. Comme Iddinâ est affaibli déjà par les journées de souffrance qu'il a subies, le magicien consent à venir le soigner dans sa maison même. Il se munit donc de ses livres, d'un paquet d'herbes qu'il a pris le soin de cueillir lui-même, et des objets nécessaires à la composition d'un charme. Il se déchausse, se purifie, et, entrant dans la chambre où le patient est couché, allume sur le sol un feu d'herbes et de plantes odoriférantes, qui brûlent avec une flamme claire, presque sans fumée. La première partie de l'oraison qu'il récite rappelle le genre d'enchantement dont souffre son malade. « L'imprécation », dit-il d'une voix ferme et bien rythmée, « l'imprécation comme un démon « s'est abattue sur l'homme, la voix du magicien comme « un fléau s'est abattue sur lui, la voix maligne s'est abattue « sur lui, l'imprécation malfaisante, le sortilège, le mal de « tête. Cet homme, l'imprécation malfaisante l'égorge « comme un agneau, car son dieu protecteur s'est retiré de « son corps, car sa déesse protectrice s'est écartée de lui, « et la voix qui le flagelle s'est étalée sur lui comme un « vêtement et le paralyse. » Le mal que le magicien a fait est terrible, mais les dieux peuvent le réparer encore et déjà Mérodach, s'émeut, Mérodach a jeté les yeux sur le patient, Mérodach est entré dans la maison de son père Éâ, disant : « O mon père, l'imprécation mauvaise s'est abattue « sur l'homme comme un démon ! » Par deux fois il lui parle et dit : « Je ne sais ce que cet homme doit faire, « qu'y a-t-il qui puisse le guérir ? » Éâ répond à son fils Mérodach : « Mon fils, que ne sais-tu et que te dirai-je que tu « ne saches déjà ? O Mérodach, que ne sais-tu et que te di- « rai-je que tu ne saches déjà ? Ce que je sais, tu le sais « aussi : va donc, mon fils Mérodach, conduis l'homme au « bain qui purifie, et écarte le sortilège qui est sur lui ; « chasse le sortilège, le mal qui torture son corps, soit qu'il « ait pour cause la malédiction de son père, ou la malé- « diction de sa mère, ou la malédiction de son frère aîné, « ou la malédiction pernicieuse d'un inconnu ! Que cette « malédiction soit enlevée par le charme d'Éâ, comme une « gousse d'ail qu'on pèle, comme une datte qu'on coupe « en morceaux, comme un rameau chargé de fleurs qu'on « arrache ! Le sortilège, ô double du ciel conjure-le ! « ô double de la terre conjure-le[1] ! » Les dieux s'arment

---

1. *Double* est pris, ici, comme plus haut, avec le sens que les Égyptologues lui donnent; cfr., p. 45 de ce volume.

en faveur du malade, et c'est Éâ, le souverain du monde, qui daigne indiquer le remède. Que le malade prenne successivement une gousse d'ail, une datte et un rameau chargé de fleurs, et qu'il les jette au feu morceau à morceau, en récitant une incantation : si forte qu'ait été l'imprécation, les effets en seront détruits.

Cependant Iddinâ s'est purifié, ainsi qu'Éâ le veut : il s'est lavé les pieds, les mains, la face, et s'est aspergé le corps d'une eau parfumée. Ces préliminaires achevés, le magicien se met devant le brasier avec le patient, dépouille la gousse d'ail que le dieu réclame, et la brûle en murmurant la formule : « De même que cet ail pelé et jeté au feu, la « flamme ardente le consume, il ne sera plus planté au « jardin, il ne sera plus baigné dans l'eau d'un étang ou « d'une rigole, ses racines ne s'implanteront plus en terre, « sa tige ne croîtra plus et ne verra jamais le soleil, il ne « servira point à la nourriture des dieux ou du roi ; — de « même puisse Mérodach, le général des dieux, chasser le « sortilège loin d'Iddinâ, et dénouer les liens du mal dévo- « rant, du péché, de la faute, de la perversité, du crime. » Et Iddinâ répète après lui, d'une voix défaillante : « La ma- « ladie qui est en mon corps, en ma chair, en mes muscles, « puisse-t-elle être dépouillée comme cette gousse d'ail et « consumée en ce jour par la flamme dévorante : sorte le « sortilège, que je puisse voir la lumière longtemps encore. » Le magicien taille une datte en petits morceaux, et tandis qu'elle brûle reprend son chant monotone : « De même que « cette datte coupée et jetée au feu, la flamme ardente la « consume, celui qui l'a cueillie ne la remettra plus sur sa « tige, et elle ne servira pas à la nourriture du roi, — de « même puisse Mérodach, le général des dieux, chasser le « sortilège loin d'Iddinâ et rompre les liens du mal dévorant, « du péché, de la faute, de la perversité, du crime. » Et cette fois encore Iddinâ reprend : « La maladie qui est en mon

« corps, en ma chair, en mes muscles, puisse-t-elle être
« coupée comme cette datte et consumée en ce jour par la
« flamme dévorante : sorte le sortilège, que je puisse voir
« la lumière longtemps encore. »

La cérémonie se prolonge, et le feu dévore tour à tour
le rameau chargé de fleurs, un flocon de laine, du poil de
chèvre, un écheveau de fil teint, une fève. A chaque fois,
le magicien répète la formule, en y introduisant deux ou
trois des traits qui caractérisent le mieux la nature de
l'offrande : les feuilles du rameau ne seront jamais réunies
à l'arbre, et ne seront pas employées aux œuvres du teinturier, la laine et le poil ne retourneront plus au dos de la
bête qui les portait et ne serviront plus à fabriquer des
vêtements. Iddinâ va jusqu'au bout malgré sa faiblesse;
mais, la dernière parole prononcée, il retombe épuisé sur
son lit et s'évanouit presque. Les défaillances du malade en
pareil cas sont considérées comme étant de bon augure;
elles prouvent que le charme opère. La lutte engagée dans
le corps entre les dieux bienfaisants et l'esprit pervers est
toujours si vive, que peu d'hommes peuvent en supporter
le contre-coup sans souffrir. On voit alors le possédé s'agiter,
trembler de tous ses membres, pousser des gémissements
ou des cris lamentables, se rouler par terre avec tant de
force qu'on a peine à le retenir : un abattement profond
succède à ces fureurs, et marque la victoire momentanée
du malade contre la maladie. Le magicien récite alors une
dernière prière, dans laquelle il invoque une fois de plus
Éâ, Mérodach, et enfin le dieu du feu qui s'est prêté complaisamment aux rites de l'exorcisme : « O feu, chef mobile
« qui s'exalte dans le pays, héros, fils de l'abîme, qui es
« exalté dans le pays, ô dieu du feu, par ton feu sacré tu as
« établi la lumière en la maison des ténèbres. C'est toi qui
« fixes les destins de tout ce qui a nom, toi qui mêles en
« les fondant le cuivre et l'étain, toi qui affines l'argent et

« l'or ; celui qui fait trembler les méchants dans la nuit,
« c'est toi. Fais que les membres de l'homme, redevenu le
« fils de son dieu, soient brillants de pureté, qu'il soit pur
« comme le ciel, qu'il soit brillant comme sur la terre,
« qu'il resplendisse comme le milieu du ciel, et que la
« langue maligne qui l'a enchanté n'ait plus prise sur
« lui ! »

Deux jours s'écoulent, et la conjuration, répétée matin et soir, non seulement ne produit aucun effet, mais semble chaque fois ajouter quelque chose à l'épuisement du malade. Iddinâ ne redevient pas « le fils de son dieu »; on dirait plutôt que son dieu s'éloigne de lui et le livre à la mort sans plus résister. C'est un vieil usage, à Babylone, qu'on mène les malades sur la place publique, et qu'on les expose aux regards des passants. Ceux-ci s'approchent, s'enquièrent des symptômes, des moyens qu'on a employés pour le combattre ; s'ils ont eu ou s'ils ont quelqu'un parmi leur parenté qui ait souffert de la même maladie, ils indiquent le remède qui les a guéris. Cette pratique s'est répandue en Assyrie, comme bien d'autres coutumes chaldéennes, et Noubtâ se résout enfin à en user. Elle enveloppe Iddinâ dans ses couvertures de laine, l'étend sur un lit, et le fait porter doucement par deux esclaves jusqu'à la porte d'Ishtar. Les juges siègent, les oisifs du quartier sont réunis dans l'avant-cour, des paysans et des étrangers entrent et sortent de la ville ; s'il y a chance d'obtenir une consultation précise, c'est là qu'il faut aller et non ailleurs.

La vue d'Iddinâ excite des sentiments divers dans la foule. Plusieurs craignent que sa maladie ne soit contagieuse, et que le démon possesseur ne soit tenté de le quitter pour se jeter sur eux ; d'autres éprouvent plus de curiosité que de peur ou de sympathie, les amis s'apitoient sur sa mine délabrée et échangent des considérations presque émues sur l'in-

stabilité de la vie. Les officieux se pressent autour du lit, interrogent, échangent des conjectures, proposent des recettes que la famille écoute avec anxiété. « Les conjurations
« ont échoué? Lesquelles? A-t-on récité l'incantation des
« sept démons? A-t-on essayé le charme d'Eridou ! On prend
« la laine d'une jeune brebis encore intacte, et une sorcière,
« — une sorcière, pas un sorcier, — la lie sur les tempes
« du malade, à droite et à gauche. Le nœud doit être fait sept
« fois de suite, à deux reprises différentes; on serre ensuite
« une corde autour de la tête du patient, une autre autour
« de son cou, une autre autour de chacun de ses membres,
« afin d'enchaîner son âme si elle voulait sortir, puis on
« verse sur lui les eaux magiques. » Un autre déclare qu'il
a été guéri par envoûtement : on a fabriqué une figure de terre qui lui ressemblait, on a versé sur elle une libation de vin, récité un charme, et le mal a disparu. Ou bien on doit mêler ensemble six espèces de bois différentes, les piler avec un morceau de serpent, ajouter du vin, de la viande crue, et du tout former une pâte qu'on avale. C'est un remède dont la vertu est souveraine : on le trouve dans un vieux livre très estimé, que le roi Assourbanipal a fait copier pour son usage personnel. Le plein air, le soleil, le bruit avaient un peu ranimé Iddinâ au début; ils l'oppressent maintenant et achèvent de l'épuiser. Rentré chez lui, il tombe en une stupeur profonde d'où ni les exorcismes, ni les remèdes, ni les appels désespérés de sa femme et de ses enfants ne sauraient le tirer. Deux jours encore, des râles légers, des frissons, quelques mouvements convulsifs des membres montrent que la vie n'est pas entièrement éteinte; le soir du troisième jour, un peu avant le coucher du soleil, il rend le dernier souffle et Shed, le dieu de la mort, s'empare de lui à jamais.

Comme les Égyptiens, les peuples du Tigre et de l'Euphrate ont la douleur bruyante et désordonnée. Dès qu'un homme meurt, ses parents et les personnes qui tiennent à la famille, les femmes surtout, se déchirent les vêtements, s'égratignent les joues et la poitrine, se couvrent la tête de cendre et de boue, poussent de longs hurlements de deuil, qui mettent le voisinage en émoi et l'obligent à prendre sa part du malheur qui les frappe. Mais si les marques extérieures de la douleur sont les mêmes, la façon dont on traite le cadavre est entièrement différente. On ne croit certes pas que tout dans l'homme finit avec la vie; on sait qu'une partie seule des éléments dont il se compose meurt à notre monde, et que les autres continuent de subsister au delà, sinon pour toujours, du moins pour quelque temps. Cependant on ne pense pas, comme font les Egyptiens, que les destinées de ce qui survit soient liées indissolublement à celles de ce qui reste sur terre, et que l'âme désincarnée s'anéantisse ou dure, selon que la chair qui la supporta s'anéantit ou dure dans la tombe. Sans doute elle ne se désintéresse pas de tout ce qui arrive à la larve qu'elle a quittée : on augmente la douleur qu'elle ressent de la mort et les ennuis de son état nouveau, si on brûle le cadavre, qu'on le mutile ou qu'on le laisse sans sépulture, en pâture aux oiseaux de proie. Néanmoins ce sentiment n'est pas poussé si loin qu'on éprouve, en Assyrie, ce besoin d'échapper entièrement à la corruption qui pousse les Égyptiens à se transformer en momies. On ne soumet point le cadavre à ces injections, à ces bains répétés dans des matières préservatrices, à cet emmaillottement laborieux qui le rend indestructible : on le parfume, on l'habille sommairement et on se débarrasse de lui dès que la putréfaction commence, quelques heures à peine après que la vie s'est retirée.

Tandis que la famille crie et se désole, de vieilles femmes, qui exercent le triste métier de veilleuses, lavent ce qui reste d'Iddinâ, versent sur lui une huile odorante, l'enveloppent dans une robe d'apparat, lui fardent les joues et lui noircissent le tour des yeux, lui passent un collier au cou, des anneaux aux doigts, lui ramènent les bras sur la poitrine, puis l'étendent sur son lit et dressent à son chevet un autel où faire les offrandes ordinaires d'eau, d'encens et de gâteaux. Les mauvais esprits rôdent sans cesse autour des cadavres, soit pour s'en repaître, soit pour les employer à leurs maléfices : un mort, dans lequel ils se glissent à ce moment, peut se transformer en vampire, et revenir plus tard sucer le sang des vivants. Aussi invite-t-on par des prières les génies bienfaisants et les dieux à veiller sur lui. Deux d'entre eux se dressent invisibles à la tête et aux pieds de la couche, et tendent la main au-dessus de lui pour le bénir (fig. 125) : ce sont des formes d'Éâ, et, de même qu'Éâ, elles sont habillées de la peau du poisson. Trois autres se postent dans la chambre mortuaire et se tiennent prêts à frapper quiconque voudrait y pénétrer : l'un a la figure humaine, les deux autres lèvent une tête de lion sur un corps d'homme. D'autres encore planent au-dessus de la maison, afin de repousser les spectres qui essaieraient de s'y introduire à travers le toit. Les dernières heures que le cadavre doit séjourner sur terre, il les passe ainsi sous la garde d'une légion de dieux.

La pompe funèbre quitte la maison de grand matin. Le corps est couché de long sur un lit que portent plusieurs hommes. Un groupe de pleureuses et de musiciens le précède, un groupe de pleureuses et de musiciens le suit, puis les parents en leur sac de grosse étoffe sombre, étroit, sans plis, puis les amis, les connaissances et les gens du quartier, qui veulent rendre un dernier hommage à leur voisin. Ce sont les mêmes cris qu'en Égypte, les mêmes exclamations entrecoupées de silence : « Hélas Iddinâ ! — « Hélas, seigneur ! — Hélas, mon père ! » Dans les intervalles, les amis échangent entre eux ces propos sur la vanité des choses humaines qui, partout, en pareil cas, four-

256 CHAPITRE XIII.

Fig. 125. — La mort et l'enfer. Au registre du milieu, le mort est étendu sur son lit funèbre et veillé par les dieux : l'enfer et ses divinités sont au registre inférieur

nissent matière inépuisable aux conversations des survivants : « Ce que c'est que de nous? — Les jours de la mort « ne sont connus de personne. — Ainsi va le monde : qui « la veille au soir vivait encore, le voilà mort le lendemain « au point du jour ! » Le cortège sort lentement de la ville, et se dirige vers l'un des cimetières où reposent les gens de Dour-Sharoukin. Il ne faut pas chercher en Assyrie des hypogées monumentaux ou des pyramides, comme en Égypte. Point de montagnes courant à droite et à gauche du fleuve, d'une pierre assez tendre pour qu'on puisse y creuser aisément des galeries et des salles funéraires, assez ferme pour que les chambres une fois taillées ne s'écroulent point sur elles-mêmes. Ninive et la plupart des grandes villes de l'Assyrie et de la Chaldée sont entourées de larges plaines basses, où tout ce qu'on enterre se décompose rapidement sous l'influence de la chaleur et de l'humidité : des caveaux creusés dans le sol y seraient promptement envahis par les eaux malgré la maçonnerie, les peintures ou les sculptures rongées par le nitre, les objets mobiliers et les cercueils détruits. La maison du mort assyrien ou chaldéen ne peut donc pas être, comme celle de l'Égyptien, une *maison d'éternité*.

Il y habite pourtant et son âme avec lui, et l'on s'efforce de lui donner, au moment où il part de notre vie, la nourriture, l'habillement, la parure, les ustensiles dont il a besoin pour se tirer d'affaire. Bien traité par ses enfants ou par ses héritiers, il les protège de son mieux, écarte d'eux les influences mauvaises. Lorsqu'ils le délaissent et l'oublient, il se venge en revenant les tourmenter dans leur demeure, déchaîne la maladie sur eux et les écrase de sa malédiction. Si par hasard il était privé de sépulture, il deviendrait dangereux non seulement pour les siens, mais pour le pays entier. Les morts, incapables de se fournir par eux-mêmes ce qui leur est nécessaire pour vivre honnêtement, sont sans pitié l'un pour l'autre : qui leur arrive sans tombeau, sans libations, sans offrandes, ils ne le reçoivent pas chez eux, et ne lui font point l'aumône d'un pain sur leurs maigres provisions. L'esprit du corps qu'on n'ensevelit point, n'ayant ni gîte, ni moyen d'existence, erre par les villes et par les campagnes, et ne subsiste que de rapines et de crimes qu'il commet contre les vivants. C'est lui qui, se glissant dans les maisons pendant la nuit, s'y révèle aux habitants sous des masques horribles et les affole de terreur. Toujours à l'affût, dès qu'il a surpris une de ses victimes, il fond sur elle « la tête contre sa tête, la « main contre sa main, le pied contre son pied ». Celui qu'il investit de la sorte, homme ou bête, ne lui échapperait jamais, si la magie ne fournissait des armes toutes puissantes pour résister à ses atteintes : le vampire figure, à côté du spectre et des goules, parmi les démons dont on conjure la fureur en invoquant les Doubles du ciel et de la terre.

Les plus vieux des Chaldéens construisirent leurs tombeaux en briques, comme ils faisaient leurs maisons et leurs palais. C'étaient de grands caveaux voûtés en encorbellement, où l'on emmurait un ou plusieurs morts à la fois. C'étaient aussi de simples pots en terre cuite, où l'on accroupissait le cadavre, ou deux grandes jarres cylindriques dans lesquelles on l'allongeait et qu'on lutait au bitume (fig. 126). C'étaient enfin de petites constructions rondes ou ovales, élevées sur un patin en briques, et recouvertes d'un dôme ou d'un toit plat (fig. 127). La maison n'était pas grande, et parfois l'habitant n'y entrait qu'à peine, replié et comme doublé sur lui-même. Il n'avait avec lui, dans les plus petites, que ses vêtements, ses bijoux, des flèches en bronze, et quelque vase de cuivre ou de métal. Les autres renfermaient un mobilier, moins complet que celui dont les Égyptiens encombraient leurs hypogées, mais suffisant pour les besoins d'un esprit. Le corps était étendu tout habillé sur une natte imprégnée de bitume, la

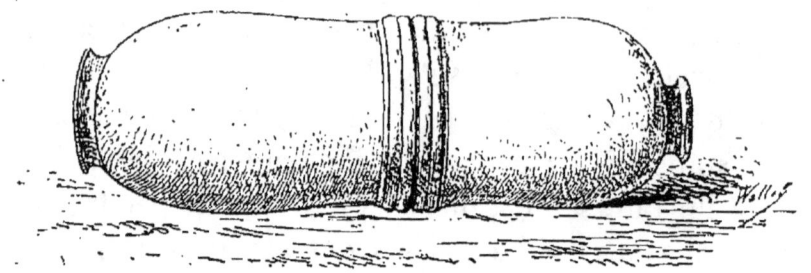

Fig. 126. — Cercueil chaldéen en terre cuite.

tête appuyée contre un coussin ou contre une brique plate, les mains appliquées sur la poitrine, le linceul maintenu par

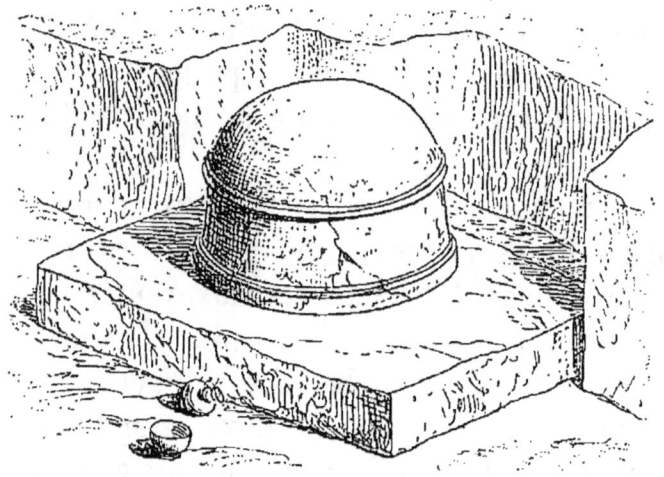

Fig. 127. — Tombeau chaldéen de forme ronde.

des sangles autour des cuisses et de la cheville. Parfois, on le couchait sur le côté gauche, les jambes légèrement fléchies, la main droite jetée par-dessus l'épaule gauche et plongeant dans un vase, comme s'il voulait le prendre et le porter à sa bouche. Des jarres et des plats d'argile, rangés autour de lui, contenaient sa nourriture et ses boissons journalières, le vin qu'il préférait, des dattes, du poisson, de la volaille, du gibier, jusqu'à la hure d'un sanglier, et même, comme en Égypte, des offrandes en pierre qui remplaçaient pour lui des offrandes réelles et duraient davantage (fig. 128). L'homme emportait ses armes avec ses pro-

Fig. 128. — Intérieur d'un tombeau chaldéen.

visions, une lance, des javelines, sa canne d'apparat, le cylindre avec lequel il avait cacheté ses actes pendant sa vie. On déposait à côté de la femme des parures et des bijoux de rechange, des fleurs, des flacons à parfums, des peignes, des aiguilles à farder et des pains de cette pâte noirâtre dont elle s'enduisait les cils et les sourcils.

Les tombes, serrées l'une contre l'autre, puis recouvertes de sable ou de décombres, au cours des années, et surchargées plus tard de tombes nouvelles, ont fini par former, à Ourouk et dans bien des endroits de la Chaldée, de véritables tertres qui s'accroissent et montent de jour en jour. Elles sont moins pressées en Assyrie, et moins solidement bâties; aussi disparaissent-elles assez vite sans laisser de traces au-dessus du sol, et qui les chercherait devrait remuer beaucoup de terre, avant de retrouver ce qu'il en reste. Les rois seuls ont leurs monuments dont on connaît la place. Le palais royal renferme, dit-on, la tombe de Ninos, le fondateur fabuleux de la ville et de l'empire[1] : la tour à étages est construite sur elle et en signale au loin l'emplacement. Il est possible que la tradition populaire ait raison en cela, comme en bien d'autres choses qu'elle affirme et pour lesquelles on ne lui fait point crédit. On sait en effet que les rois reposent pour la plupart dans les villes où ils résidèrent, sous la tutelle des dieux de la cité. Les chroniques babyloniennes enregistrent avec soin, derrière le nom de chaque prince, l'indication du palais où il fut enterré ; et quant aux souverains de l'Assyrie, les vieux Ninivites ne se rappellent-ils pas encore les fêtes que Sennachérib célébra en leur honneur, lorsqu'il restaura leurs tombeaux à demi détruits pendant les guerres et les révolutions du siècle précédent ?

On ne croit plus guère aujourd'hui que le réduit en terre cuite où le cadavre repose soit à jamais la demeure de l'âme. On imagine qu'il y a, bien loin de nous, les uns disent sous la terre, les autres aux extrémités orientales ou septentrionales de l'univers, un pays ténébreux où tout ce qui subsiste des générations passées vit en commun, sous le joug du dieu Nergal et de la déesse Allât. Une rivière y aboutit, qui dérive des eaux primordiales de l'Océan au milieu duquel notre monde est plongé. Il est entouré de sept murailles, et fermé de sept portes que garde un portier inexorable. Les ombres n'y pénètrent que sur un ordre de la déesse ; on les dépouille de tout ce qu'elles apportent avec elles, et on les conduit nues devant Allât, qui les juge et

1. Ctésias racontait que Sémiramis avait enseveli Ninos dans l'intérieur du palais de Ninive : la tradition qu'il rapporte est certainement plus ancienne que l'époque à laquelle il écrivait, et je n'ai pas cru trop m'aventurer en la faisant remonter jusqu'au temps des Sargonides.

leur assigne leur place dans son domaine. Celles qui lui déplaisent sont soumises à des tortures épouvantables ; elles souffrent la faim et la soif, la lèpre les ronge jusqu'à la fin des temps, toutes les maladies s'abattent sur elles et les dévorent sans jamais les tuer. Celles qui échappent aux supplices traînent une existence morne et sans joie. Elles ont soif et faim, et ne trouvent que l'ordure et la poussière à se nourrir et à se désaltérer. Elles ont froid, et on ne leur accorde pour se couvrir qu'un vêtement de plumes, les grandes ailes sourdes des oiseaux de nuit sur lesquelles elles volètent sans cesse avec des cris plaintifs. Une fois admises dans ce royaume lamentable, elles n'en sortent plus que par exception, sur l'ordre des dieux d'en haut, afin de terrifier et de tourmenter les vivants. Elles ne conservent point le souvenir de ce qu'elles ont fait sur terre. Affections domestiques, amitiés, mémoire des services rendus, tout s'efface sans retour de leurs têtes légères : il ne leur reste plus qu'un regret immense d'avoir quitté la lumière et le désir cuisant d'y remonter. Allât pourrait les satisfaire, s'il lui plaisait. Le seuil de son palais est établi sur une source, dont les eaux rendent la vie à qui s'y baigne ou en boit : elles jaillissent dès qu'on soulève la pierre qui les emprisonne. Mais les esprits de la terre, les Announas, veillent sur elles avec un soin jaloux. « Ils sont
« sept, ils sont sept ; dans le creux de l'abîme ils sont sept ;
« ils ne sont ni mâles, ni femelles, mais sont comme des
« torrents qui se répandent ; ils ne prennent point femme,
« ils n'ont jamais d'enfants ; ils ne connaissent point la
« pitié ni la bienfaisance, ils n'écoutent ni la prière, ni
« la supplication ; ils multiplient les haines dans les mon-
« tagnes ; ils sont les ennemis d'Éa, ils sont les messagers
« de la mort et les agents d'Allât. » Tantôt ils se répandent sur le monde sous forme de vents empoisonnés et soufflent l'orage, tantôt ils se jettent dans les batailles et fau-

chent impitoyablement les héros. Éa seul est assez puissant pour leur arracher quelques gouttes de l'eau vivifiante, encore les donnent-ils à contre-cœur et en protestant contre la volonté du dieu suprême.

Cette conception sombre et farouche de la vie en commun dans un royaume unique est pire encore que l'idée d'une existence prolongée dans la tombe à laquelle elle a succédé. Dans la tombe, du moins, l'âme était seule avec le corps auquel elle avait été liée : dans la maison d'Allât, elle est comme perdue au milieu des génies qui naissent de la nuit. Elle voit s'agiter autour d'elle ces formes redoutables qui, à peine ébauchées dans les rêves, l'ont déjà persécutée sur terre. Aucun de ces démons n'a une figure simple et voisine de la figure humaine ; mais ils présentent un mélange de l'homme avec les bêtes et des bêtes entre elles, où les traits les plus repoussants de chaque espèce sont combinés artistement. Les têtes de lion se dressent sur des corps de chacal à griffes d'aigle et à queue de scorpion, et tout cela rugit, hurle, siffle, réclame sans cesse des âmes rebelles à torturer ou à détruire. Les chefs de ces monstres, les ministres d'Allât, s'appellent la peste, la fièvre, le vent du sud-ouest. Allât elle-même est plus hideuse peut-être que le peuple sur lequel elle règne. Elle a un corps de femme, mais velu et mal proportionné, un mufle grimaçant de lionne, les ailes et les pattes d'un oiseau de proie. Elle brandit de chaque main un gros serpent, véritable javelot animé qui mord et empoisonne l'ennemi sans pitié. Elle a pour enfants deux lions, qu'elle nourrit de son lait. Elle court à travers son empire, non pas à cheval, mais debout ou agenouillée sur le dos d'un cheval qu'elle écrase de son poids. Parfois, elle va en personne explorer la rivière qui descend du monde des vivants ; elle s'embarque alors avec son cheval sur un bateau-fée, qui navigue sans voile ni aviron, et dont la proue se termine en bec d'oiseau, la poupe en tête de taureau (fig. 124). Rien ne lui échappe, rien ne lui résiste ; les dieux eux-mêmes ne pénètrent dans son empire qu'à la condition de mourir comme les hommes, et de se reconnaître humblement ses esclaves.

Le jour vint pourtant où la conscience humaine se révolta contre ce dogme farouche, qui condamnait toutes les générations à une perpétuité de misère parmi les ténèbres. Quoi? les rois qui se montrent justes et doux pour leurs peuples, les héros qui détruisent les monstres, les soldats qui sacrifient leur vie sans hésiter sur le champ de bataille, seraient confondus dans une même nuit avec les tyrans, les esclaves et les lâches ! Leur puissance, leur courage, leurs vertus ne leur serviraient tout au plus qu'à raccourcir leur séjour dans notre monde de lumière, et à les précipiter au fond des enfers avant le temps ! On crut que les dieux, les séparant du vulgaire, les accueillaient dans une île fertile, éclairée par le soleil, et séparée du séjour des hommes par la rivière infranchissable qui mène aux enfers. Là croît l'arbre et coule la source de vie : quelques hommes privilégiés y pénètrent parfois avant la mort, et en ressortent sains et vigoureux comme aux jours de leur jeunesse. On plaça d'abord cette terre fortunée dans les marais de l'Euphrate, vers l'embouchure du fleuve, puis, quand on connut mieux le pays, au delà de la mer. A mesure que les découvertes des marchands ou les guerres des conquérants élargissaient les limites de l'horizon où les premiers Chaldéens s'étaient tenus enfermés, l'île mystérieuse recula de plus en plus vers l'est, puis vers le nord, et finit presque par disparaître dans l'éloignement. Au dernier terme, les dieux du ciel, devenus hospitaliers, reçurent les âmes héroïques dans leur propre royaume, au sommet de la *Montagne du Monde*.

Cette montagne occupe la région septentrionale de

l'univers. Le firmament étoilé s'appuie d'un côté sur ses cîmes; le soleil s'échappe chaque matin de ses flancs à l'Orient, pour y rentrer à l'Occident. Quand un héros meurt, son esprit s'élève de terre, semblable à un nuage de poussière que le vent chasse devant lui ; dès qu'il parvient à la région des nuages, les dieux accourent et l'acclament comme s'il était l'un d'eux. « Viens, lui disent-ils, lave tes mains, pu-« rifie tes mains ; les dieux, tes aînés, se laveront les mains « et se purifieront les mains avec toi, » pour prendre place au banquet d'immortalité. Et maintenant, « mange la nour-« riture pure sur des plats purs, bois l'eau pure dans les « coupes pures, prépare-toi à jouir de la paix du juste. » Éâ lui-même, le souverain des dieux, daigne assigner à son hôte une place dans les lieux sacrés, et l'y transférer de ses propres mains ; il lui donne le miel et la graisse, il lui verse dans la bouche l'eau qui vivifie, et elle lui rend l'usage de la parole que la mort lui avait ravi. Lui cependant, au repos sur un lit d'apparat, regarde d'en haut la terre et toutes ses misères. Ce qui avait été d'abord le privilège des héros est devenu un droit général. Il suffit désormais qu'un homme ait bien vécu ici-bas, — et par bien vivre, j'entends être dévot envers les dieux, célébrer régulièrement leurs fêtes, leur adresser de nombreuses prières et de nombreuses offrandes, — pour qu'il trouve accueil de l'autre côté de la tombe. Mérodach et son épouse Zarpanit le « font revivre » ; il va, vient, parle, mange, boit à son gré, jouit du soleil et de la lumière. Le royaume d'Allât ne renferme plus que les générations passées, celles qui ont vécu et qui sont mortes aux premiers temps du monde. Elles sont encore là dans l'ombre, rangées autour des trônes où siègent les anciens rois, autour de Ner, d'Étana, de tous les vieux héros d'avant le déluge. Les hommes d'aujourd'hui sont plus heureux. Les années qu'ils passent parmi nous ne sont pas attristées comme l'étaient celles de leurs ancêtres par l'image toujours présente de la nuit éternelle. La piété les rend dignes du ciel, le repentir efface leurs péchés, et leurs dieux les reçoivent auprès d'eux.

La tombe d'Iddinâ est fournie de vivres et de mobilier. C'est plutôt par respect pour les vieux rites que par croyance aux idées qu'ils exprimaient jadis. Sans doute, bien des hommes dans le peuple et même dans les classes élevées de la société s'imaginent encore que l'âme séjourne près du cadavre, et se repaît des aliments qu'on lui prodigue. Les parents d'Iddinâ ne partagent point la foi populaire. Ils savent que l'âme de leur mort bien-aimé s'est envolée vers le ciel au moment des funérailles. Ils s'assurent que les dieux bienfaisants ont protégé son essor et l'ont soustraite à la malignité des démons. Quand le jour viendra pour eux de quitter cette terre, ils espèrent la retrouver là-haut, sur le sommet de la *Montagne du Monde*, dans la région des « nuages argentés ».

CHAPITRE XIV

LA CHASSE ROYALE

Assourbanipal : son goût pour les plaisirs et pour la chasse. — Les affaires d'Élam : les neveux du roi Tioummân se réfugient en Assyrie. — Départ pour la chasse au lion : les gazelles, les daims, les ânes sauvages. — La traversée du fleuve. — Le camp, la tente royale. — L'auroch et la chasse à l'auroch. — Le sacrifice au retour de la chasse. — Le lion d'Assyrie et la chasse au lion dans les marais. — Chasse au lion captif dans les parcs royaux. — Ambassade de Tioummân.

Assourbanipal est monté jeune sur le trône. Il n'avait pas trente ans lorsque Esarhaddon son père le choisit parmi ses fils et le proclama prince héritier à Ninive, en présence des grands et de l'armée : l'année d'après, il était roi. Il est grand, vigoureux, bien fait ; il a le visage large, les yeux hardiment ouverts, le nez droit, la bouche dure et hautaine, les cheveux longs et crêpelés. Ses prédécesseurs se passionnaient pour la guerre et pour la conquête ; ils vivaient, et parfois, comme Esarhaddon, mouraient dans les camps. Assourbanipal n'endosse pas volontiers le harnois. Il remet d'ordinaire à ses généraux la conduite des opérations militaires ; comme ses généraux ont été dressés à bonne école, les affaires du pays n'en vont pas plus mal. Ce n'est pas qu'à l'occasion il ne puisse commander et se battre tout comme un autre ; mais il est indolent par nature, voluptueux, dévot, ami du luxe et des arts, d'ailleurs chevaucheur intrépide et chasseur puissant devant l'Éternel.

Il est venu s'installer à Dour-Sharoukîn pendant quelques semaines afin d'échapper aux ennuis de la politique, mais c'est en vain, et à Dour-Sharoukîn comme à Ninive la routine de son métier de roi pèse sur lui lourdement. Les courriers, qui arrivent soir et matin de toutes les parties de l'empire, n'arrêtent point de troubler son repos et le distraient de ses plaisirs par leurs nouvelles. Babylone remue sourdement; l'Ourarti s'agite et menace la frontière du nord; l'Égypte intrigue sans relâche, et travaille sous main les petits princes de Juda, de Moab et des Philistins; les Cimmériens, vaincus par Ardys, fils de Gygès, et par ses Lydiens, font mine de vouloir envahir la Cilicie: les Mèdes ont tué un de leurs chefs qui était dévoué à l'Assyrie pour le remplacer par un de ses cousins dont l'hostilité est manifeste; l'Élam arme ouvertement et son roi n'attend qu'un prétexte pour entrer en campagne. Tioummân est un « diable incarné », dont l'orgueil et la cruauté ne connaissent point de bornes. A peine monté sur le trône, il voulut saisir et assassiner les enfants de ses frères Ourtakou et Oummanaldâsh, qui avaient régné avant lui; prévenus par des amis fidèles, ils s'enfuirent avec leurs serviteurs, et des bandes entières d'Élamites les accompagnèrent en Assyrie. Assourbanipal leur fit bon accueil, un peu par générosité naturelle, beaucoup par intérêt. Ces jeunes gens aux noms barbares et au langage incorrect, Oummanigâsh, Oummanappa, Tammaritou, Koudourrou, Parrou, sont les héritiers légitimes de la couronne susienne; ils conservent dans le pays des partisans nombreux, qui se révolteraient à coup sûr s'ils étaient soutenus, et qui pourraient, en cas de guerre, opérer une diversion favorable aux armées assyriennes. En attendant, Assourbanipal leur accorde l'hospitalité la plus large et les traite en princes de sa famille plutôt qu'en étrangers. Il leur a assigné à chacun des maisons, une suite, des revenus abondants, un train presque royal; il les invite fréquemment à sa table, et demain il les emmène chasser le lion au delà du Zab, dans la direction des montagnes de Médie.

Le lion ne se rencontre plus, comme jadis, au voisinage des grandes villes. Il faut aller le chercher assez loin dans la campagne, et les battues qu'on dirige contre lui semblent moins une chasse qu'une expédition en pays ennemi. Le roi prend une partie de sa garde et part au lever du soleil. Dour-Sharoukin est entourée de villas et de jardins, où les canaux dérivés du Khousour entretiennent une fraîcheur perpétuelle. Le cortège, pressé entre les murs qui bordent la route, s'allonge et paraît interminable; bientôt cependant les maisons s'espacent, les bouquets d'arbres s'éclaircissent, les cultures cessent, la prairie commence, et la petite armée des chasseurs s'y déploie à l'aise, comme en ordre de bataille.

De là aux rives du Zab l'étape est charmante, alors que l'herbe foisonne partout et que le soleil chauffe encore les champs sans les brûler. La plaine fuit en ondulant jusqu'à l'horizon, verte et parfumée. Les fleurs y sont si drues par endroit et si serrées les unes contre les autres qu'on dirait un tapis de couleur étalé sur le sol; les chiens qu'on y lance en ressortent tout bariolés de jaune, de rose et de bleu. A chaque instant, des lièvres effarés ou des volées de perdrix se lèvent presque sous les pieds des chevaux. Les hardes de gazelles et de chèvres sauvages qui paissaient dans l'éloignement s'inquiètent : on les voit lever la tête, flairer le vent, regarder un moment de tous côtés, puis détaler d'un même mouvement et se perdre à l'horizon. Ces animaux trottent si vite et si longtemps que les meilleurs chiens courants réussissent rarement à les forcer. On découpla pourtant contre eux quelques lévriers, qui firent partir par accident une bande d'ânes sauvages (fig. 129). L'âne est une fort jolie bête, au poil gris et luisant, si rapide d'allures qu'il dépasse aisément les chevaux. Il jette un cri, lance une ruade, file hors portée, puis s'arrête, se retourne et voit venir; sitôt que l'ennemi approche, il

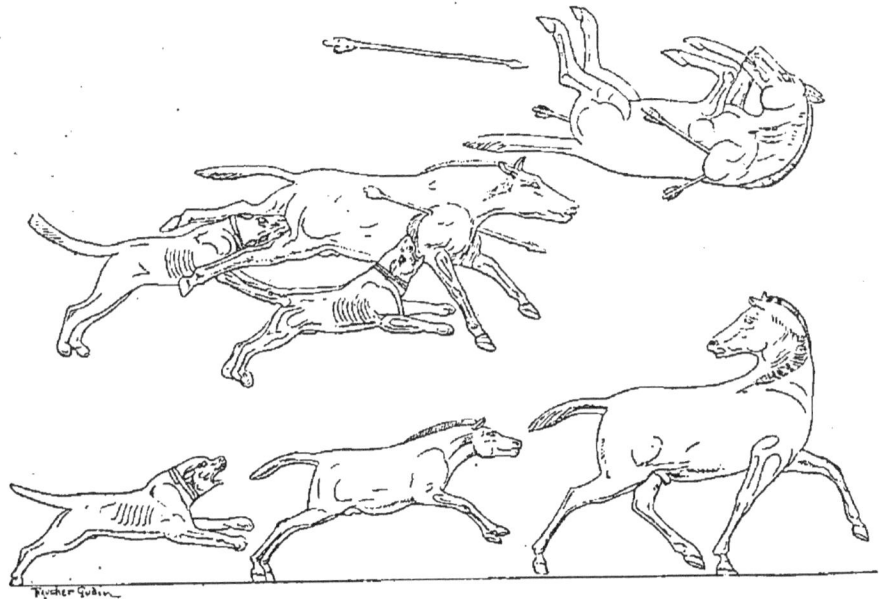

Fig. 129. — La chasse à l'âne sauvage.

repart, s'arrête, repart de nouveau et recommence le même manège sans se lasser, aussi longtemps qu'on le poursuit. Une vingtaine de cavaliers se lancèrent sur la piste, moins dans l'espoir de rien atteindre que pour entraîner leurs chevaux, et pour se donner le plaisir d'aller à travers champs. Ils eurent au retour la bonne fortune de surprendre une famille de daims, qui paissaient sans méfiance dans un pli de terrain : un vieux mâle, percé de deux flèches, revint bravement sur les chiens, et sa résistance laissa aux jeunes le temps d'échapper.

Assourbanipal ne daigne pas s'arrêter un moment pour un gibier aussi mince. Il chemine lentement à travers la plaine, droit et impassible sur son char d'apparat (fig. 130).

Un large parasol en étoffe brodée rouge et bleue l'abrite de son ombre. Le cocher, placé à droite, règle le pas des chevaux de façon à éviter les cahots le plus possible ; deux eunuques, cramponnés d'une main aux rebords de la caisse, agitent continuellement le chasse-mouches. Les chars des princes susiens suivent à la file, puis ceux des vizirs, puis un corps de lanciers à cheval : les piétons, les équipages de chiens, les gens de service ; les mulets chargés de vivres ou de

Fig. 130. — Le cortège d'Assourbanipal.

matériel ferment la marche. Une halte d'une heure au milieu du jour, un campement improvisé le soir, auprès d'un torrent encore gonflé par la fonte des neiges. Le lendemain, vers le coucher du soleil, le convoi arrive au Zab presque sans l'apercevoir, tant il est encaissé profondément entre ses berges, au milieu de cette plaine uniforme où rien ne trahit sa présence.

Des éclaireurs dépêchés en avant ont tout préparé pour la traversée. Assourbanipal et les princes susiens s'embarquent sur deux bateaux. Les cavaliers s'entassent pêlemêle dans des canots de pêcheurs. Les chevaux suivent à la remorque, tenus en main par les écuyers ou attachés au bordage (fig. 131). Les fantassins ont toujours une outre vide de forte dimension. Ils la gonflent (fig. 132), en lient l'orifice, et se jettent à l'eau avec elle ; moitié portés, moitié nageant, ils ont bientôt fait de franchir un fleuve sans déposer leurs armes (fig. 133). En une demi-heure le passage est à peu près terminé.

Le camp fut établi à quelque distance, sur un terrain sec et sablonneux, avec sentinelles et postes avancés comme en

Fig. 131. — Le roi traverse le fleuve en barque : les chevaux suivent à la nage.

temps de guerre. Le gros de la troupe dresse des tentes sommaires ou s'accommode en plein air, du mieux qu'il peut. Un peu de bois sec apporté de Dour-Sharoukîn, des herbes ramassées à la hâte dans le voisinage, et en moins de rien le foyer est prêt. La marmite bout bientôt sous l'œil vigilant d'un camarade ou d'une des femmes qui accompagnent le soldat, et groupés par trois ou quatre au plus, tous les hommes qui ne sont pas de service mangent et boivent en devisant. Les seigneurs ont chacun leur tente, dressées autour de la tente royale. Celle-ci est une sorte

Fig. 132. — Les fantassins gonflant leur outre.

de petit palais provisoire d'une construction assez compliquée. On plante en terre, sur deux lignes parallèles, dix perches réunies aux sommets par des traverses, et qu'on assure extérieurement de cordes chevillées au sol, puis on tend sur cette charpente de grosses toiles ou des bandes de feutre qui en ferment les côtés

Fig. 133. — La traversée sur les outres gonflées.

(fig. 134). L'espace compris dans l'enceinte dessine une sorte d'ellipse aplatie. La partie centrale où le foyer brûle demeure à ciel libre, pour que la fumée s'échappe aisément ; les deux hémicycles de l'extrémité sont recouverts de demi-dômes en toile ou en feutre, de hauteur inégale, et soutenus

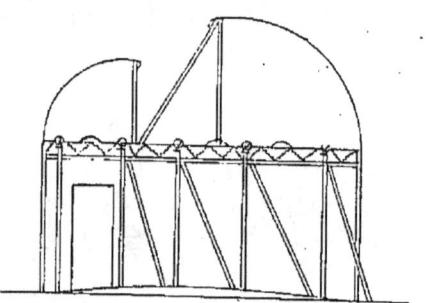

Fig. 134. — La tente royale.

chacun par un poteau branchu. La porte est placée à l'un des bas-bouts, sous la plus petite des coupoles. Le mobilier est celui d'une maison ordinaire, une table pliante à pieds de gazelle, des tabourets, un fauteuil, un lit complet : la vaisselle à manger et à boire est suspendue aux branches des poteaux. Un autel est dressé aux dieux en dehors, à côté d'une écurie où les chevaux trouvent provende et abri contre les froids de la nuit (fig. 135). Un troupeau de bœufs, de moutons et de chèvres, parqué derrière l'écurie, fournit la table royale de lait et de viande fraîche, matin et soir. Assourbanipal consent bien à risquer sa vie : il ne veut pas se priver du confort auquel il est habitué depuis son enfance.

Fig. 135. — L'écurie royale.

Les veneurs n'ont relevé jusqu'à présent aucune trace de lion : en revanche, ils affirment avoir reconnu, à quelque distance au nord-est, une dizaine de bœufs sauvages. L'auroch devient rare depuis près d'un demi-siècle. Les rois d'Assyrie lui ont si furieusement couru sus, qu'ils en ont presque exterminé l'espèce : ceux qu'on signale encore de temps en temps dans la plaine, isolés ou par bandes, y descendent d'aventure des monts de Médie ou d'Arménie. Assourbanipal accueille le rapport de ses gens avec d'autant plus de joie qu'il n'a jamais eu l'occasion de renouveler les prouesses de ses prédécesseurs contre l'auroch : il réunit en conseil quelques vieux officiers qui ont chassé avec son grand-père Sennachérib dans leur jeunesse, et trace le programme de sa journée de demain avec autant d'ardeur qu'il ferait le plan d'une bataille. Aussi bien, l'auroch ne peut-il être forcé qu'au moyen d'une stratégie particulière. Ce n'est pas, comme le bœuf domestique, une sorte de rêveur stupide et doux : outre qu'il a une vigueur et une taille prodigieuses, il compte parmi les animaux les plus rapides et les plus rusés de la création, et il se montre au moins aussi défiant à l'approche que dangereux à l'assaut.

Le commun des chasseurs se divise donc en deux bandes. La première s'élève avec précaution sur le flanc du troupeau, et se déploie derrière lui en demi-cercle, puis se démasque et le rabat à grands cris vers le point où le roi s'est posté avec ses hôtes. Assourbanipal a laissé au camp son char d'apparat, lourd et surchargé de serviteurs. Il monte, seul avec son cocher, un char de guerre, bas et léger, muni de lance, d'arc et de carquois : un cavalier armé de toutes pièces mène derrière lui par la bride un cheval de rechange. Le char en effet n'est pas bon à l'user partout indifféremment. Il s'embourbe dans un sol marécageux, se brise contre les pierres, culbute sur les terrains raboteux et inégaux, ou du moins cahote si rudement que le soldat, embarrassé de son équilibre, ne peut plus se servir de ses armes : le cheval supplée alors le char avec avantage. Les bœufs, déconcertés par les cris et par l'apparition soudaine de l'ennemi, hésitent un moment avant de prendre un parti. L'un d'eux, une bête énorme, d'aspect formidable, baisse la tête avec un beuglement de rage, et fond sur le cavalier le plus rapproché d'un élan si prompt que celui-ci n'a pas le temps de se garer : il enlève bête et homme d'un seul coup de corne et les jette en l'air, avec autant d'aisance qu'il eût fait d'une botte de foin, puis traverse la ligne des rabatteurs au galop, et s'enfuit dans la direction de la montagne, sans que personne ose inquiéter sa retraite. Le reste de la troupe s'élance dans la direction opposée, où la plaine lui paraît libre, et se heurte aux chasseurs. En moins de temps qu'il n'en faut pour le dire, trois des taureaux qui la composent roulent à terre percés de plusieurs flèches; les quatre autres, plus légèrement touchés, tournent court et détalent à toutes jambes vers la rivière. Assourbanipal s'attache au plus gros, qu'il est presque certain d'avoir blessé au défaut de l'épaule, le gagne peu à peu de vitesse, range adroitement son char à côté de lui, sans ralentir l'allure, et, posant son arc, dégaine l'un des poignards qu'il porte à la ceinture. D'une main, il saisit à la volée une des cornes de l'animal, de l'autre il lui enfonce son arme dans la nuque : la lame courte et large divise la moelle épinière à la jonction du cou et de l'épaule, le taureau s'affaisse sur lui-même, en bloc, comme foudroyé (fig. 136). Une décharge de flèches abat les fuyards avant

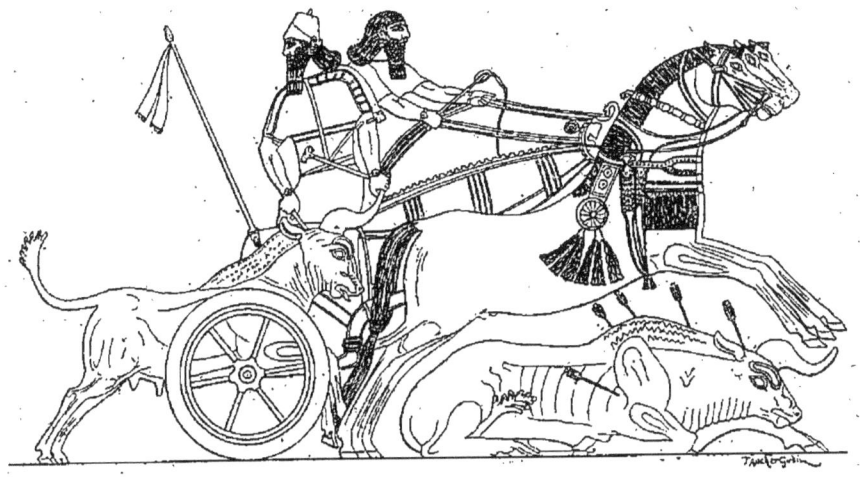

Fig. 136. — Le roi tue l'auroch d'un coup de poignard.

qu'ils aient eu le temps de se précipiter à l'eau : il ne demeure plus du troupeau entier que le vieux mâle échappé au début de l'action.

Le retour au camp est un véritable triomphe. Dès que les sentinelles signalent l'arrivée du cortège, soldats, esclaves, femmes, tous ceux qu'un devoir d'étiquette ou une consigne militaire n'enchaîne pas à leur poste accourent et se rangent sur deux lignes pour regarder le défilé. La vue des sept taureaux, portés chacun par cinq ou six hommes, leur fait presque oublier un moment le respect dû à la majesté royale. Ils se récrient sur leur grandeur, sur la force de leurs cornes, sur l'aspect farouche que leur prête la crinière; ils saluent la prouesse du maître et bénissent à haute voix les dieux qui l'ont favorisé de si rare et si terrible butin. Arrivé devant sa tente, Assourbanipal descend de char et se prépare à rendre hommage de sa victoire au seigneur Assour et à la dame Ishtar d'Arbèles (fig. 137). Deux prêtres, la harpe en arrêt, la main aux cordes, attendent le moment d'entonner l'hymne d'actions de grâces. Les porteurs déposent les aurochs à terre et les rangent côte à côte sur une seule ligne. Le roi, escorté de son chasse-mouches et de son porte-ombrelle, se place sur la droite, l'arc dans la main gauche. Il reçoit la coupe pleine du vin sacramentel

Fig. 137. — Le roi fait hommage de sa chasse à la déesse Ishtar.

que le vizir lui présente, il l'effleure des lèvres, puis la vide en partie sur la tête des victimes au bruit de la musique. Ce soir même, un eunuque partira pour Ninive afin de faire retracer sur la pierre le nouvel exploit. On verra le départ, la poursuite, la mort, la rentrée solennelle, et une inscription gravée au-dessus de la dernière scène apprendra aux races futures le nom du triomphateur. « Moi, Assourbanipal, roi des légions, roi du pays d'Assour, « à qui assurent la puissance Assour et Beltis, j'ai tué « sept aurochs; j'ai tendu sur eux l'arc puissant d'Ishtar, « maîtresse des batailles, j'ai fait sur eux une offrande et « j'ai répandu le vin sur eux[1]. »

---

1. On ne connaît jusqu'à présent aucune chasse à l'auroch sur les monuments d'Assourbanipal; tous les détails qui précèdent ont été empruntés aux tableaux de chasse de Sennachérib. Le texte de l'inscription est pris aux bas-reliefs qui représentent notre roi chas-

La chair et la graisse en sont assez médiocres, surtout quand la bête est vieille, mais on détache la tête et la peau, qu'on prépare avec soin et qu'on dépose dans le trésor. Les plus anciens rois d'Assyrie estimaient déjà grandement cette sorte de trophées. Tiglathphalasar Ier se vantait, il y aura bientôt six cents ans, d'en avoir rapporté un bon nombre de Syrie, avec des dents d'éléphant et un crocodile du Nil dont Pharaon lui avait fait cadeau : « Je « pris même de jeunes aurochs, ajoute-t-il, et j'en formai « des troupeaux. » C'était une réserve de chasse qu'il voulait se ménager, car il ne prétendait certes pas courber sous le joug ces brutes gigantesques, et les réduire à la condition des bœufs domestiques. D'autres, après lui, essayèrent sans doute, sinon de les apprivoiser, du moins d'en garder dans des parcs : aucune de leurs tentatives ne paraît avoir réussi, et nous n'apprenons nulle part dans les annales d'Assyrie qu'il y ait jamais eu des troupeaux d'aurochs, nés ou simplement entretenus longtemps en captivité. Leur nom n'est déjà plus pour beaucoup des contemporains qu'un mot dénué de sens précis. Ils ne savent plus trop ce qu'il désigne, un animal réel ou l'un de ces monstres fantastiques dont les races peuplèrent le monde aux premiers jours de la création. Les bas-reliefs commémoratifs sculptés sur les murs des palais seront bientôt seuls à nous montrer leur figure véritable[1].

Deux jours s'écoulent en vaines recherches : le troisième, au moment où le roi se demande s'il n'aurait pas raison de lever le camp, un fellah vient annoncer, tout tremblant encore, que, le matin même, deux lions lui ont enlevé

sant le lion : j'y ai remplacé le nom du lion par celui des taureaux.

1. Ce nom *rimou*, hébr. *rêm*, a été en effet mal compris dans les quelques passages de la Bible où on le rencontre, avant le déchiffrement des textes cunéiformes : on le traduisait le plus souvent par *licorne, unicorne.*

un mouton à la lisière du village qu'il habite. Le lion d'Assyrie et de Chaldée est plus petit et moins farouche que le lion d'Afrique. Jeune, il s'apprivoise aisément et reste attaché en grandissant au maître qui l'a nourri et le traite bien. Les rois en ont toujours quelqu'un dans le palais, dont ils s'amusent ; on ne voit pas cependant qu'ils en dressent à les suivre en guerre et à se battre contre leurs ennemis comme les Pharaons d'Égypte font souvent[1]. A l'état sauvage, il habite les marais, au bord des rivières ou des canaux. Le jour, il se tapit dans les fourrés et ne les quitte qu'à la dernière extrémité ; la nuit, il part en quête et tâche de surprendre une gazelle ou un onagre. Quand le gibier lui manque, il vient rôder autour des habitations humaines : un mouton, un bœuf, un cheval, un chien, tout ce qu'il rencontre lui est bon, mais il se jette rarement sur l'homme. On lui donne la chasse avec de gros chiens, qu'on appuie de cavaliers bien montés ; mais il faut que chevaux et chiens aient été aguerris par avance, sinon sa vue et son odeur seules les mettraient en déroute. Les chiens qu'on emploie à ce service sont des mâtins de haute taille, au pelage rude et emmêlé, noir sur le corps, roux à la tête et sur les membres. Ils ont la queue recourbée, la lèvre pendante, la mâchoire large (fig. 138) : quand ils ont mordu à la proie, on dit qu'ils se laisseraient déchirer en morceaux plutôt que de lâcher prise.

Assourbanipal, heureux de cette aubaine inespérée, fait cerner sans retard le marais où les lions maraudeurs se sont réfugiés avec leur proie, et s'arrête un moment pour le reconnaître avant d'y pénétrer. Un sol spongieux, placé en contre-bas du reste de la plaine ; d'abord quelques flaques d'eau croupissantes éparses çà et là, puis des taillis de joncs et d'herbes aquatiques, et une véritable forêt de

---

1. Voir, p. 183 sqq., ce qui est dit du lion domestique de Ramsès II et de la part qu'il prit à la bataille de Qodshou.

roseaux géants qui s'élèvent à douze ou quinze pieds en l'air. Un ou deux sentiers battus par les pêcheurs qui s'aventurent dans ces parages dangereux circulent dans le fourré; une rivière le traverse et s'y sépare en une dizaine de branches, dont plusieurs semblent être navigables et se jettent dans le Zab à quelque distance. Assourbanipal poste un bateau chargé de soldats en travers de la plus large : ils ont pour consigne de couper la retraite au lion, s'il voulait

Fig. 138. — Le chien qui chasse le lion.

s'échapper et gagner à la nage les parties du marais et de la plaine situées au delà. Il place lui-même la ligne des rabatteurs, puis monte à cheval, le carquois au dos, l'arc à la main, et ordonne de lâcher les chiens, tenus jusqu'alors en laisse par leurs valets. Les braves bêtes s'enfoncent sans hésiter dans les herbes, suivies de près par le roi et par les écuyers qui portent ses armes et conduisent le cheval de rechange.

Un bruit d'aboiements que dominent deux ou trois éclats de voix, le cri du fauve en colère, rauque et bref. En débouchant à l'extrémité d'une clairière assez vaste (fig. 139), le roi aperçoit à l'autre extrémité deux lions qui se retirent à pas lents, respectueusement escortés à distance d'une demi-douzaine de chiens. Une première flèche, lancée au galop, frappe la femelle entre les côtes; comme elle se ramasse pour bondir, une seconde l'atteint à l'épaule et une troi-

Fig. 139. — Le roi au galop décoche une flèche contre le lion.

sième lui entame la colonne vertébrale à la hauteur des reins. Elle tombe, puis se redresse sur les pattes de devant, et, traînant avec effort son arrière-train paralysé, elle attend le choc, le cou tendu, la tête menaçante (fig. 140) : un coup de lance en pleine gueule l'achève au passage. D'abord son compagnon a fait mine de vouloir la défendre, mais le courage lui faut à la vue de cette exécution soudaine, et quatre flèches, qui le frappent à l'instant, achèvent de

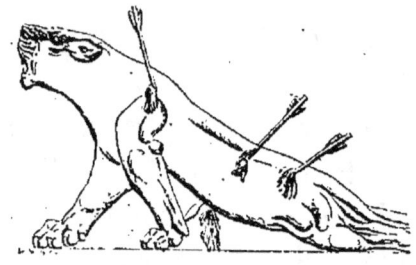

Fig. 140. — Mort de la lionne.

le déconcerter (fig. 141); il se rejette d'un saut dans le fourré et y disparaît, les chiens sur la piste. Assourbanipal se précipite après eux; mais bientôt le sol se dérobe sous lui, son cheval s'enfonce en pleine vase jusqu'au jarret et ne se dégage qu'avec peine. Il rebrousse en hâte, le remet aux mains d'un écuyer, et, prenant sa lance, essaye de continuer à pied jusqu'à la rivière.

La voix des chiens, si haute encore il n'y a qu'un moment, s'est perdue sous le couvert et rien ne le guide plus.

Fig. 141. — Le lion blessé.

Il glisse à chaque instant sur une feuille, trébuche contre une racine, s'embarrasse aux jeunes pousses et aux tiges couchées. Les roseaux le pressent de toute part et l'empêchent de rien voir : le lion est peut-être là et le frôle presque sans qu'il s'en doute. Et de fait, une brèche soudaine dans la masse verte qui l'emprisonne le lui montre à l'improviste, debout sur la berge, à vingt pas devant lui, détaché en vigueur sur le fond miroitant de la rivière, et comme absorbé dans la contemplation du bateau qui barre le chemin. Il se demande évidemment dans son cerveau de lion ce qui lui vaut mieux, livrer bataille sur l'eau pour forcer le passage, ou fuir encore et se replonger dans les profondeurs du marais. L'arrivée du roi tranche la question et ne lui laisse plus que le choix entre deux ennemis. La rage qu'il éprouve à se sentir traqué de si près achève de ranimer ses esprits. Il se bat le flanc de sa queue, ride sa face, secoue sa crinière, et les crocs au vent, la gueule béante, se dresse sur les jambes de derrière pour en finir promptement d'un seul coup de griffe. Assourbanipal, qui n'attendait que ce moment, lui saisit l'oreille de la main droite et lui plante la lance au milieu de la poitrine (fig. 142) : l'arme, poussée à fond, touche le cœur, perce le corps de part en part et ressort à mi-pointe derrière l'épaule.

C'est un vieux lion fauve de taille peu ordinaire; il mesure six pieds environ de longueur, depuis l'extrémité du mufle jusqu'à la naissance de la queue, et l'on aurait fort à faire si l'on était obligé de le ramener à travers le marais. Heureusement, la barque est là : on l'y porte, on l'y suspend à la poupe, par les pattes, en paquet, la tête ballante et la queue traînant dans l'eau, puis le roi s'embarque à son tour et donne l'ordre de rejoindre le Zab, pour retourner au camp. Le chenal, large par endroits au point de

Fig. 142. — Le roi tue le lion d'un coup de lance.

former de véritables étangs, se rétrécit en certains autres. Au sortir d'une de ces passes, des aboiements retentissent, un grand lion blessé jaillit du milieu des roseaux,

Fig. 143. — Le lion attaque la barque royale.

franchit d'un bond les dix pieds qui le séparent du bateau, et vient s'abattre les griffes contre le bordage (fig. 143). Mais le roi l'a déjà salué au vol d'une flèche en plein ventre, l'équipage s'acharne sur lui de la pique : il est tué en

un clin d'œil, hissé, pendu de l'autre côté de la poupe. en contrepoids du premier lion. Les trois cadavres rapportés au camp (fig. 144) furent présentés à Ishtar avec les mêmes cérémonies qu'on avait célébrées pour les taureaux sauvages, et les sculpteurs reçurent l'ordre de représenter la lutte corps à corps du souverain contre son féroce adversaire. « Moi, Assourbanipal, roi des peuples, roi
« du pays d'Assour, seul à pied, dans ma majesté, j'ai saisi
« par l'oreille un lion puissant du désert, et par la grâce
« d'Assour et d'Ishtar, la maîtresse des batailles, je lui ai
« percé le flanc avec ma lance, de mes propres mains. »

Les chasses ne sont pas toujours aussi heureuses, et souvent, au cours de ces dernières années, le roi, parti en pompe de Ninive, y est revenu les mains vides, après quinze jours ou trois semaines de chevauchées inutiles, sans avoir rencontré autre chose que des gazelles et des bouquetins. Le temps n'est plus où le vieux Tiglathphalasar pouvait se vanter d'avoir massacré à lui seul cent vingt lions adultes, à pied, à cheval ou en char. La Mésopotamie entière n'en nourrit plus autant peut-être, et l'on en est réduit aux expédients pour se les procurer en nombre suffisant. On cherche à en importer des contrées assez bénies du ciel pour en posséder encore plus que leurs princes n'en désireraient avoir, de la Chaldée, de l'Arabie, de l'Élam, de l'Afrique même. Les pourvoyeurs ont inventé divers

Fig. 144. — Le lion rapporté au camp.

moyens fort simples de les prendre vivants ; voici l'un des plus simples : On creuse une fosse large et profonde, dont on couronne le rebord d'un mur en pierres sèches de moyenne hauteur, comme s'il s'agissait d'un parc à bestiaux ordinaire, puis on plante au milieu une poutre solide, dont la tête dépasse un peu l'ouverture, et l'on y attache un agneau vivant. Le lion, attiré aux bêlements plaintifs du malheureux animal, estime le mur du regard, le franchit avec aisance et, à sa grande surprise, dévale au fond d'un trou. Les chasseurs, embusqués non loin de là, accourent aussitôt, le laissent s'épuiser en efforts superflus, l'affament à loisir, et finissent, après quelque temps, par lui descendre au moyen de cordes une cage ouverte dans laquelle ils ont placé un quartier de viande rôtie. Dès qu'il y est entré pour manger, ils la referment et hissent leur prisonnier à la surface, encore furieux et penaud de sa mésaventure.

Expédiés en Assyrie par la voie la plus courte, les lions sont quelquefois lâchés dans de vastes parcs murés, où ils jouissent d'une liberté relative et trouvent des troupeaux entiers de chèvres pour se nourrir : de temps à autre, le roi vient se donner à leurs dépens la distraction d'une chasse en champ clos. Souvent, aussi, on dépose la cage et son hôte au milieu d'une plaine qu'on entoure d'une ligne continue de soldats ; c'est encore un parc, mais temporaire, et le mur en est d'hommes, non plus de briques ou de pierres. Le carré formé, le gardien lève la trappe et se réfugie dans une guérite à claire-voie bâtie exprès pour lui sur le toit

Fig. 145. — Le lion sortant de sa cage.

de la cage (fig. 145). La bête sort tout d'une masse, s'étire, regarde autour d'elle, puis aperçoit l'ennemi et comprend.

Ce simulacre de chasse est réglé à l'exemple des chasses véritables, avec les mêmes armes et les mêmes façons d'attaquer, à coups de flèches, à coups de lance, à pied, à cheval, en char, mais le lion n'a pas le droit de se dérober : chaque fois qu'il tâche de rompre la ligne, les soldats le repoussent et l'obligent à revenir s'exposer aux assauts du souverain. Ainsi qu'il en a été de l'auroch, il en sera du lion, et l'on peut prévoir le moment où les inscriptions et les sculptures resteront seules à témoigner de la bravoure insouciante avec laquelle les rois d'Assyrie allaient le relancer jusque dans son repaire.

Il est sans doute écrit au livre du destin qu'Assourbanipal n'achèvera pas une campagne aussi brillamment commencée. Tandis qu'il dédiait ses lions à Ishtar, son grand-vizir, qui était demeuré à Dour-Sharoukîn pour l'expédition des affaires, le priait instamment par dépêche de vouloir bien y rentrer sans tarder. Un ambassadeur élamite s'est présenté à la frontière de la part de Tioumman. Sa demande d'audience, conçue d'ailleurs dans les termes les plus corrects, ne renferme aucune allusion à l'objet de sa visite ; mais personne ne doute qu'il ait ordre de réclamer l'extradition des princes, et les gens qui l'accompagnent ne font aucune difficulté d'en convenir. « Tioumman con-« naît, disent-ils, l'amitié qu'Assourbanipal a conçue pour « les neveux d'Ourtakou, et serait désolé de la troubler. Il « n'exige pas qu'on les lui livre tout entiers, et l'on peut « garder les corps : les têtes lui suffisent, et pourvu qu'on « les lui envoie, il tient l'Assyrie quitte du reste. » Refuser l'audience, c'est la guerre immédiate, et le grand-vizir n'ose prendre sur lui une responsabilité aussi grave. Assourbanipal est moins contrarié qu'on ne pourrait le supposer du message qui le rappelle : l'heureux gain de ses chasses l'exalte, et la guerre à l'Élam ne l'effraye pas plus que la guerre au lion. Il reprend le chemin de la ville, dans le même ordre et avec la même pompe qu'à l'aller. Les princes susiens, qui savent leur destinée dans la balance, observent anxieusement sa figure, et remarquent avec joie qu'elle ne trahit aucune préoccupation intérieure. Les soldats, qui voient dans la guerre une occasion nouvelle de piller et de s'enrichir rapidement, se réjouissent à la pensée d'une campagne dont l'issue ne leur paraît pas douteuse, et le bon peuple de Dour-Sharoukin, qui acclamait le roi au départ, l'acclame bien plus au retour en voyant défiler les aurochs et les lions.

CHAPITRE XV

L'AUDIENCE ROYALE ET LES PRÉPARATIFS DE LA GUERRE

La cour d'Assyrie ; son luxe et en quoi il diffère du luxe égyptien. — Le costume du roi. — La broderie : elle répand au dehors les formes de l'art assyrien. — Les bijoux. — Les ministres du roi et leurs fonctions : le *Tourtanou* et les *Limmou*. — L'ambassade élamite : les races diverses de l'Élam. — Déclaration de guerre. — L'armée assyrienne : sa façon de faire la guerre. — Les dangers d'une coalition et les moyens employés pour la prévenir. — Les dépêches expédiées aux gouverneurs et aux commandants militaires.

Le jour de l'audience est arrivé : Assourbanipal a voulu que les ambassadeurs d'Élam fussent traités avec tous les égards imaginables, et la cour entière est sur pied pour les recevoir. La royauté assyrienne est peut-être la plus luxueuse qu'il y ait en notre siècle. Ses victoires et ses conquêtes, ininterrompues depuis cent ans, l'ont enrichie des dépouilles de vingt peuples. Sargon a pris ce qui subsistait des Hittites ; Sennachérib a eu raison de la Chaldée, et les trésors de Babylone se sont engloutis dans ses coffres. Esarhaddon, Assourbanipal lui-même ont pillé l'Égypte et ses grandes cités, Saïs, Memphis et la Thèbes aux cent portes. Les dieux étrangers, Khaldia l'Arménien, Melkarth de Tyr, Kamosh de Moab, Iahvéh d'Israël, Phtah, Amon et leurs troupeaux d'animaux divins, se sont humiliés devant

Assour, et les vases sacrés de leurs temples sont empilés pêle-mêle dans les chambres des palais ninivites. Le commerce a suivi la voie que les armes avaient tracée. Aujourd'hui, les marchands étrangers affluent à Ninive et y importent les denrées les plus précieuses de tous les pays, l'or et les parfums de l'Arabie méridionale, l'ivoire de l'Afrique et de la mer de Chaldée, les toiles et les verreries égyptiennes, les émaux découpés, l'orfèvrerie, l'étain, l'argent, la pourpre de Phénicie, les bois de cèdre du Liban inattaquables aux vers, les pelleteries et le fer de l'Asie Mineure et de l'Arménie : le moindre des seigneurs qui vivent auprès du roi rassemble, dans son palais et sur sa personne, les produits naturels et les manufactures du monde entier.

Il en était jadis de même aux bords du Nil; mais l'Égypte, plus affinée, n'étalait pas son opulence avec autant d'ostentation. Pharaon et ses grands aimaient et aiment encore l'élégance et la perfection plutôt que la richesse de la parure et du mobilier. Ils se couvrent peu et de simples vêtements en toile blanche ; mais la trame en est si légère et si fine que les formes et la couleur du corps transparaissent au travers, et que le contact en est comme une caresse pour les membres. Les Assyriens, au contraire, recherchent les étoffes pesantes et raides, velues et chargées de franges, alourdies de dessins et de broderies multicolores. Leurs vêtements les enveloppent complètement du cou à la cheville, mais ils drapent mal et tournent autour du buste et des hanches presque sans faire de plis. Les femmes elles-mêmes semblent préférer les coupes de robe qui les empâtent et dissimulent le plus le modelé de leur corps : les gaines rembourrées, dans lesquelles elles s'emprisonnent, leur donnent un aspect raide et emprunté, qui contraste défavorablement avec la grâce souple et l'allure dégagée des Égyptiennes.

Assourbanipal s'est fardé avec soin. Ses cheveux et sa barbe, parfumés, peignés, divisés en étages de boucles superposées, lui retombent largement sur les épaules et sur la poitrine. Il a revêtu pour la circonstance un de ses costumes de cérémonie les plus resplendissants. Il porte une mitre haute, en forme de cône tronqué et qui épouse exactement les contours du front et des tempes; elle est en laine blanche, rayée de bleu. Une large bande, semée de rosaces en fil d'or, la maintient sur le front, et les deux extrémités, nouées par derrière, retombent sur la nuque. La robe est à manches courtes, et d'un bleu profond, sur lequel des rosaces sont brodées au fil rouge; elle est serrée, à la taille d'une vaste ceinture à trois plis régulièrement agencés, et bordée par en bas d'une frange dont les floches sont terminées chacune par quatre rangs de perles en verroterie. Une soubreveste est passée par-dessus la robe, qui couvre les épaules et descend jusqu'au milieu du dos. L'étoffe en disparaît presque sous un amas de broderies. Des encadrements de fleurs et de palmettes sont posés sur les bords, et des scènes religieuses se partagent l'espace qu'ils circonscrivent; c'est le roi qui adore l'arbre sacré, ou qui lutte contre un lion et contre deux sphinx ailés, ou qui présente l'arc et la flèche à des divinités diverses (fig. 146). Le tout d'un dessin très soigné, très ferme, et, si l'ensemble en est chargé outre mesure, du moins les détails présentent-ils une variété et un agrément bien faits pour étonner ceux qui ne connaîtraient pas l'habileté de main des femmes assyriennes. Ce sont elles en effet qui exécutent ou plutôt qui peignent à l'aiguille ces tableaux fragiles. Leur réputation s'est répandue à l'étranger, et non seulement les nations civilisées de longue date, comme la Syrie ou l'Égypte, mais les peuples à demi sauvages de l'Hellade ou de l'Étrurie lointaine apprécient grandement leurs ouvrages.

L'AUDIENCE ROYALE ET LES PRÉPARATIFS DE LA GUERRE.

Les étoffes brodées de Ninive et de Babylone sont en effet une des marchandises que les Phéniciens exportent avec le plus de profit et qui ont rendu l'Assyrie et la Chaldée célèbres dans des contrées où le renom de leurs armes n'a jamais pénétré. Les images de dieux et d'animaux, naturels ou fantastiques, qu'on y voit, ont été copiées par les arti-

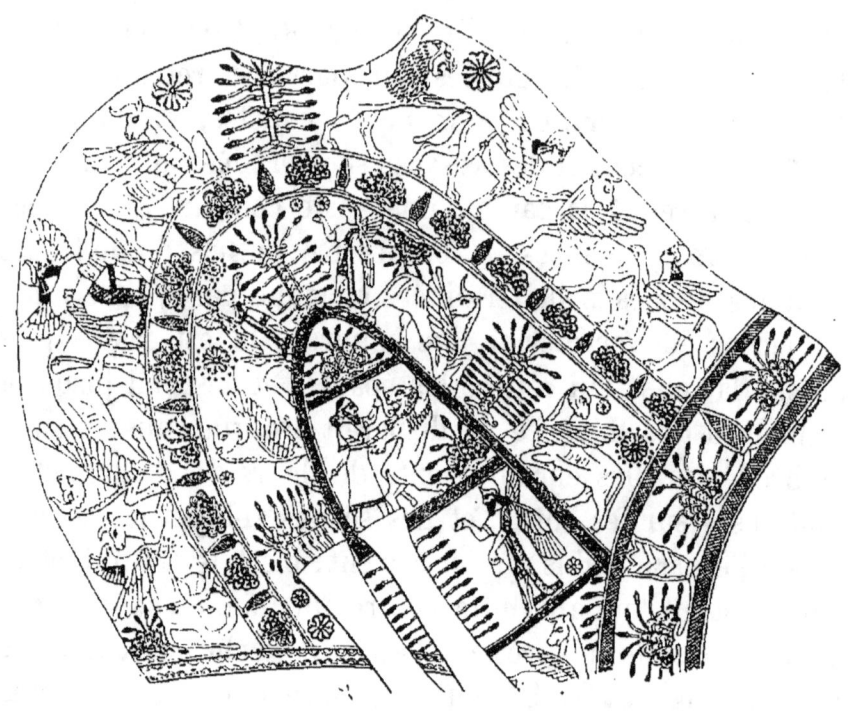

Fig. 146. — Fragment d'une broderie assyrienne, d'après un bas-relief publié par Layard.

sans de ces différents pays sur leurs propres étoffes, sur leurs poteries, sur leurs bijoux, sur leurs ustensiles en pierre ou en métal. Comme ils n'en connaissent point la signification, ils les séparent ou les groupent arbitrairement, sans autre préoccupation que d'en composer des décors harmonieux. Ils y ont même associé des types empruntés à d'autres peuples, surtout aux Égyptiens, et le mélange de ces éléments contradictoires excite la gaieté ou la colère des Assyriens instruits, quand une de ces œuvres grotesques leur tombe par hasard entre les mains. On dit même que certains de ces barbares ont cru reconnaître, le portrait de leurs dieux et de leurs héros dans les figures des dieux ou des rois ninivites. Ainsi les Hellènes se sont emparés du groupe superbe qui représente le géant Izdoubar, serrant un lion d'un seul bras, et l'emportant avec lui. Ils y ont vu Hercule, le fils de Zeus, qui jadis avait étouffé de la sorte un lion gigantesque, et le portrait du vieux héros chaldéen est devenu celui de leur héros national. C'est là vraiment un des effets les plus curieux et les plus imprévus du commerce de nation à nation : la forme matérielle s'est détachée de l'idée qui l'avait inspirée, et s'en est allée, à l'autre bout du monde, recouvrir une idée différente et lui prêter le corps qui lui manquait.

Les bijoux sont à l'avenant du costume. Les Assyriens ont conservé pour les hommes l'usage des boucles d'oreilles, que les Égyptiens ont rejeté depuis des siècles. Celles que le roi porte aujourd'hui sont assez simples et d'un modèle ancien, comme on les avait au temps de Sargon; elles consistent en un simple anneau d'or, décoré de trois globules sur les côtés, et garni d'un pendant en forme de fuseau, orné de quelques bourrelets. Les bracelets sont d'un dessin plus recherché. On en met deux ordinairement à chaque bras. Le premier, placé très haut vers l'épaule, est un jonc en or enroulé sur lui-même : deux têtes de lion arrêtent les extrémités de la spirale. Le bracelet qui entoure le poignet est un cercle d'or que ferme une rosace à dix pétales. L'ensemble de ces bijoux est un peu lourd. On sent partout que le maître a conscience de sa richesse et qu'il a demandé à l'artiste d'employer beaucoup d'or. Mais le travail, examiné de près, témoigne d'une grande habileté. Les têtes de lion sont expressives, les parties de la rosace sont disposées avec un goût parfait, la façon dont les divers motifs s'agencent est ingénieuse. Les orfèvres assyriens feraient aussi bien sans doute que les orfèvres égyptiens, s'ils ne devaient pas travailler pour des clients qui apprécient la valeur des bijoux à la masse et au poids.

Fig. 147. — Collier du roi.

Le collier ne prend pas dans le costume assyrien l'importance qu'il a dans l'égyptien : il consiste en une baguette d'or à laquelle sont attachés des emblèmes divins, le croissant lunaire de Sin, le disque à quatre rayons qui représente Shamash le soleil, la foudre à triple pointe d'Adar qui lance le tonnerre (fig. 147). C'est une amulette plutôt qu'un ornement, et la nécessité de respecter les types immuables des symboles lui a conservé, presque sans altération, sa forme antique : tel on le voit sur les sculptures au cou des vieux rois, tel il est aujourd'hui au cou d'Assourbanipal. La beauté de l'épée compense un peu la simplicité du collier. On la porte presque horizontale, à peu près à la hauteur du coude, si bien que la main gauche est presque toujours posée sur le pommeau quand elle est inactive. La poignée, assez courte, est en ivoire tourné; quatre têtes de lion en or s'y attachent vers l'endroit où elle s'unit à la lame (fig. 148). Le fourreau est en bois lamé d'or; il est décoré à l'extrémité de deux lions en or qui

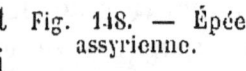

Fig. 148. — Épée assyrienne.

se dressent sur leurs pieds de derrière et paraissent jouer l'un avec l'autre. Cette profusion d'or ne produit pas un effet aussi mauvais qu'on pourrait le croire. La teinte jaune un peu pâle du métal adoucit ce que le vermillon, le bleu et le blanc des étoffes auraient de trop cru. Le roi, ainsi accoutré (fig. 149), paraît bien ce qu'il veut être, l'image des dieux sur la terre : les étrangers, et ses sujets eux-mêmes, lorsqu'ils sont admis pour la première fois à le contempler dans sa gloire, se figurent ce que serait Assour s'il daignait descendre parmi nous et se révéler vivant à nos yeux.

Fig. 149. — Le roi en costume de cérémonie.

Après s'être habillé dans ses appartements, il traverse la cour, à l'ombre d'un parasol qu'un serviteur hausse au-dessus de lui, et va s'asseoir au fond de la salle d'audience, sur un grand fauteuil sculpté, entre deux eunuques qui l'éventent sans interruption (fig. 150). Ses ministres et ses écuyers se tiennent debout des deux côtés du trône, avec les princes de sa famille. Le plus élevé d'entre eux, le premier dans l'empire après le roi, est le Tourtanou qui a le commandement suprême des troupes. Les fonctions qu'il remplit ont toujours eu une grande importance dans une monarchie militaire comme est l'Assyrie ; elles sont devenues si lourdes, depuis les conquêtes des dernières années, qu'Assourbanipal a dû les diviser. Il a institué un second Tourtanou, qui possède les mêmes pouvoirs que le premier, mais dans une moitié seulement de l'empire : tandis que celui-ci, le Tourtanou de la gauche, exerce l'autorité en Commagène et dans les provinces nord-ouest, l'ancien Tourtanou, celui de la droite, réside auprès du souverain et commande dans les provinces du sud et de l'orient. Il est assisté par quatre vizirs de valeur moindre, le maire du palais, qui régit la maison royale, le chef des eunuques qui a la haute main sur les femmes, le Toukoulou qui est à la tête du sacerdoce, enfin le régent, de qui dépendent les employés des finances et des administrations civiles.

Fig. 150. — Le roi sur son trône.

Les Assyriens ont de toute antiquité l'habitude de désigner chaque année qui s'écoule par le nom d'un personnage éminent, qui est censé en diriger les événements, et qu'ils appellent *limmou* : ils disent par exemple, que telle ville a été détruite ou tel peuple soumis, Shamsi-îlou, Adar-malik ou Atar-îlou étant *limmou*. Le souverain régnant est toujours *limmou* pendant l'année qui suit celle où il est monté sur le trône ; après lui, les grands officiers de la couronne reçoivent ce même titre dans l'ordre de préséance que leur dignité leur assure, le Tourtanou d'abord, puis le maire du palais, puis le chef des eunuques, et ainsi de suite jusqu'à ce que, la liste des fonctionnaires étant épuisée, la hiérarchie ramène le nom du roi pour la seconde fois, puis celui de ses ministres.

La foule des courtisans et des officiers de rang moindre se range sur plusieurs lignes, le long des murs de la salle. Leur costume est fort semblable à celui du roi. C'est la même robe frangée et serrée à la taille, c'est la même épée courte, ce sont les mêmes bracelets et les mêmes boucles d'oreilles en or; la coiffure seule diffère. Les moins haut placés ont la tête entièrement nue, les autres ont le front ceint d'un bandeau noué à la nuque; le bandeau des vizirs est plus large sur le front et semé de rosaces dorées. Tous ont la mine hautaine et fière, les traits accentués, le port énergique. Ils sont pour la plupart de taille moyenne, mais trapus et robustes; leurs bras, qu'ils ont nus, témoignent, par la saillie des muscles, d'une force extraordinaire, et ce qu'on devine de leur corps sous les vêtements confirme l'idée avantageuse que la vue des bras inspire de leur vigueur. C'est une race de soldats, taillée pour la lutte, préparée et entretenue par les fatigues et par les périls de la chasse aux fatigues et aux périls de la guerre; on comprend sans peine, à les voir, qu'ils aient réussi, malgré leur petit nombre et malgré le peu d'étendue du territoire qu'ils occupaient, à réduire tous les peuples de l'Asie et à battre les armées de Pharaon.

Fig. 151. — Un seigneur élamite.

L'ambassade élamite est conduite par deux personnages de haut rang à la cour de Suse, Oumbadarâ et Naboudamiq. Les Susiens ont des mœurs et une civilisation analogues à celles de l'Assyrie et de la Chaldée, mais avec quelque chose de plus fruste et de plus sauvage. Le costume des deux ambassadeurs ressemble singulièrement à celui des courtisans d'Assourbanipal. Comme ceux-ci, ils ont une robe longue de couleur éclatante, bordée de franges, l'épée, les bracelets. Oumbadarà n'a qu'un bandeau qui lui ceint le front; Naboudamiq est coiffé d'un bonnet arrondi serré aux tempes par un ruban (fig. 151). Les gens de leur suite sont de physionomie et de costumes assez variés. Les uns s'habillent comme leurs chefs, mais plus simplement, et ont un type presque identique à celui des Assyriens, nez fort et busqué, grands yeux, figure allongée, taille moyenne. D'autres ont la chevelure laineuse, le nez épaté, la bouche avancée, les lèvres grosses et retournées, la barbe courte et crépue : on dirait des nègres, n'était la couleur blanche de leur peau. Ils sont originaires des cantons qui bordent la mer. Les autres enfin sont grands, élancés, ont le nez droit, les yeux bleus, et, quelques-uns au moins, les cheveux blonds. Ils appartiennent aux tribus indépendantes qui habitent les montagnes situées au delà de Suse : ils sont apparentés à ces Perses et à ces Mèdes qui s'appellent eux-mêmes les Ariens, les braves, et qui ont essayé dans ces derniers temps de réunir leurs clans épars en une seule nation, obéissant à un seul roi. Grave danger pour l'Assyrie s'ils réussissent, car ils sont hardis, entreprenants, nombreux surtout. Qui saurait leur faire oublier leurs querelles intestines, les grouper autour de lui et les discipliner, rien ne lui résisterait à la longue; les peuples qui lui seraient supérieurs par la tactique, par l'armement et par la confiance en eux-mêmes, il les écraserait sous la masse de ses soldats.

Le luxe n'est pas aussi éclatant parmi cette troupe bigarrée que dans l'entourage du monarque assyrien. Les couleurs sont aussi vives, mais les broderies sont moins fines, les dorures et les bijoux moins riches; non que les Élamites aiment moins l'or, mais ils en possèdent moins. Le sentiment qu'ils ont de leur pauvreté relative les humilie et les irrite à la fois; la haine séculaire que leur race nourrit contre la race assyrienne ajoute à leur insolence naturelle, et les égards qu'on leur prodigue depuis qu'ils ont franchi la frontière les encouragent à penser qu'on a peur d'eux dans les conseils de la puissante Ninive. Ils en sont presque arrivés à souhaiter que leur mission ne réussisse pas; la guerre leur livrerait ces trésors étalés sous leurs yeux avec tant de faste, comme pour les narguer.

Oumbadarâ et Naboudamiq, introduits par un eunuque, s'avancent lentement, les yeux baissés, les mains croisées sur la poitrine, entre les deux files de courtisans. Arrivés devant le trône, ils se prosternent, baisent la terre devant les pieds du roi, puis, sur un signe, se relèvent et demeurent debout immobiles. D'ordinaire, les envoyés des princes étrangers restent agenouillés pendant tout le temps que dure une audience. Assourbanipal, qui veut ménager l'orgueil des Susiens, les dispense de cette partie du cérémonial, et leur permet de lui parler presque face à face. On ne paraît jamais les mains vides devant un souverain, et, même en cette circonstance, Tioumman n'a point manqué à cette règle de courtoisie internationale. Oumbadarâ et Naboudamiq, les premières salutations échangées, présentent les cadeaux qu'ils ont été chargés de remettre, des vases d'or et d'argent, des pierreries, des étoffes précieuses. Ils abordent ensuite le sujet qui les amène, et communiquent à Assourbanipal les propositions de leur maître. La paix existe entre l'Élam et l'Assyrie; ne doit-on pas chercher à l'entretenir par tous les moyens possibles? Tioummân est disposé à ne rien négliger pour complaire à son frère Assourbanipal. Celui-ci pourtant a reçu auprès de sa personne et traite avec distinction certains sujets élamites, fils des rois antérieurs, qui, après avoir conspiré contre leur souverain légitime, se sont enfuis pour échapper au juste châtiment qui les menaçait. Si Assourbanipal consent à les chasser ou à les livrer aux ambassadeurs, il n'aura pas d'allié plus fidèle que le roi d'Élam ; sinon, c'est la guerre.

La conclusion du discours était prévue, prévue aussi la réponse d'Assourbanipal : il est résolu à ne pas trahir les princes qui ont eu confiance en sa générosité. Ce n'est pas sans hésitation que ses conseillers et lui-même en ont pris leur parti. L'Élam est une puissance militaire de premier ordre, plus forte que l'Arménie, plus forte que la Chaldée, plus forte que l'Égypte, et ses rois ont tenu tête victorieusement aux attaques les plus furieuses. Les Assyriens prétendent, dans leurs chroniques officielles, que Sargon battit Oummanigash, qui régnait de son temps à Suse, et lui imposa la paix, mais les annales de l'Élam et de la Chaldée racontent une autre histoire : en réalité Sargon fut vaincu, l'Assyrie envahie et dévastée impunément. Sennachérib se vante d'avoir écrasé près de Khalouli les forces de Minanou. Minanou de son côté affirme qu'il a presque entièrement anéanti l'armée assyrienne dans la même bataille, et, si l'on considère froidement les choses, on ne peut s'empêcher de constater qu'il a raison. Sennachérib, après ce prétendu triomphe, fut contraint de rentrer chez lui, et n'entreprit plus rien contre l'Élam pendant plusieurs années : voilà une victoire dont les effets ressemblent singulièrement à ceux d'une défaite.

La guerre contre l'Élam est donc chose hasardeuse ; les Assyriens risquent au moins autant d'y perdre que d'y gagner. C'est pourtant à la guerre qu'ils se décident. Assourbanipal déclare qu'il ne saurait accepter les propositions de Tioumman ; il connaît la bravoure de ses soldats, l'habileté de ses généraux, et, avec l'aide d'Assour et d'Ishtar, d'Ishtar surtout, la maîtresse des combats, il espère avoir le dessus. Oumbadarà et Naboudamiq, qui ont osé lui apporter le défi de son ennemi, ne rentreront pas à Suse ; ils resteront à Ninive, prisonniers avec leur suite, jusqu'à ce que les dieux aient prononcé entre leur roi et le roi d'Assyrie.

Sur un ordre du Tourtanou, on les prend sans qu'ils essaient de résister et on les emmène; seuls, le secrétaire et deux ou trois de ses serviteurs sont laissés libres et renvoyés à la frontière. Ils devront annoncer à Tioumman le résultat de l'ambassade, et lui remettre une lettre, par laquelle Assourbanipal lui conseille de renoncer à ses mauvais projets, sous peine d'encourir la colère des dieux.

La guerre résolue et déclarée en fait, Assourbanipal se hâte de prendre les mesures nécessaires pour la pousser avec vigueur. Le Tourtanou de la droite, Belnahid, commence à expédier ses ordres au sortir de l'audience, et la nuit n'est pas tombée, que déjà des courriers sont partis dans toutes les directions, avec des lettres secrètes pour les commandants des provinces et pour les souverains alliés. Toute la machine administrative est montée en vue de la guerre, car la guerre est depuis des siècles l'état normal en Assyrie. Les troupes sont donc prêtes à marcher au premier signal et à se transporter d'un bout de l'empire à l'autre. Elles se recrutent presque entières dans l'Assyrie proprement dite, et dans les districts de la Mésopotamie qui ont appartenu de toute antiquité aux souverains de Ninive. Quelques détachements de peu d'importance accompagnent les gouverneurs de provinces dans leur résidence : c'est un noyau d'armée sur la fidélité duquel ils comptent, et autour duquel ils assemblent, en cas de besoin, les troupes qu'ils lèvent parmi leurs sujets indigènes, et celles que les princes vassaux leur amènent. Le gros est concentré autour des résidences royales, à Ninive, à Kalakh, ou dans les cantons toujours menacés qui confinent à l'Élam et à la Chaldée. L'organisation en est telle qu'on peut mobiliser les régiments en quelques jours et les diriger vers la région où le roi veut porter la guerre; ils y rallient les corps qui tenaient garnison sur la frontière, et forment d'ordinaire avec eux une masse assez considérable pour égaler, sinon pour surpasser par le nombre, les forces que l'ennemi peut leur opposer.

Les divisions réparties dans les autres provinces demeurent à peu près inactives pendant ce temps-là. Comme leur départ donne presque toujours le signal d'une insurrection générale dans le pays qu'elles occupaient, on ne les appelle qu'à la dernière extrémité, lorsqu'il s'agit de réparer une défaite, ou de combler les vides creusés dans les rangs par une campagne meurtrière. Aussi chaque guerre qui se prolonge, et qui coûte beaucoup d'hommes, menace-t-elle d'entraîner une dissolution de l'empire. L'Assyrien, qui le sait, est impitoyable pour les villes qu'il a forcées et pour les peuples qu'il a réduits par les armes. Il ne se contente pas de piller les maisons et de ruiner les champs, il massacre des familles entières, et nul supplice ne lui semble trop cruel pour châtier les malheureux qui ont osé lui tenir tête : il empale les uns, écorche vifs les autres, crève les yeux ou coupe les lèvres, sans parler des enfants et des jeunes filles qu'il emmène en esclavage. Sa domination, établie par la force, ne se conserve que par la force. Le jour où elle paraît faiblir sur un point, les haines comprimées au fond des cœurs éclatent de nouveau; les pays qui semblaient être le plus résignés à la servitude n'hésitent pas à se révolter, dès qu'une chance s'offre à eux de recouvrer la liberté. Les courriers qui annoncent aux gouverneurs la guerre contre l'Élam, leur apportent donc, en même temps, l'ordre de veiller avec plus de vigilance encore sur les provinces dont la garde leur a été confiée, d'y prévenir tout mouvement hostile, d'écraser sans miséricorde la plus légère tentative d'insubordination. L'Assyrie n'a vraiment qu'une armée à mettre en ligne et ne peut lutter victorieusement qu'avec un ennemi à la fois : si elle était forcée de diviser ses forces et de combattre, dans le même temps, contre un peuple étranger et contre ses sujets rebelles, elle serait trop faible numériquement pour continuer son effort plusieurs années de suite, et finirait par succomber.

La crainte d'une entente conclue par des peuples fort éloignés en vue d'une action simultanée contre l'Assyrie, chimérique autrefois, n'est que trop justifiée aujourd'hui. Quand Pharaon envahissait la Syrie à la tête de ses archers et de ses chars, si par hasard les Éthiopiens se soulevaient contre son vice-roi, c'était là une coïncidence fâcheuse, mais rien de plus. Les peuples qui habitaient alors le bassin de l'Oronte avaient si peu de rapports directs avec ceux qui vivaient sur les rives du Haut-Nil, que l'idée ne leur venait même pas de chercher à s'entendre avec eux contre l'ennemi commun. Des révoltes, qui auraient renversé la puissance égyptienne, si l'effort en avait été combiné pour contraindre Pharaon à combattre à la fois sur ses frontières du nord et sur celles du sud, échouaient misérablement : Pharaon avait le temps de faire voyager son armée et d'écraser à son aise des adversaires qui ne se soutenaient pas l'un l'autre. De même les plus anciens conquérants assyriens, Tiglathphalasar, Assournazirhabal, Salmanasar II. L'Élam, l'Ourarti, la Chaldée, les rois de Damas et des Hittites, attaqués successivement, n'eurent pas l'esprit de se coaliser contre eux. Chaque peuple, cantonné chez soi, se défendait vaillamment le plus longtemps qu'il pouvait : c'est tout au plus si l'on songeait à s'allier entre voisins, ceux de Suse avec ceux de Babylone, les Hittites avec les Phéniciens et les rois de Damas, ces derniers avec les Hébreux et les Hébreux avec l'Égypte. Toutes ces nations, invincibles si elles avaient réuni leurs forces, furent vaincues pour vouloir demeurer isolées.

Depuis un siècle pourtant, les communications sont devenues si promptes et si faciles entre les différentes parties du monde, que les rois et les cités menacés en commun du péril assyrien, se sont avisés de se concerter afin d'y résister en commun. Quand Sennachérib assaillit la Judée, on vit le roi Ézéchias de Jérusalem conclure une alliance avec Mérodach-Baladan : la diversion des Chaldéens sauva les Juifs, pendant quelques années du moins. Cette leçon n'a été perdue pour personne. Depuis lors, les peuples n'ont plus songé qu'à se liguer contre l'Assyrie, et l'Assyrie n'a plus eu qu'une politique, empêcher à tout prix la formation d'une ligue. Ce ne sont plus qu'échanges d'ambassades secrètes, conclusions d'alliances tacites, conventions de secours mutuels entre les contrées et les princes les plus divers. Gygès de Lydie traite avec Psamitikou d'Égypte et lui promet des secours. Psamitikou à son tour intrigue avec les petits souverains de la Syrie méridionale ; ceux-ci ont des rapports perpétuels avec la Chaldée, et la Chaldée tend toujours à prendre le parti de l'Élam contre l'Assyrie. L'union de tant de peuples serait irrésistible, si seulement on parvenait à les faire donner d'ensemble : c'est à quoi toute leur bonne volonté n'a pas réussi jusqu'à présent. Les distances sont si considérables entre les coalisés, l'impatience des uns si forte, la lenteur et l'indécision des autres si marquées, et, disons-le, la surveillance des Assyriens si active, que les projets les mieux combinés aboutissent à des échecs. L'Élam s'engage avant que Babylone soit prête, l'Égypte ne veut entrer en campagne qu'à bon escient, Juda, Moab, Ammon, les Philistins, les Nabatéens, les Arabes attendent pour marcher que les archers de Pharaon aient paru en Syrie. Les Assyriens cependant courent au plus pressé, écrasent l'Élam ou la Chaldée, égorgent quelques centaines d'Arabes, saccagent quelques villes syriennes : Pharaon, toujours prudent, se retranche dans son Afrique. Le danger est conjuré, mais il subsiste : la coalition se reforme bientôt. Le jour où elle combinera ses mouvements avec assez de précision pour que ses forces entrent en ligne à la fois, il faudra aux Assyriens un bonheur et une énergie singulière afin d'échapper à la ruine.

Les courriers volent sur toutes les routes. Les instructions qu'ils portent aux gouverneurs sont conçues dans une langue ferme, concise, sans tournures de langage fleuries et sans répétitions. Voici par exemple en quels termes le roi s'adresse à Bèlibni, qui commande un détachement dans le pays des Poukoudou[1], vers l'embouchure de l'Euphrate : « Parole du « roi à Bèlibni, puisse le salut que je t'envoie te faire bien au « cœur! En ce qui concerne tes rapports sur les Poukoudou « des rives du Kharrou, ainsi devra quiconque a chère la « maison de son seigneur communiquer désormais à son sei- « gneur ce qu'il aura vu et entendu. Continue maintenant « à me mander ce que tu apprendras à leur sujet[2]. » Changez les noms propres et vous aurez sinon la forme, au moins le fond de toutes les dépêches que le roi expédie à ses généraux, le soir même de l'audience et les jours suivants. Ils devront redoubler de vigilance, ne laisser passer inaperçu aucun des mouvements qui pourront se manifester parmi les populations soumises à leurs ordres, transmettre au palais dans le plus bref délai les moindres renseignements qu'il leur sera donné de recueillir. Leur rôle est moins brillant que celui de leurs camarades qui font partie de l'armée principale ; il est à peine moins important. S'ils maintiennent chacun la paix dans sa province, et qu'ils préviennent les insurrections ou les compriment avant qu'elles aient eu le temps de s'affermir et de s'étendre, Tioumman, réduit à ses seules ressources, n'est pas de force à tenir contre Assourbanipal, et l'Assyrie aura raison de l'Élam une fois de plus.

1. Les Poukoudou étaient une tribu araméenne qui habitait les marais aux embouchures du Tigre et de l'Euphrate, près d'un canal ou d'une rivière dérivée du Tigre et se nommait le Kharrou.
2. La dépêche est authentique, mais se rapporte à une des guerres d'Assourbanipal contre la Chaldée et l'Élam, postérieure de quelques années à celle que j'ai choisie pour sujet de ce récit.

CHAPITRE XVI

LA BIBLIOTHÈQUE D'ASSOURBANIPAL

La vieille littérature chaldéenne. — Assourbanipal en fait copier les œuvres principales pour sa bibliothèque. — Les annales royales : récit de la mort de Gygès le Lydien. — La monnaie en Lydie. — La déesse Ishtar. — La *Descente d'Ishtar aux Enfers*. — Le poème de la création. — Le poème d'Isdoubar. — Isdoubar en lutte contre les monstres. — Son rêve. — Comment il prit Éabâni. — Sa lutte contre Ishtar. — Mort d'Éabâni. — Guérison d'Isdoubar.

Si confiant qu'il soit au succès définitif, Assourbanipal ne peut s'empêcher d'être soucieux en songeant aux chances de la lutte, et l'inquiétude l'empêche de dormir. Il appelle un des eunuques qui montent la garde à la porte de sa chambre à coucher, et lui commande d'aller chercher le bibliothécaire du palais : il veut se faire apporter les tablettes où sont consignés les principaux événements de son règne, et relire, pour se donner bon espoir, le récit de ses victoires passées.

Les Assyriens savent écrire, avec un jonc taillé, sur des peaux préparées, sur des tablettes de bois, même sur du papyrus qui arrive d'Égypte par les caravanes. Ils emploient alors un caractère cursif, dérivé de l'alphabet phénicien. C'est de cette façon que leurs scribes enregistrent le butin fait pendant la guerre, les tributs, les impôts, les affaires d'administration courante dont on n'a pas besoin de conserver longtemps les minutes. Lorsqu'il s'agit d'histoire, de littérature, de pièces juridiques ou de documents officiels à déposer dans les archives, ils ont recours à la vieille écriture chaldéenne et aux tablettes d'argile[1]. Ce procédé présente quelques inconvénients et beaucoup d'avantages. Les livres de terre cuite sont incommodes à tenir, lourds à manier, le caractère se détache mal sur le fond jaunâtre de la matière; mais, d'autre part, un ouvrage incisé et incorporé dans la brique court moins de danger qu'un ouvrage écrit à l'encre sur des feuillets de papyrus. Le feu ne peut rien contre lui, l'eau ne l'attaque qu'à la longue, et, même quand on le brise, les morceaux en sont bons : pourvu qu'on ne les réduise pas en poudre fine, on réussit presque toujours à rajuster et à reconstituer l'ensemble du texte, moins quelques lettres ou quelques membres de phrase. Les inscriptions qu'on retrouve dans les fondations des temples les plus anciens, et dont plusieurs sont âgées de vingt ou trente siècles, sont, pour la plupart, nettes et lisibles comme au moment même où elles sortirent des mains du scribe qui les a tracées, et du potier qui les a cuites. Les hymnes, les incantations magiques, les listes de rois, les annales, les poèmes composés presque au début de l'histoire, des milliers d'années avant qu'il fût question de l'empire assyrien, exposés qu'ils sont aux hasards de vingt conquêtes, à la fureur destructrice des hommes et aux assauts du temps, ont résisté pourtant, et nous sont parvenus intacts, ce qui ne serait certes pas si leurs auteurs les avaient confiés au papyrus, comme font les scribes égyptiens. Le principal danger qu'ils courent est de rester oubliés dans un coin de chambre, ou ensevelis sous les ruines d'un édifice : alors ils dorment, pour ainsi dire, durant des années ou même durant des siècles, jusqu'au jour où le hasard d'une fouille ou la recherche in-

1. Voir au chapitre XII la description matérielle des tablettes.

telligente d'un lettré les réveille et les ramène à la lumière.

Assourbanipal est curieux de vieux livres, surtout des vieux livres sacrés. Il s'occupe activement à recueillir les ouvrages épars dans les principales villes de son empire; il a même en Chaldée, à Ourouk, à Barsippa, à Babylone, des copistes à gages qui transcrivent à son intention les tablettes déposées dans les temples. Sa bibliothèque principale est à Ninive, dans le palais qu'il s'est construit sur les bords du Tigre et qu'il achève de décorer. Elle contient plus de trente mille tablettes, classées méthodiquement et rangées dans plusieurs chambres avec catalogues détaillés pour la commodité des recherches. Beaucoup d'ouvrages se continuent de tablette en tablette, et forment des séries dont chacune a pour titre les premiers mots du texte. Le récit de la création, qui commence par la phrase : *Autrefois ce qui est en haut ne s'appelait pas encore le ciel*, est intitulé : *Autrefois ce qui est en haut*, et chacune des tablettes sur lesquelles il est tracé est cotée, selon son rang, *Autrefois ce qui est en haut n° 1*, *Autrefois ce qui est en haut n° 2*, et ainsi de suite jusqu'à la fin. Assourbanipal n'est pas moins fier de son amour des lettres que de son activité politique, et il veut que la postérité connaisse ce qu'il a fait pour la littérature. On lit son nom sur tous les exemplaires d'ouvrages anciens ou nouveaux que ses bibliothèques renferment. « Palais d'Assourbanipal, roi des lé-
« gions, roi des peuples, roi du pays d'Assour, à qui le
« dieu Nébo et la déesse Tasmit ont accordé des oreilles
« attentives et des yeux ouverts, pour découvrir les récits
« des écrivains de mon royaume, que les rois mes prédé-
« cesseurs ont employés. Dans mon respect pour Nébo, le
« dieu de l'intelligence, j'ai recueilli ces tablettes, je les ai
« fait copier, je les ai marquées à mon nom, et je les ai
« déposées dans mon palais. »

La bibliothèque de Dour-Sharoukin, sans être aussi riche

que celle de Ninive, est néanmoins assez bien montée. Le scribe Naboushoumidin, qui en a la charge, a bientôt fait de prendre à leur place les tablettes qui contiennent les annales, et de les remettre à l'eunuque de service. Ce qu'Assourbanipal veut qu'on lui lise en détail, c'est moins l'histoire de telles ou telles de ses guerres, que le texte des oracles par lesquels les dieux l'ont encouragé à les entreprendre, et l'énumération des miracles qu'ils ont accomplis en sa faveur. Le souvenir précis de ce qu'ils ont fait pour lui dans le passé dissipera ses craintes, et lui donnera comme la prescience de ce qu'ils ne peuvent manquer de faire dans l'avenir. « Prends la tablette où sont consignés les gestes de
« Gygès, le Lydien, dit-il au lecteur, et répète-moi ce qui
« s'y trouve écrit. » L'aventure de Gygès est célèbre par toute l'Assyrie : le scribe en entame le récit à haute voix.
« Gygès, le roi de Lydie, une contrée d'au delà des mers,
« une terre lointaine, dont les rois mes pères n'avaient pas
« même entendu le nom, Assour, mon générateur divin, lui
« révéla mon nom en un rêve, disant : « Assourbanipal, le
« roi d'Assyrie, mets-toi à ses pieds et tu vaincras tes
« ennemis par son nom ! » Le même jour qu'il eut ce rêve,
« il envoya ses cavaliers me saluer, et me manda ce rêve
« qu'il avait eu, par l'entremise de son messager. Quand
« celui-ci parvint aux frontières de mon empire et rencontra
« les gens de mon empire, ils lui dirent : « Qui donc es-tu,
« étranger dont le pays n'a jamais été visité encore par un
« de nos courriers ? » Ils l'expédièrent à Ninive, le siège
« de ma royauté, et ils l'amenèrent devant moi. Les langues
« de l'Orient et de l'Occident, dont Assour m'avait donné
« plein les mains, personne de ceux qui les connaissaient
« ne possédait son langage, et personne de ceux qui
« m'entouraient n'avait jamais entendu son parler. Dans
« l'étendue de mon empire je trouvai enfin quelqu'un qui le
« comprit, et il me conta le rêve.

« Du jour même où il s'était mis à mes pieds à moi, le
« roi Assourbanipal, il vainquit les Cimmériens qui oppri-
« maient les peuples de son pays, qui n'avaient pas re-
« douté mes pères et ne s'étaient pas mis à mes pieds à
« moi, le roi. Par la grâce d'Assour et d'Ishtar, les dieux
« mes maîtres, il prit, parmi les chefs des Cimmériens qu'il
« avait vaincus, deux chefs qu'il enchaîna fortement, me-
« nottes de fer et chaînes de fer, et qu'il me fit amener
« avec un riche présent. Bientôt pourtant ses cavaliers qu'il
« avait d'abord envoyés régulièrement me rendre hommage,
« il cessa de me les envoyer. Comme il ne gardait pas les
« commandements d'Assour, mon générateur divin, qu'il se
« fiait follement à ses propres forces et aux mandements de
« son cœur, il envoya ses troupes au secours de Psamitikou,
« le roi d'Égypte, qui avait secoué avec mépris le joug de
« ma domination. Je l'appris et je priai vers Assour et Ishtar :
« Soit son cadavre jeté devant son ennemi, et soient ses osse-
« ments dispersés. » Ainsi que j'en avais prié Assour, cela
« s'accomplit : son cadavre fut jeté devant son ennemi et
« ses ossements furent dispersés. Les Cimmériens, qu'il avait
« écrasés en mon nom, parurent et subjuguèrent son pays
« entier, et son fils s'assit après lui sur son trône. Le châ-
« timent que les dieux qui font ma force avaient tiré, à ma
« prière, du père qui l'avait engendré, il m'en informa par
« ses messagers, et il se mit à mes pieds à moi le roi, disant :
« Tu es un roi que les dieux connaissent. Tu maudis mon
« père et le malheur s'abattit sur lui. Salue-moi de tes béné-
« dictions, moi le serviteur qui te crains, et puissé-je por-
« ter ton joug ! »

En un moment, cet épisode glorieux de son histoire
repasse entier sous les yeux du roi : il revoit l'arrivée des
ambassadeurs étrangers, leurs costumes bizarres, leur
embarras et celui de la cour, l'instant où il implora sur
Gygès la colère des dieux et celui où les messagers d'Ar-

dys[1] lui apprirent que les dieux l'avaient exaucé. La Lydie n'a cessé de lui être fidèle depuis lors : ses cavaliers traversent l'Asie chaque année, pour apporter le tribut de leur maître. Il n'est pas considérable, ce dont on les excuse volontiers quand on réfléchit au long chemin qu'ils parcourent : ce sont des chevaux, des étoffes, de l'or surtout que leur pays produit en quantité. Ils ont inventé une manière fort ingénieuse de s'en servir sur les marchés. Ils le façonnent, dans les ateliers royaux, en petits lingots globuleux d'un poids déterminé, sur lesquels on frappe, au moyen de poinçons, l'image d'une tête de cheval, d'une fleur et d'un renard au galop. Quiconque voit la marque et les dimensions des lingots en connaît immédiatement la valeur, ce qui le dispense des pesées ordinaires, et lui facilite singulièrement la pratique des transactions commerciales[2]. L'usage de cette monnaie se répand, dit-on, chez les voisins de la Lydie : peut-être gagnera-t-il un jour l'Assyrie elle-même.

Assourbanipal a fait relire ses guerres d'Égypte, ses campagnes contre Baal de Tyr et contre les Phéniciens, et partout il y reconnaît les effets de la protection qu'Assour et Ishtar étendent sur lui. Ishtar, que les Cananéens et les Phéniciens révèrent sous le nom d'Ashtoreth et d'Astarté, n'a pas toujours été, en Assyrie, la divinité toute-puissante qu'elle est aujourd'hui. Les rois les plus anciens n'avaient voulu connaître en elle que « la maîtresse des batailles et « de la guerre, la dame souveraine qui embellit la face des « soldats »; une race de conquérants ne pouvait adorer qu'une déesse des combats. Ils lui avaient élevé deux sanctuaires, qui devinrent promptement célèbres, l'un à Ninive, l'autre dans la petite ville d'Arbèles, au delà du Zab, presque sur

1. Ardys est le fils et le successeur immédiat de Gygès sur le trône de Lydie.
2. Voir à ce sujet ce qui est dit p. 23 de ce livre.

la frontière orientale de leur pays. Ils l'invoquaient pieusement, mais la reléguaient toujours à l'arrière-plan, bien loin derrière Assour, Sin et les autres dieux. Esarhaddon la tira de l'ombre où on l'avait maintenue et en fit sa patronne. Chaque fois qu'il partait pour une expédition nouvelle, il la consultait, et elle lui répondait par la voix de ses prêtresses : jamais l'événement ne démentit ses prédictions. L'amour qu'Assourbanipal ressent pour elle est donc un véritable héritage paternel, comme la couronne elle-même. C'est vers elle qu'il se tourne d'instinct, lorsqu'il a le moindre sujet de joie ou de tristesse : il lui rapporte ses succès, lui confie ses inquiétudes, et n'aime rien tant que d'entendre réciter les livres qui parlent d'elle et de ses aventures mystérieuses. Il interrompt l'eunuque au milieu de sa lecture, entre le récit d'une razzia dirigée vers l'Arménie et celui d'une course contre les peuples du Taurus, et lui commande d'aller demander à Naboushoumidin la *Descente d'Ishtar aux Enfers.*

C'est un des épisodes les plus touchants de la vie de la déesse. Son mari Tammouz avait été tué, et, tout dieu qu'il était, avait été obligé d'aller rejoindre les autres morts sous terre, dans le royaume ténébreux d'Allât. Un seul moyen restait de le ramener à la lumière : il fallait le laver et l'abreuver à la source merveilleuse dont les eaux rendent la vie à qui en boivent [1]. Ishtar résolut d'aller y puiser : mais nul ne peut entrer aux enfers s'il n'est mort, et Ishtar n'est pas plus exempte que les autres êtres de cette loi fatale. « Au « pays d'où personne ne retourne, à la région de l'obscu- « rité, Ishtar, la fille de Sin, a dirigé son esprit, oui, la « fille de Sin elle-même a dirigé son esprit, à la maison « d'obscurité, le siège du dieu Irkalla, à la maison d'où « qui entre ne sort plus, à la route qu'on ne refait qui

---

1. Voir, sur cette source merveilleuse, ce qui est dit p. 262 de ce livre.

« l'a faite une première fois, à la maison dont les habitants
« ne voient plus jamais la lumière, la place où il n'y a de
« pain que la poussière, de nourriture que le limon : on
« n'y aperçoit plus la lumière, on y demeure dans l'obscu-
« rité, et, comme les oiseaux, on y est vêtu d'un habit de
« plumes ; sur la porte et sur la serrure, partout la pous-
« sière est répandue. »

Ishtar arrive aux remparts de l'enfer, y frappe et adresse la parole au gardien d'une voix impérieuse : « Gar-
« dien des eaux vivifiantes, ouvre ta porte! ouvre ta porte,
« que je puisse entrer! Si tu n'ouvres ta porte que je puisse
« entrer, je frapperai le battant, je briserai le verrou, je
« frapperai le seuil et je franchirai le portail. Je ferai se
« lever les morts pour dévorer les vivants, et plus que les
« vivants les morts seront nombreux. » Le gardien ouvre
« la bouche, il parle, il dit à madame Ishtar : « Arrête,
« ô dame, et n'enfonce point la porte, mais permets que
« j'aille et que j'annonce ton nom à Ninkigal[1], la reine de
« l'enfer ! » Le gardien descendit, il annonça le nom d'Ishtar
à Ninkigal: « O déesse, ta sœur Ishtar est venue chercher
« l'eau vivifiante ; secouant les verrous puissants, elle a
« menacé d'enfoncer les portes. » Quand Allât entendit cela,
elle ouvre la bouche, elle parle : « Ainsi qu'une herbe qu'on
« fauche, Ishtar est descendue vers l'enfer, ainsi qu'un
« roseau qui penche et se flétrit, elle a imploré les eaux de
« la vie. Eh bien ! que me fait à moi son désir ? que me
« fait à moi sa colère ? Elle dit : « Cette eau, c'est avec mon
« mari que je voudrais m'en rassasier comme d'une nour-
« riture, m'en désaltérer comme d'une boisson qui ranime ! »
« Si je devais pleurer, je pleurerais non sur elle, mais sur
« les héros qui ont dû quitter leurs femmes, je pleurerais sur

---

1. La déesse des morts est appelée indifféremment Allât et Ninkigal au cours de ce récit.

« les épousées que tu as arrachées, ô gardien, du sein de
« leurs maris, sur les petits enfants je pleurerais, que tu
« as ravis avant que leur jour fût venu. Va donc, ô gardien,
« et ouvre-lui ta porte, mais dépouille-la selon les vieilles
« lois. » Les mortels entrent nus dans le monde, nus ils
doivent en sortir, mais la piété de leurs parents ou de leurs
amis les charge de parures et de vêtements qu'ils prétendent emporter avec eux. La loi de l'enfer ne leur permet
pas d'en rien retenir et les démons les leur enlèvent avant
de les présenter à leur reine.

« Le gardien alla, il ouvrit la porte : « Entre, ô dame,
« et comme la ville de Coutha se réjouit à cause de toi,
« puisse le palais infernal se réjouir à cause de toi ! » Il
« lui fit passer la première porte, la referma sur elle, et lui
« jeta bas la puissante couronne qui était sur sa tête. « Pour-
« quoi donc, ô gardien, as-tu jeté bas la puissante couronne
« de ma tête ? — Entre, ô dame, car tels sont les comman-
« dements d'Allât. » Et de porte en porte, il lui enlève
quelqu'un de ses bijoux, ses boucles d'oreilles, son collier
de pierreries, le voile qui lui couvrait la poitrine, sa ceinture émaillée, ses bracelets et ses anneaux de pied ; à la
septième enfin, il lui retire son dernier vêtement. Après
donc qu'Ishtar fut descendue dans l'enfer, Allât l'aperçut
et la traita avec dédain ; Ishtar perdit patience et l'accabla
d'injures. Allât, pour la punir, appela Namtar, le démon de
la peste, son messager de mort, et lui remit la rebelle :
« Va, Namtar, prends Ishtar et la conduis hors de ma pré-
« sence. Soixante fois frappe-la de maladie, et verse-lui la
« maladie des yeux dans les yeux, la maladie des flancs dans
« les flancs, la maladie des pieds dans les pieds, la maladie
« du cœur dans le cœur, la maladie de la tête dans la tête :
« en elle, en elle tout entière et dans chacun de ses membres,
« verse la maladie. » Or, tandis qu'elle souffrait les peines
de l'enfer, la nature était en deuil de sa perte ; bêtes,

hommes, les dieux eux-mêmes, tout dépérissait, et le monde se dépeuplait si l'on n'avait trouvé le moyen de la tirer du tombeau où elle était descendue.

Éâ, le dieu suprême, le roi de l'univers, qui seul peut violer les lois qu'il a imposées à la création, se résigna à lui accorder ce qu'elle était allée chercher dans le domaine d'Allât, l'eau vivifiante qui devait ressusciter Tammouz. « Éâ, dans la sagesse de son cœur, façonna un homme, « il créa Assousounamir l'eunuque : « Va donc, Assousou- « namir, tourne ta face vers les portes de l'enfer, fais ouvrir « les sept portes de l'enfer devant toi, qu'Allât te voit et « se réjouisse de ta présence. Quand son cœur sera en repos « et sa colère apaisée, adjure-la par le nom des grands « dieux, puis tourne la tête et va-t'en aux retraites des « vents orageux, commande à la maison des vents orageux, « où la fontaine pure est enfermée, et fais-en boire l'eau « à Ishtar. » Allât n'osa pas désobéir aux mandements du maître des dieux, elle appela Namtar et lui ordonna de tout préparer pour rendre la vie à la déesse. La source est cachée profondément sous le seuil du palais : il faut briser la pierre afin de la faire paraître et l'eau ne produit son plein effet qu'en présence des Announas, les sept esprits mystérieux qui président à la conservation de la terre. « Namtar « alla et frappa le palais solidement construit, il rompit le « seuil, il évoqua les esprits de la terre et les assit sur un « trône d'or, puis il versa l'eau sur Ishtar et l'emmena « vers le jour. » Il lui rendit ses vêtements et ses parures de porte en porte ; quand elle fut revenue à l'entrée, il lui annonça que la vie de son mari lui appartenait désormais. « Si Allât ne t'a pas donné encore ce que tu as si durement « acheté, reviens vers elle lui réclamer Tammouz, l'époux « de ta jeunesse. Verse sur lui les eaux vivifiantes, oins-le de « parfums précieux, revêts-le d'une robe de pourpre ! » La nature renaît avec Tammouz : Ishtar a vaincu la mort.

La forme de l'œuvre est moderne, mais la conception originale et le développement sont très anciens : on chantait déjà la Descente d'Ishtar aux enfers dans la langue des premiers maîtres de la Chaldée, la Descente d'Ishtar et bien d'autres ouvrages qu'on lit aujourd'hui encore avec admiration. Les poètes et les prêtres savaient composer de grands poèmes religieux, avec une habileté et une richesse d'inspiration que les scribes des générations postérieures n'ont pas égalées. Il était naturel qu'il en fût ainsi. La terre était de leur temps récente encore de la création, et ils sentaient les dieux plus près d'eux que nous ne les sentons près de nous. Lorsqu'ils commençaient devant leurs auditeurs le récit des premiers jours du monde, ils n'avaient pas, comme nous, un effort à faire pour imaginer ce qui s'était passé au début des âges : ils le savaient de science certaine, par la révélation directe des dieux qui avaient participé à l'œuvre. « Au temps où le ciel là-haut
« n'avait pas encore de nom, ni de nom la terre qui s'étend
« sous lui, l'abîme primordial les engendra, et Moummou-
« Tiamât, l'Océan du Chaos, fut leur mère à tous. Les eaux
« ne formaient qu'une masse, les champs de blé étaient
« stériles, et les pâturages ne croissaient pas encore. En
« ce temps-là, les dieux n'avaient point paru, nul d'entre
« eux ; ils n'avaient encore aucun nom, et leur destinée
« n'était point arrêtée encore. » C'est de l'eau que tout est sorti, et la terre et le ciel et les hommes.

Le vieux chantre inspiré raconte les générations successives des dieux et les luttes par lesquelles ils triomphèrent de Tiamât. Mérodach de Babylone, le soleil souverain, était leur champion. « Va, lui dirent-ils, tranche les jours de
« Tiamât et jette son sang à tous les vents. Il y avait l'arc,
« il le prépara pour s'en faire une arme ; il brandit la mas-
« sue et l'attacha à son côté, il saisit le boumérang et le
« tint dans sa main droite. Quand il eut suspendu à son

« épaule l'arc et le carquois, il lança un éclair devant lui,
« et aussitôt une vitesse impétueuse lui remplit tous ses
« membres. Il monta sur le chariot du destin qui ne craint
« pas de rival, et il s'y tint ferme, et sa main attacha au
« rebord les quatre paires de rênes. » Ainsi armé, il se précipita sur Tiamât et l'attaqua. « Il brandit la masse et lui
« brisa le ventre, il lui fendit la poitrine, lui enleva le
« cœur; la lia, trancha ses jours, puis rejeta le cadavre et
« se redressa superbe sur elle. Après que Tiamât, qui mar-
« chait devant eux, fut abattue, il dispersa ses soldats, il
« dissipa leurs bataillons, et les dieux, ses alliés, qui mar-
« chaient à côté d'elle, tremblèrent, s'effrayèrent, et tour-
« nèrent le dos, et s'enfuirent pour sauver leur vie, et ils
« se pressaient l'un contre l'autre dans leur fuite éperdue.
« Mais lui les suivit et brisa leurs armes. »

Le plus long de ces vieux poèmes est celui qui raconte les hauts faits d'Isdoubar. Il était né dans Ourouk de Chaldée, fils de roi, et roi lui-même, si son père n'avait pas été détrôné par les Élamites alors qu'il était encore petit enfant au berceau. Élevé dans l'exil, il s'adonna avec passion à l'art royal par excellence, à la chasse. La terre n'était pas aussi peuplée en ce temps-là qu'elle l'est aujourd'hui, et les bêtes sauvages y menaient une guerre cruelle contre les hommes, non seulement les lions, les tigres, les aurochs, que les rois se plaisent à forcer aujourd'hui, mais des monstres chez qui les formes de l'homme se mariaient à celles des animaux les plus redoutables. Les taureaux à tête humaine qu'on ne rencontre plus qu'en pierre, à la porte des palais, existaient alors en chair et en os, et couraient perpétuellement la campagne. Des hommes-scorpions, des satyres, des griffons habitaient le désert et les montagnes, prêts à fondre sur quiconque passait à portée. Isdoubar en avait déjà détruit un grand nombre, quand les dieux, voyant arriver la fin des jours prédestinés à son

exil, lui envoyèrent un rêve. « Lors il révéla son rêve, et
« il dit à sa mère : « Un rêve, je l'ai rêvé dans mon som-
« meil ; car, il me semblait que les étoiles du ciel tom-
« baient du ciel, et elles s'abattaient sur mon dos en des-
« cendant du ciel sur moi. Et voici, comme je regardais,
« soudain je m'arrêtai immobile, et je vis un être dresser
« sa face devant moi, un être dont la face est terrible, et
« tranchantes comme les griffes d'un lion étaient ses
« griffes. » Il lui sembla ensuite qu'il luttait contre ce
monstre et qu'il l'abattait, puis il s'éveilla.

Les rêves ne viennent point vers l'homme au hasard. Ils sont les messagers des dieux, par lesquels ils annoncent l'avenir à qui sait les comprendre, mais Isdoubar ne trouva personne qui pût lui interpréter le sien. On lui parla enfin d'un génie monstrueux, Éabâni, dont la sagesse n'avait point d'égale, mais qui vivait solitaire dans la montagne. Il a le buste et la face d'un homme, des jambes et une queue de taureau et des cornes sur la tête. « Il pâture en
« compagnie des gazelles pendant la nuit, il demeure caché
« pendant le jour avec les animaux des champs, et son
« cœur se réjouit des reptiles qui sont dans les eaux. »
Isdoubar envoya son grand-veneur Zaïdou pour essayer de le prendre, mais Zaïdou s'effraya à la vue du monstre et revint sans avoir osé l'approcher. Alors le héros eut recours à la ruse : il choisit deux belles femmes, Hakirtou et Oupasamrou, qui attirèrent Éabâni hors de la caverne où il se tenait enfermé. Il s'approcha d'Hakirtou, et il écouta son chant, et il fut attentif, puis il se tourna vers elle et s'assit à ses pieds. « Hakirtou inclina sa face, elle parla et il
« prêta l'oreille à ses discours. Elle lui dit donc : « Éabâni,
« illustre, semblable aux dieux, pourquoi fais-tu tes com-
« pagnons des animaux du désert ? Je désire que tu me
« suives au milieu d'Ourouk, au temple d'Elli-Tardousi, la
« résidence d'Anou et d'Ishtar, la demeure d'Isdoubar, le

« géant vigoureux qui se dresse comme un taureau par-
« dessus les chefs. » Elle parla et devant son langage toute
« la sagesse de son cœur s'enfuit et disparut. » Il la
suivit dans Ourouk, montra que le rêve annonçait au héros
la victoire contre ses ennemis; puis il reçut en mariage
une des femmes qui l'avaient décidé à quitter sa solitude.
C'est ainsi qu'Isdoubar gagna l'affection de son serviteur
Éabâni, lequel il aima toujours.

Isdoubar se met donc en campagne, et l'Élamite sent le
premier le poids de ses armes. Houmbaba, qui avait ravi à
son père le trône d'Ourouk, « il le tua; ses armes, il les
« chargea sur ses épaules, il le dépouilla et revêtit ses
« insignes royaux, il lui coupa la tête et ceignit le diadème
« et la couronne, oui, Isdoubar s'orna de la couronne et
« ceignit le diadème. » Ishtar, la déesse d'Ourouk, leva les
yeux sur lui, et, le voyant si beau et si robuste, elle décida
qu'elle l'épouserait. « Écoute-moi, Isdoubar, et sois mon
« mari! Je serai pour toi la vigne et tu seras l'échalier
« auquel on me lie, tu seras mon mari et je serai ta femme.
« Je te donnerai un char de cristal et d'or, dont le timon
« est d'or et dont les ornements sont de verre, pour y atteler
« chaque jour tes chevaux vigoureux. Entre dans notre
« maison à l'ombre des cèdres, et quand tu seras entré dans
« notre maison, l'Euphrate te baisera les pieds, au-dessous
« de toi les rois se prosterneront, les seigneurs et les princes,
« et ils t'apporteront en offrande les tributs de la montagne
« et de la plaine. Dans tes parcs, tes brebis n'auront que
« des jumeaux, dans tes étables, la mule viendra d'elle-
« même demander son faix; tes chevaux enlèveront tou-
« jours ton char au galop, et ton taureau, au joug, n'aura
« point de rival. » Isdoubar l'entend, il la repousse avec un
mélange de mépris et d'effroi, et lui demande ce qu'elle a
fait des maris mortels qu'elle a eus dans sa longue vie de
déesse, Tammouz qu'elle a tant pleuré, Alala, l'aigle dont

elle a brisé les ailes, le lion puissant dont elle a arraché les griffes et les dents sept par sept, le cheval indompté qui la portait dans les batailles, et Taboulou le berger, et le jardinier Isoullanou : tous sont morts avant l'heure, « et moi, je « ne veux point monter jusqu'à toi pour tomber ensuite, « car tu ne m'aimes que pour me traiter comme tu les as « traités ».

Ishtar, dédaignée, court se jeter aux pieds de son père Anou, le souverain des dieux, et lui crie vengeance contre le héros qui l'outrage : « Mon père, crée un taureau divin « et lance-le contre Isdoubar ». Anou exauça la prière de la déesse et créa le taureau ; mais Isdoubar confia au fidèle Éabâni le soin de combattre cet adversaire. « Il assembla « aussi trois cents héros, afin de remplacer Éabâni, s'il « était tué, et il en fit deux rangs pour la bataille et une « rangée pour tenir contre le taureau divin. Contre cette « troisième rangée celui-ci poussa ses cornes, mais Éabâni « vainquit sa force, Éabâni perça le corps du taureau, il le « saisit par le sommet de la tête, et au bas de la nuque il « lui enfonça son poignard. Éabâni ouvrit la bouche, il « parla, il dit au héros Isdoubar : « Ami, nous avons réussi « et nous avons détruit l'ennemi, mais, ami, considères-en « les suites et crains la puissance d'Ishtar. Sépare les « membres du taureau ! » Et Ishtar monta sur le mur d'Ou-« rouk, elle déchira son vêtement et prononça une malé-« diction : « Je maudis Isdoubar qui m'a outragée et qui a « tué le taureau divin ! » Mais Éabâni entendit la parole « d'Ishtar, il trancha les membres du taureau divin et les « jeta devant elle : « Voici la réponse à ta malédiction, je « je la relève, et, ainsi que je l'ai entendue de toi, je la « retourne contre toi. » Ishtar assembla ses servantes et se « lamenta avec elles sur les membres du taureau. » Isdoubar consacra les cornes et la dépouille au dieu Soleil.

Cependant la haine d'Ishtar ne cessait de le poursuivre :

désespérant de lui trouver un ennemi capable de le vaincre en combat loyal, elle appelle la maladie à son aide et la maladie a raison du héros. La lèpre couvre son corps, et la crainte de la mort, « ce dernier ennemi de l'homme », l'envahit. Les dieux s'interposent une fois encore pour le sauver : ils lui révèlent en rêve qu'il peut être guéri par l'intercession de Khasisadra, et même devenir immortel. Khasisadra, fils d'Oubaratoutou, est le dernier des dix rois qui dominèrent en Chaldée immédiatement après la création : quand les dieux détruisirent les hommes pour les punir de leurs péchés, il échappa seul au déluge dans son arche, et repeupla la terre de ses descendants, puis il fut enlevé vivant, par l'ordre du destin, et transporté dans les jardins mystérieux où résident les morts bienheureux, au delà des embouchures de l'Euphrate[1]. Isdoubar part à sa recherche, mais son bonheur accoutumé l'abandonne : il s'égare en route, et son fidèle Éabâni succombe sous les griffes d'un monstre plus terrible que tous ceux qu'il avait rencontrés jusqu'alors. L'âme d'Éabâni allait rejoindre les âmes du commun dans la demeure d'Allât; mais Éâ, le créateur, la prend en pitié et ordonne à son fils Mérodach de la délivrer. Elle s'élève de terre comme un nuage de poussière et monte au ciel. Les dieux l'accueillent et lui font fête : couchée sur un lit somptueux, elle boit une eau pure et contemple d'en haut le spectacle des actions humaines. « Celui qui tombe dans la bataille je le vois comme « tu me vois. Son père et sa mère en deuil supportent sa « tête, sa femme tient des discours à son cadavre. Ses amis « sont debout dans la plaine et il les voit comme je te vois, « et ses orphelins demandent du pain, mais d'autres man- « gent la nourriture qui était placée dans ses tentes. »

Isdoubar se remet en marche, seul désormais, et parvient,

---

1. Voir, p. 264 de ce volume, ce qui est dit du paradis chaldéen.

après de longues erreurs, aux montagnes de Mas, où le soleil se lève chaque matin et se couche chaque soir sous la garde d'hommes-scorpions ; ceux-ci le renvoient au pilote Ourbel, qui lui fait construire un bateau et le mène en six semaines au séjour de Khasisadra. Là, il est obligé de s'arrêter, car les mortels ne peuvent franchir vivants le fleuve qui entoure le jardin ; mais Khasisadra, ému de sa misère, lui raconte l'histoire du Déluge [1], et lui indique le remède certain à son mal : non seulement il ne mourra point, mais les dieux l'appelleront au sortir de ses épreuves, et lui conféreront leur immortalité. Le poème se termine sur cette promesse consolante, et de fait, Isdoubar est dieu aujourd'hui. Comme la poésie, la sculpture et les arts plastiques se sont emparés de sa vie et de ses aventures. C'est lui, ce géant, qu'on voit à côté des taureaux ailés, à la porte des palais, étouffant un lion entre ses bras [2] (fig. 152). Les cylindres que les Assyriens portent pendus

Fig. 152. — Isdoubar étouffant un lion dans ses bras.

---

1. L'épisode du Déluge est donné en entier dans G. Maspero, *Histoire ancienne*, 4ᵉ édit.
2. Voir plus haut, chapitre XI, la figure d'Isdoubar à côté des taureaux.

au cou et qui leur servent de cachet[1], reçoivent souvent, comme motif de décoration, un des épisodes de sa vie, sa lutte contre le taureau et contre le lion, la rencontre qu'il fait des hommes-scorpions, sa navigation sur l'Euphrate avec Ourbel, sa querelle avec Ishtar. Si le poème qui a rendu son nom populaire venait à périr par la suite des temps, ces images et ces tableaux multipliés permettraient encore aux curieux de le refaire en partie.

1. Voir p. 238 et fig. 125 plusieurs de ces cylindres.

CHAPITRE XVII

LA SCIENCE DES PRÉSAGES

L'astrologie chaldéenne. — Influence des astres sur la destinée humaine. — L'observation exacte des astres donne aux astrologues le moyen de prévoir les événements à venir. — Ce que disent les astres à propos de la guerre contre l'Élam. — Les livres de présages, et les Tables de Sargon l'Ancien. — Assourbanipal invoque Ishtar d'Arbèles et la déesse lui répond. — Les *Voyants* et l'interprétation des songes. — Apparition d'Ishtar à l'un de ses *Voyants*. — Les dieux de l'Élam prophétisent comme les dieux de l'Assyrie.

La même inquiétude, qui empêche Assourbanipal de dormir, le pousse à interroger les astres et les oracles, pour leur surprendre les secrets de l'avenir. Les Chaldéens ont su, de toute antiquité, lire couramment les destinées humaines dans le livre du ciel. Les étoiles, éloignées qu'elles sont de notre terre, ne demeurent étrangères à rien de ce qui s'y fait. Elles sont autant d'êtres animés et doués de qualités, bonnes ou mauvaises, dont le rayonnement se propage à travers les espaces, et vient agir à distance sur tout ce qu'il touche. Leurs influences se modifient, se combinent ou s'annulent réciproquement, selon l'intensité avec laquelle elles les manifestent, selon la position qu'elles occupent dans le ciel par rapport l'une à l'autre, selon l'heure de la nuit et le mois de l'année dans lequel elles se lèvent ou se couchent derrière l'horizon. Chaque portion du temps, chaque division de l'espace, chaque catégorie d'êtres, et, dans chaque catégorie, chaque individu, animal, végétal ou minéral, est placée sous leur domination et subit leur tyrannie inévitable. L'enfant naît leur esclave et reste leur esclave jusqu'à son dernier jour : l'étoile qui prévalait au moment de sa naissance devient son étoile et règle toute sa destinée.

Les peuples et les royaumes sont soumis, de même que les individus, à des astres particuliers ou aux astres qui gouvernent l'existence de leurs rois. Ils grandissent ou décroissent sous l'impulsion sans cesse renouvelée qu'ils reçoivent d'en haut ; l'histoire de leurs désastres ou de leur prospérité passée est enregistrée sur la face du ciel, et celle de leurs désastres ou de leur prospérité future y est écrite clairement pour qui sait la déchiffrer. C'est à quoi les astronomes travaillent depuis des siècles, et leurs observations, accumulées d'âge en âge, nous permettent aujourd'hui de connaître le caractère et la vertu spéciale de chacun des points lumineux qui éclairent nos nuits, de calculer, sans trop de chances d'erreur, les aspects multiples sous lesquels ils se regardent mutuellement, de décider ceux d'entre eux qui exercent le plus d'autorité sur les choses humaines, à quels moments cette autorité est le plus forte, à quels autres elle s'efface ou disparaît. Les signes, qui se manifestent au ciel, en dehors des phénomènes régulièrement constatés, ont aussi leur rôle dans cette divination par le jeu des corps célestes. Ce n'est pas sans raison que le soleil et la lune s'enveloppent de vapeurs sanglantes ou se cachent la face derrière les nuages, qu'ils s'éclipsent ou s'enflamment soudain d'un éclat insupportable, que des feux s'allument aux confins de l'atmosphère, et qu'à certaines nuits les étoiles semblent se détacher du ciel et pleuvoir sur la terre. Ces prodiges sont des avertissements que les dieux donnent aux peuples et aux rois avant les grandes crises : heureux qui a les yeux assez clairvoyants pour les apercevoir, l'intelligence assez vive pour les comprendre, l'esprit de prudence et de sang-froid poussés assez loin pour régler sa conduite sur leurs prédictions !

Du haut des tours à étages, les astronomes observent chaque nuit le ciel, pour y saisir les signes qui pourraient leur révéler l'issue de la lutte prochaine entre l'Assyrie et l'Élam; mais on dirait que le ciel veut leur dérober son secret. Les rapports qu'ils adressent au roi de tous côtés constatent que l'état de l'atmosphère ne leur a permis, jusqu'à présent, de faire aucune observation décisive. Ishtar-nadinshoum, chef des astronomes d'Arbèles, écrit : « Paix et « bonheur au roi, mon maître et puisse-t-il prospérer lon- « guement. Le 29, j'ai observé le nœud de la lune, mais « les nuages ont obscurci le champ de l'observation et nous « n'avons pu voir la lune. » Nabouâ, d'El-Assour, et Na-boushoumidin, de Ninive, s'expriment en termes presque identiques. Ce dernier même, résumant les dépêches de ses confrères pour les présenter au roi, est obligé d'avouer que « le 27, la lune a disparu, qu'elle est demeurée invisible « le 29; que le 28, le 29 et le 30 on a observé continuel- « lement le nœud d'obscurcissement du soleil, mais que « l'éclipse n'a pas eu lieu ». L'obstination que le ciel met à refuser de parler déconcerte bien des gens, et les bruits les plus tristes commencent à circuler parmi le peuple. Beaucoup prennent une sorte de plaisir amer à recueillir et à répandre les prédictions les plus alarmantes. Ils s'en vont répétant une observation de l'astronome Nabomousessi, d'après laquelle, « lorsqu'un nuage occulte le cœur de la con- « stellation du Grand Lion, le cœur du pays est triste et « l'étoile du roi s'obscurcit. » Or, la nuit dernière, un nuage a passé devant le Grand Lion et l'a masqué en partie : les astres condamnent donc le pays à être triste, et quelle cause de tristesse pourrait-il avoir si la guerre avec l'Élam devait bien finir? D'autres racontent que, l'avant-dernière nuit, la lune était à demi offusquée de nuées en se levant, et que la partie inférieure du disque était seule visible. Chacun sait ce que ce phénomène signifie, une invasion de l'ennemi sur territoire assyrien et un grand deuil pour le prince. Plusieurs confirment le témoignage de la lune et du Lion par celui de Vénus. Vénus s'est levée avant-hier, 5 de Tammouz, juste au moment où le soleil se couchait, ce qui annonce à la fois une bonne récolte et la présence dans le pays de troupes ennemies : le premier présage est le bienvenu, mais à quels ennemis l'astre fait-il allusion, si ce n'est aux Élamites?

Ainsi parlent tristement les gens que la guerre inquiète ou dont elle compromet les intérêts : les autres entretiennent des pensers moins sombres, et se sont procuré des présages heureux, qu'ils opposent aux présages funestes des premiers. Voilà trois fois de suite, depuis le commencement du mois, que Sin, le dieu de la lune, s'éclipse de grand matin un peu avant le lever du soleil, et voilà trois fois, le soir, au coucher du soleil, qu'il s'enveloppe de nuages et refuse d'éclairer la terre. C'est un signe rare, mais d'une grande puissance, et devant lequel les signes ordinaires ne conservent pas leur signification. Il annonce la fin du règne de Tioumman et la ruine de son empire. C'est bien ainsi que les astronomes royaux de Ninive et de Dour-Sharoukîn l'expliquent, et Assourbanipal lui-même accepte pleinement leur interprétation. Aussi bien, leurs prédictions flattent trop l'orgueil national pour ne pas l'emporter promptement, dans l'esprit du peuple, sur celle des autres astronomes. Le bruit se répand par le pays que Sin s'est déclaré en faveur de l'Assyrie, et dès lors, tous les rapports qu'on fait au roi des mouvements du ciel s'accordent à lui annoncer une victoire complète. Le 11 de Tammouz, lueur verdâtre : le pays d'Élam sera ravagé. Le 14, la lune et le soleil sont vus ensemble vers le soir, et se font contrepoids pour ainsi dire, aux deux extrémités de l'horizon : c'est la preuve que les dieux méditent des desseins favorables à la prospérité d'Assour. Le 16, Jupiter se montre brillant au milieu de la nuit : c'est l'indice d'une bataille où beaucoup d'ennemis périront, dont les cadavres resteront sans sépulture. Ainsi chaque jour et chaque nuit apporte son présage nouveau qui confirme les présages observés précédemment et en augmente la force.

La connaissance approfondie que tout le monde en Assyrie, et même les gens du peuple, ont de ces matières, étonne les étrangers, et les conduit à penser qu'il y a presque autant d'astrologues ou de sorciers que d'habitants, sur les bords de l'Euphrate. Il n'y a pas pourtant besoin d'être grand clerc pour arriver à comprendre le langage des étoiles, car les livres abondent, où on l'enseigne à le traduire sans difficulté. La bibliothèque d'Assourbanipal en renferme une quarantaine au moins, et ce ne sont là que les ouvrages principaux, les classiques en ce genre d'études : il y en a bien plus encore, qui n'ont point la même autorité, mais qui n'en sont pas moins lus et commentés attentivement par le vulgaire. Les uns traitent des éclipes de la lune et des événements qu'elles annoncent, selon le mois et le jour du mois dans lequel elles se produisent. Les autres étudient les mouvements de chaque planète en particulier, et les influences qu'elles exercent sur la terre, isolément, ou lorsqu'elles apparaissent au ciel en conjonction de deux ou de trois ensemble. Puis, c'est un catalogue des pronostics qu'on peut tirer de la foudre. S'il tonne le 27 de Tammouz, la récolte du pays sera bonne et le rendement magnifique ; s'il tonne six jours plus tard, le 2 Abou, il y aura des inondations ou des pluies, le roi mourra et son pays sera divisé ; s'il tonne le 3, une épidémie fera partout des ravages, et si c'est le 4, un tremblement de terre menacera les cités. Un calendrier, fort utile chez un peuple de soldats, indique le caractère favorable ou défavorable de chaque mois pour les opérations militaires. Tammouz, par exemple, est un mois propice s'il s'agit d'entrer en campagne ou de fortifier une ville, funeste à qui livre bataille en rase campagne ou donne l'assaut à une place. Iyâr présente des propriétés inverses : il est heureux aux batailles et aux sièges, mais on doit éviter d'y commencer une guerre ou d'y construire une forteresse.

Ce sont là des grimoires d'usage courant, où le premier venu qui les consulte se reconnaît à coup sûr, après quelques instants d'attention. D'autres exigent de longues années d'étude assidue, et ne sont accessibles qu'aux savants de profession. On n'arrive à s'en servir utilement que si l'on a soi-même observé les astres et appris à suivre leurs mouvements sur les chemins célestes. L'initiation est lente et pénible, mais ceux qui l'ont obtenue deviennent en quelque sorte les hérauts des dieux sur la terre. Le destin parle aux hommes par leur bouche et leur révèle chaque nuit une portion de l'avenir. C'est parfois pour eux un honneur périlleux. Les rois n'entreprennent rien sans les consulter, et se déchargent sur eux du soin d'indiquer les moments les plus favorables à l'exécution de leurs projets. Une seconde de lassitude tandis qu'ils observent le ciel, un chiffre inexact dans leurs calculs, une erreur dans la lecture des astres ou dans l'interprétation des signes, et c'est la ruine peut-être pour le souverain qui avait mis sa confiance en eux. Tel a déclaré la guerre et s'est fait battre ou tuer, qui serait demeuré tranquillement chez lui, si son astrologue avait été plus attentif ou plus habile. Les astres désapprouvaient l'entreprise et en annonçaient l'issue funeste, mais l'astrologue a mal saisi leur langage, et a cru percevoir des encouragements où il aurait dû entendre des menaces : l'ignorance ou la sottise du serviteur est devenue la perte du maître.

En Égypte, la plupart des livres qui traitent de science sont des livres sacrés, composés et révélés par les dieux eux-mêmes[1]. Les Assyriens n'attribuent pas si haute origine aux ouvrages qui leur enseignent le cours et leur expliquent les influences des astres: ils en attribuent la paternité à des savants qui vécurent à des époques différentes, et qui dérivèrent leur science de l'observation directe du ciel. Les plus anciens de leurs astronomes, à force de contempler chaque nuit l'armée des étoiles, crurent reconnaître qu'à chacune de leurs évolutions et à chacun de leurs groupements correspondait, sur terre, un ensemble de phénomènes et d'événements toujours les mêmes. Si Jupiter, par exemple, brillait à son lever d'un éclat semblable à celui du jour, et que son disque présentât, grâce à la disposition des bandes sombres qui le rayent, l'aspect d'une lame d'épée à double tranchant, la richesse et l'abondance régnaient dans le pays entier, les discordes s'apaisaient et la justice prévalait sur l'iniquité. Le premier qui observa cette coïncidence en fut frappé et la nota ; ceux qui vinrent ensuite constatèrent que son observation était exacte, et finirent par déduire une loi générale des faits accumulés sur ce point pendant des années. L'éclat et la disposition particulière de Jupiter qu'ils décrivaient fut désormais « un augure favorable, qui « porte bonheur aux propriétaires et à toute la terre qui « dépend d'eux. Dans le temps qu'il se produit, il ne peut « y avoir aucun maître étranger dans la Chaldée, mais la « tyrannie est divisée contre elle-même, la justice règne, « c'est un souverain fort qui gouverne. Les propriétaires « et le roi sont fermement assis dans leurs droits, et partout « l'obéissance et la tranquillité règnent dans le pays. »

1. Voir plus haut, chapitre VII, ce qui est dit de l'origine divine des livres de médecine en Égypte.

Le nombre de ces observations se multiplia tellement qu'on dut les classer méthodiquement pour éviter de se perdre dans leur multitude. On en dressa bientôt des tables où l'on enregistrait, à côté d'indications donnant l'état du ciel telle nuit à telle ou telle heure, la mention des événements survenus au moment même ou peu de temps après, en Chaldée, en Assyrie et en pays étranger. On se persuada de la sorte que, « si la lune, par exemple, a
« la même apparence le 1er et le 28 du mois, c'est un mau-
« vais présage pour la Syrie, et que si elle est visible le 20,
« c'est l'annonce d'un bonheur pour la Chaldée, d'un mal-
« heur pour l'Assyrie ». Si elle offre la même apparence le 1er et le 27, c'est l'Élam qui doit tout craindre ; mais « si le
« soleil, à son coucher, paraît double de sa dimension nor-
« male, avec trois faisceaux de rayons bleuâtres, le roi est
« perdu ». On réunit peu à peu toutes ces observations, on vérifia les incertaines, on écarta les fausses, et de ce qui resta on rédigea comme un code des signes qui annoncent et régissent les destinées humaines. Le vieux Sargon d'A-gané, qui régnait il y a plus de vingt siècles[1], résuma méthodiquement les résultats acquis jusqu'à lui dans un grand ouvrage, qu'Assourbanipal a fait copier pour sa bibliothèque, et qui ne comprend pas moins de soixante-dix tablettes d'argile. Ce livre fut retouché sous son fils Naramsin, puis remanié à plusieurs reprises et mis au courant des progrès de la science. C'est aujourd'hui l'ouvrage classique sur la matière, celui dont l'autorité s'impose à tous et termine toutes les controverses. Chaque fois qu'on demande à l'un des astronomes royaux l'explication d'un phénomène régulier ou d'un prodige céleste, son premier soin est de chercher ce qu'en disent les tables de Sargon ; s'il l'y trouve, soit

---

1. On ne doit pas oublier que les faits exposés dans ce récit se passèrent vers l'an 650 av. J -C.

quatre-vingt-dix-neuf fois sur cent, il se contente d'en extraire le passage correspondant à la question qu'on lui pose, y joint son nom et le transmet, le plus souvent sans oser y ajouter un seul mot. On reste confondu quand on songe aux trésors de patience, de courage et d'ingéniosité que les vieux maîtres ont dépensés, afin d'assembler les matériaux de leur grand œuvre et d'en établir solidement les fondations. Les savants d'aujourd'hui sont savants à moins de frais. Il leur suffit d'avoir de bons yeux, bien exercés, pour retrouver au ciel les combinaisons d'étoiles décrites au livre de Sargon, et une bonne mémoire pour appliquer immédiatement à leurs observations le passage où sont énumérés longuement les pronostics qu'il convient d'en tirer.

Le mois de Tammouz s'est consumé entier dans les préparatifs matériels et mystiques de la lutte; on a convoqué beaucoup d'hommes, consulté beaucoup de dieux. L'armée serait prête à partir, mais on ne l'ébranle pas encore, car le mois d'Abou, qui vient de s'ouvrir, est un des plus défavorables aux mouvements de troupes. La campagne ne commencera que dans le mois suivant, en Ouloul, que les calendriers signalent comme l'un des plus propices à instituer les opérations militaires. Abou est d'ailleurs consacré aux grandes fêtes annuelles qu'on célèbre en l'honneur d'Ishtar, dans le sanctuaire d'Arbèles. Assourbanipal s'y rend en pompe avec toute sa cour. Chaque jour, il offre lui-même le sacrifice à la déesse; chaque nuit, du haut de la tour à étages, ses astronomes sondent du regard les profondeurs du ciel et y découvrent de nouveaux signes de victoire. Les premières nouvelles qu'on reçoit d'Élam confirment leurs prédictions. Tioumman est tombé subitement malade: ses yeux se sont obscurcis, ses lèvres ont bleui, son cœur a été saisi de spasmes violents. C'est un dernier avertissement qu'Assour et Ishtar lui envoient, avant de le frapper à mort, et tout le monde en Assyrie le comprend ainsi, mais lui n'en a tenu aucun compte. Il a quitté Suse aussitôt guéri, et s'est rendu à l'armée. On a su, par les intelligences secrètes que ses neveux exilés ont conservées autour de lui, certains propos blasphématoires qu'il a proférés contre Ishtar en apprenant l'arrestation de ses ambassadeurs, et la résolution où il est de ne plus s'arrêter qu'il n'ait battu les Assyriens à plates coutures. « Ce malheureux roi », a-t-il dit, « qu'Ishtar a rendu fou, je ne le lâcherai point « que je ne sois monté contre lui et que je ne me sois « mesuré avec lui! »

On connaît l'amour d'Assourbanipal pour sa déesse : l'insolence de Tioumman le remplit d'horreur. Le message qui lui apprit les discours sacrilèges de son adversaire, et qui lui annonça en même temps l'entrée des avant-gardes élamites sur le territoire assyrien, était arrivé le soir, longtemps après le coucher du soleil. Il ne veut pas attendre jusqu'au lendemain pour aller demander pardon à sa patronne de l'outrage qu'elle a subi, à cause de son affection pour lui. Il court au temple en pleine nuit, pénètre dans le sanctuaire, va droit à la statue prophétique. Une seule lampe brûlait devant elle, dont la lumière incertaine éclairait vaguement ses formes immobiles, et laissait le reste de la chambre dans une ombre épaisse. Il se prosterne en pleurant, lève les mains : « O dame d'Arbèles, je suis « Assourbanipal, la créature de tes deux mains et la créa- « ture d'Assour le père qui t'a engendrée, et vous m'avez « créé pour que je renouvelle les sanctuaires de l'Assyrie « et pour que j'achève en leur perfection les grandes villes « du pays d'Akkad. J'étais donc venu ici dans ta demeure, « pour te visiter et pour adorer ta divinité, quand ce « Tioumman, le roi d'Élam, qui ne rend point de culte aux « dieux, s'est levé contre moi pour guerroyer. Tu es la « dame des dames, la reine des batailles, la maîtresse des

« guerres, la souveraine des dieux, celle qui en présence
« d'Assour a toujours parlé en ma faveur, pour me rendre
« propice le cœur d'Assour et de Mérodach, ton compa-
« gnon. Or, Trioumman, le roi d'Élam, a péché grièvement
« contre Assour le roi des dieux, le père qui t'a engendrée,
« et contre Mérodach ton frère et ton compagnon, et même
« contre moi Assourbanipal, qui me suis toujours étudié à
« réjouir le cœur d'Assour et de Mérodach ; il a rassemblé
« ses soldats, il a mis son armée en mouvement et s'est
« montré prêt à la guerre, il a demandé ses armes pour
« marcher contre l'Assyrie. Toi qui es l'archère des dieux,
« pesant de tout ton poids au milieu de la bataille, abats-le,
« et rue-toi sur lui comme un tourbillon d'orage malfai-
« sant ! » De même qu'en Égypte [1], les statues divines sont
animées, en Assyrie, par l'esprit de l'être qu'elles représentent : elles entendent, parlent, se meuvent. Ishtar fut
touchée de la prière que son favori avait prononcée devant
elle et de ses sanglots. « Ne crains rien », lui dit-elle, et
elle lui inonda le cœur d'allégresse. « Puisque tu as levé
« vers moi tes mains suppliantes, puisque tes yeux sont
« pleins de larmes, je répandrai ma grâce sur toi ! » La voix
se tut, le silence qu'elle avait troublé se rétablit plus solennel, et le roi, se retrouvant seul sous la clarté douteuse
de la lampe, ressentit soudain parmi sa joie la peur du
divin ; un frisson lui courut sur la peau et le poil de sa
chair se hérissa.

Or cette nuit-là, au moment même qu'il se lamentait
devant la déesse, un des voyants du temple eut un songe.
Le ciel est un livre ouvert, où qui veut lit ; le consulter
n'est pas un privilège réservé à quelques-uns, c'est le droit
de tous. Mais les dieux ont mille moyens de révéler l'avenir

---

[1]. Voir p. 54 et 66 de ce volume ce qui est dit des statues prophétiques de l'Égypte.

aux hommes qu'ils favorisent de leur amour ou de leur haine, et les songes sont un de ceux qu'ils emploient le plus souvent. Les songes qui traversent ordinairement le sommeil des êtres sont comme un peuple de figures aériennes, assez fluides pour revêtir à leur gré toutes les formes et les dépouiller aussi rapidement qu'ils les ont prises; ils se meuvent, ils agissent, ils parlent, et leur moindre mouvement, leur moindre action, leur moindre parole, ont un rapport caché avec les événements qui se préparent dans la vie d'un homme ou d'un peuple. Quelquefois ces messages d'en haut sont conçus en langage direct et n'ont pas besoin de truchement; la réalité future s'offre à nos yeux sans voiles. Le plus souvent ils s'expriment par symboles ou par allégories, et alors il faut, pour comprendre le bizarre et le décousu de leurs prédictions, un homme versé dans l'art de les interpréter.

De même que les astrologues, ces devins ont leurs manuels officiels, dont la doctrine résulte des observations recueillies par leurs prédécesseurs au cours des siècles. L'un d'eux, qui est dans la bibliothèque d'Assourbanipal, nous apprend ce qu'il faut attendre du destin quand on voit en rêve des animaux monstrueux, qui réunissent le corps d'un ours, ou d'un chien, ou d'un lion, aux pattes de quelque autre animal, des poissons morts, un poisson avec des oiseaux; ce sont autant de présages funestes, et l'on doit en s'éveillant, réciter aussitôt une prière au Soleil qui en atténue, ou même en dissipe entièrement l'influence maligne. Si spontanés que soient les songes et si indépendants qu'ils paraissent être de toute volonté humaine, on assure qu'on est parvenu à les provoquer, en répétant certaines prières et en se soumettant à certaines pratiques. Il y a des amulettes qui procurent, à qui les porte, des rêves véridiques et la faculté de s'en souvenir au réveil. Dans les circonstances solennelles, on se prépare quelques jours à l'avance, par l'abstinence, par le jeûne et par la prière, et l'on se retire dans une chambre isolée ou dans un temple, pour y passer la nuit. On formule alors mentalement, avant de s'endormir, la question sur laquelle on désire interroger le destin, et, si le sommeil ne vient pas naturellement, on le produit par des breuvages narcotiques, dont la composition est le secret des devins. C'est alors un rite religieux, celui de l'incubation, dont tous les moments sont définis par des règles sévères, selon qu'on s'adresse aux dieux en général, à un dieu en particulier ou bien aux âmes des morts. Les réponses qu'on obtient présenteraient une certitude entière, si les interprètes ne se méprenaient pas souvent sur la valeur des détails qui en accompagnent toujours les épisodes principaux. De là bien des désillusions, dont les fidèles se plaignent amèrement, et qui leur font accuser la malignité des dieux, mais à tort. Les dieux ne se refusent jamais à envoyer de songes sincères, lorsqu'on les leur demande de bonne foi et selon les formes prescrites : est-ce leur faute si les hommes ont les sens trop épais et n'en savent point dégager la signification ?

La plupart des temples ont leurs voyants et leurs voyantes, qui leur sont attachés régulièrement, et dont la fonction consiste à recevoir la volonté du dieu, soit par révélation directe pendant la veille, soit indirectement par l'intermédiaire des songes. A Babylone, c'est une femme, qui habite au sommet de la tour à étages et y attend chaque nuit la visite du dieu ; dans les temples d'Ishtar, dans celui d'Arbèles comme dans celui de Ninive, ce sont des hommes qui vont dormir dans le temple de la déesse. Elle se manifesta à l'un d'eux, la nuit même où le roi la suppliait si fort, et il rapporta sa vision en ces termes : « Ishtar, qui habite
« Arbèles, entra devant moi. A droite et à gauche, deux
« carquois lui pendaient : elle tenait un arc d'une main,
« et, de l'autre, une lourde épée de combat. Elle s'avança

« vers toi, et comme la mère qui t'a enfanté, elle se mit à
« parler avec toi. Ishtar donc, la plus haute parmi les
« dieux, te dit d'un ton de commandement : « Tu as de-
« mandé la victoire, où tu seras j'irai moi aussi! » Tu lui
« dis : « Où tu vas puissé-je aller avec toi, souveraine des
« souveraines! » Elle te répondit alors : « Toi, reste en la
« place consacrée à Nébo; mange ta nourriture, bois du
« vin, fais jouer tes musiciens devant toi, et glorifie ma
« divinité. Moi cependant, j'irai au combat, j'accomplirai
« mon œuvre, et ta face ne pâlira pas, tes pieds ne trébu-
« cheront pas, ta beauté ne s'évanouira pas au milieu de la
« bataille! Elle te cache dans son sein comme une bonne
« mère, et t'enveloppe de toute part. Une flamme jaillira
« d'elle et elle la vomira pour détruire tes ennemis, car
« elle a tourné son visage contre Tioumman, le roi d'Élam,
« qui est odieux à sa face. »

Si l'oracle des astres avait laissé subsister quelque doute, celui qu'Ishtar a daigné procurer par son voyant les lèverait jusqu'au dernier. Les blasphèmes de Tioumman ont achevé de courroucer la déesse; la guerre contre l'Élam est désormais sa guerre à elle, qu'elle veut mener seule. Assourbanipal n'a que faire de venir à l'armée; Ishtar lui ordonne de s'enfermer dans son palais et d'y mener douce vie, tandis qu'elle prendra sa place à la tête des troupes, et les conduira à la victoire. Les paroles du voyant, divulguées dans les villes, remplissent d'enthousiasme l'Assyrie entière. Les fâcheux et les timides, entraînés par la confiance des autres, oublient les présages funestes auxquels ils avaient d'abord attaché tant d'importance; s'ils se les rappellent, c'est pour dire qu'ils les avaient mal interprétés, et, qu'en les examinant de plus près, rien n'est plus facile que de leur trouver un sens favorable à l'Assyrie. Les soldats n'accueillent pas avec moins de faveur le récit qu'on leur fait de la vision. C'est chez eux surtout que l'effet des prédictions est le plus grand. Un signe fâcheux les déconcerte, énerve leurs courages, les livre tout vaincus à l'ennemi ; des bataillons, qui n'auraient pas hésité à se faire tuer jusqu'au dernier homme en temps ordinaire, ont souvent lâché pied au premier choc, lorsque les présages n'étaient pas favorables. Le cœur leur manquait, à l'idée que les pouvoirs d'en haut ne prenaient point parti pour eux, et l'assurance qu'ils risquaient leur vie pour une cause perdue d'avance paralysait leur bras. Mais si les astres sont propices et que les voyants leur promettent l'appui d'en haut, on peut tout leur demander sans crainte ; le succès naît de la foi qu'ils ont aux oracles, et l'armée est déjà plus d'à moitié victorieuse qui sait que ses dieux combattent avec elle.

Et tandis que les divinités de l'Assyrie s'arment ainsi pour la lutte, celles de l'Élam ne déploient pas moins d'activité à s'y préparer. L'intérêt le leur commanderait encore, quand l'orgueil national ne les y inciterait point : le jour où les généraux ninivites l'emporteraient sur leurs propres généraux établirait non seulement la suprématie de Ninive et d'Assourbanipal sur Tioumman et Suse, mais celle de Bel, d'Assour et d'Ishtar sur Shoushinaq, qui habite au fond des bois mystérieux et qui est présent partout sans qu'on l'aperçoive, sur Shoumoudou, sur Lagamar, sur Partikira, sur Ammankasibar, sur Oudourân, sur Sapak, sur toutes les divinités que les anciens rois ont adorées. Elles ont mené jadis leurs fidèles à la conquête de la Chaldée, et assis une dynastie d'Élamites sur le trône de Babylone ; depuis lors, elles ont pu subir des échecs et perdre le territoire qu'elles avaient gagné, mais elles ont défendu toujours l'indépendance de l'Élam et conservé intact le butin qu'elles avaient fait à l'étranger. La statue de la déesse Nanaï, qu'elles ont enlevée à Ourouk, est encore dans le grand temple de Suse, où le roi Koudournankhoundi la déposa, il y a plus de seize siècles au retour de ses campagnes. Il y a bien, et même dans l'entourage immédiat du roi, des indécis ou des timides qui redoutent la guerre et la déconseillent ; un des fils de Lioumman ne cesse de rappeler à son père combien est grand le pouvoir de l'Assyrie, et lui répète chaque fois, qu'il peut le faire : « N'espère pas « la victoire ! » La plupart des généraux et des gens de cour ne partagent pas ses craintes, et les dieux ne négligent rien pour surexciter les âmes de leurs défenseurs. Leurs astronomes répondent aux combinaisons d'étoiles favorables à l'Assyrie, par d'autres combinaisons qui annoncent le triomphe prochain de l'Élam. Leurs voyants opposent leurs propres visions à celles des voyants d'Ishtar, qu'ils accusent de mensonge, et les propos méprisants, que Lioumman répète sur la déesse d'Arbèles, lui sont inspirés par la confiance qu'il a aux prophéties des siens. Leurs oracles annoncent la chute prochaine de l'Assyrie, le pillage de Ninive, la captivité et le supplice d'Assourbanipal.

Il en est de même chaque fois que la guerre éclate entre deux peuples ; la bataille entre les hommes se complique d'une bataille entre les dieux. Les dieux séjournent invisibles dans les camps, descendent au milieu de la mêlée, couvrent les chefs de leurs corps, et frappent, s'ils le peuvent, les généraux ennemis. Vainqueurs, ils font prisonniers les dieux étrangers, exigent d'eux des tributs ; vaincus, ils subissent à leur tour la loi du plus fort. On leur prend leurs statues, leurs trésors, leurs serviteurs, on détruit leurs temples, on rase leurs bois sacrés : c'est l'esclavage, la mort peut-être, pour eux comme pour le peuple qui les adore.

CHAPITRE XVIII

LA GUERRE

Marche rapide de l'armée assyrienne. — Son arrivée à Dourîlou sépare l'Elam de la Chaldée. — Tioumman concentre son armée en avant de Suse. — Organisation de l'armée assyrienne. — L'infanterie. — Les chars de guerre, — La cavalerie. — L'armée élamite : sa position à Toulliz. — Bataille de Toulliz. — Mort de Tioumman. — Enregistrement du butin. — Reddition de Suse. — Proclamation d'Oummanigâsh comme roi de Suse et de Tammaritou comme roi de Khaïdalou.

Autant le mois d'Abou est funeste, autant celui qui vient ensuite est propice aux expéditions : dès les premiers jours d'Ouloul, l'armée se met en marche. L'Élam est couvert, du côté de Ninive, par de hautes montagnes boisées et presque impraticables, où vivent les tribus à moitié barbares des Kashshi ; on ne pourrait s'y frayer un passage qu'au prix des plus grands sacrifices, et l'on risquerait d'y laisser la moitié de l'effectif, avant même d'atteindre le théâtre de la guerre réelle. Aussi les Assyriens attaquent-ils ordinairement la Susiane par la frontière du sud-ouest, vers l'endroit où les eaux de l'Ouknou et de l'Oulaï rejoignent celles du Tigre et de l'Euphrate. Là encore, le terrain présente à l'assaillant des difficultés considérables. Il est marécageux, malsain, entrecoupé d'étangs, de rivières et de canaux qui entravent à chaque instant les opérations ; mais du moins se trouve-t-on au cœur même du pays, dès qu'on a réussi à franchir cette barrière d'eau. L'armée file rapidement le long du Tigre; dix jours après le départ, elle est déjà sous les murs de Dourîlou. Depuis un siècle environ que les grandes guerres ont commencé entre l'Élam et l'Assyrie, Dourîlou a pris une importance qu'on ne lui soupçonnait pas auparavant. Sargon y livra sa première bataille contre Oumbanigâsh, bataille vivement disputée et dont chaque parti s'attribua le succès; il s'y fortifia, y établit une garnison et un gouvereur, à qui Sennachérib, puis Assourbanipal, confièrent l'administration d'un territoire assez étendu. C'est aujourd'hui la capitale d'une marche importante, qui commande le cours inférieur du Tigre et gêne, si elle ne les coupe pas entièrement, les communications entre Suse et Babylone.

La rapidité avec laquelle tous les préliminaires de l'action ont été menés déconcerte Tioumman et ruine tous ses plans. Il avait compté sur de longs délais qui lui auraient laissé le temps de négocier avec les tribus araméennes ou les petits royaumes chaldéens, et de les soulever contre l'Assyrie. Ses manœuvres ont réussi sur un point, car les gens du Gamboul viennent de se déclarer ouvertement en sa faveur; mais l'apparition subite de l'avant-garde assyrienne coupe court à ses intrigues et réprime les velléités de rébellion qui commençaient à se manifester. L'armée n'est pas dirigée par le roi en personne, Assourbanipal a suivi ponctuellement les ordres d'Ishtar; il reste dans son palais d'Arbèles et s'y oublie au milieu des fêtes et des banquets. Le Tourtanou de la droite, Belnahid[1], mène la

---

1. Les textes ne nous donnent pas le nom du personnage qui conduisit la campagne contre l'Élam. Comme Belnahid était en fonction vers cette époque, je l'ai mis en scène afin d'éviter la répétition perpétuelle du titre de Tourtanou.

campagne sous l'inspiration de la déesse, et, à côté de lui, les princes élamites commandent un corps nombreux de réfugiés. Ils proclament partout sur leur passage qu'ils ne viennent pas en ennemis, pour soumettre le pays à la domination étrangère, mais en alliés, afin de rétablir sur le trône les héritiers légitimes, et leurs déclarations rallient autour d'eux des milliers de partisans. Tioumman, abandonné, dès les premiers pas, par les alliés qu'il avait cru entraîner à sa suite, ne peut plus même compter sur la fidélité de ses propres sujets ; le moindre insuccès, la révolte éclate et c'en est fait de lui. Puisqu'il n'a qu'une bataille à livrer, il veut la livrer du moins dans les conditions les plus favorables. Il rappelle les troupes qu'il avait disséminées le long de la frontière, y joint des contingents nouveaux, et du tout forme une grosse armée qu'il concentre au village de Toulliz, en avant de Suse. La position est des mieux choisies : elle masque entièrement les abords de la capitale, commande la ville même, où les partisans des anciens rois se remuent, et couvre les routes qui mènent à Madaktou, dans la partie haute du pays. Vainqueur, Tioumman regagne d'un seul coup tout ce qu'il a été contraint d'abandonner : vaincu, il conserve les moyens de se réfugier dans la montagne et d'y prolonger la résistance.

L'armée assyrienne est la machine de guerre la mieux organisée que le monde ait vue jusqu'à présent. Les Égyptiens eux-mêmes, à l'époque de leur plus grande puissance, sous Thoutmosou III et sous Ramsès II, ne disposaient pas de forces aussi bien exercées, ni surtout aussi bien équipées[1]. L'art du forgeron et celui de l'armurier ont fait de tels progrès depuis eux, que leurs meilleures troupes auraient peu de chances, si on les opposait aux bandes assyriennes. C'est l'infériorité de l'armement et non l'infé-

---

1. Sur l'équipement des soldats égyptiens, voir p. 88 sqq. du présent volume.

riorité du courage et de la discipline, qui ont assuré à tous les rois ninivites, depuis Sargon, la priorité sur les Pharaons du Delta, de Thèbes et de Méroé. Tandis que les Égyptiens combattent encore, pour la plupart, sans arme défensive que le bouclier, les Assyriens sont, pour ainsi dire, bardés de fer des pieds à la tête. Leur grosse infanterie se compose de piquiers et d'archers, portant un casque conique garni de deux pièces latérales pour protéger les oreilles, une chemise de cuir recouverte d'écailles de métal imbriquées, qui défend le buste et la partie supérieure des bras, un pagne tombant au jarret, des pantalons collants et des bottes lacées sur le devant. Les piquiers portent une lance de six pieds, avec une pointe en fer ou en bronze, une épée courte passée à la ceinture, un immense bouclier de métal parfois rond et convexe, parfois arrondi au sommet et taillé carrément par le bas. Les archers n'ont pas de boucliers ; ils remplacent la pique par un arc et un carquois, qu'ils suspendent diagonalement dans le dos. L'infanterie légère comprend aussi des piquiers, mais coiffés d'un casque à cimier recourbé, et munis d'un petit bouclier rond en osier ; les archers n'y ont point de cuirasse et sont associés, soit à des frondeurs, soit à des soldats armés de massues et de haches à deux tranchants.

Les piquiers et les archers de ligne sont le plus souvent d'origine assyrienne, ou levés sur des territoires soumis depuis longtemps par l'Assyrie : les autres se recrutent souvent parmi les peuples tributaires, et portent leur costume national. Ils sont disposés en compagnies et manœuvrent avec une régularité à laquelle les étrangers eux-mêmes rendent hommage. Déjà, au temps de Sargon et de Sennachérib, un des plus célèbres prophètes hébreux, cet Isaïe qui fut le conseiller du roi Ézéchias dans ses luttes contre l'Assyrie, s'émerveillait de leur bonne tenue. « En eux, dit-il, nul qui soit las ou qui bronche, nul ne sommeille,

« nul ne dort, nul n'a la ceinture de ses reins déliée ou la
« courroie de sa chaussure relâchée. » Ils marchent avec
une rapidité extraordinaire, sans laisser de traînards, ni
d'éclopés derrière eux, et les généraux ne craignent pas de
leur imposer des fatigues auxquelles les soldats des autres
nations succomberaient promptement. Ils passent les rivières à gué ou sur leurs outres. En pays de bois, chaque
compagnie détache en avant un certain nombre de pionniers qui abattent les arbres et lui frayent la voie.

La cavalerie se divise en deux corps : les gens de chars
et les cavaliers proprement dits. Le char de guerre assyrien est beaucoup plus lourd et plus massif que l'égyptien[1].
Les roues sont hautes, épaisses, pourvues de huit rais. La
caisse, qui repose directement sur l'essieu, est carrée par
devant, les panneaux en sont pleins, quelquefois revêtus de
plaques métalliques, le plus souvent peints ou décorés d'incrustations. Le joug est long, épais, relevé à l'extrémité d'un
ornement en bois ou en métal sculpté, fleur, rosace, mufle
de lion, tête de cheval. Chaque char est traîné par deux chevaux, auxquels on accouple sur le flanc un troisième cheval,
qui ne tire pas en temps ordinaire, mais qui est destiné à
remplacer l'un de ses voisins, en cas d'accident ou de blessure. Ils sont harnachés assez légèrement, et reçoivent quelquefois une sorte d'armure en étoffe épaisse, qui leur recouvre
le dos, la poitrine, le cou, le haut de la tête, et dont les pièces sont attachées au moyen d'aiguillettes. Chacun des
chars est monté régulièrement par trois hommes, un cocher
qui le dirige et qui se tient à gauche, un guerrier qui
manie l'arc ou la lance, un écuyer qui couvre ses deux
camarades, mais le guerrier surtout, d'un bouclier rond :
quelquefois on adjoint un second écuyer au premier. Leur
armement est le même que celui de l'infanterie, la cui-

---

[1]. Voir, pour le char de guerre égyptien, p. 86 sqq. du présent volume.

rasse d'écailles, le casque, l'arc, la lance. Cette petite troupe a parfois son étendard autour duquel elle se rallie dans la bataille, une hampe de moyenne grandeur, dressée en avant de la caisse entre l'homme d'armes et le cocher : à l'extrémité supérieure, on distingue un croissant renversé, ou un disque soutenu par deux têtes de taureaux, décoré de deux taureaux complets, et d'une figure en pied d'Assour décochant une flèche (fig. 155).

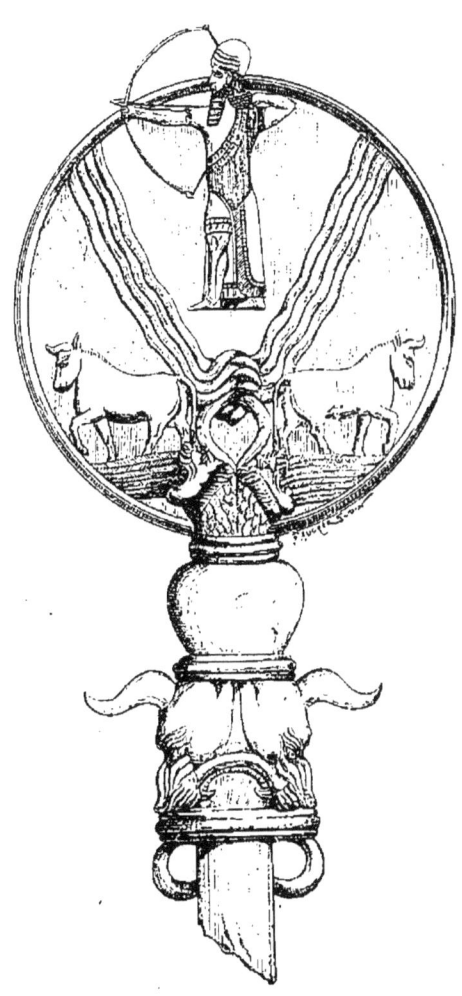

Fig. 155. — Un étendard assyrien.

Comme les chars égyptiens, les Assyriens chargent en ligne régulière, et il y a peu de troupes au monde qui résistent à leur premier choc. Lorsqu'un bataillon ennemi les voit arriver à fond, rapides et légers, dards pointés, arcs tendus, il se débande presque toujours après une seule volée de flèches, et se sauve au hasard. La ligne se rompt alors, et les chariots se dispersent à travers la plaine, renversant les fuyards sous les roues, et les foulant aux sabots de leurs chevaux. Chacun d'eux est comme une forteresse mobile, dont la garnison est assez nombreuse, non seulement pour combattre du haut des murs, mais pour faire des sorties à l'occasion. Le guerrier met pied à terre, achève un blessé, coupe une tête, ou bien, il se poste en avant des chevaux, et là, bien couvert par ses écuyers, il vise à loisir quelque chef ennemi, l'abat, puis remonte et reprend sa course. Les chars étaient jadis très nombreux dans les armées assyriennes. On en voit beaucoup moins aujourd'hui, mais la tradition leur assigne le poste d'honneur, et le roi ou le général en chef se réserve toujours le privilège de les guider lui-même dans la mêlée. C'est l'arme noble par excellence, celle où les princes et les grands seigneurs aiment à servir, et dont le poids décide parfois encore le gain du combat.

La cavalerie commence pourtant à l'égaler, sinon par le nombre, du moins par l'importance. Il n'y a pas longtemps qu'on s'est décidé à l'employer, et les vieux rois d'Assyrie n'en connaissaient pas plus l'usage que les Pharaons de la grande époque. Tiglathphalasar Ier, Assournazirhabal, Salmanasar III avaient à peine quelques cavaliers, dont ils se servaient pour porter des messages plutôt que pour charger : Sargon et Sennachérib furent véritablement les premiers qui la manièrent par grandes masses, et lui confièrent un rôle important dans leur stratégie. On montait d'abord le cheval à nu ; on l'habille aujourd'hui d'une simple couverture ou d'un caparaçon complet, analogue à celui des chevaux de char. Tous les cavaliers ont le casque et la cuirasse, comme l'infanterie de ligne, mais non le bouclier : ils remplacent le jupon flottant par un pagne collant aux jambes. Une moitié d'entre eux porte l'épée et la lance : l'autre moitié est armée de l'arc et de l'épée. La lance est longue de huit ou neuf pieds ; l'arc est plus court que l'arc d'infanterie et les flèches mesurent trois pieds à peine. Autrefois, chaque archer monté était accompagné d'un servant, monté comme lui, qui lui guidait son cheval pendant l'action pour lui laisser les deux mains libres (fig. 154). L'art de l'équitation a fait des progrès si considérables dans ces dernières années que le servant est devenu inutile et a disparu des armées. Aujourd'hui, lanciers et archers sont dressés à conduire leur monture par la simple pression des genoux : on les voit courir à rênes flottantes, décharger leur arc au galop, ou bien faire halte brusquement et

Fig. 154. — Cavaliers assyriens chargeant : le servant guide le cheval de l'archer.

lancer leur flèche à main reposée, puis tourner bride et repartir aussitôt.

On dit que, dans la dernière guerre des Cimmériens contre la Lydie, on a vu des troupes de cavalerie s'aborder à toute bride, et se mêler, comme des régiments d'infanterie, jusqu'à la fuite des plus faibles ou des moins braves. La cavalerie assyrienne n'a pas encore eu l'occasion d'essayer une manœuvre pareille, car les peuples qu'elle combat ordinairement n'ont que des chars, non des cavaliers, à lui opposer. Elle charge l'infanterie à fond, fait merveille dans la mêlée et dans la poursuite, éclaire la marche d'une armée. On la lance alors à distance du gros des troupes; elle fouille les bois, découvre les embuscades, reconnaît les positions de l'adversaire, indique les chemins praticables et les gués des rivières. Sennachérib, qui eut souvent à guerroyer dans des contrées montagneuses et boisées, dans le Taurus, en Arménie, sur les confins des Mèdes et de l'Elam, dut une partie de ses succès à l'emploi judicieux qu'il sut faire de ses lanciers et de ses archers montés. L'imprévu de leurs mouvements, la rapidité et la longueur de leurs chevauchées, consternaient les barbares, qui les voyaient paraître sur plusieurs points à la fois, comme sortis de terre, quand ils les croyaient encore bien loin (fig. 155). Les passes

Fig. 155. — Cavalerie assyrienne en pointe dans un pays de montagnes.

dangereuses étaient franchies, les villages pillés, les moissons incendiées ou foulées aux pieds des chevaux, presque avant qu'on se doutât de leur approche, et, quand le secours arrivait, ils étaient déjà à l'abri de toute poursuite. Si l'on joint aux cavaliers un certain nombre de mineurs et d'ingénieurs, dressés à la construction et au maniement des machines, l'énumération sera complète des éléments dont se compose une armée assyrienne. La proportion selon laquelle on les allie l'un à l'autre est toujours sensiblement la même. On compte en moyenne cent piétons par dix cavaliers et pour un seul char : l'infanterie est vraiment la reine des batailles assyriennes.

L'armée élamite est organisée de la même façon que sa rivale ou peu s'en faut. Elle a ses chars, ses cavaliers, ses fantassins, mais les cavaliers ne sont ni aussi nombreux ni aussi bien dressés que ceux de l'Assyrie, et les chars ne sont pas montés par autant d'hommes. Beaucoup d'entre eux n'ont point de caisse, mais consistent en une simple plateforme sur laquelle les soldats se tiennent assis ou debout : on dirait des charrettes à transporter les bagages plutôt que des chars de guerre (fig. 156). Une partie de l'infanterie,

Fig. 156. — Char de guerre élamite.

celle qu'on recrute dans les plaines, s'équipe à la façon des archers et des piquiers assyriens (fig. 157). Le reste est

Fig. 157. — Archers élamites.

moins bien armé : point de cuirasse, mais une simple tunique rembourrée à jupe courte, et, dans les cheveux, un ruban dont les deux bouts retombent sur le cou. Malgré cette infériorité matérielle, le courage, la vigueur, l'adresse, la ténacité font des Élamites des ennemis redoutables : on les a mis rarement en déroute, et chacune de leurs défaites a si fort épuisé le vainqueur, qu'il n'a pu profiter de ses avantages, et s'est retiré du champ de bataille presque en aussi mauvais état que le vaincu.

Le Tourtanou, qui a fait l'épreuve de leurs qualités militaires, reconnaît minutieusement leurs positions avant de s'engager. Leur ligne de défense est habilement choisie. Elle s'étend des rives de l'Ouknou à celles du canal qui passe devant la citadelle de Suse, et lui sert comme de fossé contre un ennemi venu d'Assyrie. Au centre, le village de Toulliz offre un appui solide aux masses d'infanterie; un grand bois de palmiers, situé en arrière, est là pour recueillir les fuyards en cas de défaite, et pour entraver la poursuite. Une longue bande de murs crénelés et hérissés de tours se dessine nettement à l'horizon, par-dessus les cimes des arbres : ce sont les remparts de Suse (fig. 158). La ville, posée sur

Fig. 158. — La ville de Suse.

un tertre artificiel, comme toutes les cités de l'Assyrie et de la Chaldée, domine la plaine et s'aperçoit de très loin. Au sud et à l'est, d'immenses jardins, arrosés par des canaux soigneusement entretenus, lui font une bordure de feuillage. Au nord, s'étendent des bois sombres, épais, dont l'entrée est interdite aux profanes. Les dieux de l'Elam y résident, dans des chapelles mystérieuses où les prêtres seuls et les rois ont accès : de temps en temps, leurs images montent dans la ville pour y recevoir quelque hommage solennel, puis regagnent leurs retraites, au milieu du recueillement de tout un peuple. Personne dans le vulgaire ne sait ce qui se passe derrière le rideau des premiers arbres, quels rites sanglants et quels mystères voluptueux s'y accomplissent. Après chaque guerre heureuse, on y emporte une partie du butin, qui n'en sort plus, statues des divinités ennemies, vases précieux, lingots d'or et d'argent, meubles, étoffes : plus d'un objet y a été déposé, il y a vingt siècles, qui s'y trouve encore, et les dépouilles d'Ourouk, de Sippar, de Babylone et des plus antiques cités chaldéennes y sont entassées pêle-mêle avec des trophées enlevés plus récemment aux Assyriens. Les mausolées des vieux rois sont répandus dans le voisinage, les uns bien conservés encore, les autres déjà ébranlés par l'action des siècles. Rien ne serait plus tragique à raconter que leur histoire : nulle part la trahison et le meurtre n'ont fait et défait les rois avec autant de rapidité qu'en Élam, et il y en a peu, parmi les souverains réunis sur ce coin de terre, qui ne reposent dans une tombe sanglante. A ne prendre que les temps les plus voisins de nous, Suse a changé sept fois de maître en un demi-siècle, et des sept souverains trois ont péri assassinés.

Tioumman est entouré de traîtres, et il le sait. Déjà, l'un de ses vassaux les plus puissants, Simbarou, l'a abandonné et s'est rendu avec ses hommes au camp assyrien; Oumbakidinni, chef d'une des tribus de la montagne, a surpris Ishtarnandi, vice-roi de Khidalou, sur le cours supérieur de l'Oulaï, lui a tranché la tête et s'est empressé de la porter au Tourtanou en gage de soumission. Les Susiens cependant ne se laissent pas abattre par ces défections successives, et reçoivent le choc des Assyriens avec leur résolution habituelle. La bataille commence par un échange de flèches; puis les chars de guerre se lancent l'un contre l'autre, et s'abordent à plusieurs reprises sans résultat. Une dernière charge, menée à fond par les princes exilés, a raison enfin de la résistance : les chars susiens qui restent intacts se dispersent à travers la plaine, la cavalerie les suit dans leur retraite, et l'infanterie, entraînée par l'exemple, ne tarde pas à se débander. Une partie se jette dans les bois,

Fig. 159. — Les débris de l'armée élamite sont jetés dans la rivière.

l'autre, acculée au canal, essaye d'y trouver un gué ou de le franchir à la nage, pour s'abriter sous les remparts de Suse (fig. 159). La plaine entière est semée de chars brisés, de carquois, d'arcs et de lances, de cadavres d'hommes et de chevaux. Ici, un groupe d'archers essaye de résister encore contre des cavaliers qui le harcèlent; plus loin, un chef, blessé et prêt à tomber de son cheval, lève la main pour demander merci à un archer qui le tient en joue. Un fantassin abat d'un coup de masse un Susien agenouillé devant lui; d'autres coupent la tête de l'ennemi qu'ils viennent de tuer et l'emportent comme un trophée. Tous ceux des blessés qui peuvent encore se tenir debout se sauvent le plus vite qu'ils peuvent, et ceux qui ne sont plus capables de marcher tâchent de trouver quelque buisson, quelque fossé où se cacher jusqu'au soir; c'est l'unique chance qu'ils aient d'échapper à la mort, et Dieu sait si elle est faible. Chaque tête tranchée vaut un éloge et une part de butin au soldat qui la rapporte; aussi voit-on les vainqueurs battre en tous sens le champ de bataille, fouiller les hautes herbes et les plis de terrain, comme s'il s'agissait d'un gibier ordinaire. Cependant des bandes de corbeaux se rassemblent sur les points où la lutte a cessé, et commencent à déchiqueter les cadavres à coups de bec. Le canal s'emplit de corps mutilés et de chars qui s'en vont à la dérive : les archers assyriens, échelonnés sur la berge, criblent de traits tout ce qui se débat dans les eaux, et c'est à peine si quelques fuyards parviennent à gagner l'autre rive. Les devins de Ninive et ses voyants avaient raison de prédire la victoire : Ishtar a tenu la parole qu'elle avait donnée, de jeter l'Élam aux pieds d'Assourbanipal.

Tioumman, voyant la bataille perdue, se sauve à travers bois avec deux de ses fils et ses généraux les plus fidèles. Il dépêche l'un d'eux, Itouni, au général assyrien pour demander une capitulation honorable, non qu'il pense l'obtenir, mais il espère ralentir la poursuite et gagner un peu d'avance. Itouni n'obtint pas même qu'on entendît sa requête, et de rage brisa son arc avec son épée, au moment où le soldat qui l'avait pris levait l'épée sur lui pour le décapiter. Quelques instants plus tard, un des cousins de Tioummân, nommé Ourtakou, reçut une flèche en plein corps et tomba; comme il se relevait, un Assyrien se précipita sur lui la masse haute. Son courage ne l'abandonna point au moment suprême. Il ne voulut point déclarer son nom ni demander grâce : « Allons, dit-il, coupe ma tête, « va la porter aux pieds de ton maître et qu'elle lui soit un « heureux présage », puis il tendit la nuque et reçut le coup mortel. Cependant le char de Tioummân s'était brisé contre un arbre, ses chevaux étaient trop grièvement blessés pour le porter ou avaient fui, ses fidèles avaient succombé l'un après l'autre : seul avec un de ses fils, il se retirait à pied, lentement. Il se retournait de temps en temps pour décharger son arc, et sa fière mine, la sûreté mortelle de son coup d'œil, en imposaient à l'ennemi : peut-être aurait-il réussi à se dérober et à se mettre à l'abri, si son neveu Tammaritou ne l'eût aperçu, et ne se fût acharné après lui avec un gros d'exilés susiens et de piquiers ninivites. Une première flèche l'atteignit au flanc droit et l'abattit sur un genou. Il se sentit perdu et voulut du moins ne pas tomber sans vengeance. Il désigna Tammaritou du doigt à son fils, et lui cria « Tire! » d'une voix désespérée (fig. 160). Le coup manqua, une volée de flèches jeta bas les deux hommes : Tammaritou trancha lui-même la tête de son oncle et l'emporta joyeusement.

Fig. 160. — Mort de Tioummân.

Quand il rentra au camp, la bataille était entièrement terminée. Quelques détachements couraient encore à travers la plaine, relevant les blessés et les morts assyriens, ramassant les armes, dépouillant méthodiquement les cadavres de l'ennemi; le reste de l'armée était déjà revenu sur ses positions du matin. Ce n'étaient que soldats pansant leurs blessures ou celles de leurs camarades, nettoyant ou redressant leurs armes, se félicitant d'avoir évité la mort une fois de plus ou se lamentant sur la perte d'un ami. Ceux des prisonniers qu'on jugeait utile de conserver étaient déjà rangés à part, sous la garde de quelques sentinelles. L'exécution des autres se poursuivait sans relâche : on les agenouillait en longues lignes, le dos au bourreau, la tête courbée, et un seul coup de masse leur écrasait la cervelle. Les scribes, debout dans leurs grandes tentes, enregistraient les têtes coupées : chaque soldat apportait les siennes, les jetait au tas commun, puis dictait son nom, indiquait sa compagnie, et se retirait, égayé par l'espoir d'une récompense proportionnée au nombre de ses victimes (fig. 161). Les rois d'Assyrie n'aiment rien tant que la vue de ces trophées hideux. Quand ils sont à l'armée, ils pré-

Fig. 161. — Réception et enregistrement des têtes coupées.

sident eux-mêmes à la réception et distribuent les primes allouées aux soldats; absents, s'ils ne peuvent obtenir qu'on leur apporte toutes les têtes à l'endroit où ils sont, ils exigent qu'on leur envoie au moins celles des principaux chefs. La tête de Tioummân, présentée à Belnahid, fut promenée par son ordre dans tout le camp, sur une des charrettes prises pendant le combat (fig. 162), puis embaumée et expédiée au palais d'Arbèles par un courrier bien monté :

Fig. 162. — La tête de Tioummân promenée à travers le camp assyrien.

quant au cadavre, il reste abandonné sous bois, et, d'ici à quelques jours, les oiseaux ou les bêtes de proie auront dévoré la chair et dispersé les os de ce qui fut un roi.

Si demain Suse ouvre ses portes et accepte le souverain nouveau que l'Assyrie lui offre, Oumbanigâsh, fils d'Ourtakou, la seule victoire de Toulliz aura suffi pour terminer la guerre. Si, au contraire, elle reconnaît pour maître un des fils de Tioumman, la lutte reprendra de plus belle, et les dieux mêmes savent à peine quand et comment elle finira. L'Élam a des ressources presque infinies en hommes et en capitaines. Dès qu'une armée est détruite, d'autres se reforment bientôt aussi nombreuses et aussi animées à la lutte. Un roi tué, un autre se lève en sa place, et revient à la charge, sans se laisser effrayer par le sort de ses prédécesseurs ni par son propre danger. Cette fois pourtant le parti de la paix l'emporte dans Suse, et les amis des princes exilés décident la population à proclamer Oumbanigâsh. Le lendemain de bon matin, les grand'gardes assyriennes voient une longue procession sortir des portes de Suse et s'acheminer lentement vers Toulliz : c'est une députation de l'armée, des grands et du peuple qui vient demander son maître au vainqueur. Plusieurs membres de la famille royale s'avancent en tête, sans armes, en costume de fête. Les archers viennent ensuite l'arc au bras, le carquois à l'épaule, le poignard à la ceinture, puis un char vide conduit par un écuyer à cheval, le char du nouveau roi. Les prêtres et les chanteurs des dieux marchent par derrière levant haut le pied pour marquer la mesure, emplissant l'air du bruit des harpes et des sons de la double flûte. Un chœur d'enfants les suit, qui psalmodie un hymne sous la direction des eunuques sacrés (fig. 163).

La plaine a été nettoyée à peu près depuis la veille, et

Fig. 165. — Les musiciens élamites marchant à la rencontre des Assyriens.

déjà les traces du combat n'y paraissent presque plus; mais le canal est encore encombré de cadavres, de chars, d'armes brisées, de débris que la putréfaction attaque. Le spectacle repoussant, qu'offre cette sorte de fossé mortuaire, contraste étrangement avec les vêtements de fête et les chants du cortège qui se déploie le long des berges. Bel-nahid reçoit les chefs de la députation sur le front de son armée, et écoute leur requête du haut de son char. Il mande en sa présence Oumbanigâsh et Tammaritou; il leur fait jurer, par leurs dieux et par les dieux de Ninive, d'être toujours les alliés fidèles de l'Assyrie, de ne jamais conspirer avec les souverains de Babylone ou avec les princes des tribus araméennes, d'éviter toute action qui pourrait nuire aux intérêts ou à la gloire d'Assourbanipal. Le serment prêté, il descend de son char, et, les prenant par la main, les proclame, Oumbanigâsh, roi de Suse et de Madaktou, Tammaritou, roi de Khidalou, puis il les présente à leurs nouveaux sujets. Les princes et les guerriers se prosternent et saluent, au chant plus fort des voix et des instruments (fig. 164). L'Élam qui, la veille encore, se contentait d'un

Fig. 164. — Le général assyrien présente Oumbanigâsh aux Élamites.

seul roi, en possède deux à présent, et il ne s'écoulera pas longtemps que la jalousie et l'ambition ne les arment l'un contre l'autre. Assourbanipal et ses ministres y comptent bien : les divisions intestines et la faiblesse de ses voisins assurent la sécurité de l'Assyrie.

Tandis que les deux rois et leur escorte entrent solennellement dans Suse, aux clameurs de la foule, un long convoi de prisonniers quitte le camp et commence son exode lamentable vers le nord. Plusieurs sont condamnés presque certainement à la torture et à la mort : ce sont les généraux, les gouverneurs de ville, les nobles qui se sont le plus signalés par leur courage, qu'on amène enchaînés au roi et qu'il épargne ou gracie rarement. Un plus grand nombre appartient aux soldats ou au trésor public. On y voit quelques hommes faits, mais surtout des femmes et des enfants, qui seront vendus comme esclaves,

Fig. 165. — Convoi de prisonniers dirigé sur l'Assyrie.

ou serviront dans la maison du maître à qui la fortune de la guerre les a livrés. La plupart sont réservés à un sort plus doux, et sont moins des prisonniers que des colons forcés. Assourbanipal songe à repeupler deux ou trois villes de Syrie qu'il a saccagées récemment, et il a recommandé à ses généraux de lui ramener quelque milliers d'Élamites. Ils s'en vont par bandes, sous la surveillance d'un soldat, les hommes chargés d'un petit sac à provisions qui ne les gêne guère, les femmes portant leurs enfants sur le bras ou sur l'épaule (fig. 165). Des troupeaux de vaches, de chèvres et de moutons les accompagnent. Les bagages et les malades suivent sur des chariots attelés de mulets ou de bœufs. Beaucoup périront en route de misère et de fatigue, obligés qu'ils sont de camper chaque soir en plein air et de dormir sur la terre nue. Ceux qui arriveront au terme du voyage recevront une maison, des champs à blé, des jardins, des vignes : le premier chagrin calmé, ils seront peut-être plus heureux et plus riches qu'ils n'étaient dans leur pays.

CHAPITRE XIX

LA FLOTTE ET LA GUERRE DE SIÈGE

Le pays de Gamboul et les Araméens de l'Euphrate. — Les marais. — Bît-Iâkîn et l'émigration de sa population au temps de Sennachérib. — La flotte de Sennachérib et les deux éléments dont elle se compose : les dières phéniciennes. — Embarquement et traversée de la mer. — La guerre dans les marais. — La ville de Shapîbel. — Le blocus. — La sape. — Les machines de guerre : le bélier et les tours roulantes. — Prise et destruction de la ville.

La campagne est terminée en Élam; elle continue dans le pays de Gamboul, où le roi Dounânou et le prince Nabouzoulli tiennent tête aux armées assyriennes. Le Gamboul est un de ces nombreux petits états araméens, qui se sont établis aux embouchures du Tigre et de l'Euphrate, moitié sur la terre ferme, moitié dans les marais. La partie de la population qui vit sur la terre ferme se confond presque entièrement avec les Chaldéens, pour la langue et pour les coutumes. Ce sont les mêmes dieux, les mêmes lois, le même costume, la même industrie : le caractère se ressent pourtant du voisinage de l'Élam, et présente plus de rudesse et d'ardeur belliqueuse.

Les habitants du marais sont au contraire des barbares qui se nourrissent de la pêche et de la chasse. Comme le Delta du Nil, celui du Tigre et de l'Euphrate est une immense plaine, agrandie sans cesse aux dépens de la mer voisine par des alluvions accumulées. Où le sol s'élève assez au-dessus du niveau habituel des fleuves, la culture l'a conquis et lui arrache deux pleines moissons par année. Les villes, posées sur des buttes artificielles, s'entourent d'une ceinture de jardins toujours verts; des bandes de dattiers et d'acacias courent le long des canaux; les blés s'étendent dans toutes les directions, entrecoupés de prairies humides où paissent d'innombrables troupeaux de bœufs. Où le sol est en contre-bas du fleuve, l'aspect est plus désolé peut-être que celui des marais du Nil. Une eau morte et fétide, couvrant à peine une vase noirâtre, des îlots de sable dans des mers de boue, çà et là des tertres boisés ou des plateaux de terre saine et franche, et, répandue sur le tout, une végétation spontanée de plantes aquatiques, nénuphars, joncs, prêles, roseaux gigantesques, si serrés et si forts qu'un homme peut à peine se frayer un chemin entre leurs tiges. De maigres carrés d'un blé chétif et mal soigné dans les clairières : ce sont les champs. Des amas de huttes sur quelques-uns des points les plus élevés : ce sont les villages. La construction n'en est ni longue ni dispendieuse. On lie ensemble des paquets de roseaux, qu'on recourbe et qu'on appuie l'un contre l'autre en arceaux : des nattes, tendues sur cette charpente rudimentaire et revêtues de boue, forment les parois. Les habitants vont de village en village sur des bateaux plats qu'ils poussent à la perche. En cas de guerre, ils se sont ménagé, dans les parties les moins accessibles de leurs domaines, de véritables repaires, où ils se réfugient avec leurs familles et leurs bestiaux, abandonnant le reste sans regret à la merci de l'envahisseur. Il faut pour les y atteindre se lancer sur des canaux étroits, bordés de fourrés dont chacun peut recéler une embuscade, traverser des bourbiers mouvants où chevaux et piétons risquent de s'enliser, affronter les fièvres mortelles qui s'exhalent des eaux stagnantes, et tout cela pour enlever quelques maigres bestiaux ou ramener une ou deux douzaines de prisonniers. Quelle fin pour des vétérans échappés sains et saufs aux périls de vingt batailles rangées dans les montagnes de l'Arménie ou de la Commagène, dans les plaines de la Chaldée ou de l'Élam, sur les rives du Nil ou sur les bords de la Méditerranée, que de venir enfin se noyer dans la pourriture liquide d'un marais, ou tomber obscurément, entre deux touffes de roseaux, sous les coups d'un demi-sauvage !

Bît-Iâkin était autrefois le plus important de ces petits états. C'est de là que Mérodach-Baladan sortit pour conquérir Babylone et pour tenir tête à trois grands roi d'Assyrie; c'est là qu'il rentra sur ses vieux jours, comme un vieux sanglier aux abois qui, après avoir fourni une longue carrière, revient à sa bauge pour faire tête aux chasseurs. Poursuivi sans relâche par Sennachérib et désespérant de lui résister, il préféra s'expatrier plutôt que de se soumettre : il réunit ses fidèles, emporta ses dieux, franchit la mer où l'Euphrate se jette et s'établit à Nagîdou, sur la côte de l'Élam. Il y aurait été en sûreté avec tout autre que Sennachérib. Les rois assyriens craignent en effet la mer et ne s'y aventurent pas volontiers : ils ne l'ont d'ailleurs connue longtemps que par ouï-dire, à travers les récits que les Chaldéens ou les peuples de la Syrie leur en faisaient. Lorsque leurs victoires les conduisirent aux bords de la Méditerranée, ils en admirèrent la beauté et se donnèrent le plaisir d'y naviguer, mais prudemment, et sans rester trop longtemps loin de terre. Sennachérib conçut le projet hardi et inouï jusqu'alors d'embarquer son armée sur une flotte, et d'aller chercher à Nagîdou les exilés de Bît-Iâkin. L'exécution en présentait des difficultés qui auraient découragé un prince d'un esprit moins aventureux. Les seuls navires dont il disposait dans ces parages appartenaient à des états chaldéens de fidélité au moins douteuse, et auxquels il n'eût pas été prudent de confier le sort d'un roi ninivite et de ses troupes. C'étaient d'ailleurs des arches de forme antique, lourdes, arrondies, mal établies sur l'eau, presque semblables encore à celles qu'on bâtissait au temps de Sargon l'ancien et de son fils Naramsîn. Sennachérib avait vu, pendant ses campagnes de Judée, les marins de Sidon la Grande, les progrès qu'ils avaient accomplis dans la pratique des constructions navales, l'habileté consommée avec laquelle ils maniaient leurs *chevaux de mer*[1]. Il n'eut pas de peine à trouver, parmi ses prisonniers, des Phéniciens en nombre suffisant pour lui construire une flotte. Il établit deux chantiers, l'un à Toul-Barsip, sur l'Euphrate, où l'on mit en œuvre les bois de l'Amanus et du Liban, l'autre sur le Tigre, à Ninive même, pour les bois du Kourdistan.

Les navires furent construits dans chacun d'eux d'après un modèle différent. A Toul-Barsip, où l'élément phénicien prédominait, d'après le modèle phénicien, à Ninive d'après le modèle chaldéen, mais modifié à la phénicienne. Le type choisi était le plus perfectionné qu'on eût vu jusqu'alors, la dière, le navire à deux rangs de rameurs superposés (fig. 166). La coque en est longue, basse sur l'eau, dressée sur quille ronde. La poupe se relève très haut et se recourbe sur elle-même, comme celle des anciennes galères égyptiennes[2] : l'avant est plat, taillé droit, muni d'un éperon aigu, qui s'emmanche solidement à la quille et qui sert à percer les navires ennemis. Les deux rangs de rameurs sont placés horizontalement l'un au-dessus de l'autre. Le premier appuie ses rames sur les plats-bords, le second passe les siennes par des sabords de nage ou-

---

1. C'est ainsi que les Phéniciens nommaient leurs navires.
2. Voir, p. 175, la description et la figure des galères égyptiennes

verts dans la muraille. Un pont, supporté par des montants verticaux, court de l'avant à l'arrière, et forme, au-dessus des rameurs, un étage réservé aux soldats et au reste de l'équipage : des boucliers ronds, maintenus sur une charpente légère, se dressent comme un retranchement d'une extrémité à l'autre du navire. Le mât, debout au milieu du pont, s'implante dans la quille : il

Fig. 166. — Une dière de construction phénicienne.

est maintenu par deux étais, qui, partis de la tête, vont s'attacher à l'avant et à l'arrière. La voile carrée est supportée par une vergue qu'on monte ou descend à volonté. Les navires du second modèle n'ont point d'éperon, mais l'avant et l'arrière s'en redressent fort haut, et la proue est ornée d'une tête de cheval, qui justifie le nom de cheval de mer. Ils n'ont point de mât, mais ils sont pontés et se meuvent par deux rangs de rames superposés : ce sont de vieux bâtiments transformés en dières.

Rendez-vous avait été donné aux deux divisions de la flotte, à Bab-Saliméti, sur l'Euphrate, à quelque distance encore de la mer. L'escadre de Toul-Barsip descendit directement le fleuve ; il est partout navigable en tout temps, et le trajet n'offrit point de difficulté[1]. L'escadre de Ninive

1. Je rappelle ici qu'Alexandre, l'année même de sa mort, fit con-

quitta le Tigre à Oupi, pour éviter les cantons araméens alliés de l'Élam et toujours plus ou moins hostiles, même quand ils ne sont pas en guerre ouverte avec l'Assyrie. Elle s'engagea ensuite dans le grand canal d'Arakhtou, qui unit le Tigre à l'Euphrate et traverse Babylone. On avait négligé de l'entretenir depuis longtemps, et, s'il subvenait encore aux besoins de l'irrigation et de la petite batellerie, il était assez envasé par endroits, et assez envahi de végétations parasites, pour offrir des obstacles sérieux au passage des gros vaisseaux. On réussit cependant à les surmonter, et de Babylone à Bab-Saliméti ce ne fut plus qu'une question de jours. Chaque division avait embarqué en route les troupes qu'elle devait porter, hommes et chevaux, les chars, les provisions, les machines de siège nécessaires pour une campagne qui pouvait traîner en longueur. Sennachérib rejoignit la flotte avec sa garde, et installa son camp sur les berges du fleuve. C'était une imprudence qu'il n'aurait pas commise s'il avait été mieux informé des choses de la mer. Le flux et le reflux, inconnus sur la Méditerranée, sont assez forts sur le golfe de Chaldée et se font sentir assez loin dans l'intérieur du pays; l'effet en est surtout redoutable à l'équinoxe, au moment des grandes marées. Le flot montant entre alors en lutte avec le courant du fleuve ; le choc des masses d'eau ébranle les berges, les emporte et, rompant les digues élevées pour la défense du pays, inonde des territoires considérables. C'est ce qui arriva cette année-là, à la terreur et au grand dommage des Assyriens. Leurs tentes furent envahies, culbutées par les vagues ; le roi et sa garde furent contraints de se réfugier en hâte sur les vaisseaux, et d'y rester enfermés cinq jours entiers, « comme dans une grande cage ».

Sennachérib s'aperçut alors, un peu tard, qu'il avait oublié

struire à Thapsaque une flotte phénicienne qui descendit l'Euphrate jusqu'à son embouchure.

de célébrer les cérémonies propitiatoires sans lesquelles il n'est pas prudent d'aborder l'Océan, et il attribua son malheur au mécontentement des dieux. Dès que les eaux se furent retirées, il descendit à l'endroit même où le fleuve se perd dans la mer, et, debout sur la proue de la galère amirale, offrit un sacrifice au dieu suprême, Éâ. Les traditions des Chaldéens racontent qu'au temps où les peuples de Babylone vivaient encore dans l'état de barbarie, comme les bêtes des champs, Éâ sortit des flots sous forme d'un poisson à tête et à buste d'homme, ou, selon les autres, d'un homme habillé d'une peau de poisson, et les civilisa (fig. 167). Il leur enseigna à construire des maisons et des temples, leur montra la manière de labourer et de récolter, leur imposa des lois et leur révéla les principes des sciences, des arts et de l'écriture. D'autres dieux, semblables à celui-là,

Fig. 167. — Éâ, le dieu-poisson.

sortirent des flots après lui pour compléter son œuvre ; on dit que la mer en recèle encore aujourd'hui et qu'ils se manifestent à de longs intervalles, mais personne parmi les vivants ne peut se vanter de les avoir aperçus. Sennachérib fit donc un sacrifice au roi de l'Océan, lui versa une libation dans une coupe d'or, à la vue de toute l'armée, puis jeta la coupe à la mer, avec un modèle de navire en or, et une figure de poisson également en or. Les dieux apaisés, la flotte mit à la voile au milieu des cris de joie. Les équipages étaient composés non seulement de Tyriens

566   CHAPITRE XIX.

et de Sidoniens, mais de Grecs qui habitent Chypre, et qui le disputent aux Phéniciens en habileté et en audace : ils s'habituèrent promptement aux marées et conduisirent

Fig. 168. — Une rencontre entre les Assyriens et les habitants des marais.

la flotte devant Nagidou. Le rivage est d'accès dangereux, les habitants accourus en armes étaient postés sur la plage : Sennachérib débarqua, prit la place, et ramena les fugitifs avec lui. Nul monarque assyrien n'avait essayé avant lui pareille entreprise; nul ne l'a renouvelée après lui. Beaucoup ont remporté plus de victoires que lui sur terre et de plus grandes; il est le seul qui ait triomphé de la mer.

La conquête du Gamboul n'exige ni flotte, ni matelots

étrangers ; il suffit pour la tenter d'avoir en quantité de ces bateaux à fond plat, que les indigènes emploient à parcourir leurs marais. Un gros détachement d'archers et de piquiers, appuyé de quelques cavaliers d'élite, se jette à corps perdu sur le pays, surprend quelques bateaux, en construit d'autres, en emprunte aux tribus voisines, qui n'osent refuser de les prêter, et la chasse à l'homme commence. Tandis qu'une partie des troupes s'embarque et file sur les canaux, le reste se répand en éventail dans les roseaux, et rabat lentement tout ce qui se trouve d'ennemis devant elle. Les malheureux habitants du Gamboul essaient de se défendre derrière les bras d'eau les plus larges, et parfois leurs étangs deviennent le théâtre de véritables batailles navales, où ils ont rarement le dessus (fig. 168). Leurs bateaux, surchargés de femmes et de vieillards, manœuvrent mal et offrent une proie facile à l'envahisseur. A mesure que l'Assyrien gagne du terrain, des populations entières quittent leurs villages et se réfugient dans leurs fourrés les plus épais, où elles espèrent défier la poursuite (fig. 169). C'est en vain : la cavalerie les y relance, la famine les en chasse ; la résistance dure plus ou moins longtemps, mais elle se termine toujours de la même manière, par la mort des plus braves et par la captivité des autres.

Fig. 169. — Famille de Chaldéens réfugiée dans les roseaux.

Ici, comme partout, l'Assyrien procède avec une cruauté pleine de méthode. Les chefs sont réservés pour la torture au gré du roi. Les guerriers pris les armes à la main sont, en partie, exécutés sur place à coups de massue, en partie épargnés pour être incorporés dans l'armée. Sennachérib ramena de son expédition de Nagîdou trente mille recrues de ce genre, qui se battirent aussi bravement pour lui, en Arménie et en Cilicie, qu'ils avaient fait contre lui en Chaldée. Les femmes, les enfants, les gens de métier sont emmenés en esclavage, et s'en iront coloniser quelque contrée éloignée de leur patrie première. On se demande, à voir le soin minutieux qui préside à cet ensemble d'opérations, comment un pays n'est pas complètement ruiné après qu'une troupe assyrienne s'est abattue sur lui. Quelquefois, en effet, la population entière est prise comme d'un seul coup de filet. Les villes demeurent vides et les terres restent sans culture pendant plusieurs années. Peu à peu cependant les fugitifs qui ont échappé à la catastrophe sortent de leurs cachettes, ou quittent les cités voisines où ils avaient trouvé un asile. Leur premier soin est de reconstruire leurs murailles abattues et leurs maisons; ils ensemencent leurs champs, timidement d'abord, puis avec plus d'audace à mesure que leur nombre augmente. Quelques années de tranquillité et de paix relatives, pendant lesquelles ils essayent de se faire oublier de l'Assyrie, ramènent aisément la prospérité chez eux; les familles se multiplient avec une rapidité prodigieuse, et des générations nouvelles s'élèvent aussi turbulentes que les anciennes. A supputer les hommes que le Bit-lâkin ou le Gamboul ont perdus en bataille, tous ceux qui ont été massacrés ou entraînés en esclavage, tous ceux qui sont allés depuis un siècle mourir dans l'exil de faim et de misère, on serait tenté de croire que ces contrées sont désertes depuis longtemps, et pourtant chaque fois qu'une guerre éclate, l'Assyrie les retrouve devant elle plus vivaces; on peut les vaincre et les affaiblir, on ne peut pas les tuer.

Tandis qu'un des corps assyriens bat les marais, le gros de l'armée opère contre les forces régulières du Gamboul. Dounânou n'ose pas s'aventurer en rase campagne; il attend l'attaque derrière les murs de Shapîbel, sa capitale. C'est une tactique constante, non seulement chez les Araméens des bords du Tigre, mais chez tous les petits princes qui se mettent en lutte avec l'Assyrie. Ils ont rarement assez de troupes à leur disposition, et, fussent-ils en nombre, ils connaissent trop l'inexpérience de leurs généraux et de leurs soldats pour risquer leur vie et leur liberté sur le sort d'une bataille. Ils préfèrent la guerre de chicane, où l'habitude qu'ils ont du pays leur assure l'avantage; ils disputent chaque passe de montagne, chaque gué de rivière, et si la fortune leur est contraire, ils ont encore la ressource de s'enfermer dans leurs places fortes. Ils espèrent lasser la patience des assaillants par une longue résistance, et de fait, il est arrivé souvent qu'un roi d'Assyrie, après avoir assiégé et pris successivement deux ou trois villes, renonce à poursuivre l'entreprise et se retire, emmenant son butin et ses prisonniers. Souvent aussi une révolte éclate, ou quelque tribu barbare envahit une province à l'extrémité opposée de son empire. Les raisons diffèrent, mais le résultat reste le même : les Assyriens battent en retraite, et le prince qu'ils assiégeaient est délivré d'eux pour le moment. Ce procédé presque infaillible autrefois, quand le blocus seul et la famine avaient raison d'une place fortifiée, est moins sûr depuis qu'on a inventé des machines capables de pratiquer des brèches dans les murs les plus solides.

Shapîbel est bâtie sur un site assez heureusement choisi. Elle avait toujours été très difficile à prendre, mais sa force a doublé depuis qu'Esarhaddon, l'ayant enlevée à son prince Belikîsha, en répara les murailles pour en faire un des boulevards de l'Assyrie contre l'Élam. Un canal profond et toujours rempli d'eau lui sert de fossé au nord et à l'ouest, des marais la couvrent vers le sud; seul le front est donne sur une plaine et n'est défendu par aucun obstacle naturel. Les ingénieurs chargés de la fortifier ont dressé leurs plans en conséquence. Un mur simple en briques crues, hérissé de tours, court le long de la rivière et du marais; un mur double fait face à la plaine. Les deux parties en sont de hauteur inégale; l'extérieure n'a que douze mètres au plus jusqu'à la naissance des créneaux, l'intérieure monte jusqu'à seize mètres, et les tours dominent de quatre mètres environ le tracé de la courtine. Le tout ressemble d'ailleurs aux fortifications de Dour-Sharoukîn, aux dimensions près et à la forme des portes. Celles-ci ne sont pas précédées à Shapîbel d'un châtelet en saillie sur le plan de la muraille; elles s'ouvrent directement sur la plaine, une à chaque extrémité, et sont exposées immédiatement aux coups du dehors. En revanche, la muraille intérieure ne présente qu'une seule porte placée au milieu du front. Chacune de ces trois portes est placée entre deux tours puissantes, fort rapprochées l'une de l'autre.

Dès que les éclaireurs postés à la frontière lui signalent l'approche des Assyriens, Dounânou prend toutes les dispositions pour fournir une résistance très longue. Il oblige les habitants de la campagne voisine à se réfugier auprès de lui avec leurs blés, leurs bestiaux, leurs provisions de vin et d'huile; il enlève les fruits et les moissons encore vertes, afin de ne rien laisser à l'ennemi. Les hommes reçoivent des armes et renforcent la garnison régulière; les femmes prépareront le pain et la nourriture. Les ingénieurs exhaussent le sommet des tours de hourds, qu'ils composent de grandes rondaches en osier et d'une légère charpente, établie en surplomb devant les créneaux (fig. 170). Les soldats prennent leur poste à la partie du rempart qui leur est confiée, et y accumulent les moyens de résistance. On les voit disposer d'espace en espace, sur le chemin de ronde, des morceaux de galets à l'usage des frondeurs, ou des amas de pierres qu'ils jetteront sur l'ennemi assez malavisé pour venir attaquer le pied du rempart. Dounânou, son frère Samgounou, son allié Palia, petit-fils de Mérodach-Baladan, président aux derniers préparatifs, encouragent tout le monde par leurs discours. « Sans doute l'ennemi est puissant, mais Shapîbel est forte, et a déjà repoussé plus d'un assaut; elle repoussera celui-ci encore, pourvu que ses défenseurs déploient leur bravoure accoutumée. Les dieux, qui les ont secourus jusqu'à ce jour, ne les abandonneront pas dans ce péril nouveau. »

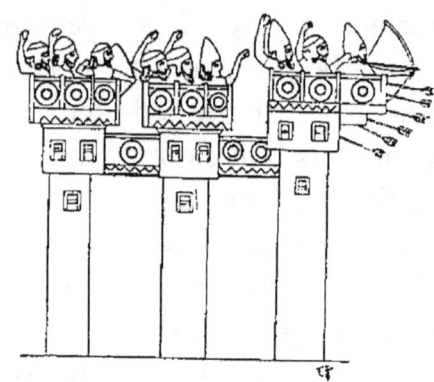

Fig. 170 — Tours garnies de leurs hourds

L'avant-garde assyrienne s'avance jusqu'au pied des murailles, et, les trouvant bien garnies, se retire après avoir lancé quelques flèches au hasard. Le commandant d'une des portes, la voyant battre en retraite, se lance imprudemment à la poursuite. Sa troupe est repoussée, mise en déroute et rentre en désordre, laissant une dizaine d'hommes sur le terrain; il est lui-même grièvement blessé et tombe avec une dizaine d'autres entre les mains de l'ennemi. Les Assyriens n'accordent jamais quartier en pareil cas. On amène les prisonniers devant la porte même d'où ils étaient sortis pleins d'ardeur, une heure auparavant; là, sous les yeux de leurs concitoyens qui bordent le rempart, on les empale vivants, puis on plante les pieux en terre sur une seule ligne, assez près pour que les défenseurs ne perdent aucun des détails de l'agonie, assez loin pour qu'une flèche ne puisse atteindre les patients et les délivrer de leurs souffrances (fig. 171). Cet horrible supplice est un de ceux que les Assyriens infligent le plus volontiers en temps de guerre. C'est partie cruauté naturelle, partie calcul d'intérêt. La mort vient lentement par le pal : le condamné attend quelquefois deux ou trois jours qu'elle se décide à le prendre sur son bois de misère. Chaque jour de nouveaux prisonniers subissent la même peine, et, pour peu que la résistance se prolonge, les pals finissent par former comme

Fig. 171. — Prisonniers empalés par des soldats assyriens.

une forêt entre les deux armées. Ce spectacle lamentable énerve souvent les courages et détermine des trahisons : il ne diminue en rien l'ardeur qui anime les défenseurs de Shapibel. Les Assyriens, après avoir tâté la place sur plusieurs points, reconnaissent qu'elle ne cédera qu'à une attaque en règle, et se décident à commencer le siège.

Leur premier soin est d'élever dans la plaine, hors de la portée des remparts, un vaste camp retranché où leur armée pourrait tenir tout entière (fig. 172). Il a comme toujours la figure d'un cercle presque parfait, entouré d'une muraille en briques et flanqué de tours comme une ville véritable. Chaque soldat est un peu manœuvre de son métier : quelques jours suffisent pour mener à bien l'entreprise. L'intérieur est divisé en quartiers, où les tentes sont rangées régulièrement le long des rues. Une partie en est réservée au culte. Deux enseignes montées sur un char

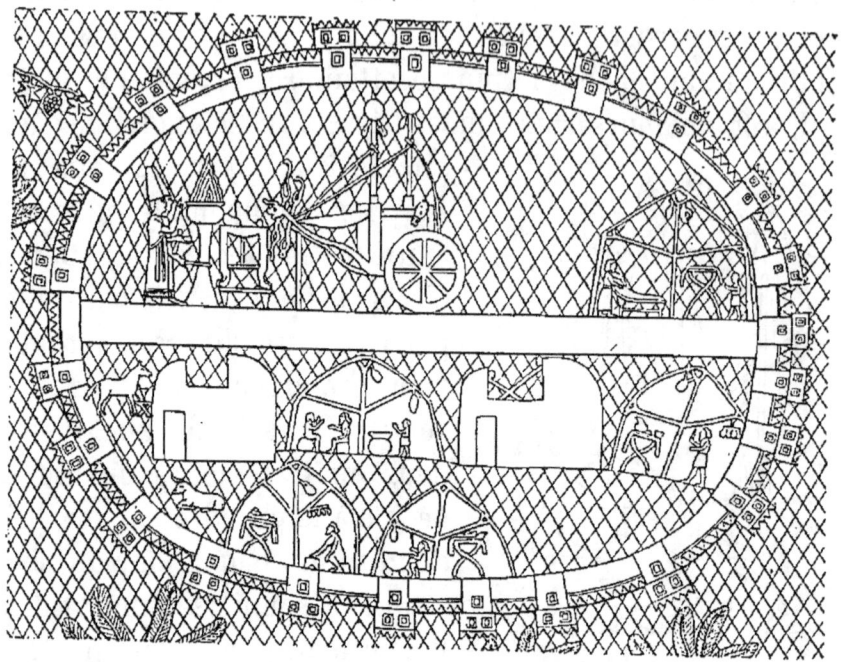

Fig. 172. — Camp retranché des Assyriens.

représentent Assour toujours présent au milieu de ses armées : les prêtres lui rendent un culte journellement avec les mêmes rites que dans les sanctuaires de Ninive. Tandis qu'une partie des

Fig. 173. — Trois tentes dans un camp assyrien.

assiégeants se repose (fig. 173), le reste conduit les travaux d'approche ou bat la campagne. Ils dominent par là tout le pays d'alentour et interceptent les communications de la place avec le dehors. De temps à autre, un messager essaie de se faufiler à travers les lignes d'investissement, ou, nageant sur son outre, cherche à s'introduire dans la cité par le canal, à la faveur de la nuit.

S'il est pris, c'est le pal; s'il réussit, les nouvelles qu'il donne sont telles qu'il aurait mieux fait de ne point risquer sa vie pour les apporter. Le roi de Babylone, effrayé par la défaite de Tioumman, se refuse à bouger; les petits états de la Basse-Chaldée suivent l'exemple du roi de Babylone, et personne ne lèvera même un doigt en faveur du Gamboul : Dounânou restera seul jusqu'au bout à supporter le poids de cette guerre qu'il a si légèrement commencée à l'instigation de l'Élam.

Les Assyriens, certains que nulle armée de secours ne viendra les inquiéter, mènent les opérations du siège avec la régularité qui préside à toute leur organisation militaire. Ils ont, dès le début, établi autour de la place une ceinture de frondeurs (fig. 174) et d'archers, qui ont pour mission d'entretenir contre les défenseurs une escarmouche perpétuelle et de ne point leur laisser un instant de répit, du matin au soir et, s'il se peut, du soir au matin. Chaque archer est associé à un piquier, qui devient son camarade, et comme son second, pour toute la durée de la campagne. Ils ont pour s'abriter tous deux un vaste bouclier en osier, carré, haut de six pieds, et qui tantôt se recourbe du sommet et se termine en pointe, tantôt est surmonté d'une sorte d'auvent formant angle droit avec lui : il est muni d'une poignée, placée haut à l'intérieur et qui permet de le manœuvrer sans trop de peine. Le piquier porte le pavois, comme une sorte de rempart mobile qui le protège lui et son camarade : arrivé à soixante pas environ de la muraille,

Fig. 174. — Les frondeurs assyriens.

il s'arrête, la plante en terre et l'archer commence à tirer (fig. 175). Les archers de Gamboul ripostent, en se dissimulant derrière les merlons de la courtine ou derrière les rondaches du hourdis. C'est entre les deux partis une lutte d'adresse et de vigilance qui ne se ralentit jamais : dès qu'un des adversaires se démasque, une ou deux flèches arrivent à son adresse. L'habitude que les Assyriens ont de ce genre d'escarmouche ne les sauve pas toujours d'une imprudence, et chaque journée leur fait perdre quelques hommes.

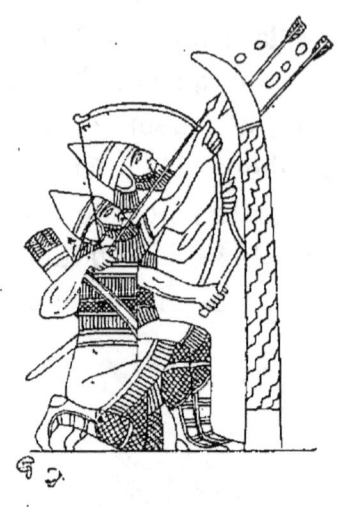

Fig. 175. — Les archers derrière le pavois.

Cependant leurs sapeurs, protégés par cette grêle de flèches, se traînent jusqu'à l'une des portes et essayent de l'enfoncer à coups de hache, ou d'y mettre le feu avec des torches (fig. 176). Les panneaux massifs bardés de bronze

Fig. 176. — Siège d'une ville : au centre, un soldat assyrien essaie de mettre le feu à la porte avec une torche.

résistent, la garde des tours voisines fait pleuvoir sur eux les projectiles, javelots, dards, blocs de pierre, poutres, ondées d'eau bouillante : ils ont beau être protégés d'une sorte de robe matelassée qui les enveloppe de la tête aux pieds, ils sont bientôt forcés de battre en retraite en laissant la moitié d'entre eux sur le carreau. Ils reviennent la nuit avec des fascines, du bois résineux, de la poix qu'ils entassent contre la porte pour l'incendier : des torrents d'eau, jetés d'en haut, éteignent le feu, et cette seconde tentative se termine, comme la première, par la mort de plusieurs d'entre eux et la retraite des autres. Repoussés de ce côté, ils vont la nuit suivante s'attaquer à la tour d'angle méridionale et essayent d'y creuser une mine pour la faire écrouler. Ils prennent avec eux des pavois semblables à ceux des archers, en appuient la partie recourbée contre le mur, et sous cet abri, comme une tortue sous sa carapace, attaquent les assises basses. Les assiégés laissent tomber, du haut des hourds, des poutres ou des blocs de pierre qui les écrasent, des étoupes enflammées qui incendient les mantelets, mais sans réussir à décourager les travailleurs ; enfin une petite troupe, guidée par Dounânou lui-même, sort secrètement par une poterne, et, se glissant le long du mur, les surprend à la faveur des ténèbres, en tue une partie, met le reste en fuite, et rentre saine et sauve avec les pavois et une vingtaine de prisonniers. Sitôt pris, sitôt empalés, et le lendemain matin, les Assyriens aperçoivent les corps de leurs camarades exposés sur le rempart : c'est des deux côtés une lutte sans merci, et les assiégés, se sentant condamnés, se vengent par avance des tortures qui les attendent.

Ce ne sont là après tout que des attaques feintes pour fatiguer l'ennemi. Pendant qu'on se bat de la sorte aux avant-postes, les ingénieurs achèvent dans le camp la construction des machines. Il y a longtemps déjà que le bélier est en usage dans le monde entier, sous toutes ses formes : le bélier à bras, qui est une simple poutre ferrée, portée par une vingtaine d'hommes, le plus rudimentaire des engins employés à la prise des places; le bélier monté où la poutre est suspendue à des charpentes qu'on dresse au pied d'un mur et manœuvrée au moyen de cordes ; enfin le bélier mobile, qui n'est que le précédent établi sur quatre ou six roues, qui permettent de l'approcher ou de l'éloigner à volonté. On le recouvre d'une véritable carapace en peaux de bœuf fraîches ou en grosse étoffe de laine, arrondie par en haut pour le protéger contre le choc des gros projectiles, et surmontée d'une coupole entière ou d'une demi-coupole, au point d'attache des câbles qui soutiennent la poutre battante. Souvent même, cet abri primitif se transforme en une sorte de forteresse mobile, et le dôme en une véritable tour, où des archers et des soldats prennent place, qui harcèlent l'assiégé et empêchent les torches ennemies de mettre le feu à la machine.

Les béliers sont placés en batterie à quelque distance du rempart, de façon à venir aboutir les uns sur une tour, les autres entre deux tours, aux points faibles de la muraille. On aplanit devant eux la portion du terrain qu'ils doivent parcourir, et même, dans les endroits où le sol n'offre pas une consistance suffisante, on établit un dallage régulier, capable de porter leur poids sans céder. Les assiégés contrarient le plus qu'ils peuvent ces travaux préliminaires, mais ils ne réussissent pas à les arrêter : les machines s'ébranlent, poussées chacune par une centaine d'hommes. Il leur fallut deux jours pour franchir la courte distance qui les séparait de la muraille : arrivées enfin à bonne portée, elles se mirent à l'œuvre avec activité, comme pour réparer le temps que la lenteur de leur marche avait fait perdre. A un signal donné, les servants saisissent l'extrémité des câbles attachés à la poutre et tirent dessus avec ensemble. Le premier effort est toujours assez rude, car elle est massive et le fer de lance pointu, ou la masse de métal carrée dont elle est garnie, est d'un poids considérable. Elle entre en jeu pourtant, lentement d'abord, puis avec une ampleur d'oscillations toujours plus grande, jusqu'au moment où la tête vient frapper à toute volée l'obstacle qui lui est opposé. Le mur tremble, quelques briques se détachent ou s'écrasent (fig. 177), et les chocs se succédant régulièrement, la brèche s'ouvre peu à peu sur les six points d'attaque. La garnison,

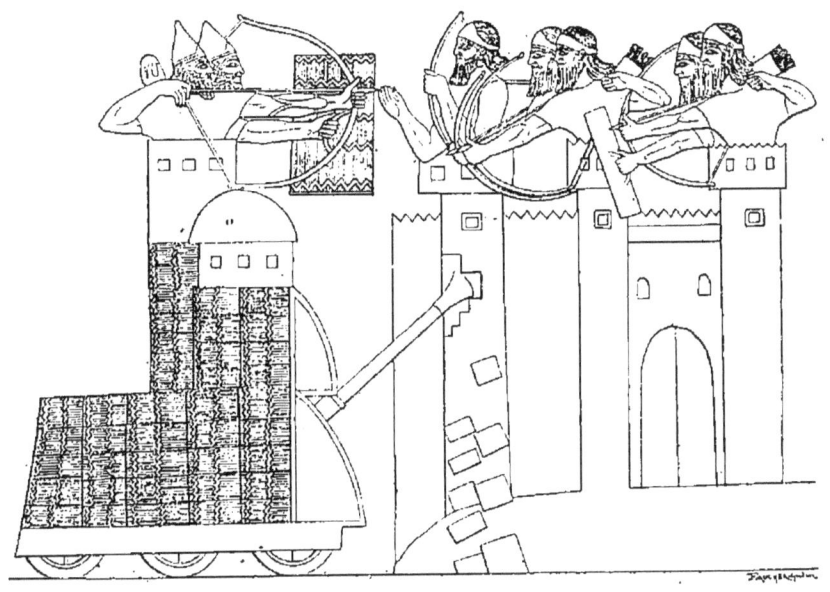

Fig. 177. — Les tours à bélier ouvrent la brèche dans la muraille.

qui n'a pu empêcher la mise en batterie, essaye du moins de paralyser l'engin ou de le détruire. Elle descend des chaînes, des nœuds coulants ou des crochets qui saisissent la tête de la poutre et l'immobilisent. Les servants résistent, et c'est une lutte de vigueur qui parfois se termine à l'avantage des assiégés (fig. 178). Ils réussissent à s'emparer de la poutre ou à la briser sous un énorme quartier de roc. Cependant les torches, les étoupes embrasées, la poix ardente, les pots à feu, pleuvent sur les toitures. Les Assyriens continuent imperturbablement leur attaque : dès qu'un bélier est endommagé, ils l'arment sans tarder d'une poutre de rechange, et recommencent après quelques instants.

Les escouades de servants se relayent, les volées de flèches se succèdent sans relâche, les mineurs sapent le pied des tours, de façon à ne laisser aucun répit aux défenseurs et à concentrer leur attention sur ce point. Tandis que la lutte se poursuit avec acharnement autour des béliers, une centaine d'hommes, choisis parmi les plus braves, entrent dans le marais, un peu après la tombée de la nuit,

Fig. 178. — Scènes d'un siège. A droite, les archers sous le pavois, et le bélier mobile que les assiégés s'efforcent de désarmer. Au centre, deux sapeurs sans armes ouvrent une mine ; à gauche, deux sapeurs cuirassés attaquent le pied d'un mur. La rivière coule au premier plan.

avec de longues échelles : plusieurs s'enlisent, ceux qui atteignent le mur dressent les échelles, et, les trouvant trop courtes de quelques pieds, réussissent néanmoins à se hisser sur les épaules de leurs camarades et à gagner le chemin de ronde. Ils tuent la sentinelle solitaire qui s'y promenait, s'emparent des deux tours adjacentes, et proclament leur succès à grands cris. La garnison découragée lâche pied, malgré les prières de ses chefs : une porte forcée promptement ouvre un libre chemin aux assiégeants qui se répandent dans la ville, et le pillage commence. Au lever du soleil, quelques groupes de soldats isolés résis-

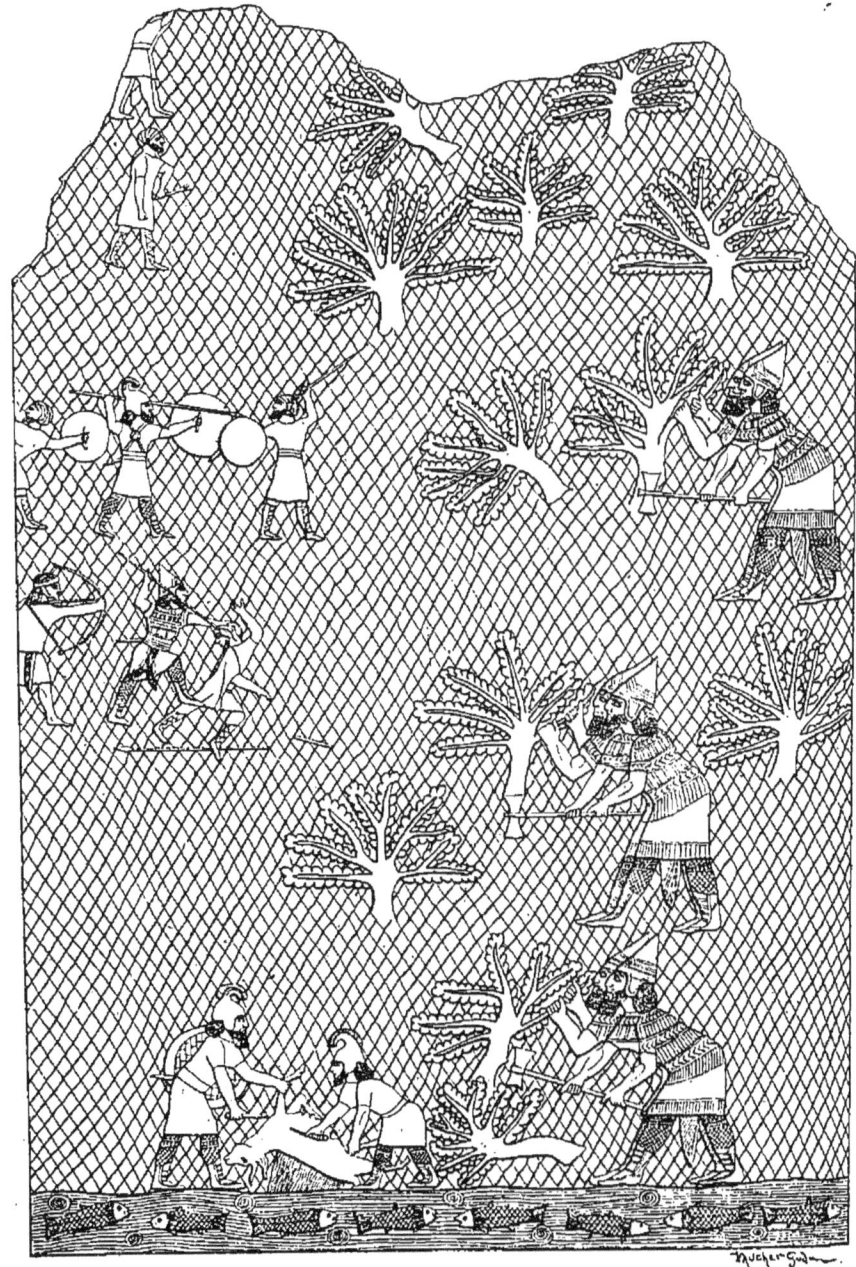

Fig. 179. — Les Assyriens abattent les arbres en pays ennemi.

taient encore : à midi, la lutte était terminée et la chute de Shapibel complétait enfin la conquête du Gamboul.

La population fut emmenée tout entière en Assyrie, et la ville détruite. Les maisons furent incendiées, les murailles renversées méthodiquement jusqu'à ce qu'il n'en restât plus brique sur brique ; puis on abattit les palmiers et les arbres fruitiers (fig. 179), on coupa les digues qui défendaient les champs, et de leurs débris on barra les canaux. L'Assyrie ne reconnaît point aux autres peuples le droit de lui faire la guerre : s'ils lui résistent, elle les considère comme des rebelles et comme des sacrilèges, envers qui nul châtiment ne saurait être trop sévère. Elle n'apporte de tempérament dans la façon dont elle les traite, que selon le degré de force qu'elle leur reconnaît ou qu'elle leur suppose. Elle s'arrête après la bataille de Toulliz, et se contente de diviser l'Élam en plusieurs royaumes qui lui rendent hommage : c'est qu'une lutte engagée à fond ne finirait peut-être pas à son avantage, et qu'elle ne veut pas abuser du succès, où elle craint que l'abus ne demeure pas sans vengeance. Elle rase Shapîbel et détruit presque le peuple de Gamboul, parce qu'elle sait pouvoir le faire avec impunité, le Gamboul n'ayant pas une population assez dense pour fournir à lui seul une armée aussi nombreuse que l'armée assyrienne. La colère d'Assour et d'Ishtar n'est jamais imprudente : elle ne se donne libre carrière qu'aux dépens des faibles, et les excès auxquels elle se laisse entraîner contre eux compensent largement la contrainte qu'elle s'impose momentanément à l'égard des forts.

CHAPITRE XX

LE TRIOMPHE

Assourbanipal reçoit les ambassadeurs de l'Ourarti. — Ninive et ses palais. — Le triomphe : défilé du butin à travers les rues de Ninive. — La guerre est une opération commerciale qui enrichit les Assyriens. — Les prisonniers. — Le supplice des chefs vaincus. — Le banquet et l'ivresse assyrienne. — La fête au harem et la tête de Tioummân. — Le chant de triomphe. — Prophétie de Nahoum, l'Elkoshite.

Pendant qu'on remporte des victoires pour lui, Assourbanipal n'est pas resté inactif dans le palais d'Arbèles. Il a banqueté, chassé, sacrifié à Ishtar aussi souvent et plus que ses généraux n'ont marché, pillé, livré bataille. Il a même reçu des ambassades étrangères, devant lesquelles il a étalé son butin et paradé ses succès. Le roi d'Ourarti, Rousa, lui a envoyé ses nobles pour conclure une alliance avec lui. L'Ourarti n'est plus pour l'Assyrie cet ennemi formidable que Tiglathphalasar III et Sargon eurent tant de peine à réduire : ses forces se sont usées dans la lutte, et des tribus venues de l'ouest lui disputent les cantons de l'Euphrate, sur lesquels il étendait son autorité depuis deux siècles. C'est afin de pouvoir leur opposer toutes ses forces que Rousa voudrait demeurer en bons termes avec son voisin de Ninive : l'amitié, ou tout au moins la neutralité de l'Assyrie vaut bien quelques présents et quelques paroles de louange, même de soumission. Assourbanipal reçoit les ambassadeurs en audience publique, et leur montre les deux envoyés susiens Oumbadarâ et Naboudamiq enchaînés. C'est une leçon vivante qu'il prétend leur donner, du danger que l'on court à provoquer sa colère, et, par suite, de l'avantage qu'il y a pour les souverains étrangers à se conserver ses bonnes grâces. Les Arméniens se retirent dûment édifiés, et Assourbanipal reprend après leur départ sa vie de mollesse et de plaisir.

Cependant les couriers se succèdent de jour en jour, et chacun d'eux apporte la nouvelle d'un succès, l'arrivée à Dourilou, la retraite précipitée des Élamites, la victoire de Toulliz, la mort de Tioummân, l'avènement d'Oumbanigâsh et de Tammaritou, le siège et la prise de Shapibel, le retour prochain des vainqueurs avec le butin. L'usage est que les rois qui reviennent de la guerre rentrent triomphalement dans leur capitale : les prisonniers défilent en tête du cortège, puis les tributs des nations soumises, et la fête se termine par le supplice des principaux chefs de la rébellion. Assourbanipal fait tout préparer pour la cérémonie ; le jour venu, il se place à la tête de l'armée victorieuse et prend le chemin de Ninive. La capitale de l'Assyrie n'est pas, comme Dour-Sharoukîn, une ville bâtie en une fois, sur un plan déterminé. Elle s'est constituée au cours des ans, par un lent accroissement de constructions et d'hommes, et conserve encore l'aspect désordonné des temps anciens. Elle s'élève sur la rive gauche du Tigre, au confluent de ce fleuve avec le Khousour, et présente la forme d'un trapèze irrégulier, beaucoup plus long qu'il n'est large. La partie qui borde la rive n'est protégée que par un seul mur. Un seul mur aussi couvre le front nord où coule, dans un large fossé, une partie des eaux du Khousour. Les quartiers du sud, qui sont tournés vers la plaine et n'avaient aucun boulevard naturel, sont mis à l'abri d'une attaque par des mouvements de terre disposés savamment. C'est d'abord un premier mur, analogue à ceux des autres fronts, et, comme eux, pourvu d'un fossé ; puis, en avant du fossé, un ouvrage en figure de demi-lune, consistant de deux murs épais et d'un second fossé aussi large que le premier. La route qui vient d'Arbèles traverse ces défenses, et, se prolongeant à travers la ville, conduit droit à la butte artificielle où s'élève le palais méridional, la vieille résidence des anciens rois, restaurée magnifiquement par Sennachérib. La main de Sennachérib a laissé partout ses traces à Ninive. Il la dota d'aqueducs pour y amener l'eau fraîche et claire des collines voisines ; il y construisit des quais en briques le long du Tigre ; il y édifia enfin, dans un repli du Khousour, le plus beau peut-être des palais assyriens, celui où son fils Esarhaddon et son petit-fils Assourbanipal ont trôné après lui. Celui-ci y fait représenter ses chasses et ses victoires sur la muraille ; il y a installé la grande bibliothèque où il rassemble les œuvres des scribes anciens ou modernes.

Le plan des palais ninivites est, à peu de chose près, celui du palais de Sargon à Dour-Sharoukîn. On y accède par des plans inclinés, et par de doubles escaliers ménagés sur les flancs du tertre artificiel qui les supporte. Les façades présentent la même apparence de forteresses, couronnées de créneaux qu'elles sont et bordées de tours. Les portes sont décorées de mâts et s'ouvrent entre des rangées de taureaux ailés. Le harem y a ses appartements, communiquant à peine par quelques portes étroites avec le reste de la construction : des jardins y sont annexés, où des cyprès et des cèdres se mêlent aux berceaux de vigne et aux parterres de fleurs. Enfin la tour à étages se dresse à l'un des angles, et semble étendre la protection des dieux sur la ville étendue à ses pieds. Les Assyriens n'aiment pas varier le type et les dispositions de leurs monuments. Les plans qu'ils ont reçus de leurs ancêtres, ils les trouvent bons pour eux-mêmes et s'y tiennent fidèlement, au moins dans les grandes lignes. Ils ont vu pourtant, en pays étranger, bien des chefs-d'œuvre de construction qu'un peuple moins attaché aux traditions du passé aurait été tenté d'imiter. Ils ont pénétré en vainqueurs dans les palais des rois hittites, et ils leur ont emprunté l'habitude d'élever leurs murs en pierre jusqu'au haut; mais ils se sont arrêtés là, et les palais à la mode de Khatti, comme ils les appellent, ne sont que des édifices chaldéens en pierre au lieu d'être en brique. Ils connaissent le temple de Jahvéh à Jérusalem et celui de Melkarth à Tyr ; ils ont pillé les immenses sanctuaires de Phtah à Memphis, d'Amon à Thèbes, et ils n'ont pas eu l'idée d'en copier les motifs. Esarhaddon n'a pris à l'Égypte que le type des griffons couronnés du disque de Râ (fig. 179), et l'on rencontre, dans le palais d'Assourbanipal, des figures où le corps du lion égyptien se marie assez lourdement aux ailes et à la tête humaine des taureaux antiques. A cela près, l'on construit aujourd'hui encore d'après les règles établies par les Chaldéens, et les architectes de Goudéa, s'ils revenaient au monde, pourraient réclamer pour eux-mêmes l'œuvre des plus récents parmi les architectes modernes.

Fig. 179. — Griffon de style égyptien.

Les soldats des différents corps défilent par les rues, aux acclamations de la foule, puis les prisonniers et le butin, puis le roi sur son char, puis d'autres soldats. La tête du cortège est déjà devant le palais, que les derniers rangs n'ont point franchi la porte et se traînent encore par les faubourgs. La richesse du butin excite l'admiration générale. Les chariots et tout le matériel de guerre élamite ouvrent la marche, et les chevaux de la cavalerie susienne et les mules du train royal, menés à la main, bridés et harnachés comme pour le service (fig. 180). L'espèce en est la

Fig. 180. — Défilé des chevaux.

même que celle des chevaux assyriens, mais se distingue aisément de la race égyptienne, ainsi que peuvent l'affirmer tous ceux des Ninivites qui ont assisté au triomphe d'Assourbanipal, après ses victoires sur Pharaon Taharqou et sur son beau-fils Ourdamani. La tête est petite, mais d'une belle forme, les naseaux sont largement ouverts, les yeux vifs, l'encolure est cambrée, assez forte, le corps est lourd, la jambe fine et musculeuse. Quelques chameaux pris au Gamboul s'avancent derrière les chevaux (fig. 181). Ces grotesques animaux viennent d'Arabie, où on les emploie au transport des fardeaux et à la traversée du désert. Ils n'ont qu'une bosse, à l'opposé du chameau d'Orient, qui en a deux et qu'on rencontre de temps en temps à Ninive, comme objet de curiosité. La masse des bœufs et du petit bétail a beaucoup diminué en chemin, des frontières de l'Élam et du Gamboul aux portes de la capitale. L'armée et les prisonniers en ont mangé une partie, beaucoup ont succombé à la fatigue ou sont tombés sous la dent des bêtes féroces. Ce qui survit est encore si considérable qu'on n'en fait défiler qu'une partie : on laisse les autres hors de la ville, à la garde de leurs bergers, en attendant le moment de les répartir entre le trésor royal et les soldats qui ont assisté à la campagne.

Aux bêtes succèdent des bandes d'esclaves portant es meubles et les objets précieux enlevés aux vaincus, les statues en or ou en argent des dieux, les vases qui servaient

Fig. 181. — Un chameau et ses conducteurs.

aux sacrifices, les trépieds et les fauteuils en bronze ciselé, tout le trésor de Dounânou, toutes les richesses des habitants de Shapîbel. C'est par milliers que l'on compte les lingots d'argent et d'or, les masses d'étain, de fer et de bronze, les vêtements de laine ou de lin. Et ce n'est là que le produit d'une seule expédition, le butin gagné au pillage de quelques cantons de l'Élam et du petit pays de Gamboul. Qu'est-ce donc lorsqu'il s'agit d'une ville comme Tyr, ou d'un peuple comme l'Égypte? C'est alors que l'on comprend l'amour des Assyriens pour la guerre, et pourquoi leurs rois ont organisé toutes leurs forces en vue de la conquête. Ce n'est point simplement ardeur brutale ou recherche désintéressée de la gloire : c'est quelque chose de plus positif, le désir de profiter et de s'enrichir. D'autres peuples s'aventurent sur des vaisseaux afin d'aller trafiquer avec les barbares au delà des mers, d'autres sont agriculteurs, d'autres cherchent dans l'industrie et dans le petit commerce un moyen honnête de gagner fortune : les Assyriens font la guerre. La guerre les nourrit, la guerre les habille, la guerre les dispense d'avoir une industrie, la guerre leur tient lieu de commerce, ou plutôt la guerre n'est pour eux qu'une opération commerciale, où ils engagent des soldats et des chevaux afin de gagner tout le reste. Ils se sont battus en Chaldée, en Syrie, en Élam, en Arménie, en Égypte, en Médie, ils se battront où l'on voudra, pour remplir leurs coffres, et pour faire affluer dans le trésor de leur prince les richesses du monde entier.

Les prisonniers suivent, en colonne serrée, les porteurs de butin. Les premiers rangs sont composés de musiciens et de musiciennes, qui appartenaient à Dounânou et chantaient devant lui aux jours de sa grandeur, lorsqu'il passait en procession solennelle par les rues de Shapîbel. La harpe au bras, la flûte aux lèvres, ils s'avancent en jouant encore et en répétant leurs hymnes d'autrefois, mais sous la surveillance des soldats assyriens, et parmi les applaudissements dérisoires de la foule. Les Élamites et ce qui reste des peuples du Gamboul marchent à leur suite. Les Assyriens n'ont pas, comme les Égyptiens, la coutume d'attacher les prisonniers dans des attitudes gênantes et cruelles, qui contrarient leurs mouvements et font d'eux des fantoches grotesques. Quelques-uns ont les menottes aux poignets et les fers aux pieds : le plus grand nombre n'a point de chaînes. Ils vont sans distinction de rang ni de sexe, le noble au coude du roturier, les femmes avec les hommes, confondus dans une même honte et dans un même esclavage. Leurs vêtements, souillés de boue et de poussière, ne sont plus que des haillons sans forme et sans couleur qui les couvrent à peine. Les enfants, trop jeunes encore pour comprendre leur misère, regardent avec un mélange d'effroi et de curiosité cette multitude qui se presse sur leur passage. Les jeunes filles et les femmes se demandent avec terreur ce qu'elles vont devenir au partage du butin, et dans quelles mains elles tomberont, entre celles d'un soldat brutal dont elles serviront le caprice, ou entre celles d'un officier de haut rang, chez qui elles trouveront du moins un peu de l'abondance et du luxe auquel elles étaient habituées. On a vu les rois eux-mêmes s'éprendre des captives qu'ils avaient traînées en triomphe derrière leur char, et plus d'une étrangère est entrée dans un harem assyrien comme esclave, qui ensuite y régna comme épouse. Les hommes, autrefois libres, gardent une attitude anxieuse et morne. Ceux qui sont vigoureux et habiles aux exercices de la guerre espèrent qu'on les remarquera bientôt et qu'on les incorporera dans l'armée ; la servitude militaire ne les effraye pas, et ils préfèrent cent fois porter les armes pour leurs vainqueurs, plutôt que travailler aux champs ou se plier aux vils offices qu'on exige des domestiques. Les esclaves d'origine sont insouciants et presque gais. Servir pour servir, peu leur importe que ce soit à Ninive ou à Shapîbel ; ils ne changent pas de condition, ils changent seulement de possesseurs, et beaucoup d'entre eux ne dissimulent pas la joie cruelle qu'ils éprouvent à voir l'humiliation et l'abaissement de leurs anciens maîtres.

Un groupe attire surtout l'attention des Ninivites et soulève leurs clameurs, celui que forment les principaux chefs, pris à la bataille de Toulliz et pendant la campagne du Gamboul, Dounânou, son frère Sangounou, Palîa, Nabouzalli, leurs femmes et leurs enfants. Dounânou porte pendue au cou la tête de Tiyoummân. Peut-être envie-t-il au fond de son âme le sort de son allié, qui, du moins, est tombé sur le champ de bataille, et n'a plus rien à craindre des hommes ; mais sa démarche et ses traits ne trahissent rien de ses pensées. Il marche en redressant la taille, sans regarder à droite ni à gauche, la figure impassible, le front haut ; il semble ne rien voir et ne rien entendre, ni la foule qui l'insulte, ni ses femmes qui se lamentent et pleurent sur lui. Le matin même, au moment qu'on lui plaçait la tête de Tioummân sur la poitrine, le bourreau perçait les lèvres ou le nez de ses parents, y passait un anneau et une corde, comme on fait aux bœufs, et remettait à un soldat chacun de ces malheureux. Leur conducteur les tire violemment par intervalles, mais d'un mouvement si juste qu'il leur inflige les souffrances les plus vives sans leur arracher un lambeau de chair. Leur courage ne fléchit pas plus que celui de leur chef, pendant les longues heures que dure le défilé ; aussi bien n'auraient-ils pas traité Assourbanipal et les siens de la même manière, si la fortune leur avait souri et qu'ils eussent pris Ninive ? Tous les peuples du monde, et les Égyptiens eux-mêmes, qui pourtant ont une réputation de douceur, se plaisent à torturer les condamnés avant de les exécuter. La mort simple, la mort par l'épée ou par la massue, la pendaison, la noyade, les supplices qui tuent vite et presque sans peine, ne sont pas regardés comme des châtiments réels : c'est une véritable faveur dont on est avare, que d'expédier les gens d'un seul coup, sans qu'ils se sentent mourir. Le rebelle et le criminel ordinaire n'ont pas droit à tant d'indulgence ; on veut qu'ils goûtent la douleur jusqu'au bout, et qu'ils appellent longtemps la mort avant d'expirer.

Oumbadarâ et Naboudamiq avaient été placés sur l'esplanade du palais, par ordre d'Assourbanipal, et regardaient le défilé, la désolation et la rage au cœur. Quand ils virent la tête de Tioummân au cou de Dounânou, leur désespoir ne se contint plus. Tioummân, cruel et sans foi pour ses adversaires, était pour ses amis un maître bon et généreux. Oumbadarâ s'arracha la barbe et éclata en sanglots ; Naboudamiq tira le poignard qu'on lui avait laissé et s'en perça la poitrine. La tête de Tioummân fut exposée au-dessus de la grande porte de Ninive, et tous ceux qui entraient ou sortaient levaient les yeux, et l'accablaient d'injures ou de malédictions. Dounânou fut écorché vif (fig. 182), et jeté tout palpitant dans une fournaise qui le consuma. D'autres furent lapidés, d'autres eurent les yeux crevés par le roi lui-même : il les forçait à s'agenouiller devant lui,

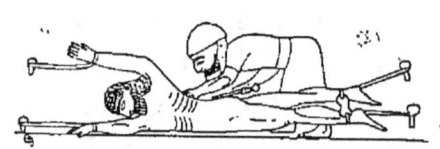

Fig. 182.— Un prisonnier écorché vif.

leur relevait la tête en tirant sur l'anneau qui traversait leurs lèvres, et leur trouait l'orbite avec la pointe de sa javeline. Samgounou, aveuglé, fut enchaîné à l'entrée d'une des portes de la ville entre des pourceaux sauvages, exposé aux insultes des passants et nourri de ce que leur pitié lui jetait, comme à un chien. Nabouzalli, Palîa et beaucoup d'autres, après avoir été torturés à Ninive, furent envoyés à Arbèles, pour être sacrifiés à Ishtar et mourir devant elle. Ils furent écorchés vifs, leurs cadavres coupés en quartiers et les morceaux dispersés dans les provinces, afin de montrer comment le roi savait punir les rebelles. Comme tous les triomphes assyriens, celui d'Assourbanipal se termina par une longue boucherie.

Après le défilé, l'ivresse du peuple entier. L'usage veut que tout ce qu'il y a d'habitants dans la ville, esclaves et libres, mange et boive aux frais du roi, le temps que la fête dure : c'est une manière de leur donner leur part du butin. Sept jours de suite, les portes du palais restent ouvertes à tout venant. Des étoffes multicolores, tendues d'un mur à l'autre au moyen de câbles, ont transformé les cours en d'immenses salles de banquet. La foule y entre du matin au soir, en sort, s'installe sur des lits d'apparat ou sur des sièges, commande ce qui lui plaît : les esclaves ont ordre de ne rien refuser, mais d'apporter à chacun ce qu'il veut et autant de fois qu'il en demande. Les femmes et les enfants sont admis aux distributions comme les hommes. Les soldats que leur service retient aux casernes ne sont pas oubliés : le roi leur envoie les viandes et le vin qu'ils ne peuvent venir chercher, en une profusion

Fig. 183. — Les convives du roi à table et buvant.

telle qu'ils n'ont rien à regretter. C'est par milliers que les pains disparaissent, par milliers que les bœufs, les moutons, les chèvres, les oiseaux de toute espèce s'engouffrent au fond du gosier populaire, et pourtant ce qu'on mange n'est rien à côté de ce qu'on boit. L'Assyrien, assez sobre dans la vie ordinaire, ne sait plus s'arrêter lorsqu'il se décide à faire un excès. Vins d'Assyrie et de Chaldée, vins d'Élam, vins de Syrie et de Phénicie, vins d'Égypte, les amphores et les outres, aussitôt ouvertes, sont vidées sans que la soif universelle semble se calmer. Après un jour ou deux, il n'y a plus si forte cervelle qu'elle résiste, et

Ninive offre le spectacle extraordinaire d'une ville entière ivre à des degrés différents : la fête finie, il faudra plusieurs jours encore avant qu'elle reprenne son aspect ordinaire. Ce serait le moment pour un ennemi résolu de l'attaquer à l'improviste, quand le désordre est à son comble et que l'armée, comme le peuple, a perdu conscience d'elle-même. La tradition rapporte que plus d'une ville puis-

Fig. 184. — Les esclaves apportent des fruits.

sante a péri de la sorte, en pleine fête, sans presque avoir la force de résister.

Tandis que le peuple s'enivre pêle-mêle, c'est dans les salles du palais qu'Assourbanipal traite les principaux chefs du palais et les ministres de l'État. Ils sont assis sur des chaises doubles, deux d'un côté d'une petite table, deux de l'autre, et se faisant face (fig. 185). Les chaises sont hautes et n'ont ni dossier ni escabeau où les convives puissent s'appuyer ou poser les pieds : l'honneur de dîner avec le roi doit toujours s'acheter par quelque fatigue. Les tables sont couvertes de nappes frangées, sur lesquelles les esclaves déposent les mets. Comme les gens du peuple, les grands seigneurs ne mangent guère : aussi leur sert-on peu de viandes, mais des gâteaux et des fruits de différentes espèces, des raisins, des dattes, des pommes, des pois, des figues que de longues processions d'esclaves apportent sans relâche (fig. 184 et 185). En revanche, ils boivent beaucoup, avec plus de raffinement peut-être que le vulgaire,

Fig. 185. — Les esclaves apportent du vin, des gâteaux et des fruits.

mais avec autant d'avidité. Le roi leur a distribué pour la circonstance les vases les plus précieux de son trésor, des coupes en or et argent, la plupart fondues ou ciselées en forme de tête de lion. Beaucoup sont d'anciens vaisseaux sacrés, dont les prêtres des nations vaincues se servaient dans les sacrifices ; celles-ci viennent de Babylone ou de Karkémish, celles-là ont été prises à Tyr ou à Memphis, d'autres ont appartenu au temple de Samarie ou de Jérusalem. En les employant à un usage profane, on insulte les dieux qui s'en servaient et on joint au plaisir de boire celui d'humilier devant Assour ces étrangers qui prétendaient lui tenir tête.

Les vins, même les plus fins, ne circulent pas tels qu'ils arrivent du cellier. On les mélange d'aromates et de drogues diverses, qui leur communiquent un parfum délicieux et en décuplent la force. L'opération se fait dans la salle et sous les yeux mêmes des buveurs. Un eunuque, debout devant une table, y broie, dans un mortier de pierre,

Fig. 186. — Les échansons puisent le vin au cratère.

les substances enivrantes, qu'il humecte de temps en temps avec quelque essence. Cependant ses camarades ont versé le contenu des amphores dans de grands cratères en argent ciselé qui leur montent à la poitrine ; quand la pâte odorante est prête, ils en mettent une partie dans chaque cratère, et l'y font dissoudre avec soin. Les échansons arrivent avec les coupes, puisent à même, et servent les convives (fig. 186). Il n'y a pas jusqu'aux sentinelles des portes, qui ne reçoivent leur part, et debout, la pique ou la massue à la main, ne montent leur garde en trinquant (fig. 187). Ceux-là seuls ou ne boivent point ou boivent peu, que la nécessité de servir oblige à conserver leur sangfroid, les eunuques postés derrière les convives pour les éventer, les servants, les musiciens. Aucune fête ne serait complète, si le chant ne s'y mêlait point, et les symphonistes du roi exécutent avec conscience leurs motifs les plus beaux. Peut-être s'est-il trouvé quelqu'un pour les écouter au début; mais, à présent que les cratères ont été remplis et vidés plusieurs fois, toute leur musique tombe littéralement dans le vide. Ils pourraient chanter faux ou se taire sans que personne y prêtât attention et songeât à s'en offenser.

Fig. 187. — Les sentinelles, coupe en main.

Assourbanipal a présidé le premier de ces banquets; il a daigné boire du même vin qui avait été préparé pour ses nobles, puis il s'est retiré dans le harem afin d'y passer les jours de fête. La maison des femmes ouvre sur un de ces jardins plantés de sycomores, de cyprès et de peupliers, où les reines d'Assyrie, condamnées par leur rang à une réclusion rigoureuse, peuvent se donner l'illusion de la campagne : des fontaines, alimentées par des machines qui élèvent les eaux du Khousour jusqu'au sommet de la butte, y coulent parmi les arbres. La reine, qui veut célébrer, elle aussi, les victoires assyriennes, a prié son mari d'y venir boire avec elle, et il a gracieusement accepté une invitation qu'elle lui adressait en tremblant. Le lit du festin a été établi à l'ombre d'une treille, avec ses matelas et ses couvertures brodées; un guéridon chargé de vaisselle en or est placé au chevet, puis, en face du guéridon, à la gauche du lit, la haute chaise à dossier et à marchepied sur laquelle les reines ont le droit de s'asseoir en présence de leur seigneur et maître (fig. 188). Le roi s'étend, accepte la coupe pleine de vin parfumé, et, levant les yeux, aperçoit en face de lui, accroché à une branche d'arbre, un objet difforme de teinte noirâtre. C'est la tête de Tioummân, que la reine a envoyé chercher à la porte de Ninive, et qu'elle a pendue dans son jardin, afin qu'Assourbanipal l'ait toujours sous les yeux et que sa gaieté s'en accroisse. Il la voit, la salue ironiquement de la coupe, et la voit encore et ne peut se rassasier de la voir,

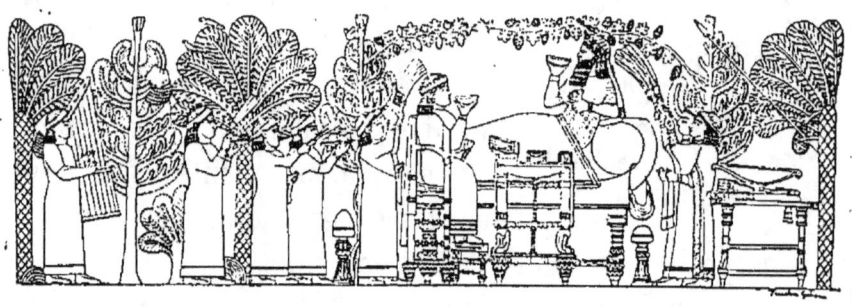

Fig. 188. — Assourbanipal boit avec la reine dans les jardins du harem : la tête de Tioummân est accrochée à une des branches du second arbre, à gauche.

et derrière lui, les musiciens de la maison des femmes chantent ses louanges en s'accompagnant de la harpe.

C'est dans la propre bouche du héros que le poète officiel a mis le récit de sa vie et de ses exploits, depuis l'heure de sa naissance jusqu'au jour de son triomphe. « Au milieu
« de la joie et de l'allégresse, me voici venu dans le harem,
« la salle splendide, le sanctuaire de la royauté, où Senna-
« chérib, le père du père de mon père, fut jadis fils de roi
« puis roi, où Asarhaddon, le père qui m'a engendré,
« naquit, grandit et régna en maître sur l'Assyrie, où tous
« les rois ont été conçus et où leur famille s'est accrue,
« garçons et filles, où moi enfin, moi, Assourbanipal, je me
« suis nourri à la sagesse de Nébo, où j'ai appris la science

« entière des écritures par l'entremise de tous les savants,
« où j'ai appris à tirer de l'arc, à chevaucher, à conduire
« un char, à manier les rênes. Sur l'ordre des grands dieux,
« dont j'ai toujours invoqué le nom, dont j'ai toujours célé-
« bré les louanges, et qui m'ont ordonné d'exercer la dignité
« de roi, j'ai mis mes soins à enrichir leurs temples, et c'est
« pourquoi ils m'ont accablé de prospérité, et ils ont courbé
« mes ennemis sous le joug. Je suis un mâle batailleur, le
« chéri d'Assour et d'Ishtar, l'enfant de la royauté. Depuis
« qu'Assour, Sin le dieu-lune, Shamash le dieu-soleil, Ram-
« mân, Bel, Nébo, Ishtar de Ninive, Ishtar d'Arbèles, Adar,
« Nergal et Nouskou m'ont pris en faveur, Rammân m'a
« toujours accordé des pluies fécondantes, Éâ m'a toujours
« ouvert l'arcane de ses eaux, et le blé a grandi jusqu'à
« cinq coudées, et ses épis ont eu presque une coudée de
« long : pendant mon règne, l'abondance a débordé, pendant
« toutes mes années la bénédiction divine a plu sur moi
« comme une rosée abondante. — Les dieux m'ont élevé
« plus haut que jamais roi n'était monté avant moi; tant
« qu'Assour et Ishtar me soutiennent, qui peut prévaloir
« contre moi? Ma puissance est fondée à jamais par leurs
« mains et la durée de ma race est établie, pour de longs
« jours et pour des années infinies ! »

*
* *

En ce temps-là, Nahoum l'Elkoshite, prophète de Juda, eu
une vision touchant Ninive, et la parole de l'Éternel vint à
lui, disant[1] : « Malheur à la ville sanguinaire, toute de fraude,
« pleine de crimes et qui ne cesse ses rapines ! — Écoutez !
« le fouet ! Écoutez ! un bruit de roues et de galop de che-
« vaux et de chars qui bondissent ! Les cavaliers s'élancent,

---

1. La traduction que je donne ici de la prophétie Nahoum est em-
pruntée à la traduction de Reuss.

« l'épée brille, la hallebarde étincelle. — Quelle multitude
« de tués! quelle masse de cadavres! Des morts à n'en pas
« finir, on se heurte partout à leurs corps! Et tout cela,
« pour les intrigues de cette cité perverse, de cette belle et
« artificieuse enchanteresse, qui séduisait les nations par ses
« caresses et les peuples par ses enchantements!

« Me voici! c'est ton tour! dit Jahvèh Sabaoth; je te dé-
« pouillerai de tous tes atours pour montrer aux nations
« ton déshonneur et ta honte aux royaumes. Je jetterai sur
« toi des ordures, je te conspuerai, je t'exposerai en spec-
« tacle, et quiconque te verra fuira, disant : « Ninive est
« ruinée? Qui voudra la plaindre? Où lui chercher des con-
« solateurs ?

« Vaux-tu mieux que Thèbes, la cité d'Amon, sise sur les
« Nils, entourée d'eau, qui avait la mer pour rempart et le lac
« pour muraille? L'Éthiopien était sa force, et les Égyptiens
« sans nombre, la Libye et les Nubiens venaient à son se-
« cours. Elle s'est en allée pourtant captive en exil, elle
« aussi ; ses enfants aussi ont été écrasés au coin des rues,
« on a tiré ses nobles au sort à qui les aurait pour esclaves,
« et tous ses grands ont été chargés de fers.

« Toi aussi tu videras la coupe d'amertume et resteras
« gisante sans connaissance, toi aussi tu chercheras un
« refuge pour échapper à l'ennemi. Toutes tes citadelles
« seront comme les figuiers hâtifs : dès qu'on les secoue,
« on n'a qu'à ouvrir la bouche pour manger. Vois-tu, ta
« garnison c'est une simple troupe de femmes. Les portes
« de ton pays s'ouvrent à l'ennemi, et le feu consume les
« barres qui les tenaient fermées.

« Puise de l'eau pour le siège! Refais tes remparts! Foule
« l'argile et pétris la glaise ! Répare le four à briques! Mal-
« gré tout, le feu te dévorera, l'épée t'exterminera ; elle te
« rongera comme la sauterelle, fusses-tu en masse comme
« la sauterelle et le grillon ! Tes marchands étaient plus

« nombreux que les étoiles du ciel!—La sauterelle dépouille
« et s'envole.

« Tes soldats étaient comme des sauterelles, tes officiers
« comme un essaim d'insectes campés sur les cloisons tant
« qu'il fait froid : le soleil paraît, ils partent et l'on ne sait
« plus où ils sont restés. Tes bergers sommeillent pour tou-
« jours, ô roi d'Assour! Tes capitaines restent au repos
« éternel, ton peuple est dispersé sur les hauteurs, et il n'y
« a plus personne pour le rassembler.

« Point de remède à ta blessure, ta plaie est mortelle.
« Tous ceux qui entendent parler de toi, applaudissent à ta
« destinée : car, sur qui n'aurait point passé sans cesse ta
« méchanceté? »

TABLE DES MATIÈRES

ÉGYPTE

Avertissement.		v
Table des gravures		ix
CHAPITRE I.	— Thèbes et la vie populaire	1
— II.	— Le marché et les boutiques	18
— III.	— Pharaon	39
— IV.	— Amon, le grand dieu de Thèbes	58
— V.	— Le recrutement de l'armée	79
— VI.	— La vie de château	98
— VII.	— La maladie et la mort	119
— VIII.	— Les funérailles et le tombeau	140
— IX.	— En voyage	161
— X.	— La bataille	181

ASSYRIE

— XI.	— Une résidence royale : Dour-Sharoukin	204
— XII.	— La vie privée d'un Assyrien	226
— XIII.	— La mort et les funérailles	246
— XIV.	— La chasse royale	267
— XV.	— L'audience royale et les préparatifs de la guerre	288
— XVI.	— La bibliothèque d'Assourbanipal	305
— XVII.	— La science des présages	325
— XVIII	— La guerre	339
— XIX.	— La flotte et la guerre de siège	359
— XX.	— Le triomphe	382

21057. — PARIS, IMPRIMERIE LAHURE
9, rue de Fleurus, 9

www.ingramcontent.com/pod-product-compliance
Lightning Source LLC
Chambersburg PA
CBHW050917230426

43666CB00010B/2203